中国社会科学院创新工程项目成果

非洲研究丛书

袁　武◎著

U0808075

非洲国家冲突后重建研究

——刚果民主共和国案例研究及比较分析

POST-CONFLICT RECONSTRUCTION IN AFRICAN COUNTRIES
—CASE STUDY OF DR CONGO AND COMPARATIVE ANALYSIS

经济管理出版社
ECONOMY & MANAGEMENT PUBLISHING HOUSE

图书在版编目（CIP）数据

非洲国家冲突后重建研究——刚果民主共和国案例研究及比较分析/袁武著．—北京：经济管理出版社，2018.12

ISBN 978－7－5096－6275－5

Ⅰ.①非… Ⅱ.①袁… Ⅲ.①国家—行政管理—案例—非洲 Ⅳ.①D740.3

中国版本图书馆 CIP 数据核字(2018)第 288101 号

组稿编辑：丁慧敏
责任编辑：丁慧敏　乔倩颖　张广花
责任印制：黄章平
责任校对：董杉珊

出版发行：经济管理出版社
（北京市海淀区北蜂窝 8 号中雅大厦 A 座 11 层　100038）
网　　址：www.E－mp.com.cn
电　　话：（010）51915602
印　　刷：三河市延风印装有限公司
经　　销：新华书店
开　　本：787mm×1092mm/16
印　　张：14.5
字　　数：327 千字
版　　次：2018 年 12 月第 1 版　2018 年 12 月第 1 次印刷
书　　号：ISBN 978－7－5096－6275－5
定　　价：68.00 元

前　言

20世纪90年代初，随着“冷战”的结束，非洲内部冲突并没有随着国际大格局的缓和而得到缓解。一些在“两极格局”体制掩盖下的内部矛盾和冲突因为“两极格局”的瓦解而爆发。在20世纪的最后十年，非洲内部冲突成为阻碍非洲发展的重要障碍。随着国际社会和非洲国家自身的努力，进入21世纪之后，非洲内部冲突出现了缓和的迹象。一些爆发大规模内战的国家实现了和平，如塞拉利昂、安哥拉、刚果民主共和国［以下简称“刚果（金）”］等。冲突后重建也被提上了非洲大陆的议事日程。国内外学者对于冲突后重建的研究正在深入。

本书从非洲内部冲突的根源着手，以刚果（金）为案例研究，探讨了非洲国家冲突后重建。非洲内部冲突的历史和现实根源非常复杂，本书认为最重要的根源在于非洲民族国家进程被人为中断。现代民族国家的形成源于西欧地区，欧洲民族国家的形成过程与军事战争和资本主义的发展相伴。战争促进了军事技术的革新和军事工业生产的发展，进而推动了工业主义和资本主义的扩张。同时国家在这一进程中扩张了自己的能力。战争使得国家行政机构的权力大大扩张，加大了对社会资源的攫取，加强了自身对社会的渗透和监控能力。现代非洲国家则是诸多社会集团的联合体，社会集团与国家之间并没有建立有机的联系。社会集团拥有自己的价值、记忆体系和潜在的社会动员能力。因此，非洲国家内部冲突从某种角度而言是因为国家与社会的断裂，现实根源中的利益纷争在非洲国家内部冲突中更多地起着媒介和催化剂的作用。

在刚果（金）案例研究中，根据本书对刚果（金）民族国家的形成历史进行的研究显示，刚果（金）国家的形成是欧洲殖民主义的结果。这种结果导致了刚果（金）国家与社会之间的断裂，而独立后刚果（金）并没能妥善解决这种断裂，因而导致20世纪末刚果（金）两场内战的爆发。

内战爆发给非洲国家带来了灾难性的后果，也引起了国际社会的关注。对于非洲国家冲突后重建，国际社会给予了巨大的关注和支持。虽然国际社会诸行为体由于身份角色、各自利益、价值观以及关注领域等方面存在差别，导致它们对于重建行动的认识存在一定差异，但国际社会诸行为体对于冲突后重建仍存在很多共识。这主要体现在以下几个方面：首先，冲突后重建是预防冲突再次发生的一个重要手段。其次，秩序或者政治稳定是一个国家实现持久和平和可持续发展的前提。最后，消除冲突根源有利于预防冲突再次发生。而消除冲突根源的主要手段为发展社会经济，实现社会公正。除此之外，国际社会也日益认识到在冲突后重建进程中，需重视东道主的自主权，为此提出了加强东道主的能力使得重建顺利实施。

通过对刚果（金）以及其他一些非洲国家重建案例的研究，本书认为冲突后重建实际上主要集中于四大领域：安全重建、政治重建、经济重建以及社会重建。其中安全重建是冲突后重建最重要的领域，其他领域的重建实际上都是建立在安全重建的基础之上。

目　录

导 论

一、命题的提出及其意义

“冷战”后，由于国际形势发生重大变化，非洲冲突呈现出了不同于冷战时期的新特点。众所周知，冷战时期的国际格局主要呈现为美苏两极争霸，双方处于均势对峙的局面。在这种局面下，对于亚非拉等“中间地带”的争夺显得尤为重要。非洲在世界地缘政治中战略地位重要，它是欧洲的侧翼，环绕非洲海岸的两条运输线对西方至关重要；而且非洲拥有丰富的矿产资源，美国及西方国家所需的战略原料，很大一部分依赖非洲供应；非洲国家众多，占联合国会员国的1/4强，不结盟运动的1/2，在国际事务中有很大的发言权。美苏为了将非洲纳入自己的轨道，多利用非洲大陆存在的边界、跨界部族、宗教等矛盾，挑拨非洲国家之间的关系，挑起非洲国家之间的争端，以达到控制它们的目的。

“冷战”结束后，非洲安全形势发生了很大变化。与冷战时期不同，非洲冲突多以国内冲突为主。联合国秘书长加利1995年在一篇题为“《和平纲领》补编”的立场文件中说，当今世界上大多数冲突都是国家内部冲突，参加打仗的有正规军和非正规军，平民是主要的受害者，而且许多国家机构被摧毁。1988年初期曾有5次维和行动，其中只有一次涉及国家内部的冲突。此后至1995年期间的21次维和行动中，有13次是国家内部冲突。[①] 1996年世界上爆发的35场内部冲突几乎有一半目前正在非洲进行，战争死亡人数每年超过1000人。[②] 非洲爆发的国内冲突多具有外溢效应和示范效应，会造成冲突的扩散和蔓延，从而导致地区或次地区的局势动荡，造成极大的人道主义灾难，影响社会经济的发展。因此国际社会都非常关注并积极推动非洲国内危机的解决。

进入21世纪后，由于国际社会关注以及非洲人民人心思定，非洲大部分冲突或内战逐渐降温，冲突后国家重建就此被提上了议事日程。冲突后重建相对于非洲以及发生冲突内乱的地区和国家具有重要意义，它关系到冲突地区和国家能否获得持久和平和可持续发展。第二次世界大战后，世界上已经相继进行了多场重建，从德国、日本重建到利比里亚和塞拉利昂重建，以及伊拉克和阿富汗的重建。非洲是迄今世界上冲突战乱最多的地区之

---

① 《联合国纪事》1995年，第12卷第2期，第35页。

② Edited by David A. Lake & Patrick M. Morgan, “Regional Orders: Building Security in a New World”, the Pennsylvania State University Press, 1997, p. 308.

一，已经开展了多场重建，例如安哥拉、莫桑比克、利比里亚、塞拉利昂、刚果（金）等国的重建。国外学者对此非常关注，并做了大量的相关研究。这些研究主要来自国际组织和西方国家智库，而西方智库囿于其国家安全和国家利益的考虑，更多地关注所谓“失败国家”（Failed States，Failing States）或“脆弱国家”（Fragile States）的国家建构(Nation - building)。

和其他地区的重建相比较，非洲国家冲突后重建有其特殊性和自身意义。这主要是由于其民族国家的特点。由于殖民化的后果，非洲现代意义上的国家先于民族产生，导致非洲国家虽然在政治上是统一的，但是其社会内部却是分裂的。[①] 由于大部分非洲国家国内的民族、种族成分复杂，同质性比较低，国内的民族认同还没有形成，政治一体化的目标还没有实现。换言之，即使非洲很多国家没有爆发国内冲突，也同样面临建构民族—国家的艰巨任务。尽管发展的逻辑意味着民族建构先于国家建设，但是形势的发展使得非洲政治发展进程已不可能如以前那样从容不迫。即使国内处于和平阶段，此任务的完成也非常困难。在冲突后的重建过程中，同时面临建构民族—国家和重建的重任将使得重建进程变得更加艰巨。因此，从这个角度来说，总结非洲国家重建经验对于非洲以及世界可能发生冲突的国家和地区有着非常重要的意义。

从研究的角度，应该选取一个经历过重建的国家进行研究，这样更有实证价值和意义。本书选取刚果民主共和国作为案例国家。2003 年，刚果（金）结束内战，建立过渡政府。经过为期 3 年的过渡，2006 年刚果（金）举行了独立以来第一次真正意义上的大选。本书选取刚果（金）作为案例，主要基于以下两点考虑：

（1）刚果（金）是中部非洲地区的大国，其冲突的根源及冲突后重建几乎涵盖了非洲国家重建面临的所有问题，在非洲大陆具有很典型的代表性。刚果（金）位于非洲中部地区，全国有 254 个民族，较大的民族有 60 多个，分属班图、苏丹、俾格米三大族系。1996 ~ 2003 年，刚果（金）先后爆发两场大规模内战。其冲突涉及非洲民族部族问题、跨界民族问题、国内社会矛盾、地区行为体以及国际行为体，一共卷入非洲 9 个国家、20 余个武装集团，被学者称为“非洲第一次世界大战”。

（2）刚果（金）冲突各方于 2002 年底结束内战，2006 年 7 月举行了 40 余年来第一次大选。其重建刚步入正轨，对刚果（金）重建的研究有利于对刚果（金）进行近距离观察。

二、重要概念的界定

（一）什么是冲突后重建

国外学术界对于冲突后重建称谓颇多，有建设和平（Peace - building）、重建（Reconstruction）和民族构建（Nation - building）、国家构建（State - building）、稳定和重建(Stabilization and Reconstruction)。

---

① 张宏明：《多维视野中的非洲政治发展》，社会科学文献出版社 1999 年版，第 60 - 61 页。

建设和平一直是联合国对冲突后重建行动的称谓。“建设和平”一词是1992年联合国秘书长加利在《和平纲领》中提出的。加利将建设和平定义为“确认并支持加强和巩固和平以避免重新陷入冲突的机制的冲突后行动”。自从“9·11”事件爆发后，冲突后建设和平日益为新的名词所取代，如“民族构建”“体制转换”“稳定与重建”。其目的是寻求使虚弱或失败国家（Fragile or Failed States）获得稳定以避免因国家失败而招致消极的外部副作用。联合国前官员认为这种表述主要由外部关注所推动，但是可能会削弱建设和平的基本命题，即和平、安全和稳定会通过耐心、灵活和反应迅速战略由内部培育形成，而不是由外部强加形成。①

2001年“9·11”事件爆发后，美国对于重建的认识也有一个逐渐发展的过程。兰德智库的学者詹姆斯·杜比斯（James Dobbins）指出：过去57年，可以用多个术语来描述美国在其他国家的“重建行为”。在德国和日本的行动称为占领（Occupation），在索马里、海地和波斯尼亚的行动通常叫作维持和平行动（Peacekeeping），现在美国政府使用稳定（Stabilization）或重建（Reconstruction）来描述。在阿富汗和伊拉克的冲突后的行动基本上可以用民族构建来描述，重建行动的核心是使用武力来支持民主化的过程。卡内基研究所的研究员裴敏新也使用民族构建来定义美国的“重建行为”，同时他指出确定重建至少应采取3个严格的标准：①美国的实际行动目的必须是政权的更替或者使一个本应该瓦解的政权得以延续。②美国地面部队的部署情况。③美国的军事和民用人员在目标国的政治管理中是否发挥作用。

蒂利和他们的同事区分了国家政权建设（State-making）和民族构建（Nation-building）。他们认为，18世纪的欧洲政权建设主要表现为政权的官僚化、渗透性、分化以及对下层控制的巩固；而民族构建则主要体现在公民对民族国家的认可、参与、承担义务及忠诚。蒂利等认为欧洲国家的这两个进程并不同步，强大的民族国家形成往往先于民族的形成。② 美国学者弗朗西斯·福山认为国家重建的英文表述应该用State-building，其定义应该是新政府机构的“建立和现有政府机构的加强”。按照福山的观点，国家重建可以分为3个阶段，即冲突后重建阶段、建立自我维持的国家机器阶段和继续加强冲突后国家的国家能力，使其有效完成“较高”的国家职能阶段。③ 国内也有学者直接将英文State-building（国家构建）和Nation-building（民族构建）与中文“重建”一词对应，而且认为这两个词并没有本质的差别，其核心都是国家机构和国家体制的重新确立。④

对于美国的战后重建定义，笔者不敢苟同。然而，其定义目前在国际社会和国际学界有极大的影响力。因此，笔者认为有必要厘清冲突后重建的概念。笔者认为与中文“冲突

① Necla Tschirgi, “Post-Conflict Peacebuilding Revisited: Achievements, Limitations, Challenges”, The Peacebuidling Forum 2004, 7 October 2004, p. ii.

② ［美］杜赞奇：《文化、权力与国家》，王福明译，江苏人民出版社1996年版，第1-2页。

③ Francis Fukuyam, “State-Building: Governance and World Order in the 21st Century”［M］. Itacha: Cornell University Press, 2004，转引自江涛：《美国外交政策中的“国家重建”问题》，《外交评论》2006年2月总第86期。

④ 江涛：《美国外交政策中的“国家重建”问题》，《外交评论》2006年2月总第87期。

后重建”相对应的更合适的英文是 Post - conflict Reconstruction。根据维基大百科辞典的定义，民族构建（Nation - building）是指利用国家权力建设或者建构一个国家的过程。民族构建最初是指新独立国家，特别是非洲国家重塑殖民时期领土的努力，因为殖民列强不按照民族分布或者自然分界线划分非洲国家边界。民族构建既包括在较浅层面创建国旗、国歌、官方语言、国庆日、国家体育馆等国家象征性事物，也包括在更深的层次将不同的族群整合成一个民族以建设民族认同（National Identity）。但是近年来，民族构建一词开始被赋予完全不同的含义。它含有“在冲突之后用武力支持向民主的长期过渡”的意思，在这个层面上它的含义和国家构建（State - building）类似，指外国强权根据自己政治制度的模式在冲突后国家建立一个与自己政治制度模式相类似的政治体制。民族构建的典型特征是大规模投资、军事占领和过渡政府、使用宣传术语来传达政府政策。[①] 与此对应的“国家构建”一词是指国际援助孱弱国家、冲突后国家以及失败国家建立或者重建国家机构。[②]

从国外学者特别是美国学者近年来对民族构建和国家构建的定义可以看出，这两个学术术语被赋予全新的意思。它们的新含义侧重于外国强权通过武力在冲突后国家重建一套完整的政治体制，特别是民主体制。笔者认为国家构建或者民族构建只是美国式话语，或者说是站在美国价值观和国家利益角度的一种话语。美国关于民族建构或者国家建构的理论基础是他们所定义的“失败国家”（Failing State，Failed State）论。他们认为，自从“9·11”事件以来，美国国家安全的最大威胁来自恐怖主义和所谓的“失败国家”。而美国应该通过“民族构建”或者“国家构建”帮助这些所谓“失败国家”实现民主和稳定。他们对于危机国家或者所谓“失败国家”倾向于采取单边军事干预以实现这些国家的“体制转变”，以维护自身的安全。

美国学者理查德·威廉逊认为，自从“9·11”事件爆发之后，美国开始认为其安全威胁不仅来自恐怖主义本身，而且来自窝藏恐怖主义分子的虚弱或者失败国家。美国政府逐渐接受美国的关键利益需要靠民族构建来推进。但是由于美国在帮助民族构建方面准备不充分，恶果已经在伊拉克显现。他认为，美国的民族构建努力应该主要集中在：建立安全、秩序和法治；提供水电等基础设施服务；帮助复苏经济；推动和解；建立代议制政府等。[③] 笔者认为伊拉克战争之所以旷日持久不是美国在民族构建方面准备不充分，而是不注重本国力量的参与。在伊拉克和阿富汗政府中仅有的亲美或者亲西方的政治力量并不利于社会和解和国家重建。此外，没有联合国的授权，某一成员国通过对另一成员国“武力干预”实施的民族构建或国家构建并不具有合法性。美国学者提出的国家构建（State - building）只是重建的一个重要组成部分，即国家政权的重建。

作为战乱频仍的一个大陆，非洲人民对于冲突有着切肤之痛。他们对于冲突后的重建

---

① “Nation - building”，http：//en. wikipedia. org/wiki/Nation - building#cite_ note - 0.

② “State - building”，http：//en. wikipedia. org/wiki/State_ building.

③ Richard S. Williamson，“Nation - Building：Dangers of Weak，Failing and Failed States”，*The Whitehead of Journal of Diplomacy and International Relations*，Vol. Ⅷ，No. 1 Winter/Spring 2007，p. 17.

比较关注，并且提出了自己对这一问题的想法和观点。非洲联盟和非洲发展新伙伴计划（NEPAD）秘书处先后发表了《冲突后重建和发展框架草案》（*Draft Policy Framework on Post – Conflict Reconstruction and Development*）（以下简称“政策框架草案”）和《非洲冲突后重建政策框架》（*African Post – Conflict Reconstruction Policy Framework*）（以下简称“政策框架文件”）。非盟的政策框架草案规定了重建需要达到的五大目标：安全；政治治理和过渡；人权、司法与和解；人道主义援助；两性平等发展。“政策框架草案”强调非洲对于本地区冲突后重建与发展进程的领导权，以及冲突当事国人民对于重建的自主权（National Ownership）。

非洲发展新伙伴计划秘书处颁布的“政策框架文件”则认为，冲突后重建“应该被理解成一个复杂的体系。这个体系能够同时提供短期、中期、长期计划以阻止争议升级，避免暴力冲突再度爆发，并建立和巩固持久和平”。[①] 其“最终的目标是致力于建立持久和平”。[②] 冲突后重建体系主要包括五个方面：安全；政治过渡、治理和参与；社会经济发展；人权、正义与和解；协调、管理和资源动员。

通过对以上材料的分析并结合笔者的理解，笔者认为冲突后重建是冲突后社会、地区或国家在冲突结束之后开展的建立或巩固统一的国家政权，重建经济和家园，致力于社会和解和民族和解的一个综合性进程。冲突后重建越来越被视为预防冲突后社会再次爆发冲突的一种手段和措施，其目标可以简单地概括为恢复政治、经济和社会秩序。由于多年的冲突和战乱，冲突后国家缺乏足够资源和能力来开展冲突后重建行动。因此冲突后重建过程中，国际社会将扮演一个重要角色。但是尊重东道国人民在重建中的主导作用正逐渐得到国际社会的认同。重建必须以东道国人民的意志为主，外部干预只能起一种辅助作用。类似于美国“重建”伊拉克或阿富汗的努力并不应该被视为“战后重建”，更应该定义为一种侵略行为，其实质是美国军事占领一个国家之后的后续行动。

（二）何为“冲突后”（Post – conflict）

“冲突后”是对于英文 Post – conflict 的意译，实际上其正确翻译应该是“冲突结束之后”。关于“冲突后”定义并不止涉及一个问题，它牵涉到冲突后阶段的“始”和“终”，即“冲突后”阶段何时开始，何时结束。

关于如何确定冲突结束、重建开始对于研究冲突后重建是一个关键问题，也是一个重要难题之一。根据“冲突后”的定义，其指的是在某个国家冲突结束之后的事情。但是这个定义有两个方面的问题：第一，冲突后阶段的开始时间的确定。有学者用两个事件来确定冲突后阶段的开始：①战争的任何一方取得了决定性的胜利，例如说在长期战争之后攻占首都，夺取了政权。②战争各方签署了全面停火协议。[③] 即使全面停火协议没能终止所有暴力行为，但只要协议使得冲突急遽减少就可认为进入了“冲突后”阶段。从冲突后重

---

①② NEPAD Secretariat, “African Post – Conflict Reconstruction Policy Framework”, June 2005.

③ Janvier D. Nkurunziza, “Civil War and Post – Conflict Reconstruction in Africa”, July 28, 2008, pp. 4 – 5, 见：http://www.afdb.org/ fileadmin/uploads/afdb/Documents/Knowledge/30754226 – EN – 2.4.3 – NKURUNZIZA – TUNIS. PDF.

建的实践来看，国际组织大多将和平协议签署作为参与冲突后重建的进入时间节点。这基本上说明国际社会也将和平协议的签署视为冲突后重建开始的时间点。

根据上述两种结束冲突、实现和平的方式，笔者将冲突后重建也划分为两个类型。第一种类型为冲突的一方击败其他所有敌对派别，夺取了全国政权。在这种类型中，夺取政权的一方实际上控制了全国政权，可以完全按照自己的政治意愿来推行重建方案。外部势力干预较少，主要通过财政资助的方式来帮助东道国政府，如乌干达、埃塞俄比亚、莫桑比克和2002年之后的安哥拉。第二种类型为冲突各方实力相对均衡，无法通过武力完全击败敌对方，而最终通过国际干预签署全面和平协议，组成过渡联合政府，最后举行大选。在这种类型中，外部势力干预比较多，通过军事、政治、人道主义等援助来帮助东道国实施重建计划，如塞拉利昂、刚果（金）、安哥拉重建的前期阶段。第一种重建类型中，国家已经实现了政治统一，剩下只要将全部精力投入经济重建。他们对于外国援助有着相当的自主性，可以选择对自己有利的重建援助方案；第二种重建类型中，国家虽然形式上实现统一，但对于领土的控制力仍有限，局部冲突时有爆发。这类国家的重建相对较难，花费的资源较多，重建所需时间也更长。

第二，当冲突后阶段开始的日期确定下来，接下来的问题就是它什么时候结束。对此，有学者认为，如果刚摆脱内战的国家有明确的区别于和平国家的特征，那么当这些特征消失的时候，冲突后阶段“理论上”应该结束。但是实际上，确定一个冲突后国家从冲突后状态回归常态几乎不可能。因此，冲突后阶段应该被认定为冲突结束后的十年。[①] 还有学者认为，由于冲突后干预行动都预设了明确的目标，如支持从战争向和平过渡、恢复经济和社会发展、民族和解和重建、人和制度的能力建设等，加之由于冲突后社会存在再次爆发战争的风险，冲突后重建至少需要20年的持续努力。[②] 笔者认为后一种观点为确定冲突后结束时间提供了一点提示，即以重建要完成的目标为标准，确定重建的结束时间。东道国和国际社会可以预先确定一个各方认同的冲突后重建要达成的目标（当然在运作过程中可以不断修正），然后以目标的主体部分完成时间作为重建基本完成的确认时间。

总之，冲突国家冲突的背景、规模、激烈度不一样，开展冲突后重建的领导人能力、国际社会投入大小有别，对于冲突后重建存续期间几乎无法规定一个固定的时间年限作为标准，最好还是采取逐案处理。

三、研究现状

“冷战”以后出现内部冲突和内乱的国家多集中在中东非洲、巴尔干地区、中美洲等地区，这些地区均为美国和欧洲地缘战略上比较关注的地区。西方国家相对比较关注，而且由于战略利益关系也卷入比较深，西方国家对此研究成果比较丰富。“9·11”事件爆发

① Ibid, p. 5.

② The African Capacity Building Foundation, “Reconstruction and Capacity Building in Post - Conflict Countries in Africa”, Occasional Paper No. 3, December 2004, p. 7.

之后，美国和西方国家的战略重点转为打击国际恐怖主义。由于担心其所谓“失败国家”成为恐怖主义滋生的温床，西方国家特别是美国对世界各地的所谓“失败国家”日益重视，也关注所谓“失败国家”崩溃之后的国家重建。相比较而言，国内对于伊拉克、阿富汗国家重建比较关注，但是对非洲国家冲突后重建的研究成果相比较而言较少，主要集中于研究联合国对于一些非洲国家的建设和平行动。

（一）国内对于国家重建的研究

国内重建研究主要集中于研究美国的重建政策和一些热点国家和地区重建的研究，例如，伊拉克重建和阿富汗重建。虽然国内相关研究不是针对非洲国家冲突后重建，但是其对重建的研究对于我们理解重建有很大帮助。

关于美国重建政策，国内学者江涛认为其是美国以武力对别的国家进行干预后，以“国际社会”的名义或者按照美国的意愿和利益来改造被干涉国，使其走向民主和稳定的行为。其核心是美国通过战争或使用武力介入该国后，重新建立一个正式或非正式的国家机制，包括基础设施的重建、最低社会系统的运转，以及政治、经济、社会和安全部门的根本性变革。他认为美国外交政策中的“国家重建”常常违反国际法和国际关系准则，不能从根本上解决目标国的冲突和危机，是实现美国国家利益的一种工具。① 他在另外一篇文章《制度文化与国家重建》中对国家重建的定义进行了梳理，认为国家重建的英文对应词是“Nation – building”。文章认为国家重建的核心是国家机构的建设或重新设立，而成功的国家构建取决于该国制度和文化建设。② 作者认为制度或机制在国家向稳定状态转化起决定性作用，文化或规范则是国家依靠自身力量建立并保持自由和民主秩序的关键性力量。他的博士论文《美国对外关系中的重建问题》对美国的重建政策做了全面的阐述。他认为美国重建政策主要有 4 个维度：安全重建；政治与机制重建；经济重建；社会文化重建。

关于热点地区重建，国内有关伊拉克、阿富汗重建的文章比较多。傅小强在《阿富汗重建进程和前景》一文中对阿富汗重建过程进行了总结。他认为在外部力量的介入下，阿富汗的政治重建远远领先于经济恢复步伐，政治与经济脱节问题严重。阿富汗政府正面临安全形势恶化、军阀势力抬头、毒品经济和贫困、腐败等挑战。阿富汗政府过分依赖美国政府的负面影响开始显现，阿富汗重建前景不容乐观。③ 而刘泓则从民族学的视角探讨阿富汗国家重建问题，通过考察阿富汗民族主义与国家利益所依存的历史与社会背景、表现形式和内涵、两者间的悖逆关系与产生动因及其影响，分析了阿富汗重建可遵循的原则和采取的措施，阐释了相关的理论依据和现实意义。作者认为，民族主义是决定民族国家行为的原动力，国家利益是民族主义的动因；在多民族国家中，国家利益的建构作用通过各民族应对共同的非安全因素而组建的联盟或联合得以释放。④ 对于伊拉克重建，李昌星和

① 江涛：《美国外交政策中的“国家重建”问题》，《外交评论》2006 年第 87 期。

② 江涛：《制度文化与国家建设》，《国际关系学院学报》2006 年第 3 期。

③ 傅小强：《阿富汗重建进程及前景》，《现代国际关系》2006 年第 7 期。

④ 刘泓：《民族主义和国家利益——民族学视野中的阿富汗国家重建》，《民族研究》2006 年第 5 期。

颜光华从美国国家安全角度探讨了这个问题，认为“冷战”后，从维护霸权的目的出发，美国的国家安全战略表现为：以“先发制人”为手段，以反恐和防止大规模杀伤性武器扩散为当务之急，强化相对优势并在中长期遏制挑战者。发动伊拉克战争、对伊拉克的战后重建以及推动所谓“中东改造”是美国实现其全球战略的现实选择，将对国际关系格局产生深远影响，但面临许多的不确定性因素。①

（二）国外对非洲国家重建的研究

由于国外一直比较关注国内冲突和人道主义危机，因而对于国家重建的研究比较深入和系统，当然也包括大量关于非洲重建的研究成果。对于非洲重建的研究涉及非洲各国重建的案例研究以及重建的各个微观领域。国外对于冲突结束之后重建的研究不仅涉及国际组织、国家行为体、国内行为体等各种行为体在非洲国家重建中的作用，而且涉及非洲国家重建中一些微观领域，例如重建中的金融、难民、妇女、大众参与等问题。

除了兰德公司对重建展开了深入的研究外，其他美国智库也对重建进行了大量的研究。美国军队协会（AUSA）和战略与国际研究中心（CSIS）的联合报告《冲突后重建任务框架》为冲突结束后国家重建的任务搭建了一个框架。该报告为冲突后重建需要开展的任务设置了4个关键领域，分别为安全、社会和经济福利、司法与和解、治理与大众参与。每个领域都分成三个阶段性框架，即最初的反应、转型、鼓励可持续性，并在每个领域和每个框架下提出一系列需要解决的问题。该报告为我们搭建了开展一个冲突后重建的框架，对冲突后重建的研究具有一定的启发意义。②

国外学者对非洲国家重建的个案研究较多，也很系统，成果非常丰富。联合国大学世界发展与经济研究所发表的《财政视野中的埃塞俄比亚的过渡和重建》认为，在1991年埃塞俄比亚新政府夺取政权之后，财政上面临三个挑战：首先，需要付出努力去改革税收体系使之现代化。其次，必须将财政支出从军事方面转向民政方面。最后，通过政治强制命令推动财政分权过程，而这一财政分权与政治分权相一致。③

《安哥拉不彻底过渡》报告分析冲突之后安哥拉的重建经验，认为安哥拉宏观经济稳定和经济自由化遇到的困难和私有部门的发展有很大的关系。高通胀、政策的随意性等因素限制和滥用了对私有部门的投资。正在发展中的新私有部门主要取决于以下三个因素：战争进程、自然资源的巨额财富，以及私有化和自由化的方式。④

联合国大学世界发展与经济研究所发表的文章《从冲突到重建》则对国家和外部捐助者的关系进行讨论。作者认为政府倾向于将有关改革和重建的事务划分到不同的战略和政府各部；而捐助者同样如此。国际货币基金组织关注改革，联合国关注冲突解决和重建，

① 李昌星、颜光华：《从美国国家安全战略看伊拉克重建》，《兰州学刊》2006年第4期。

② AUSA/CSIS, “Post Conflict Reconstruction Task Framework”, May 2007.

③ David L. Bevan, “The Fiscal Dimensions of Ethiopia's Transition and Reconstruction”, UNU World Institute for Development and Economics Research, August 2001.

④ Renato Aguilar, “Angola's Incomplete Transition”, UNU World Institute for Development and Economics Research, August 2001.

而世界银行则对这两大领域都关注。要想停止冲突和减贫，改革和重建不能分开处理。在公共开支、税收和政策等方面的差别对待减少了受歧视的社会集团的收入，激化了地区和族群之间的紧张局势，导致了冲突。[①] 联合国秘书长前特别顾问拉卡达尔·巴拉希米（Lakhdar Brahimi）认为，国家构建（State – building）是所有和平行动的中心目标。为了服务此目标，包括联合国及其机构、国际和地区金融机构、双边资助国和非政府组织在内的所有的国家参与者都应该依据可能及其相对优势共同协作。他认为国家构建的关键领域在于立宪、大选、国内统一和民族和解以及法治。[②]《非洲的地区治理和国家重建》则讨论了地区一体化和国家重建之间的关系。报告认为，20 世纪 70 年代非洲地区和次地区经济组织不重视法治、良治和地区安全，也缺乏这方面的制度建设，但是目前的非洲危机和国家失败正在促进这方面的进步。国家重建越来越依赖地区经济一体化的成功，而这种趋势又为援助国带来支持地区经济一体化的动力。[③]

当然除了关注政府间组织、外国政府对冲突后国家重建的态度和方式，西方学者对于私人部门、非政府组织、国内其他行为体在重建中的作用也有研究。世界银行《国际公司与冲突后重建：跨部门比较》探讨了国际公司在冲突后重建中的作用。报告认为国际公司在重建中的作用是对国际援助机构的一个必要的补充。然而，如果决策者想从私人投资中最大化其利益，他们需要理解不同的公司和部门怎样看待机会和风险，考虑他们在冲突后安排中的综合影响。[④]《和平之后：冲突后重建中的妇女》探讨了妇女在冲突后重建中的作用。文章认为建立维持战后政治、经济和社会发展所必需的持久和平需要广泛的社会参与，而妇女在战后重建中的作用没有得到充分重视。[⑤]《对冲突后重建中起点不平等的政策》认为冲突国家各个社会集团在获取社会、经济、政治资源方面的不平等是冲突的重要根源。纠正这个问题需要在冲突结束后形成重要的政策规划。文章认为，纠正各集团在获取资源不平等方面的政策实际上在以族群为基础的社会非常普遍。虽然这个问题非常重要，但是它却不是冲突结束后发展计划的一个明确的组成部分。[⑥]

对于冲突后解除民间武装和收缴武器方面，《布隆迪小武器：和平时期平民武装的解除》报告对布隆迪的小武器收集和销毁进行了研究和探讨，并试图形成一个针对武器收缴方面的政策。报告认为目前布隆迪约有 100000 个家庭拥有小武器或者轻武器，这些武器

---

① Tony Addison, "From Conflict to Reconstruction", UNU World Institute for Development and Economics Research, June 2001.

② Lakhdar Brahimi, "State building in Crisis and Post – Conflict Countries", 7th Global Forum on Reinventing Government & Building Trust in Government – Vienna, June 2007.

③ Daniel C. Bach, "Regional Governance and State Reconstruction in Africa", Afrasian Center for Peace and Development Studies, 2006.

④ John Bray, "International Companies and Post – Conflict Reconstruction: Cross – Sectoral Comparison", World Bank: Social Development Papers, Paper No. 22, February 2005.

⑤ Report of Center for Development and Population Activities, "After Peace: Women in Post – Conflict Reconstruction", November 1998.

⑥ France Stewart, "Policies Toward Equality, Human Security and Ethnicity", CRISE of University of Oxford, March 2005.

是布隆迪乃至该地区的一个极大的安全隐患。布隆迪政府有必要与其他国家合作收缴并销毁这些武器。①

题为《综合安全和可持续和平：倡议和行动工具箱》的报告对冲突后重建行动总结了几条经验。在援助被提供前，有必要建立一个源于冲突解决的重建政治框架，并且该框架必须得到国内外各方的接受；冲突国家政府的预算必须公开和透明，透明和责任在重建开始就是必不可少的；重建计划必须由捐助国、冲突国家及其人民共同合作形成；国际行为体必须尽可能协调他们的行为，非政府组织也应该参加重建过程。②《灾难和冲突之后重建评估框架》报告对于灾难和冲突之后重建的技术需要总结了一个评估框架。所有的数据被分类到灾难和冲突之后的评估框架中。该评估框架可以用来确定高效的灾难和冲突之后干预特别是基础设施恢复的技术解决办法。③

对于专注于刚果（金）重建的研究成果也不少，涉及刚果（金）重建进程的各个领域。《人权和大湖地区和平杂志》2004 年第 1 卷第 1 期专门就公民社会在刚果民主共和国［刚果（金）］重建中的作用做了一期专题。④ 该期杂志的多篇文章从公民社会、前武装人员向平民转变、人力资源、儿童、教会等角度探讨公民社会在刚果（金）重建进程中的作用。《非洲国家形成的经济政治基础：理解国家重建》报告根据稳定国家坦桑尼亚的经验考察了卢旺达、乌干达的重建进程，并对刚果（金）重建带来的挑战进行了研究。报告从制度和组织的角度考察国家重建，主要关注政治组织系统、安全系统和行政系统三个领域。⑤《遭受战争破坏经济的重建》对于经过战乱之后经济的重建进行了分析，并且文章以刚果（金）作为案例进行分析。⑥《重建刚果民主共和国：捐助方扮演何种作用?》从刚果（金）和平进程、解除武装和复员、经济发展及国际援助 4 个方面探讨如何重建刚果（金）。⑦《刚果（金）解除武装：启动的 DDRRR 以阻止进一步战争》探讨了如何解除刚果（金）各派别武装以及民兵武装。文章认为联合国应该在其中发挥重要作用，同时必须由地区政治安排来推动刚果（金）各派别以及民兵解除武装。⑧《刚果（金）：巩固和平》

① Stephanie Pezard and Nicolas Florquin, "Small Arms in Burundi: Disarming the Civilian Population in Peacetime", Small Arms Survey, Graduate Institute of International Studies, Geneva, August 2007.

② Report of International Alert and Women Waging Peace, " Inclusive Security, Sustainable Peace: A Toolkit for Advocacy and Action", Hunt Alternatives Fund and International Alert, December 2004.

③ R. Gueili, S. Liebenberg, and Evan Huysteen, "Assessment Framework for Post – disaster and Post – Conflict Reconstruction", CSIR, March 2006.

④ "Reconstruction in Democratic Republic of Congo: The Role of Civil Society", *Journal of Human Rights and Peace in the Great Lakes Region*, Volume Ⅰ, No. 1, 2004.

⑤ Gabi Hesselbein, Frederick Golooba – Mutebi and James Putzel, "Economic and Political Foundations of State – Making in Africa: Understanding State Reconstruction", Crises State Research Center, 2006.

⑥ Jonathan Haughton, "The Reconstruction of War – Torn Economies", Harvard Institute for International Development, June 1998.

⑦ Emeric Rogier, "Rebuilding The Democratic Republic of Congo: Which Role for Donor Community?" Netherlands Institute of International Relations 'Clingendael', June 2003.

⑧ International Crisis Group, "Disarmament in the Congo: Jump – Starting DDRRR to Prevent Further War", December 2001.

认为约瑟夫·卡比拉总统是和平进程和过渡阶段最大的赢家。文章对刚果（金）面临的政治和安全挑战进行了分析，认为应该平衡各派关系，使资源管理民主化，并提出国际社会应该采取全新的接触方式。① 刚果（金）作为中部非洲大国，国外很多研究机构对刚果（金）的冲突、和平进程以及冲突后重建进程进行了研究，对于研究刚果（金）冲突重建有着重要的借鉴和启发意义。

四、研究方法和本书特色

（一）研究思路和方法

在探讨非洲国内冲突的时候，笔者一直在思考一个问题：作为发展中地区的亚洲、拉丁美洲和非洲，为什么发展路径如此不同？冲突是每个社会都不能避免的，第二次世界大战结束以来，亚洲和拉丁美洲很多国家并非没有经历过冲突。但是经过数十年的发展，亚洲和拉丁美洲大多已经摆脱了大规模武装冲突或内战，而将冲突控制在合理的限度和烈度之内。而非洲一些国家在“冷战”结束后十年里却爆发了规模和伤害性更大的冲突，如卢旺达大屠杀、索马里内战和刚果（金）内战。究竟是什么原因导致这三个发展中地区的差异？

笔者最初的思路是，东亚的国家基本上都有着悠久的历史，而且其历史与现代没有被割裂，因此其悠久的统治经验和政治文化对于其现代国家的构建有着借鉴作用。对于拉美国家，笔者认为它们其实是葡萄牙和西班牙政治经济模式的变异，虽然在向现代国家转变的过程中会存在阵痛，但是只要渡过阵痛期，未来发展道路就会相对平坦一些。而非洲则由于古代国家和社会的自然进程相对缓慢，加之殖民地的经历使其历史和现代彻底断裂。其国家并非马克思主义所说，是社会发展到一定阶段的自然产物，国家和社会之间几乎没有联系，是被殖民主义者强行捏合在一起的。殖民统治采取的“分而治之”的政策又使得非洲的社会结构几乎未发生改变。笔者认为这是非洲国家冲突不断的历史根源。简言之，非洲国家和社会的断裂是导致非洲目前冲突的根源，现实的利益只是一个媒介和催化剂而已。

但是，随后又有一个问题出现：当代亚洲和拉美国家的进步会不会是因为亚洲和拉美的经济发展程度更高所致呢？这并非没有可能。这个问题又引申出了另外一个问题：非洲国家为什么没有实现经济发展？拉美和亚洲为什么能实现一定程度的发展？如果不能把这些问题解释清楚，笔者认为对于开展冲突后重建的研究不利。这主要是由于不消除冲突的根源，冲突很有可能再次爆发。

鉴于非洲国家形成以及社会结构的特殊历史，笔者认为有必要从国家和社会的发展史考察非洲的冲突，进而开展对冲突后重建的研究。马克思的社会结构论明确优于其他社会结构论（如帕森斯的社会系统论）的地方在于它不必在社会结构以外去寻找社会变迁的根源。马克思所创立的唯物辩证法使他有可能运用社会结构因素之间的矛盾来解释社会变

① International Crisis Group，“Congo：Consolidating Peace”，July 2007.

迁。马克思有关社会结构基本要素之间的矛盾关系为：生产力—生产关系—上层建筑。马克思认为社会变迁是由生产力与生产关系之间的矛盾、经济基础与上层建筑之间的矛盾运动引起的。这种矛盾运动一方面表现为生产力对生产关系、经济基础对上层建筑的决定作用，另一方面表现为生产关系对生产力、上层建筑对经济基础的反作用。只有把社会变迁视为社会结构内部因素的矛盾运动，才使马克思有充分的信心把社会形态的发展看作一种自然历史过程。马克思的社会变迁论并没有止于对社会结构内部因素矛盾的运动的抽象表述，而是进一步将社会结构的变迁与他所创立的阶级斗争学说结合起来，从而使他的社会变迁理论不仅具有结构上的严谨性，而且具有现实性。现代西方马克思主义通过研究马克思主义国家理论提出的国家—社会关系理论，是本书考察非洲国家冲突后重建的重要理论源泉。

综上，本书以马克思主义辩证唯物主义和历史唯物主义作为指导，对本书主题开展比较研究。就非洲研究而言，非洲国家和社会之间究竟是一种什么关系？辩证唯物主义认为一切物质都是在不断运动和变化的，事物与事物之间都是相互联系、相互渗透、相互影响的；历史唯物主义认为生产力决定生产关系，经济基础决定上层建筑。马克思辩证唯物主义是非常科学的世界观和方法论。

从国家和社会发展的角度研究非洲国家内部冲突只是从宏观和历史的角度把握非洲国家内部冲突的历史结构性根源，具体现实中非洲国内冲突根源具有多样性和多元化的特点。每个非洲国家冲突的根源可能不同，实现和平的手段也不一样，因此采取的冲突后重建措施也不尽相同。因此，对非洲国家冲突后重建经验的研究很有必要采取比较研究方法。通过对多个案例的比较，提取冲突后国家重建的共性。唯有如此，我们才能更好地总结并发现事物发展规律。

当然冲突后国家重建是一个实证性要求很高的研究。笔者目前没有条件前往非洲进行田野调查。加之冲突后国家百废待兴，其数据统计也存在很大的缺陷，对于冲突后重建的实证研究非常不利。幸运的是，由于国际社会对冲突后重建越来越关注，很多国际组织、非政府组织和智库将自己在当地的工作经历、想法和观点总结出来，出版成册。这对于不能进行田野调查的笔者来说算是些许的安慰。

（二）本书特色

国际社会对冲突后重建的研究成果非常之多，角度也较多元化。综观现有资料，笔者认为现有的冲突后国家重建研究有两点不足：一是国家重建进程的结束时间；二是没有区分两类国家的重建。

首先，关于国家战后重建的结束时间，笔者提出以东道国和国际社会认可的重建目标的主体部分完成时间为重建的完成时间。这个方面其他学者大多数根据其他国家的发展经验确定固定的年限（如10年或者20年）作为重建进程所需花费的时间。其次，笔者认为应该区分两类冲突后国家，以便对不同类型的冲突后重建开展研究。笔者认为冲突后国家主要有两种类型：第一种是内战一方完全击败另外一方，夺取了全国政权；第二种是内战各派实力势均力敌，在国际社会帮助下通过签署和平协议实现和平，开展冲突后重建。第一类国家重建相对而言受到的关注较少。因为国家实现统一，其冲突再次爆发的可能性较低，统一的国家能够在重建中投入较多的精力，也能承担重建的责任。目前冲突后重建的研究更多地集中于第二种模式，因为在这种模式中，重建涉及的问题较多，重建的难度也较大，国际社会发挥的作用比较重要。笔者在这两个方面的思考也算是对冲突后重建研究的一些补益。

第一章　非洲内部冲突根源及冲突后社会面临的挑战

“冷战”结束后，世界各国开始借经济全球化之机发展经济，但是非洲大陆在“冷战”结束后的十年中却因愈演愈烈的暴力冲突而成为世界关注焦点。本书主题是讨论非洲国家冲突后重建，不了解非洲冲突的根源，则对于如何开展冲突后重建将无从下手。由于非洲幅员辽阔，国家和民族众多，各国的历史和地理条件不同，经济发展阶段不一，因此非洲冲突的根源也很复杂。

必须注意到，第二次世界大战后大多数新获得独立的发展中国家都经历过一个阵痛期。很多发展中国家曾先后陷入动乱和冲突。可以说，冲突和内乱并不仅是非洲地区所独有的，亚洲、拉美地区很多发展中国家也曾出现过动乱、暴力冲突乃至内战。但是其中一部分发展中国家经历了数十年发展之后，基本上实现了政治稳定和经济增长。独立后的非洲国家也经历过一段时间的稳定，但是“冷战”结束后的十年中，非洲却陷入了动荡和冲突中。因此，对于非洲冲突的关注，不仅是关注“冲突”现象本身，更重要的是关注非洲地区冲突之反复。唯有如此，才能更好地预防冲突再次爆发。

第一节　冲突理论与非洲冲突的根源

一、冲突理论相关文献综述

从社会学角度而言，冲突为所有社会所固有。集团和国家之间出现利益和观念上的分歧是很自然的，但是如何控制和解决这种分歧决定它们是以政治（非暴力）的方式还是暴力的方式显现出来。当一个社会里所有集团按照法律和社会建立的规范和准则追求其目标时，冲突很可能以政治的方式出现。在其他一些案例中，集团用暴力来追求自己的目标，使用暴力方式超过使用政治方式。更好地理解什么影响冲突的水平和变迁能够确保政策干预不会刺激、加剧或者回复暴力冲突的环境。

社会学自诞生以来一直比较关注秩序，其社会冲突理论成为分析各类社会冲突最主要的理论来源和依据。马克思、韦伯、齐美尔的思想对现代冲突理论有着重要影响，也是现代冲突理论的重要理论源泉。马克思主义的阶级冲突思想影响比较深远。马克思主义认为人们在社会生活中建立在财产和生产资料占有上的经济关系是最基本的社会关系，这种经济地位上的不平等是社会冲突的根源所在。阶级斗争存在于社会生活的各个领域，表现为经济斗争、政治斗争和思想斗争。其中政治斗争、思想斗争是上层建筑领域的斗争，是由经济关系不平等所决定的。阶级斗争在阶级社会的发展中起着巨大的推动作用。

而韦伯认为社会冲突的根源有三个：财富、声望和地位的高度相关性；报酬的分配；低水平的社会流动性。当权力和财富以及地位高度相关，报酬分配为少数人垄断，且社会流动性比较低，地位低的人们无法或很少可能向较高的社会地位流动时，人们比较倾向于通过冲突来争取权力、地位和财富。[①]

20 世纪 40 年代中期以后，以 T. 帕森斯为代表的结构功能主义，强调社会成员共同持有的价值取向对于维系社会整合、稳定社会秩序的作用，将冲突视作健康社会的“病态”，努力寻求消除冲突的机制。20 世纪 50 年代中后期，随着第二次世界大战后短暂稳定的消退和冲突现象的普遍增长，以科塞为代表的社会学家开始对帕森斯理论的精确性产生怀疑。他们吸取古典社会学家，特别是 K. 马克思、M. 韦伯、G. 齐美尔等有关冲突的思想，批评和修正结构功能主义的片面性，逐渐形成继结构功能主义学派之后有重大影响的社会学流派之一。

科塞强调冲突在社会中的积极功能，即建设性功能，有益的功能，认为冲突主要有以下正面后果：①冲突对社会和群体具有内部整合功能。冲突有利于建立和维护社会或群体的身份和边界线，与外部的冲突有利于社会或群体的“聚合”。②冲突对社会与群体具有稳定功能。冲突增加社会结构的灵活性，有利于提高社会系统的适应性。社会如果没有冲突就会僵化和停滞。对于社会结构平衡的威胁不是来自冲突，而是来自僵化本身，它使敌对情绪日积月累。一旦这种敌对意识在冲突中爆发，就可能使社会结构解体或崩溃。③冲突对新群体和社会形成具有促进功能。④冲突对于新规范和制度的建立具有激发功能。科塞从三个方面论述了这一功能的产生：冲突可能导致法律的修改和新条款的制定；新规则的应用会导致围绕这种新规则和法的实施而产生新的制度结构的增长；冲突还可能导致竞争对手们和整个社区对本已潜伏的规范和规则的自觉意识。⑤冲突是一个社会重要的平衡机制。[②]

20 世纪 60 年代以来，社会冲突日益被西方社会学家关注，并成为他们分析社会变迁和进步的论据。他们发现社会进程是由某种程度上与他人利益相一致，同时又在某种程度上与他人利益相冲突的个人利益、集团利益所驱动的连续过程。一致和冲突都是社会存在的基本动力；稳定和变迁是社会存在的两种基本形态。冲突是社会结构的固有成分。冲突引起社会变迁，社会变迁排除冲突的消极影响。[③] 西方社会学的冲突理论主要是以西方社会冲突的事实为摹本进行叙事，但仍为第三世界的社会冲突研究提供了丰富的理论源泉，

---

① 侯钧生主编：《西方社会学理论教程》，南开大学出版社 2001 年版，第 165－168 页。
② 宋林飞：《西方社会学理论》，南京大学出版社 1997 年版，第 323－329 页。
③ 宋林飞：《西方社会学理论》，南京大学出版社 1997 年版，第 321－322 页。

也为其他学科的冲突研究提供了借鉴。

除了西方社会学，冲突一直是政治领域的永恒话题，但是政治冲突作为一个单独的理论问题，在20世纪之前并未引起人们的注意。20世纪政治学研究者开始借用社会学的概念和方法来研究政治问题，“政治冲突”（Political Conflict）一词开始出现在政治学论著中。当政治学研究者使用政治冲突一词时，他们指的是发生于政治领域的社会冲突，即围绕着公共权力而进行的或有可能影响公共政策的制定与执行的社会冲突。政治冲突是社会冲突的一种，是指在一个既定的政治共同体（国家、地区等）内，政治主体之间相互对抗的活动过程。政治冲突的基本单位是个人、政党、利益集团、阶级、阶层、民族、种族、国家（政府）等，这些政治冲突的基本单位之间的、互相针对着的行为（互动）就是政治冲突。

20世纪60年代，比较政治学的兴起使得第三世界国家的冲突和动乱成为政治学研究者关注的重要领域。在发展中国家政治发展研究领域，亨廷顿在20世纪60年代的探讨迄今仍余响不绝。在《变化社会中的政治秩序》（*Political Order in Changing World*）一书中，亨廷顿对第三世界国家的暴乱与动荡进行了有益的探索。书中开宗明义提出了他的观点：第三世界的暴乱和动荡，很大程度上是因为社会急剧变化，新的社会集团被迅速动员起来参与政治，而政治制度的发展步伐又缓慢。[①] 换言之，随着社会经济的发展，政治平等和参与急剧扩大，这些变革不仅打破了政治权威的传统根基和传统的政治机构，而且使得建立具有新的合法性基础和效能的新的政治机构复杂性大大增加。在传统的政治权威和政治机构被打破，而新的政治权威和制度还未建立的情况下，冲突无可遵循的规则和规范，易导致冲突失范和失序。因此，亨廷顿认为，贫困并不一定导致动乱。冲突和动乱主要产生于那些想“致富”的国家，即那些正在进行现代化的国家。穷国虽然贫穷，但是其传统权威及传统政治制度得以维持，反而不容易动乱；而社会动员水平和经济发展水平比较高的国家，由于政治制度发达，也不容易动乱。对此，亨廷顿认为，现代性孕育着稳定，而现代化过程却滋生着动乱。[②] 亨廷顿批评了20世纪60年代美国对发展中国家的经济援助政策。他认为当时美国政府的信条“经济援助将有助于经济发展，而经济发展又会促进政治稳定”是错误的。按照亨廷顿的逻辑，在现代化进程中，发展中国家冲突与动乱是因为政治制度的发展与社会动员水平发展的落差所致，故此应该加强发展中国家政治制度的发展。就这一点而言，他应该是当前西方国家的“良政”（Good Governance）和“国家能力培养”（Capacity - building）政策的开山鼻祖。当然书中亨廷顿强调的强大政治制度不仅是民主制度。

比较政治学另一代表学者加布里埃尔·阿尔蒙德采用结构—功能主义研究政治稳定和政治发展。结构功能主义把政治冲突看成是一种对无效、无能政府的反应。政治冲突主要

---

① ［美］塞缪尔·亨廷顿：《变化社会中的政治秩序》，王冠华等译，生活·读书·新知三联书店1989年版，第4页。

② ［美］塞缪尔·亨廷顿：《变化社会中的政治秩序》，王冠华等译，生活·读书·新知三联书店1989年版，第38页。

发生于政治体系和政治环境不平衡时。他认为政治不稳定产生于“政治体系能力与社会要求之间脱节”，而这种脱节主要缘于两个方面的平衡关系被打破：一是构成政治体系的体系、过程和政策之间的动态平衡被打破，同步配合关系遭到了破坏。二是该体系中政治文化和政治结构之间的失衡。即使是稳定的政治体系，其政治文化和政治结构也每天发生着细微的变化，一旦它们之间的平衡被打破就会导致政治不稳定。在《比较政治学：体系、过程与政策》一书中，阿尔蒙德将发展中国家政治不稳定总结为7个主要原因：政权合法性存在争议；“国家认同意识”发生危机；各社会集团之间的疏远和敌视感；政治体系对世俗化造成的政治参与迅速扩大反应迟钝而造成的政治冲突；利益表达方面渠道不通畅；利益综合的两极化；政府公共政策存在失误。①

1966年，结构功能主义的代表人物之一，美国学者C. 约翰逊（Johnson）出版了专门讨论政治冲突和社会变革的著作《革命的变革》。他指出，当一个社会的政治秩序不被广泛接受，政治冲突就会在各个层次发生，社会变革的要求也将不断高涨。政府的功能就是要不断地对政治环境的新要求、新期望做出调适，这种调适是政治平衡的必要条件，否则，政治冲突将不断出现，革命就会爆发。

结构功能主义比较重视政治冲突各方的合理合法性因素，认为在政治冲突中，冲突各方能否达到目的，在某种程度上将取决于各自的合理合法性。当一个政府对人民的要求和期望置之不理时，这个政治体系就会出现权力萎缩；当一个政治体系权力萎缩时，社会压力就会越来越大，政治冲突越来越频繁，最后，政府的合理合法性将丢失，政治体系和政治秩序将完全混乱。换言之，结构功能主义将政治冲突看成是各个社会结构之间的冲突，是社会动乱和政治革命的原因；它产生于政治体系的不平衡，而根源在于政治体系没有及时对政治环境的刺激做出正确、适时的反应。换言之，是政府的无效、无能导致了冲突与革命。

社会心理学的政治冲突理论认为人们进行政治冲突是为了表明自己的要求，并改变现存的社会状况。而人们之所以要求改变现存的社会状况，是因为人们对现存社会存有不满心理。社会心理学的政治冲突理论把焦点聚集在政治冲突、政治不稳定的个人的心理因素、条件上，不试图解释政治冲突、变革的具体方法。

“相对剥夺”（Relative Deprivation）是社会心理学者用来描述和解释政治冲突和社会变革的关键概念，因而，有时人们把社会心理学的政治冲突理论称为“相对剥夺”理论。“相对剥夺”理论认为人们的价值期望（预期）和实际回报（价值能力）之间是有差距的，只要这种价值预期和价值能力之间的差别存在，人的不满就会产生，政治冲突就会发生，政治改革、政治革命的要求就会被提出来。

当价值预期和价值能力出现差别时，人们感觉到实际获得的东西不是他们认为应该得到的，人们觉得自己的目的没有达到，没有全部实现，是被现存的社会秩序不公正地剥夺了。随着这种期望和回报之间差别的扩大，人们的被剥夺感和敌意会上升，这种敌意感觉

① 燕继荣主编：《发展政治学：政治发展研究的概念和理论》，北京大学出版社2006年版，第243页。

指向谁，就会和谁发生冲突。当社会成员普遍有被剥夺感时，政治不稳定就会出现，政治变革的要求就有了合理合法性。政治的不稳定是由“相对剥夺”的感觉引起的，但这并不是说一切“相对剥夺”感都引发动乱。只有当社会的大部分成员都有相对剥夺感时，政治动乱、政治变革才会出现。

“相对剥夺”理论最主要的贡献在于它指出了人们如何认识和感知他们状况和条件要比实际的状况重要，而认识和感知来源于与自己之前的状况的比较及与其他集团成员状况的比较。现代化打破了传统秩序，也打破了人们对传统秩序的理解，造成社会普遍的挫折感和相对剥夺感，给社会不稳定埋下了隐患。①

除了上述社会学、政治学等学科对冲突理论的研究和探索，其他一些学科也对国内冲突进行了研究，提出了自己的阐释，如宗教学、民族学、经济学、政治经济学等学科。这些冲突方面的理论探索为非洲研究学者探寻非洲国内冲突的根源提供了丰富的跨学科理论源泉。

二、非洲国家内部冲突的根源

20 世纪 90 年代之后，非洲大陆发生了剧烈而深刻的变化。南非和纳米比亚建立了民选的政府。经历了 30 年的冲突之后，莫桑比克也实现了和平与稳定。很多非洲国家举行了民主选举。毫无疑问，所有这一切是和平、稳定与发展积极而重要的迹象。然而当世界很多地区走向政治稳定和经济合作之际，非洲仍是政治不稳定的火山。很多遗留的冲突问题虽解决，如莫桑比克、安哥拉、南非、塞拉利昂等，但与此同时，一些新的冲突的出现却让人感觉非洲的冲突方兴未艾，如索马里、利比里亚、苏丹、刚果（金）、布隆迪的政治不稳定和暴力冲突仍然在持续。

“冷战”结束之后非洲频发的危机和冲突激发了国际社会对非洲冲突根源的研究和探索。联合国秘书长 1998 年提交的一份报告对非洲国家独立以来的冲突的根源进行了总结。该报告认为非洲冲突主要有五大根源：第一个根源是历史遗留问题。首先，由于殖民列强瓜分非洲，导致非洲众多历史上彼此之间没有任何关联的地区和族群结合在一个国家内部，非洲新独立国家同时面临建设国家政权和民族国家双重任务。而且非洲独立国家继承的殖民地政府的政治制度和法律是为了加深非洲不同族群和不同地区的隔阂而制定的。其次，宗主国为殖民地设置的经济模式是为了更好地掠夺其资源。非洲独立国家继承的这一经济模式导致非洲国家处于不平等的贸易条件下。这造成了非洲目前的贫困，而贫困又成为非洲冲突的起因。最后，东西方的争夺虽然对于各自非洲盟友稳固政权有一定作用，但是却导致非洲更多的混乱和冲突。“冷战”后，非洲突然被边缘化，其政府的能力无法控制国内冲突，导致冲突频频爆发。而联合国在索马里维和的失败导致联合国在该领域的撤退，这又给非洲冲突留下了更大的真空。第二个根源为内部因素。报告认为非洲国家政权的性质导致非洲领导人任人唯亲，极端的情况甚至导致很多族群必须通过控制国家政权来

① 燕继荣主编：《发展政治学：政治发展研究的概念和理论》，北京大学出版社 2006 年版，第 242 页。

维护自身的安全和生存。卢旺达图西人是一个明显例子，作为仅占卢旺达人口14%的少数族群，卢旺达独立以来屡次遭到人口占85%的胡图族人的群体性迫害，最后通过夺取政权来维护自己的安全和生存。第三个根源为外部因素。除了超级大国造成非洲争端和冲突外，当事国的邻国有时扮演的角色也不光彩。第四个根源为经济动机。军火、自然资源带来的利益使得冲突的利益攸关方不愿意结束甚至故意延长冲突。第五个根源为特殊问题。特殊问题指争夺稀缺资源造成的大规模武装冲突，如水、土地等生存资源。

世界各地的非洲问题专家更是殚精竭虑，希望能够找到非洲冲突的根源并解决。根据笔者总结，目前各方对非洲冲突的根源认识主要有：贫困与经济落后；复杂的部族、民族和宗教矛盾；殖民主义的遗产；极权统治和贪污腐败；政权的争夺；大国干预和争夺；等等。

（1）贫困与经济落后。多数国际组织、国家、学者认为贫困落后是非洲冲突的重要根源，尤其是世界银行。由于经济起点低，受自然条件和国际市场初级产品价格波动等因素的影响，同时面临经济全球化的猛烈冲击和挑战，非洲与发达国家甚至与一些发展中国家的差距明显拉大。正是由于贫困，一些非洲国家间或国内各部族、各派势力间为争夺有限的生存空间和资源而陷入无休止的战乱。而冲突又是发展的敌人，非洲一些冲突国家因此陷入越穷越乱、越乱越穷的恶性循环当中。

（2）复杂的部族、民族和宗教矛盾。“冷战”结束，一些原来被美苏争霸所掩盖的部族、民族和宗教矛盾爆发出来，国内冲突取代了国际冲突成为全球安全的首要威胁。非洲的部族数量之多可谓世界之冠，各国政府登记在册并予公布的有700多个，但有人估计实际至少在2000个以上。这些部族的经济基础、文化观念、宗教信仰和生活水平各不相同，相互矛盾错综复杂。特别是那些人口众多、实力较强的部族，“领地”观念往往十分强烈。这些部族或地区利益集团随着对政治权力、经济资源、社会福利等“配额”的需求增长，部族自我意识不断强化，相互之间矛盾日益激化，最终演化成血腥暴力冲突。政府在制定实施有关政策时，稍有不慎就会激化部族之间的矛盾，最后引发部族之间的战争。已经持续10多年的索马里战乱和近年来的刚果（金）武装冲突就是非洲因部族矛盾爆发冲突的典型。①

西非大国尼日利亚宗教问题是影响其政治局势的一个重要因素。尼日利亚1.5亿人中，穆斯林占一半，主要在北方；基督徒约占40%，主要在南方。为缓和矛盾，尼日利亚不成文的传统是“南方人”和“北方人”轮流当总统，并可连任一次。尼日利亚上届总统是“南方人”奥巴桑乔，本届总统原是“北方人”亚拉杜瓦，可惜他任内病故，由南方基督徒出身的副总统乔纳森接任。若乔纳森在2011年4月大选中胜出，可能被北方认作打破了该国的政治传统。作为解决问题的终极方案，2010年利比亚领导人卡扎菲曾提议尼日利亚分治，南部以拉各斯为都建立基督教国家，北部以阿布贾为都建立伊斯兰教国

① 黄泽全：《非洲冲突根源之一是民族问题》，人民网，http://www.people.com.cn/GB/guandian/1033/2307925.html。

家，但遭尼日利亚媒体痛批。

与尼日利亚南北矛盾常因选举争议激化类似，科特迪瓦近期爆发的选后流血冲突也根源于南北矛盾。该国以穆斯林人口为主的北部和以基督徒为主的南部关系一直紧张，这次遇上它独立60年后的第一次公开、民主的总统大选，国际社会支持北部穆斯林支持的前总理瓦塔拉担任总统，也是希望能够安抚权利长期遭践踏的北方民众。[①]

（3）殖民主义的遗产。这其中包括两个方面，一是殖民主义者人为划定非洲国家边界，造成非洲的跨界民族和宗教冲突。殖民者入侵后，列强们相互争夺，任意瓜分。殖民者对非洲的瓜分严重破坏了非洲大陆原有的民族传统社会、经济和文化结构。具有相同历史、语言、宗教、经济和风俗习惯的民族被殖民者的政治地缘无情地分割、肢解为几个不同的国家；而不同历史、语言、宗教、经济和风俗习惯的民族又被强行划在一个国家中，为当代非洲国家内部冲突种下了恶果。这从刚果（金）内战中可窥见一斑。

二是殖民主义者在殖民地采取分而治之的政策，导致非洲国家国内族群不和延续至今，成为目前冲突一个非常重要的诱因。他们采取“分而治之”的殖民政策，利用非洲人牵制非洲人；支持一方，打击一方，挑拨民族关系，制造民族矛盾，从中渔利。例如，乍得南、北民族流血冲突就非常典型。殖民主义者到来之前，乍得南方居住着以萨拉人为主的农业民族，北方主要是以游牧为主的图布人，北方的游牧民族与北非的游牧民族来往比较密切，游牧经济得到一定的发展，成为该国主要经济支柱，因此他们在乍得的经济和社会地位都比南方民族高。殖民者到来后，利用“分而治之”的殖民政策，在乍得南方一律种植棉花并对这里的民族给予扶植。而对北方民族则采取了截然相反的“军事管制”的殖民政策，最大限度地控制他们的对外往来，使活动力很强的图布人失去了往日的行动自由。在殖民者的“特殊”关照下，南方的棉花成为乍得的主要经济来源，乍得南方民族的社会地位发生了质的变化。然而，北方民族的命运却恰恰相反，由于殖民者采取了“军事管制”的殖民政策，他们无法与外界往来，致使他们的经济停滞、萎缩。乍得殖民时期南北民族的经济、社会地位的变换导致南北方民族的怨恨日益加深，为独立后的民族流血冲突种下了恶果。[②] 类似的案例在非洲比比皆是，数不胜数。

（4）极权统治和贪污腐败。有西方学者认为非洲的四大结构性问题分别为极权统治、少数族群的边缘化、社会经济剥夺以及不平等、国家没有能力有效控制正常的政治和社会冲突。它们是非洲大规模暴力冲突的主要根源，应该在外部干预的时候得到改善和纠正。[③] 非洲的独裁政权贪污腐败，任人唯亲，大搞裙带关系，导致政治腐败，民不聊生，最后导致政权垮台，国家陷入冲突和内战。这也是西方认为的所谓的“国家失败”或“国家孱弱”（State Failure or Weakness）的重要根源。

（5）政权的争夺。也有学者称之为“意识形态差异”，主要发生在安哥拉、莫桑比克

---

① 谢奕秋：《非洲基督徒的文化差异》，《南风窗》2011年第3期，第87页。

② 宋丽梅：《非洲民族冲突的根源》，《中国社会科学院院报》2004年7月29日。

③ Laurie Nathan, "The Four Horsemen of the Apocalypse: The Structural Causes of Crisis and Violence in Africa", *Track Two*, Vol. 10, No. 2, August 2001.

和津巴布韦等国家。争取国家和民族独立的各派最终不能共享独立之后的胜利成果，为了争夺政权而相互大打出手。津巴布韦因为穆加贝一派早早就将其他派别消灭，使国家免除了内战的威胁；莫桑比克和安哥拉各派则为此内斗经年，超级大国因而有机会插手干预。

（6）大国干预和争夺。大国干预和争夺的现象在冷战时期非常多见，并未随着“冷战”结束而消失。苏丹南部的反叛势力一直得到以美国为首的西方国家支持；津巴布韦危机中，津巴布韦反对派身后也隐约可见西方政府的影子。

当然，非洲国家内部冲突的根源大多相当复杂，是多种根源交织在一起所致。上述对非洲冲突根源的总结，基本上涵盖了有关各方对非洲内部冲突根源的认识。非洲内部冲突的根源非常复杂，众多矛盾交错呈现，穿越时间和空间，造成了非洲惨烈的武装冲突和内战。大部分冲突理论的源头主要是西方社会学，而西方社会学理论往往是以西方同质性社会为叙事蓝本的，对于解释非洲这种社会碎片化、异质程度较高的社会很有启发和借鉴意义。但用这些理论作为解决非洲冲突的基础，还是稍显单薄。为此，我们有必要从一些更深层次的历史视角来探讨一下非洲冲突。

第二节　国家与社会关系视角中的非洲冲突

马克斯·韦伯论述现代国家的一个重要特征是“垄断暴力”。但在非洲冲突国家，暴力不独为国家所垄断，众多社会集团都拥有使用暴力的能力。那非洲国家为什么不具有现代国家的重要特征，能够垄断暴力？为什么在非洲国家中，那么多社会集团能够拥有使用暴力的能力？非洲国家组织和这些社会集团之间究竟出现了什么问题？

一、国家与社会的关系

国家不是从来就有的。在国家出现之前，人类社会处于原始社会状态。国家起源说有自然说、契约说、武力说、私有制说、氏族说等。自然说的倡导者亚里士多德认为，由于人类繁殖所需的一对男女以及生来就为主人与奴隶的相互保全欲求，自然而然地构成家庭，由此逐步形成一个自然村。人类天性向往美好生活，为了满足这种本性欲望，继而在自然村的基础上自发地建立一个共同体。这一顺其自然发展形成的共同体，就是国家。契约说的代表卢梭在其《社会契约论》中提出，“一切社会之中最古老的而又唯一自然的社会，就是家庭”，各个家庭成员，一经成年脱离家庭依附关系后，为了维护各自生来具有的自由和平等，确保自身生存的利益，理智地于社会生活中发生一种约束，当社会发展需要人们共同协作，“以全部共同的力量来保障结合的人身和财富时”，“每个结合者及其自身的一切权利将全部转让给整个集体”，而原来的约束就转化成了“社会契约”。结合行为产生的道德与集体之共同体，“过去称为城邦，现在则称为共和国。当它是被动时，它的成员称它为国家；当它是主动时，就称它为主权者”。武力说认为，“国家起源于古代游牧民族对农业民族的军事征服，此说近代较为流行，论者遍及欧洲各国”。[①] 从以上诸种国家起源说，至少可以推断出一个结论：这些雏形国家都是在相同地域，相同（或者通婚）氏族的人们通过长期交往、相互融合逐步形成的。最初形态的国家都是以地域、血缘关系为纽带组织起来的。

恩格斯指出国家的出现是人类社会发展的必然结果。恩格斯在《家庭、私有制和国家的起源》中指出："国家是承认：这个社会陷入了不可解决的自我矛盾，分裂为不可调和的对立面而又无力摆脱这些对立面。而为了使这些对立面，这些经济利益互相冲突的阶级，不致在无谓的斗争中把自己和社会消灭，就需要有一种表面上凌驾于社会之上的力量，这种力量应当缓和冲突，把冲突保持在'秩序'的范围以内；这种从社会中产生但又自居于社会之上并且日益同社会相异化的力量，就是国家。"[②] 国家和社会是马克思主义国家理论的两个重要基础。国家与社会的关系是国家脱胎于社会，但是又日益凌驾于社会之上。国家是社会阶级矛盾不可调和的产物。

大部分现代国家都是从雏形国家逐步演变而来的。必须明确的是，从氏族社会向部落联盟、雏形国家过渡的历史进程可能长达数百年乃至上千年。维系雏形国家的主要纽带是共同的地域或者共同的祖先。经过长期交往、融合，这些雏形国家逐渐形成了共同的心理文化。居住在其地域上的人们在民族、国家身份上逐渐形成了认同，成为其迈向现代国家的历史心理基础。世界体系未形成前，传统国家更多的是一种文化共同体，其核心基于共同的血亲文化而产生的伦理关系；在世界体系中的现代国家，其更多的是政治共同体，其核心是基于利益分化而产生的权力关系。[③]

现代国家起源于西欧，经济的现代化、民族的统一和国家政权建设都内源于西方社会的自身需求，像欧洲那样来源于自身内部的发展。西方国家在现代经济如资本主义、工业主义（或者工业资本主义）以及在战争暴力机器的有力推动下，打破封建割据局面，国家有效进行了政治整合和社会整合，率先生成了现代国家。推动现代国家生成的动力在于军事暴力、经济暴力和公民权利的增长。因此，欧洲国家的现代国家生成逻辑具有协同性，其建立在国家和社会适当分离、国家具有较强能力、社会也有充分的自由空间、国家与社会之间良性互动的基础上，呈现出的是一种强健的国家自主性。[④]

西方马克思主义学者们研究欧洲民族国家的形成过程时，认为民族国家的形成与军事战争和资本主义的发展相伴。战争促进了军事技术的革新和军事工业生产的发展，进而推动了工业主义和资本主义的扩张。同时国家在这一进程中扩张了自己的能力。战争使得国家行政机构的权力大大扩张，加大了对社会资源的攫取，加强了自身对社会的渗透和监控

---

① 百度百科：国家，http：//baike. baidu. com/view/8426. htm。

② 中共中央编译局：《马克思恩格斯选集》（第四卷），人民出版社 1995 年版，第 174 页。

③ 徐勇：《"回归国家"与现代国家构建》，《东南学术》2006 年第 4 期。

④ 叶麒麟：《国家自主性：现代国家建构的一个维度研究》，《宁夏党校学报》2007 年第 6 期。

能力。①

欧洲现代国家的建立并不是一蹴而就的，这个历程是漫长而艰难的。国家与社会之间的冲突——米格代尔将其视为国家和社会组织争夺规则制定权的冲突，国家与诸如宗族、部落、语言群体等其他社会组织之间的斗争，为理解社会政治变迁过程提供了新的洞察力。② 16 世纪开始，欧洲国家在和社会集团（贵族、市民、封建割据势力等）的斗争中，逐渐获得强势地位。米格代尔认为这种强势地位以取得社会控制为标志。他将社会控制定义为在一个冲突环境中，一个组织和另一个组织斗争的资本。当有着高度社会控制力的时候，一个国家能动员其民众，有效攫取社会剩余，并获得对抗外敌的强大力量。对内来说，国家工作人员能够摆脱各种社会组织的影响，按自身偏好来决定社会该采取什么规则的自主性；他们能够建立复杂、协调良好的官僚机构来实现这些偏好；他们还能垄断社会中对暴力的使用，以确保其他社会群体无力阻挡国家实施统治的行为。社会控制的增长可用三个指标来衡量：服从，参与，以及合法性。③

西方马克思主义学者对国家与社会的关系的考察，为研究第三世界国家提供了新的视野和角度，其核心概念是国家自主性（State Autonomy）和国家能力（State Capacity）。国家自主性是西方马克思主义学者从马克思那儿继承的一个概念。马克思主义强调经济基础对上层建筑的决定作用。在马克思那里，国家权力的自主性包括两个方面的含义：一方面是对于社会利益的相对自主；另一方面是对经济上占统治地位的统治阶级的相对独立。④西方马克思主义学者对国家自主性概念进行了充分的论述。密利班德既承认国家是统治阶级的国家，但也认为统治阶级与政治实体的国家没有我们想象得那么紧密。他指出，国家作为一个阶级统治的国家，必须高度独立和自主，否则国家无法对拥有不同和相互冲突利益的不同阶级进行调解。⑤

从上述论断可知，国家自主性来自强制力的垄断和社会分裂。首先，只有社会是分裂的，存在各种社会阶级、阶层、集团，国家才有可能超越社会成为具有自主性的组织，调解各个社会集团之间的冲突。其次，如果国家不垄断强制力的话，国家就无法强制其他社会组织服从自己，也无法以社会公共利益的代表身份来执行政策。那么国家自主性是指什么呢？国家自主性指的是国家作为社会公共利益的代表，超越社会利益集团，为社会公共利益而自主行事。一些学者认为国家自主性超越的不仅包括国内的社会利益集团，也包括一些国际行为体，如跨国公司、NGO 和国际组织等。他们有时候可能会利用其强势地位，损害一个国家的自主性。他们认为国家不仅应超越国内的社会势力，而且应超越国际的社

---

① Anne Mette Kjær & Ole Hersted Hansen, etc., "Conceptualizing State Capacity", DEMSTAR Research Paper No. 6, University of Aarhus, April 2002, p. 8.

② ［美］乔尔·米格代尔：《强社会与弱国家：第三世界的国家社会关系及国家能力》，张长东等译，江苏人民出版社 2009 年版，第 32、33 页。

③ ［美］乔尔·米格代尔：《强社会与弱国家：第三世界的国家社会关系及国家能力》，张长东等译，江苏人民出版社 2009 年版，第 33－34 页。

④ 刘忠权：《国家构建和国家潜在的自主性》，《重庆社会科学》2008 年第 2 期。

⑤ 叶麒麟：《国家自主性：现代国家建构的一个维度研究》，《宁夏党校学报》2007 年第 6 期。

会势力，以实现社会公共利益。[①] 简言之，国家组织作为社会公共利益的代表，应该超越各社会集团尤其是强势集团（如统治阶级），具有自己的行为偏好。这种偏好虽然在一定时期内不符合强势集团的利益，但是从长远来看，是有利于国家和统治阶级的。

国家自主性的程度取决于两个方面的因素：一是国家超越社会的程度。一般而言，国家越超越社会，国家的自主性越强。就非洲国家而言，国家要超越一些具有潜在动员能力的社会集团，例如酋长、民族、种族、宗教，成为大多数人民利益的代表，而非某一个酋长、民族、种族或宗教的特殊利益的代表。二是国家能力。如果国家能力比较弱，它超越社会的能力实际上也弱。对于国家能力，学者们有多种不同的认识。笔者认为下面这四种能力应该为一个国家所具备：①汲取能力。国家动员社会经济资源的能力。②调控能力，国家指导社会经济发展的能力。③合法化能力。国家利用政治符号在人民中制造共识、巩固其统治的能力。④强制能力。国家运用暴力或暴力威胁维持其统治的能力。在这四种国家能力当中，汲取能力最为根本。[②] 一方面，只有当国家掌握了必要的财力，国家才可能发挥其他能力；另一方面，可极大减少能为社会集团所动员的经济剩余。如果所有的生产物都以征税的方式为国家所剥夺，那么社会独自的资源很难形成。税制改革的历史可以说是国家和社会相互争夺获得份额的历史。[③]

西方学者按照国家自主性与能力的大小将非西方国家的国家—社会关系分为四种模式[④]：

（1）强国家，弱社会。这类国家有自己的强度、能力和自主性，属于科层式的权威主义国家。在这种关系模式中，国家对社会处于强势地位。科层式权威主义国家的最初自主性来源于前政权统治时期的阶级冲突和经济失败。通过使民众失去政治热情和非政治化，科层式权威主义国家恢复了法律和秩序，增强了自己的自主性，从而能够实施较为长远的经济发展和政治变迁。就科层式权威主义而言，最终的自主权来源于社会中没有外来因素介入就无法解决的结构性阶级冲突。虽然自主性产生于国家—社会间的互动，但国家实现自己目标的能力是其内部的制度结构以及在外部动员人力和资本等资源的能力的产物。在国家指导经济增长的情况下，国家的自主性和能力都必须是相当高的，这样才能成功地实现发展。

（2）强国家，强社会。在这种关系模式中，国家具有很强的能力，但是对社会的自主性是有限的，如墨西哥、印度。虽然这些国家的能力比较强，能够制定经济发展战略，但是在执行战略的时候受到社会压力损害，这种压力由多元开放政体形成。

（3）弱国家，强社会。在这类关系模式中，国家很弱，但是却面临一个跟国家一样强

① 朱陆民、朱道忠：《相互依存与国家自主性的销蚀》，《零陵学院学报》2004 年第 7 期。

② 王绍光、胡鞍钢：《中国汲取能力的下降及其后果》，载张静主编：《国家与社会》，浙江人民出版社 1998 年版，第 1－2 页。

③ ［日］猪口孝：《国家与社会》，高增杰译，经济日报出版社 1989 年版，第 90 页。

④ ［美］K. 巴基、S. 巴里克：《国家在非西方社会经济发展中的作用》，孙立平译，《国外社会科学》1993 年第 1 期。

甚至比国家更强的社会。这类国家是独立、革命或殖民政权转移时的非正常产物，如非洲国家。在这些国家的社会中，种族、部落以及封闭性的庇护网络等传统力量占据着支配地位。以经济利益分享为基础的阶级在殖民时代有所发展，但是旧的传统力量仍具有潜在的动员能力。这些国家是弱的，但是仍具有有限的自主性。其自主性来源于专制权力和冷战时期的国际环境。

（4）食利国家。这类国家主要是一些资源富国。这些国家实现了发展，形成了自己的自主性，反过来能够独立制定一些政策，而这些都得益于重要资源的发现和开发。这类国家有着较强的自主性，这种自主性主要来源于其资源基础。由于国家无须从社会抽取资源，因此对社会的依赖性较低。但是在这种模式中，存在一种趋势，即政府的科层体系会形成食利阶层，这个阶层只关心收入和如何形成独立的收入来源。

二、国家—社会关系视野中的非洲国家内部冲突

在上述 4 种国家—社会关系的模式中，非洲国家大多属于第 3 种关系模式，一些资源富国可归为第 4 种。这说明非洲国家的国家自主性和能力都比较低，而社会集团比较强大，尤其一些传统的以血缘、地域、信仰为纽带的传统的社会势力拥有潜在动员能力。很多非洲国家代表的社会公共利益未能超越社会集团和势力，而是与某个集团或者外国势力捆绑在一起，从而丧失了一定的自主性。当其国内时机和形势发生变化的时候，一些长期受到压抑的社会集团的不满和怨恨就会爆发出来，引发社会暴力冲突，乃至内战。这亦可被视为非洲国家内部武装冲突和内战的驱动力。

大部分非洲国家，特别是撒哈拉以南非洲国家，国家和社会的形成是与历史断裂的。虽然非洲大陆也曾存在组织严密和文明发达的古代国家，但是这些国家在殖民主义入侵过程中大部分崩溃乃至消失了。欧洲殖民主义者将其实力所能触及的所有地区收入自己囊中，全然不顾非洲的历史和现实，并通过瓜分非洲的柏林会议加以确认。这导致大量的种族、民族和部族被分割在不同的国家境内。殖民统治时期，殖民者不仅不去有意识地培育当地的社会，反而利用各个部族、民族之间的矛盾采取分而治之的政策。这种政策的实际后果是非洲大部分国家内部社会碎裂。

以西非为例，殖民主义入侵之前，西非已经形成了一些国家，如奥约帝国、达荷美王国、阿散蒂王国、卡约尔王国等。一些民族正在从民族的低级阶段向高级阶段发展，但是这一自然进程被西方殖民者中断。在西方殖民主义早期侵略下，西非沿海的国家先后衰败。随着奴隶贸易的发展，猎奴战争连续不断，社会生产遭到破坏。西方列强为排除竞争，垄断贸易，展开激烈的殖民争夺。为了取得有利的贸易条件，扩张势力范围，他们利用非洲部落之间的矛盾，以堡垒及其所在市镇的力量为支柱，挑动和组织弱小邦国摧毁较强大的国家，或与强国联手欺凌弱小邦国。奴隶贸易的发展和殖民者对非洲政治的干预，引起了非洲国家统治集团内部的纷争、分裂和内战，导致沿海城镇，特别是堡垒和商站所在城镇的独立和分裂的倾向。一些古老的国家正是在这种形势下分崩离析。卓洛夫王国曾为西非的一大帝国。瓦洛王国、卡约尔王国、巴奥尔王国、谢列尔人的国家，以及冈比亚

河北岸的马林凯人的国家恩尤米、巴迪布、尼亚尼和瓦利，都曾处于其权力影响之下。葡萄牙人在和卓洛夫发展贸易的同时，极力干预其内政。15 世纪 80 年代，由于葡萄牙人的影响，卓洛夫发生内乱，最终陷入政治动荡和衰败。阿拉达王国在欧洲人到达之时已经有很大的发展。沿海的大波波、小波波、维达、杰金和波多诺沃等均属王国领土。奴隶贸易引起的连绵战争摧毁了阿拉达的经济，导致统治集团内部的分裂和阿波美的建立。17 世纪，沿海城镇实际已独立，成为英国、法国、荷兰和葡萄牙等国的工具。①

自 15 世纪起，西方殖民列强开始了其在非洲的殖民进程。而与此同时，在非洲各个地区，一些古老的国家正在形成与发展，如果这一历史进程不被人为中断，这些处于低级阶段的部落或部族很有可能会逐渐融合，逐渐演变成现代意义上的国族（国家民族）。因此，现代人所叙述的“全球化”在某种意义上是西方国家的全球化；对于大部分发展中国家而言，其实是一个被强行卷入全球体系的痛苦过程。从这个角度来说，这一进程也许是非洲目前遭受深重灾难的罪魁祸首和历史根源。

殖民主义人为中断非洲国家、社会的自然发展进程是非洲国家—社会关系失衡的一个重要原因。另外一个重要原因实际上也是这个重要原因的衍生物，那就是非洲社会结构仍处于传统社会结构向现代社会结构起步的起始阶段。张宏明认为，非洲社会结构划分不是以阶级或阶层为基础的“横向分层”，而多是以村社、部族或宗教等地域、情感或信仰等为基础的“纵向断裂”。他指出，资本主义生产方式的移入及货币经济的发展虽然在一定程度上打破了部族、地区和文化属性等方面的界限，催生了新的社会分化，但就总体而言，非洲国家社会结构尚处于从传统向现代转型的起步阶段。② 非洲资本主义发展严重不足是导致非洲传统社会结构解体缓慢的重要原因。非洲资本主义的发展主要局限于沿海地区、城市中心和铁路沿线，而未渗透到非洲腹地，因而广大内地农村依然是自给性质的自然经济，传统社会关系居于统治地位。③ 日本学者猪口孝在讨论社会结构时，认为社会依据时间和空间两个方面一定程度的共同经历而形成。根据其共有程度，社会内部存在各种各样的裂痕。而社会裂痕中最难改变的是语言、宗教和种族。在很多情况下，这三种裂痕相互重叠，使得问题更加复杂。④ 就这个角度而言，非洲的社会裂痕当属这位日本学者所认为的最难改变的裂痕。

米格代尔用网状社会来形容非洲社会的这种“纵向断裂”。他认为，欧洲国家的社会是集中的、金字塔结构的社会，而大多数发展中国家的社会像复杂的蜘蛛网一样有弹性。将蜘蛛网的一个角或中间的一个线条剪断，蜘蛛网仍能继续存在。这说明发展中社会的多数亚单位，如宗族、部落、语言群体或种族群体并未作为一个有机体被整合到社会中。网状社会的社会控制分散在各种具有相当自主的社会组织当中；而西方社会则是金字塔结

① 艾周昌、郑家馨主编：《非洲通史·近代卷》，华东师范大学出版社 1995 年版，第 179－180 页。

② 张宏明：《多维视野中的非洲政治发展》，社会科学文献出版社 1999 年版，第 22～23 页。

③ 张宏明：《多维视野中的非洲政治发展》，社会科学文献出版社 1999 年版，第 12～13、18 页。

④ ［日］猪口孝：《国家与社会》，高增杰译，经济日报出版社 1989 年版，第 86 页。

构，社会控制集中在金字塔的顶端。[①] 在许多情况下，网状社会的存在是和广泛分布在拥有各自规则的社会组织中，而非集中在国家或国家授权组织中的社会控制相伴随的。[②] 在网状社会中，国家在与这些具有相当自主的社会组织的斗争中丝毫占不了上风。

我们将以卢旺达为案例讨论卢旺达国家—社会关系的形成及其对卢旺达大屠杀的影响。在殖民主义之前乃至殖民主义时期，非洲的大多数族群并非现代意义上的族群，只是一种社会集团，其特征是集团以图腾、共同地域或者共同祖先甚至职业作为维系纽带。现代卢旺达划分为三大民族：图西人、胡图人和特瓦人。[③] 特瓦人是卢旺达当地最早的土著居民。公元1000年左右，在班图人大迁徙过程中，胡图人从喀麦隆高原迁移到卢旺达地区，主要从事农业；随后图西人也从埃塞俄比亚高原南迁到卢旺达，主要从事畜牧业。随着图西人部落尼金亚（the Nyiginya）在卢旺达中部地区崛起，之后几个世纪里，以该部落为核心建立的国家逐渐扩展到今天卢旺达的大部分地区。

随着尼金亚图西人部落在卢旺达占据优势，图西人和胡图人逐渐具有政治上的意义。由于当时卢旺达商品货币关系不发达，牛是社会交换的主要媒介。因此，牛成为财富的象征。具有统治阶级地位的人为图西人，其他人则为胡图人。图西统治者将胡图人、特瓦人的酋长也吸收进统治阶级，授予他们图西人的称谓和政治待遇。除此之外，划分胡图人和图西人的主要标准是职业。而且随着财富的增减，胡图人和图西人可以互相流动。18世纪末的卢旺达，如果你从事农业，你就是胡图人；如果你从事畜牧业，你就是图西人；如果你原先从事农业，后来又转为畜牧业，你就从胡图人变成了图西人。前殖民主义时期的所谓胡图人、图西人、特瓦人只是一种政治地位，其实质一部分为职业区分，另一部分为共同祖先的区分，并非现代意义上的民族差别，更不用提种族差异了。

直到19世纪中叶，卢旺达人的氏族（Clan）身份远远比胡图人、图西人或特瓦人的身份重要。当时盛行的庇护关系将所有人都束缚在一种组织严密的社会等级体系中，在这个社会等级体系当中，领主与平民之间的人身依附关系才是人们的生存基础。在长达数世纪的相互融合过程中，两个集团相互通婚，相互融合。图西人逐渐接受了胡图人的语言、文化和生活习俗。因此，从语言、文化和生活习俗方面已经很难区分胡图人和图西人。两个人群集团之间基本上很少发生冲突。比利时人统治卢旺达时，卢旺达的胡图人和图西人都说着相同的语言，相互通婚，受一个近似神的图西国王的统治。简单而言，图西人、胡图人和特瓦人仅是“牧民”“农民”和“猎人”的代称而已，并不是民族或种族的划分。

但是殖民主义的到来改变了这种和谐的局面。1890年，卢旺达沦为德属东非的一部分；1916年，比利时利用第一次世界大战攫取了卢旺达，并在战后获得卢旺达的统治权。

① ［美］乔尔·米格代尔：《强社会与弱国家：第三世界的国家社会关系及国家能力》，张长东等译，江苏人民出版社2009年版，第36、39页。

② ［美］乔尔·米格代尔：《强社会与弱国家：第三世界的国家社会关系及国家能力》，张长东等译，江苏人民出版社2009年版，第42－43页。

③ 目前卢旺达已经取消身份证上的“民族”一栏，卢旺达人的身份证上不再有“胡图族”“图西族”等字样，只写明是卢旺达人，以淡化部族身份。

为了加强殖民统治，殖民主义采取“分而治之”的策略，人为地制造了卢旺达人之间的隔阂，为卢旺达发生的数次大屠杀埋下了祸根。1926年，比利时引进族属身份卡制度。他们人为地将图西人、胡图人、特瓦人划分为三个族。比利时殖民主义者严格按照鼻梁的宽度和眼睛的颜色“科学地”决定人们属于图西人、胡图人还是特瓦人。为了加强其统治以及达到分而治之的目的，殖民主义者根据种族主义理论，将人种上与白种人比较相近的图西人确定为其依赖的“统治阶级”，人为地在胡图人和图西人中间划了一条鸿沟。

胡图人占卢旺达人口的85%左右，却被排除在受教育和政府职位之外，连土地所有权都被剥夺，这种状况持续到卢旺达独立前。这种人为地分野导致了胡图人不满情绪的发酵，直到20世纪50年代末胡图人开始爆发出来。第二次世界大战后，由于受教育的图西族精英试图寻求民族和国家的独立，殖民统治者转而扶植胡图人上台。独立前夕的1959年，胡图人和图西人之间爆发大规模冲突。1963年卢旺达独立，胡图人上台执政，并宣布成立独立的共和国。尽管胡图人曾经深受殖民主义身份区分制度的毒害，但是他们却为图西人保留了该制度，并对图西人采取迫害制度。在胡图人取得政权的过程中，成千上万图西人遭到杀害，一些人逃到邻近的刚果（金），成为今天刚果（金）图西人的一个重要组成来源，这又间接造成了大湖地区的跨界民族问题。

上述卢旺达的历史显示，卢旺达目前两大民族胡图人和图西人在历史上并不是人类学意义上的民族，更像是职业或政治等级。两个集团在历史上互相通婚，文化、语言和风俗习惯随着两个集团的相互交往和融合已经越来越趋同。如果殖民主义不中断这一进程的话，两个集团很有可能逐渐融合成为一个民族。就非洲大陆历史而言，不仅卢旺达国家的自然形成过程被打断，撒哈拉以南非洲的很多国家和地区都有类似的历史遭遇。

卢旺达独立之后的历史显示，卢旺达独立之后逐渐失去了国家的自主性是其冲突的一个重要原因。卢旺达国家已经成为其中一个社会集团胡图人的特殊利益的代表，整个国家的社会公共利益等同于胡图人的利益。图西人在卢旺达完全被边缘化甚至面临基本的生存威胁。这导致了图西人的抗争，最终导致内战和卢旺达大屠杀的爆发。而这种现象并不为卢旺达所独有。

大多数非洲国家和社会发展的历史表明，多数的非洲独立国家不仅与古代非洲国家之间鲜有联系，其社会更是非常多元（甚至应该称为“断裂”）。很多地区的部族或民族都有自己的民族记忆和价值体系。这也许是李安山教授提出“地方民族主义”这一概念的主要原因。从国家和社会的角度而言，非洲国家自独立伊始就面临着构建现代民族国家的重要历史使命。而冲突后国家不仅要面对构建现代民族国家的历史使命，而且要面对重建国家的任务。虽然这两个任务在某些领域有所重叠和交集，但还是有很大的差异。

因此，从国家—社会关系的角度来考察非洲冲突后国家重建，非洲冲突后国家需要解决两大难题。一方面，非洲国家必须调解内部各社会集团之间的关系，使各社会集团能够有机地结合，形成稳定的社会结构。从历史的角度而言，西方学者通过研究西欧现代民族国家发展的历史认为，现代国家的形成得益于当时欧洲国家之间的军事战争。国家通过对外战争扩张了行政机构，加强了征税能力，增强了国家对社会的渗透能力和监控。但是就当代非洲国家而言，通过战争来强化国家能力、促进族群认同的路径已不可取。在经济全球化的今天，非洲国家最好通过加强国家自主性和国家能力来推动社会经济发展，通过经济关系的转变来推动社会结构的转变。此外，教育也是一个重要的手段。在价值系统和记忆林立的非洲社会，教育是消除不同价值系统和记忆、塑造国家认同的一个重要手段。

另一方面，在整合社会的基础上划分国家和社会各自的领域，使国家与社会能够相互补益。从现代民族国家的形成与发展来看，其实际就是要完成国家与市民社会分离这一任务。在这个方面，美国学者格罗斯解决多民族国家族际关系的思路也许对我们有一定启发。他在其著作《公民与国家：民族、部族与族属身份》一书中提出了多元主义公民国家的概念。该书认为多元主义公民国家与部族国家的根本区别在于，公民国家在政治上把一个人的族属、宗教、文化和政治信仰和他的政治身份以及国家成员身份区别开来。公民的文化、宗教、族属被视为私人事务，属于市民社会的范畴，从而将个人的政治认同和文化、宗教以及族属认同分离。[①]

第三节　冲突的代价及冲突后重建面临的挑战

冲突后社会面临诸多问题，如巨大的人员伤亡和财产损失，社会四分五裂、伤痕累累。冲突后社会基础设施的损坏、社会裂痕导致的不信任感也为国家重建带来了巨大的挑战。

一、非洲武装冲突和内战的代价

目前西方有众多学者研究非洲冲突所带来的严重后果。他们不仅关注内战带来的人员伤亡、经济和财产损失，而且从更加全面、均衡的角度研究武装冲突和内战给一个国家和社会带来的总体损失。牛津大学经济学教授保罗·克利尔（Paul Collier）将非洲内战损失分为经济和社会代价。他认为，在经济方面，社会为内战付出了巨大的代价。在内战中，整个社会将所有资源从生产性行为变成毁灭性行为。这导致双重损失：这些资源以前能生产的物品的损失以及这些资源造成的他们现在所有承受的破坏的损失。在和平时期，人均GDP低于3000美元的发展中国家的军事支出平均占GDP的2.8%；而在内战中，这一比例上升至5%。而军事开支的增加势必减少其他公共产品的支出，比如说教育、卫生和基础设施上的投入将大幅度减少。[②] 而主要的经济损失来自社会将资源用于暴力行为。叛军在内战中将公共设施作为他们攻击的目标，主要的攻击目标为对手的交通补给线，如通信设施、机场、港口、公路和桥梁。他们抢劫和毁坏民房、学校和医疗设施。莫桑比克内战

① ［美］菲利克斯·格罗斯：《公民国家：民族、部族和族属身份》，王建娥和魏强译，新华出版社2003年版，前言、第4页。

② Paul Collier & V. L. Elliontt, etc., "Breaking Conflict Trap: Civil War and Development Policy", World Bank, 2003, pp. 13–14.

中的战争损失即使按照最低估计也是非常惊人的。莫桑比克农业、电信和行政部门固定资本的40%被战争摧毁。莫桑比克的交通运输系统是战前最重要的外汇收入来源之一，货物来往于莫桑比克和内陆邻国斯威士兰、马拉维、津巴布韦和南非。而1982~1989年，222辆机车中208辆失踪或者损毁。①

另外，冲突的代价还包括担心社会发生暴力而导致的资本外流和财产损失。惊恐的人们不仅将资本转移到安全的环境，而且纷纷逃离家园。在1994年卢旺达大屠杀后，逃亡的卢旺达政府不仅抢劫240亿卢旺达法郎，而且卷走了中央银行的所有硬通货。

社会代价主要体现为人员伤亡和平民流离失所。20世纪初的战争中，90%的受难者是士兵，而现代内战中，90%的伤亡来自平民。在卢旺达大屠杀中，估计80万~100万人在为期3个月的大屠杀中丧生，300万人沦为难民，400万人流离失所。而当时卢旺达全部人口仅为770万。

2007年，国际轻武器行动网络（IANSA）、乐施会（Oxfam）和"更安全世界"组织（Saferworld）三个非政府组织提交的一份联合研究报告估计，1990~2005年，非洲有23个国家经历武装冲突，因此而遭受的损失高达2840亿美元，与同期流入非洲的援助相当。这相当于这些国家的GDP年均损失15%。非洲武装冲突使非洲每年遭受180亿美元的损失。② 社会为战争付出的直接代价巨大。由于更多的资源从生产转向冲突，军事支出增加，医疗支出减少，基础设施遭到严重破坏。间接代价包括一些失去的机会成本，如：经济崩溃；巨额的资源财富流入个人腰包而非国库；国家遭受严重通货膨胀，背负巨额债务，投资因而锐减；人民失业，流离失所，心灵遭受重大创伤；战争中的妇女和儿童即使不直接死于冲突，也会因为冲突带来的后果而无法存活。③ 在9场非洲冲突中，间接死亡人数是战斗死亡人数的14倍。

除了直接损失和间接损失外，报告还提出了无形损失（Intangible Costs），如战争对成人和儿童带来的心理创伤，儿童兵以及教育机会。报告认为，严重的武装冲突摧毁市民社会机构。家庭、社区以及社区之间的联系被切断，信任危机导致更多的机会主义行为。这些影响在战后短时期内不能消除。除此之外，冲突将会对邻国经济产生不利影响。相关研究表明，冲突国周边邻国受冲突影响，平均GDP下降0.9%。加之冲突的"外溢效应"（Spillover Effect），冲突国家的邻国会因担心而增加军备开支。1999年科特迪瓦爆发危机的时候，马里购买了价值1300万美元的军火，而1999年布基纳法索军事开支增加了52.6%，而且2000年仍在增加。非洲国家的边境管理根本无法阻挡难民涌入，武器走私、

① Paul Collier & V. L. Elliontt, etc., "Breaking Conflict Trap: Civil War and Development Policy", World Bank, 2003, p. 15.

② "Africa's Missing Billions: International Arms Flows and the Cost of Conflict", IANSA & Oxfam & SAFERWORLD, 2007, pp. 8-9.

③ "Africa's Missing Billions: International Arms Flows and the Cost of Conflict", IANSA & Oxfam & SAFERWORLD, pp. 2-3.

武装越境事件经常发生。冲突蔓延到邻国的案例在非洲也曾发生，如刚果（金）冲突。[①]非洲内战给非洲国家和人民带来深重的灾难，引发了一系列严重的后果。

第一，多数武装冲突导致社会动荡不安，经济崩溃，极端地甚至导致国家处于无政府状态，如索马里。非洲内部冲突引发严重后果引起了国际社会的关注。国际社会越来越认识到政治稳定对经济发展的作用。

第二，武装冲突使得非洲平民死亡率上升，预期人均寿命下降。在卢旺达大屠杀中，短短3个月，近百万图西族人被屠杀；而刚果（金）内战中死亡人数最高估计达500万，妇女被强奸的案例更是数不胜数。除此之外，由于大量资源用于暴力冲突，医疗设施奇缺导致死亡率上升。

第三，冲突的副产品难民问题成为非洲的一大难题。据联合国难民署2009年公布的数字，截至2009年，非洲大陆目前有1700万难民和境内流离失所者。仅东非地区目前就有88万名难民，其中大部分来自布隆迪。乌干达境内容留了数万名来自苏丹、刚果（金）、卢旺达、索马里、埃塞俄比亚和厄立特里亚的难民。越是战乱的地方，产生难民越多。苏丹、刚果（金）和索马里近年的战乱就使之成为难民人数较多的3个国家。据联合国人道主义事务协调办公室报告，在非洲中部和东部10个国家登记的910万境内难民中，苏丹就有400万，刚果（金）和索马里各有130万。难民营内食物、饮水等基本生活必需品极为匮乏，卫生条件极差。

第四，社会经济结构遭到严重破坏，社会内部裂痕加深。内战中，基础设施成为叛军破坏的战略目标，被损坏殆尽；经济因为战争而濒临崩溃；市民社会的基本设施遭到破坏，社会裂痕加深，人们之间充满了不信任感。很多内战幸存者在战争中失去了亲人、朋友，心理的创伤一时难以治愈。在很多冲突中，以部族、民族或者宗教信仰为基础的社会集团之间的大规模暴力冲突导致非洲社会陷入严重分裂和不和。

二、冲突后重建面临的挑战

非洲国家内部冲突给非洲国家和人民带来深重的灾难，给社会带来了巨大的分裂和创伤。但是当冲突有关各方签署全国和平协议，和平曙光终于出现时，人们却没有理由高兴。面对满目疮痍的家园，基础设施严重损毁，国家机构坍塌，经济濒临崩溃，冲突虽然结束，但是重建之路却漫长无期。冲突引发的一系列后果给重建带来了巨大的挑战。

第一，冲突结束后最初的阶段是冲突后社会最脆弱的时候，冲突随时可能重启。有些学者将全国和平协议签署到大选成功举行之间这个阶段称为过渡阶段。在这个阶段中，虽然和平协议已经签署，但是冲突还未正式平息。多个非洲冲突后重建案例显示，很多冲突国家的和平协议签了不止一次。有的武装派别因对和平协议给予己方的权益不满，撕毁和平协议，重启战端。塞拉利昂、安哥拉和刚果（金）的和平进程中均发生过撕毁和平协议

① “Africa's Missing Billions: International Arms Flows and the Cost of Conflict”, IANSA & Oxfam & SAFERWORLD, 2007, pp. 16 - 18.

事件。另外，全国和平协议的签署只是在名义上结束了冲突，实际上要获得真正和平还需要大量工作来推动，例如解除各派武装、推动社会和解等。因此，冲突后重建的最初也是最大的挑战是预防冲突再次爆发。

第二，冲突后国家没有足够的财力和能力开展重建工作。在内战中，国家机构遭到削弱，以至于他们几乎没有能力执行一些传统的职能。经济濒临崩溃使得国家没有足够的财政收入来源，财政收入甚至无法维持政府正常运转。政府工作人员因收入低导致贪污腐败盛行，工作效率低下。加之持续多年的战争导致重建人才匮乏。这一切都给冲突后国家的重建带来巨大挑战，冲突后社会如何构建一个强大而高效的国家是关键。

第三，经济重建困难重重。推动经济发展是一个国家永恒的主题，冲突后重建不可能把所有的经济发展的任务都纳入重建的框架。冲突后国家经济重建应该有自己的主题和使命。笔者认为，冲突后经济重建的主要使命是恢复经济秩序，使得经济生活能够正常进行。具体而言，首要任务是恢复基础设施，建立市场秩序，健全市场法规，从而使经济生活步入正常轨道。从制度经济学的角度而言，国家应该尽可能地建立健全制度，减少制度的交易成本。

第四，多年内战给社会带来巨大创伤和裂痕。在冲突和内战中，个人的族属身份和宗教身份成为保护个人和个人被杀的理由。冲突和内战使得相互冲突的社会集团之间的边界更加明显，同时也强化了个人对自己所属社会集团的归属感和认同感，他们对国家的认同也因此而弱化。在内战中，家庭、社区、非政府组织和社会团体等社会机构因战争而受损严重，无法承担社会机构的相应责任。而国家又没有财力和能力填补这一真空，这直接导致一些社会草根集团用暴力乃至武力来保护自己的利益和生存。在刚果（金）的东部和东北部，部族民兵盛行，为了保护本部族的利益而相互厮杀。这实际上是因为国家和社会管理的缺失导致他们拿起武器来保护自己，制造新的暴力和武装冲突。另外，内战中难民的安置也是一个值得关注的问题，这个问题处理不好很有可能酿成新的冲突。因此，如何消除社会仇恨和分裂，实现社会和解，对于冲突后社会是一个比较艰巨的挑战。

第五，冲突后社会因各种因素导致人道主义救济缓慢，对于社会草根阶层的忽视不利于重建的顺利进行。一方面，由于基础设施遭到严重损毁，政府效率低下，国际社会的人道主义援助很难到最需要救济的社会草根阶层手中；另一方面，国际社会向冲突后国家开展人道主义援助经常在社会关系紧张和有关冲突方相互猜疑的气氛中开始运作，这也影响了国际救援进度。正如第四个挑战所描述的那样，社会草根集团或阶层如果享受不到和平和发展红利的话，他们很可能变成未来冲突的主角。

第六，东道国与国际社会行为体以及国际社会行为体之间存在合作与冲突。由于多年战乱，冲突后社会一般缺乏重建国家的资源和能力。这使得众多的国际社会行为体能够在冲突后重建中扮演非常重要的角色。有研究认为，而东道主的关键作用经常被国际行为体的到来所遮蔽，但必须承认有效的重建归根结底还是由包括政府和市民社会在内的所有当地人的承诺和能力决定。国际社会开始日渐伸出援手与当地机构合作从事重建。[①] 当然更多的冲突后重建框架和文献都提及要重视冲突后重建进程中东道国的国家自主权（National Ownership）问题。越来越多的国际组织和机构认识到了东道主作用的重要性。

除此之外，各个国际行为体在重建进程中也会出现一些冲突。发达国家与新发展中国家在很多发展议题上由于文化、立场、价值观等原因存在一定分歧。例如，2008 年 4 月，中国与刚果（金）签署了资源换项目协议，该协议通过用当地的资源换取中国的资金资助当地基础设施建设。然而，该协议受到参与重建的其他国际社会行为体的指责和批评。因此，必须注意到，国际行为体在参与当地重建时有自己的利益和偏好，这些利益和偏好的不同很有可能会引发双方的冲突和摩擦。因此，对于冲突后重建的参与方而言，如何减少这种矛盾和摩擦是一个重要课题。

① Sanam Naraghi Anderlini& Judy El – Bushra, “Post – Conflict Reconstruction”, in: *Inclusive Security*, *Sustainable Peace*: *A Toolkit for Advocacy and Action*, International Alert & Women Waging Peace, November 2004, p. 52.

第二章　联合国、国际金融机构等国际组织关于冲突后重建的理论和实践

第二次世界大战以来，和平与安全问题历来为世界政治的重要议题。第二次世界大战后维护世界和平与安全的最重要的机制当属集体安全机制，并为此成立了世界性的国际组织——联合国。冷战时期联合国对于和平与安全议题的侧重点在于防止国家与国家之间的冲突。在这个时期，人们更多的是关注如何维护世界和平，防止战争或侵略成为世界和平的障碍。因此，以联合国为代表的国际社会更多的是关注如何解决国际冲突，冲突之后的重建只是和平进程的附属议题，而非独立或专门议题。

"冷战"结束后，联合国和世界银行比较早表现出自身对冲突后重建事务的关注，时任联合国秘书长加利在《和平纲领》及其补篇中提出了"冲突后建设和平"（Post - conflict Peace - building）的概念，其实质就是承担冲突后重建的任务。联合国在 20 世纪 90 年代初开展了相关实践，并通过实践逐步完善并丰富该理论。1997 年，世界银行也发布了《世界银行参与冲突后重建框架》，总结世界银行参与重建的经验，并指导自己之后的重建行动。

20 世纪 90 年代的建设和平行动主要由人道主义因素推动。它被视作外部对主权国家干预的准备基础。建设和平日程的真正威胁来自美国领导的反恐战争和伊拉克战争以来国际社会内部出现的深深的裂痕。这些裂痕不仅是意识形态、发展或地缘性质的裂痕，它们穿越了众多分野，削弱了目前正在进行的 21 世纪初期国际集体行动的努力。

"9 · 11"事件爆发后，美国以及西方国家开始视国际恐怖主义为国家安全的重要威胁，而容易成为滋生恐怖主义土壤的"脆弱国家"和"失败国家"也成为美国及西方国家关注的对象。"民族构建""体制转换"和"稳定与重建"等词成为其国家重建的代名词。其实质是通过外部干预来稳定被美国贴上"失败国家"或"脆弱国家"标签的国家，如伊拉克和阿富汗。美国关于战后重建的政策与实践对 21 世纪初的国家重建产生了重大影响，同时也削弱了联合国冲突后建设和平的影响。

第一节 联合国关于建设和平（Peace Building）[①] 的理论和实践

作为维护世界和平与安全的最大和最权威的国际组织，联合国在维护世界和平与安全领域具有重要的权利、责任和义务。冷战时期，由于美苏争霸的掣肘，联合国在维护世界和平与安全方面发挥的作用有限，并因此遭受世界的批评和诟病。随着苏联东欧阵营解体以及“冷战”结束，联合国希望在此领域挽回世界对自身的信任和信心，并在和平与安全领域展现自己的能力，逐渐加大了对各地冲突的介入。面对复杂多变的世界局势，联合国逐渐提出了自己的相关理论并进行了相关实践。

一、“建设和平”理论的提出及其演变

“建设和平”于20世纪70年代就已出现。1975年约翰·戈顿（Johan Galtung）提出，维持和平、建立和平和建设和平为通向和平的三条路径。他指出和平有制度结构基础，必须建立基于制度性结构基础之上的和平机制以消除战争的根源。这一定义比今天的建设和平概念更具有先见之明，其是旨在通过解决暴力冲突根源来创造持久和平并激发东道国和平管理和解决冲突能力的一种努力。另一位关键学者约翰·雷德拉赫（John Paul Lederach）认为冲突后建设和平不仅是签订协议后重建，还应该被理解成为一个综合性概念，它应该包括从冲突转变成一种持久和平关系必要的一系列进程、方法和阶段。因此，建设和平应该包括正式和平协议之前和之后的广泛的行动。因此，和平建设不仅是某一时间或某一条件下的一个阶段，而且是一个动态社会建构过程。[②] 约翰·戈顿之后，不断有学者在继续这方面的研究，但是“建设和平”理论在整个冷战期间并未受到重视。

“建设和平”理论与冷战时期的时代背景不符是其不被重视的根本原因。首先，冷战时期，世界大多数冲突背后均能看到美苏的身影。任何政权都可能因为支持或反对美苏而被颠覆。国内重建无从谈起。其次，第二次世界大战后，随着越来越多殖民地获得独立地位，“主权”成为“冷战”时期新兴独立国家防止外来干涉的重要理论武器，任何干预他国内部事务的行为都将受到严厉批判乃至谴责。而“建设和平”作为主要牵涉一个国家内部事务的行动在这种背景下无从开展。虽然如此，“建设和平”的一些理念仍然为联合国接受乃至实施。例如，联合国在世界范围内不遗余力地推动各国内部冲突各方签署和平协议，并监督和平协议的执行。

直到1992年联合国才正式采用“和平建设”一词，建设和平因此成为国际和平与安

---

① 早期的联合国《和平纲领》中文版将 peace building 译为“缔造和平”，但是越来越多的学者将之译为“建设和平”，联合国2005年成立了建设和平委员会。因此本书统一将 peace building 译为“建设和平”。

② “An Introduction to Peacebuilding”，http：//www. peacebuildinginitiative. org/index. cfm？pageId = 1681.

全领域一个重要词汇，并在世界范围内产生了重要影响。1992 年，联合国秘书长加利发表了《和平纲领》（*An Agenda for Peace*）。该文献采用了预防外交（Preventive Diplomacy）、建立和平（Peace Making）、维持和平（Peace Keeping）和冲突后建设和平（Peace Building）等新的概念。这是冲突后行动第一次见诸于联合国的文献。冲突预防、建立和平、维持和平与建设和平一起构成了联合国和平行动（Peace Operations）。《和平纲领》将冲突后建设和平定义为"确定并支持有助于巩固和平及促进人民相互信任和福祉的机构的全面努力"。这种努力包括：解除交战各方武装和恢复秩序；监管并在可能的情况下销毁武器；遣返难民；向安全人员提供咨询和培训；监督大选；努力推进人权保护；加强政府机构；推进正式和非正式的政治参与进程。[①] 报告将建设和平视为和预防性外交相类似的措施，认为预防性外交是为了避免危机，而建设和平是为了预防危机再起。"建设和平"概念提出来之后，很快变成了一个包罗万象的词汇，先后被用于预防性外交、预防性发展、冲突预防、冲突后重建等领域。

20 世纪 90 年代中期之前，由于联合国在维和领域过度扩张，招致挫败。联合国在索马里强制和平行动的失败以及在卢旺达大屠杀中无所作为，导致国际社会对其的批评。联合国亦开始反思并调整其冲突解决的政策，自此之后其工作重心逐渐转到冲突预防和建设和平领域。2006 年联合国秘书长关于联合国工作的报告指出，"过去十年期间，联合国越来越注重在冲突后建设和平，即在冲突结束后重新确立国家权力，恢复国家与社会之间的关系，重振民间社会的活力，并重建经济和社会发展的体制基础。建设和平努力的成绩参差不齐。根据某些统计，那些摆脱战争的国家有 1/3 至一半于 5 年内再度爆发战争。近年来，海地再度陷入暴力局势，东帝汶重新处于紧张状态，就表明了这种现象，国际维和人员都需要重返这两个国家。在这些情况和类似情况中，我们都没有进行什么努力来重新创造必要的体制条件和经济条件，用以把政治竞争保持在宪法秩序和法律框架内"。[②]

从 1992 年联合国报告提出建设和平之后，联合国开始不断完善建设和平的内涵及其实践。自 1992 年联合国发表《和平纲领》以来，先后发表了"《和平纲领》补编"（1994）、《民主议程》（1994）、《发展议程》（1994）、《冲突后建设和平行动目录》（*An Inventory of Post－Conflict Peace－building Activities*）（1996）、《卜拉希米报告》（*Brahimi Report*）（2000）、《一个更安全的世界：我们共同的责任》（2004）和《大自由：实现人人共享的发展、安全和人权》（2005）、《联合国维持和平行动：原则和指导方针》（2008）。在这些文件中，建设和平根据时代的发展和观念的更新也在不断发展和完善。

《卜拉希米报告》提出"建设和平"是冲突后开展的行动，"目的是重新建立起和平的基础以及提供一些手段，让人们能在此基础上建设和平和正常的生活和工作环境"。2007 年 5 月，联合国秘书长政策委员会同意以下列定义作为指导建设和平行动的概念基

① Boutros Boutros－Ghali，"An Agenda for Peace"，UN Secretary Report，31 January 1992，Paragraph 55.

② 2006 年联合国秘书长关于联合国工作的报告，参见：http：//www0. un. org/chinese/ga/61/docs/a61_ 1/A61_ 1_ 8. htm，2006 年 8 月 16 日。

础：建设和平包括一系列措施，目的是通过加强国家各级政府管理冲突的能力并为持久和平和可持续发展建立基础，以减少该国陷入或再次陷入冲突的风险。建设和平必须以国家所有权（National Ownership）为基础，具有连续性并适应有关国家的具体要求。为了达成目标，建设和平应该谨慎区分优先领域和先后次序，并且有相对严密的行动组成。

联合国2008年1月发布的报告《联合国维持和平行动：原则和指导方针》在此定义的基础上对建设和平提出了更加详细和明确的定义。报告认为建设和平包括广泛的措施，这些措施旨在通过加强国家管理冲突的能力，为持久和平建立基础，以减少国家陷入冲突或再次陷入冲突的风险。它是一个复杂而又长期的过程，目的是通过用全面手段解决暴力冲突的深层次的结构性原因来创造积极和持久的和平。这些措施要解决影响社会和国家发挥作用的问题。在这一点上，他们寻求提高国家能力以便其能有效和合法地行使其核心职能。建设和平任务由联合国和非联合国行为体共同承担，包括联合国机构、基金和项目组以及国际金融机构和非政府组织。

2004年、2005年分别发布的两份报告《一个更安全的世界：我们共同的责任》和《大自由：实现人人共享的发展、安全和人权》则向前迈了一步。这两份报告采用“保护的责任”理论，主张扩大联合国在危机和安全方面的责任和能力。从这两份联合国报告来看，联合国试图从法理上加强其在危机和冲突中的快速反应能力，以避免类似卢旺达大屠杀的悲剧重演。但是目前这些改革仍有较大分歧，特别是主权的责任和是否使用武力。

二、联合国建设和平的制度架构

1994年之后，联合国开始逐渐从传统维和领域向建设和平领域扩展。1994年，为了开展建设和平行动，联合国秘书长专门组建了跨部门特别小组（Inter－Departmental Task Force），以确定联合国能够承担的建设和平行动。为此，联合国专门出台了《冲突后建设和平行动目录》，规定联合国所能承担的冲突后建设和平行动。根据该文件，冲突后行动包括以下几个方面的内容：提供救济和人道主义援助；解除武装，复员战斗人员并使他们融入社会；推动人权保护和建立大众参与的各级政府；恢复和重建社会经济，推动社会和解。①

随着建设和平行动日益增多，2005年12月20日，第60届联合国大会及联合国安理会分别通过决议，决定设立建设和平委员会（Peacebuilding Commission）、建设和平支助办公室（Peacebuilding Support Office，PBSO）和建设和平基金（Peacebuilding Fund），以帮助发生冲突后的国家和地区特别是非洲地区实现持久和平。设立建设和平委员会最早的设想源于2004年底联合国改革名人小组的报告，随后安南在其有关联合国改革的《大自由》报告中给予确认。2005年9月联合国首脑会议通过的《成果文件》原则上同意在2005年12月31日以前设立建设和平委员会。

时任联合国秘书长安南在建设和平委员会讲话中说：“现在国际社会终于有一个独特

① The United Nations，“Inventory of Post－Conflict Peace－building Activities”，1996.

的政府间机构，第一个专门致力于建设和平的机构。”建设和平委员会为政府间的顾问机构，其主要职责是根据安理会、联合国经社理事会、联合国秘书长或其他成员国的要求，辅助安理会和联大商讨有关冲突后国家的事宜，确保这些国家不再陷入战争。根据大会决议，建设和平委员会的主要任务包括：①为冲突后建设和平及重建提出综合战略；②帮助确保早期重建活动和中长期可持续财政投入的可预见性筹资；③提高国际社会对冲突后重建的关注；④研究制定最佳范例，处理需要在政治、安全、人道主义和发展等行为方之间开展广泛协调的问题。建设和平委员会遵循协商一致原则，为冲突后国家的稳定、经济恢复和发展提供完整战略，并为联合国参与协调工作提出建议。建设和平委员会的成立填补了联合国机构的一个空白。它将首次使特定局势中的各方聚集一堂，共同商讨并决定长期的建设和平战略。

建设和平委员会由组织委员会和若干针对具体国家的委员会组成。组织委员会为建设和平委员会的常设机构，共有 31 个席位，主要包括通过选举产生的来自安理会和经社理事会的各 7 个成员国（其中 5 个安理会常任理事国将自动成为建设和平委员会的成员），向联合国缴纳会费和其他项目提供资助最多的 5 个成员国，向联合国提供维和人员和民事警察数量最多的 5 个成员国，以及由各地区组织选举产生的 7 个成员国。成员国任期 2 年，可连选连任。

建设和平支助办公室（以下简称“支助办公室”）的设立，是为了协助和支持建设和平委员会，管理建设和平基金，以及帮助秘书长协调各联合国机构开展建设和平工作。支助办公室通过争取国际上对受冲突影响国家自主和领导的建设和平的支持，维护该国的和平。这包括代表秘书长支持建设和平委员会的工作和调动联合国系统，以及与外部行为方建立伙伴关系，研究制定建设和平战略、筹集资金和加强国际合作。此种支助的坚实基础是支助办公室的职能，它聚集了建设和平中的经验教训和良好做法。支助办公室由建设和平委员会支助科、政策规划科和筹资科组成，由一名助理秘书长领导和负责。

2006 年 10 月，建设和平基金启动。建设和平基金是为了在没有其他供资机制时，解决摆脱冲突国家建设和平的燃眉之急。根据已确定的优先事项，建设和平基金可支助各类建设和平措施，加强国家维持和平的能力，因此将有助于降低重陷冲突的风险。建设和平基金既可支助建设和平委员会议程上的国家，也可支助由秘书长指定、处于类似局势中的其他国家。

建设和平委员会、建设和平基金以及建设和平支助办公室构成了联合国冲突后建设和平的制度架构。其中建设和平委员会属于咨询机构，其建议的重要性来源于其成员的广泛性。它鼓励整个联合国系统，以及其他机构和行为体，根据委员会的建议和咨询意见采取行动；建设和平支助办公室根据秘书长的授权，为基金的管理提供全面指导并负责监测其运作。联合国开发计划署负责基金的日常管理，包括接收捐款和进行拨款。除此之外，建设和平支助办公室还负责支助建设和平委员会的各项审议工作，协助秘书长加强联合国系统研究制定建设和平总体战略的能力，以便确保战略政策的协调性。总体而言，建设和平委员会虽自称为咨询机构，实际更类似于建设和平领域的一个决策机构，而建设和平支助办公室则为执行机构。

建设和平委员会致力于同有关国家和跨国当局密切合作，并已充分认识到国家对建设和平进程发挥主导作用的重要性。它只可能处理已签订和平协议、基本安全有保障的摆脱冲突的国家。这些冲突后国家需表示希望被列入建设和平委员会议程的愿望，并且不大可能出现反对政府意愿的建议。

联合国建立了建设和平制度架构之后，在相关领域发挥了积极作用。截至2009年4月，该基金有资金3.09亿美元，已为12个国家共计65个项目拨款1.31亿美元，用于支助全国对话和调解冲突工作、安全和司法部门改革以及前战斗人员的复员和解除武装。

三、联合国在非洲的和平行动实践

（一）冷战时期维和行动初步成形

冷战时期，联合国在世界各地已经开展了多起维和行动，并形成了联合国维和“哈马舍尔德”三原则，即中立、一致同意和自卫。① 由于冷战时期美苏对峙导致联合国安理会时常陷入美苏争霸的旋涡，维和行动举步维艰。冷战时期一些地区冲突背后均有美苏插手的影子，或者被称为“代理人战争”，因此当联合国需要对其进行干预时经常会受到美苏掣肘。冷战时期，联合国在非洲的维和行动充满争议，其中，联合国在刚果（金）的维和行动备受质疑。

1960年6月，刚果（金）实现独立，但是比利时殖民军官发动叛乱；刚果（金）国内以冲伯为首的地方势力也拒不接受中央领导，导致刚果（金）危机爆发。7月，联合国应刚果（金）政府总理卢蒙巴邀请派出维和部队，但是美国主导的这支维和部队却拒绝与刚果（金）中央政府合作，拒不镇压冲伯叛军，作壁上观。这最终导致1961年卢蒙巴遇害。目前揭秘的很多资料显示，美国认为卢蒙巴有亲苏联和共产主义倾向，因此想除掉卢蒙巴。这从侧面说明了冷战时期联合国维和行动受到当时美苏争霸的影响。尤其冷战时期，非洲是美苏争霸的重要阵地。1975年安哥拉刚独立，安哥拉内战中的几派就大打出手，而这背后都有美苏的支持。因此，“冷战”格局导致联合国无法完全发挥其维护世界和平与安全的作用。

（二）“冷战”结束初期强制和平行动

20世纪90年代初，随着“冷战”的结束，苏联解体，东欧剧变，国际形势发生重大变化。“冷战”的结束为联合国积极介入非洲地区的危机和冲突提供了施展空间，而非洲安全形势出现的新变化却对联合国传统的危机和冲突解决模式提出了挑战。

为了应对复杂的新安全形势，联合国开始提出危机和冲突解决的新理论。1992年，联

① 1956年建立第一支联合国维和部队时，联合国秘书长哈马舍尔德曾经提出了著名的维和三原则。具体内容为：人们把这三项原则概括为中立的原则、一致同意的原则和自卫的原则，并称之为哈马舍尔德三原则。①维和行动不得妨碍有关当事国之权利、要求和立场，需保持中立，不得偏袒冲突中的任何一方；②维和行动必须征得有关各方的一致同意才能实施；③维和部队只携带轻武器，只有自卫时方可使用武力。哈马舍尔德三原则是联合国传统维和行动的基本准则。

合国秘书长加利发表了《和平纲领》，提出了预防外交、建立和平、维持和平和建设和平等新的概念。他提议建立联合国常规部队，发挥军事参谋团的作用，主动出击，强制和平。20 世纪 90 年代初期，联合国维和部队在非洲执行和平行动时，多次采取武力手段，实施强制和平。

强制和平在非洲的实践主要是第二期联合国索马里行动（以下简称联索二期行动），并获得美、英等西方大国的强力支持。联索二期行动任务应是通过解除武装及和解来完成特遣队开始的恢复和平、稳定、治安的任务，另外其还受托协助索马里人民重建其经济和社会及政治生活，重建该国体制结构，实现全国政治和解，重新创建民主施政的索马里国，复兴该国的经济和基础设施。其性质已经完全不同于传统的维和行动。以美国为首的联合国维和部队在收缴各派枪械过程中与索马里最大的武装派别“索马里全国联盟”发生军事摩擦和武装冲突，最后愈演愈烈，结果造成索马里万余平民伤亡，维和士兵 132 人阵亡，其中 44 人为美军士兵。联索二期行动在“黑鹰坠落”[①] 的阴影中结束，同时结束的还有联合国空前活跃的维和行动及其强制和平的实践。

联索二期行动的失败对此后联合国在非洲内部危机和冲突中的作用产生深远的影响。1998 年，联合国秘书长安南在一份提交给安理会的报告中指出联索二期行动的失败严重影响了联合国对危机的快速反应能力。[②] 其最直接、最惨痛的影响是导致 1994 年联合国在卢旺达未能采取适宜措施，阻止大屠杀的发生。1994 年 4 月，当卢旺达爆发种族冲突时，联合国做出的反应是将其 1700 人的维和部队缩减成一支不超过 270 人的象征性部队。在维和部队 1989 ~ 1992 年急剧膨胀后，这些维和部队的撤退表明联合国已不能像布特罗斯—加利的《和平纲领》所提出的那样应付更深层次冲突的挑战。[③] 实际上 1993 年 10 月以美军为首的联合国维和部队攻击索马里武装派别的行动失败之后，联合国就开始逐渐修订其在索马里的维和政策，不再采取与当事各派直接对抗的策略。[④]

1995 年之后联合国在非洲的维和行动急遽萎缩。联合国在非洲的强制和平行动的失败也使联合国开始反思前一阶段在非洲开展的维和行动。1995 年 1 月，联合国秘书长加利在经过反思之后，提出了“《和平纲领》补编”，对 1992 ~ 1994 年的 17 次维和行动进行总结。他仍然坚持传统维和形式必须调整，但承认“使用武力维持和平是很危险的事情”，今后联合国应该避免贸然采取这种行动；并强调不干涉内政原则，认为授权某些国家执行维和使命“可能给联合国的地位和信誉带来负面的影响”。[⑤] 卢旺达大屠杀和联索二期行动的失败也严重损害了非洲国家对联合国的信任，非洲次地区组织，如西非国家经济共同

① 1993 年 10 月，美军在索马里摩加迪沙执行联合国维和任务时，“黑鹰”战斗直升机被击落。这次军事失利导致美军于次年 3 月撤出了联索二期行动。美国好莱坞据此拍摄了电影《黑鹰坠落》。

② 联合国秘书长提交给安理会的报告《非洲境内冲突起因和促进持久和平与可持续发展》，1998 年 4 月 13 日。

③ Edited by Tom Woodhouse, Robert Bruce & Malcolm Dando, “Peacekeeping and Peacemaking”, Macmillan Pr. Ltd. 1998, p. 39.

④ 联合国宣称，1994 年 2 月发生了数起对联合国士兵的暴力事件和攻击才导致安全理事会修订对联索二期行动的授权，此后不得使用胁迫性办法。参见 http: //www. un. org/chinese/peace/peacekeeping/co_ mission/somalia2. htm。

⑤ 门洪华：《联合国维和机制的创新》，《国际问题研究》2002 年第 6 期，第 20 页。

体也开始了自主维和。这在一定程度上弥补了联合国在这一领域的不足，并促使联合国开始重视其作用。

随着联合国在索马里和卢旺达维和行动的失败，联合国在非洲乃至世界各地的维和行动都陷入了低谷。然而，非洲大陆的安全形势并没有因为联合国维和行动的萎缩而缓和。联合国遭受挫折之后，逐渐调整政策，重视与地区组织合作开展和平行动来预防冲突。在世纪之交，联合国先后参加了安哥拉、刚果（金）、塞拉利昂、利比里亚等国的维和行动，并参与这些国家的冲突后建设和平行动。联合国的政策调整和转型取得良好的效果，并使得联合国在非洲冲突解决中重拾信心和信任，其最重要的体现就是维和人数的变化。从1991年到2007年10月联合国维和行动人员数量统计（见图2－1）可以发现，“冷战”结束后的1993～1994年是联合国维和军事人员和警察派出的高峰期；从1995年开始，这一人数逐年下降，直至1999年左右达到了最低；而2000年之后才又开始逐渐上升①，2006年10月已超过“冷战”结束之初的最高水平。

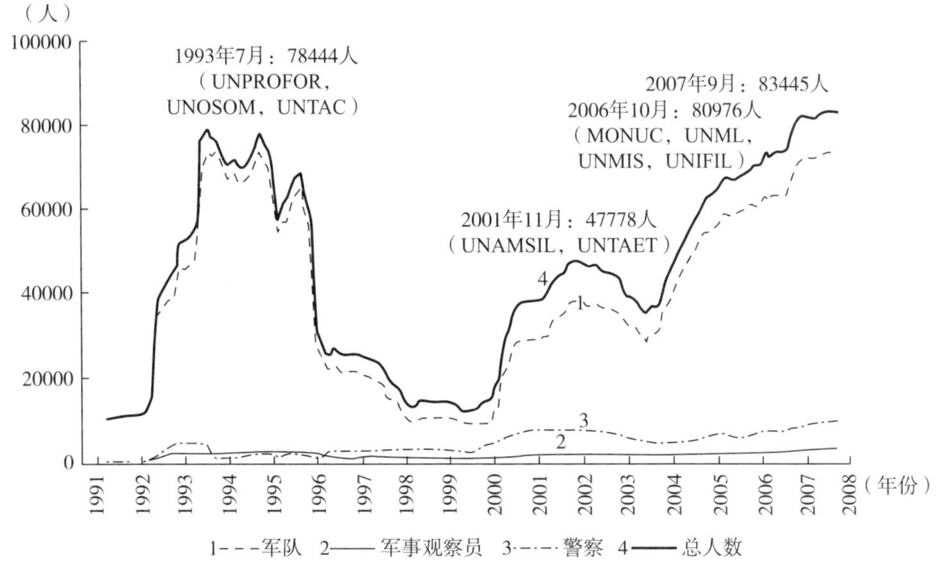

图2－1　历年联合国维和行动人员数量走势（1991年到2007年10月）

资料来源：联合国网站。

（三）2000年之后以建设和平行动为主

进入21世纪之后，联合国在非洲的维和行动多以建设和平行动为主，通过建设和平行动来预防冲突，巩固脆弱的和平。联合国和平行动的原则随着复杂多变的形势也在不断变化。20世纪末，联合国部署维和部队时吸取了强制和平行动失败的教训，遵循传统维

① 图2－1显示，2003年之后联合国维和行动人数大幅攀升，主要用于4个国家的维和行动，其中非洲3国（刚果（金）、苏丹、利比里亚）、中东1国（黎巴嫩）。

和三原则。但是近年来，随着联合国维和行动逐渐扩大，联合国维和行动出现了新的变化。例如，使用武力方面，联合国维和部队多次使用武力，不再完全遵循自卫原则。2013年，刚果（金）东部形势恶化，联合国授权部署一支干预部队，可采取一切方式恢复和平。

此外，联合国建设和平理论经过多年的发展与实践，基本上确定了几项主要任务：民主选举；安全部门改革；保护人权；经济重建；过渡司法体系建设；东道国的自主权（Ownership）；等等。这些任务主要是以巩固冲突后脆弱的和平、预防冲突为目标。“冷战”结束之后，非洲地区的冲突和战乱加剧，而非洲地区组织在资金、能力等方面存在明显不足，影响非洲地区组织自主维和能力，而联合国建设和平行动则弥补了这种不足。由于冲突后国家局势脆弱、复杂、多变，联合国在非洲的建设和平行动并非尽善尽美。然而，这并不能否定联合国在非洲的建设和平行动在预防冲突、巩固和平、维护非洲的和平与稳定方面发挥的重要作用。

第二节　国际多边金融机构关于冲突后重建的理论与实践

非洲的国际多边金融机构一般指的是世界银行、非洲开发银行和国际货币基金组织。自20世纪90年代中期开始，世界银行、国际货币基金组织等多边金融机构发现，冲突后国家的业务日益增长，冲突后重建也日益成为国际金融机构关注的焦点。这些国际金融机构由于其专业性，最先关注的领域是冲突后国家的金融系统重建、经济和社会发展等经济民生领域。在对冲突后国家援助的过程中，它们日益将安全与发展问题联系起来，试图通过推动减贫和经济发展来消除冲突的根源。

一、世界银行关于冲突后国家重建的理论与实践

世界银行（the World Bank）指国际复兴开发银行（International Bank for Reconstruction and Development，IBRD）和国际开发协会（International Development Association），简称为世界银行，它是联合国下属的一个专门机构，是负责长期贷款的国际金融机构。世界银行是根据1944年美国布雷顿森林会议上通过的《国际复兴开发银行协定》成立的，其宗旨是：通过对生产事业的投资，资助成员国的复兴和开发工作；通过对贷款的保证或参与贷款及其他投资的方式促进外国投资，当成员国不能在合理的条件下获得私人资本时，则在适当条件下以世界银行本身资金或筹集的资金及其他资金给予成员国直接贷款，来补充私人投资的不足；通过鼓励国际投资、开发成员国的生产资源、提供技术咨询和提高生产能力，以促进成员国国际贸易的均衡增长及国际收支状况的改善。根据世界银行的宗旨，其主要业务活动是为发展中成员国提供长期贷款，为成员国政府或经政府担保的私人企业提供贷款和技术援助，资助他们兴建某些建设周期长、利润率偏低，但又为该国经济和社会发展所必需的建设项目。

（一）世界银行参与冲突后重建的指导原则

世界银行在重建中的角色是历史形成的，其成立的首批贷款是为了帮助第二次世界大战后的欧洲开展重建。随着时代的发展，世界银行开始转变职能，向新独立的发展中国家提供发展援助。“冷战”结束之后，原来被雅尔塔格局压制的一些矛盾不断爆发，很多国家陷入了冲突和内乱。世界银行不断参与从危机或者冲突战乱中走出来的国家的重建进程，其传统的重建功能又开始被强调。世界银行统计 1980 ~ 1998 年发放的贷款后发现，世界银行给冲突后国家的贷款增长了 8 倍。1998 年，世界银行向冲突后国家的贷款占世界银行总贷款规模的 16%。随后几年，世界银行向冲突后国家的援助达到世界银行贷款总额的 25%。2003 年世界银行向冲突后国家提供的援助总额高达 185 亿美元。因此，世界银行较早就开始参与战后重建的行动，并开始总结自己的经验，制定了指导世界银行参与冲突后重建的理论框架和指导原则。

“冷战”结束之后不久，世界银行在约旦河西岸和加沙地带、波黑、萨尔瓦多和莫桑比克等地区进行了冲突后重建，并总结了自己的经验。1997 年，世界银行发表的《世界银行参与冲突后重建的框架》（*A Framework for World Bank Involvement in Post - Conflict Reconstruction*）甚至被一些学者认为是研究重建的起点。该研究将“国家冲突”定义为最近经历普遍暴力、专注于武装战争的国家，国家正经历失败，或者某个国家内部有一部分重要的人群正在与该国政府进行武装冲突。在不同的情况中，外部机构需要了解不同的历史和“失败”过程的本质，以便能够选取适当的措施推动从战争向持续和平过渡，支持经济和社会发展的恢复，决定冲突后进程的哪一个点是一个国家被认为是相对正常的国家。这份研究也是世界银行从自己作为战后重建的外部行为体的角度来认识如何参与冲突后重建，对其他国际行为体参与重建有一定借鉴意义。

1998 年，世界银行评估部（Evaluation Department）对世界银行参与的冲突后重建行动进行了评估。评估在指出世界银行不足之处的同时，认为世界银行在向冲突后国家提供援助方面有着自己的比较优势。它相应提出了自己的一些建议：世界银行形成一套系统的有关冲突与发展的政策来指导世界银行驻各国办事处的行动；建立拨款程序以提高世界银行与冲突后国家合作的效率。

这些建议受到世界银行的重视并得到执行。2001 年世界银行执行董事会通过了“冲突与发展合作行动政策 2. 30”（An Operational Policy 2. 30 on Conflict and Development Co - operation，OP2. 30，以下简称“世行行动政策 2. 30”）。该政策认为社会经济稳定以及人的安全（Human Security）是可持续发展的前提条件。暴力冲突带来的破坏会直接影响世界银行的核心任务——减贫。该政策为世界银行针对陷入不同冲突的国家制定不同的目标以及参与冲突后重建的原则。在世界银行认为比较脆弱、易于陷入冲突的国家，利用常规的手段（如国家援助战略），通过发展援助减少冲突的潜在根源，推动经济增长和减贫；在冲突国家，继续减贫和维护社会经济财产，应合作伙伴的要求提供有关紧急援助带来的社会经济影响方面的信息，分析冲突对社会经济发展的影响，当机会来临的时候为世界银行的援助做好准备；在从冲突中过渡的国家，通过投资和发展政策咨询支持冲突后国家的社会经济恢复和可持续发展，特别关注受战争影响的弱势人群，如妇女、儿童和伤残人员。世界银行参与冲突及冲突后国家行动主要的指导原则有：根据其章程，世界银行只能提供投资、贷款和担保等来帮助冲突后国家，维和、建立和平、解除武装或人道主义救济等行动不在其任务范畴之内；不干涉成员国内政；世界银行的资源和设施只能用于其成员国。然而，世行在参与冲突后重建的实践中很快突破了这些指导原则，例如世界银行资助了很多解除武装的项目。

2003 年，世界银行的一份报告提出了参与重建的框架，将其行动分为五个阶段：第一阶段，监控那些无积极型投资组合的冲突国家；第二阶段，冲突即将解决的时候，准备过渡支持战略；第三阶段，当地条件一旦允许，采取过渡期早期重建行动和步骤；第四阶段，（应急措施下的）冲突后重建；第五阶段，回归正常借贷行动。这些阶段并非一成不变，世界银行会根据对风险的评估确定采取其中一个阶段的行动。例如，如果在准备过渡支持战略的时候形势恶化，世界银行会转而采取第一阶段的行动。在恰当的时候，世界银行行长将会定期获得情势变更的信息。①

2003 年，世界银行资助牛津大学经济学家保罗·科利尔（Paul Collier）领导一个团队撰写了一份题为《粉碎冲突陷阱》（*Breaking the Conflict Trap*）的报告。报告将冲突视为发展的对立面，认为糟糕的经济表现是引发冲突的重要因素。因此，要粉碎冲突陷阱，首先需要世界银行利用其专业知识帮助推动经济发展以预防冲突。其次，需要促进冲突后局势中经济成功复苏所必要的条件的形成以阻止冲突再起。

在此报告的基础上，加上世界银行经过多年参与冲突后行动的实践，逐渐形成了自身对冲突的系统认识，并以此为基础形成了世界银行应对冲突及冲突相关事宜的政策。世界银行对于冲突的认识主要有：①暴力冲突不均衡地出现在世界上最穷的 20 个国家，其中 80% 的最穷国家在过去 15 年中经历了一场规模较大的内战。②认识到战争是发展的对立面，世界银行将冲突预防和冲突后重建视为减贫任务的核心。③冲突日益集中于低收入国家以及最近曾经发生过冲突的国家。低收入国家无法维持促进经济增长，减少对初级产品依赖的政策、统治和机制。目前有可行的实质减少内部冲突的国际行动。初级商品出口从四个路径增加冲突的风险：给叛乱提供财源、加剧治理中的腐败、增加分离主义离心力、减少缓冲。实际操作手段可以包括增加资源（如石油、天然气）收入的透明度和降低与冲突非常相关的商品（如冲突钻石、热带木材和钴）的利润。②

在“世行行动政策 2.30”的指导下，世界银行希望和成员国紧密合作，其目的是通过发展援助来刺激经济增长和减缓贫困，增强社会凝聚力，推动制度能力建设，改善治理，最终减少冲突的潜在根源。在受到冲突影响的地区，世界银行继续其减贫努力，在可能的地方维持社会经济资产；根据成员国的请求提供紧急援助的社会经济影响方面的建

① The World Bank, “Post - Conflict Reconstruction: The Role of the World Bank”, Washington, D. C., 2003, pp. 40 - 41.

② Kazuhide kuroda, “Conflict and Development”, The World Bank, May 26, 2005.

议；分析冲突对经济社会发展的影响；一旦冲突结束，则准备重建贷款。

世界银行通常在安全形势允许以及一个值得信赖的政治机构建立后才介入当地的重建行动。世界银行对投资、宏观经济政策和冲突后重建政策对可持续发展产生的社会经济影响等方面提供重要建议。除此之外，世界银行还对一些部门重建提供建议，如社区发展、健康和营养、教育、水和卫生、道路和基础设施、治理以及私有部门发展等领域。

大部分低收入国家以及受冲突影响国家的债务问题都十分严重，拖欠一个或多个国际金融机构大量欠款。这些国家在复苏的紧要关头面临严重困难。这对于打破暴力、低收入和贫困的怪圈至关重要。在过去几年中，世界银行在适时的基础上提高了自己在冲突后安排中资助和平和可持续发展的能力。

为此，世界银行认为有必要提高资助冲突后重建的能力。2005 年之前几年，世界银行通过建立金融手段和加强与合作伙伴间的紧密关系来改善其向重建提供资助的能力。这其中包括通过冲突后基金（Post - Conflict Fund）加强对冲突后国家的财政资助。在冲突后重建高峰期的 1998 ~ 2005 年，冲突后基金通过了 136 项赠款，总金额为 6670 万美元，其中非洲地区接受赠款占 43%。

（二）世界银行参与冲突后重建的制度框架

为了更好地参与冲突后重建，世界银行进行了制度创新，以提高自己参与冲突后重建的能力。经过多年的发展，世界银行逐渐形成了一系列冲突后重建的制度安排。

（1）脆弱和冲突影响国家组（Fragile and Conflict - Affected Countreis Group）。为了加强对冲突后国家的援助工作，1997 年世界银行创建了冲突后小组（Post - Conflict Unit），2001 年更名为冲突预防与重建组（Conflict Prevention and Reconstruction Unit），隶属于社会发展部（Social Development Department）。2007 年 2 月，世界银行将冲突预防与重建小组与脆弱国家小组（Fragile Countries Unit）合并，成立脆弱与冲突影响国家组，隶属于行动政策和国家司下属的国家服务部。合并部门的目的是提高世界银行对脆弱和冲突影响国家的总体反应效率。脆弱和冲突影响国家组是世界银行应对脆弱和冲突形势的核心部门，其主要职能包括：组织和协调关于冲突的研究、员工指南和培训活动；在与脆弱和冲突领域相关的合作伙伴中发挥主导作用；进行冲突后需求评估和领导世界银行在脆弱和冲突影响国家的多部门行动；负责资助脆弱和冲突影响国家的制度改革；负责管理冲突后基金和紧张状态低收入国家信托基金。

（2）冲突后基金（Post - Conflict Fund）。1997 年，世界银行设立冲突后基金（Post - Conflict Fund），目标是提高本行能力，以资助从冲突向和平过渡的国家实现持久和平和经济增长。该基金启动资金为 800 万美元，向冲突后国家提供小额赠款。其主要资金来源于世界银行发展赠款基金（Development Grant Facility）以及少量捐款。IDA - 12 和 IDA - 13 协议规定，世界银行可以向那些仍未清偿世界银行债务欠款的冲突后国家提供赠款。冲突后基金向众多合作伙伴提供赠款来援助受冲突影响的国家。这些合作伙伴包括世界银行下属机构、非政府组织、联合国机构、过渡政府以及当地政府和其他市民社会组织。冲突后基金成立后的头 10 年，收到发展赠款基金拨款 7650 万美元，捐赠 870 万美元；批准了

188 个赠款项目，总金额 9460 万美元，实际支付 7460 万美元。①

（3）多边捐助信托基金（Multi – Donor Trust Fund）。多边捐助信托基金是世界银行为某个长期的项目向多个捐助国募集资金而成立。为此，世界银行会与所有捐助国签订协议，明确基金管理程序、运营和财政报告、资金的利用和分配等。该基金不允许捐助国指定资金用途或接受国。

“冷战”结束之后不久，世界银行开始管理一些向冲突后国家提供紧急援助的信托基金。世界银行管理的第一个信托基金是 1994 年为巴勒斯坦加沙和西岸建立的霍斯特基金（Holst Fund）。从此，信托基金管理成为世界银行的新的职责。此后，世界银行分别为东帝汶、科索沃、非洲大湖地区多国复员返乡项目设立信托基金。信托基金的资金主要来源于双边捐助国的赠款以及世界银行的净收入。

（4）复员返乡项目（Demobilization and Reintegration Programs）。1994 年，世界银行首次在乌干达开展复员返乡项目。此后十年里，世界银行向 16 个国家 27 个复员返乡项目提供了资助，帮助前战斗人员解除武装，重新过上平民生活。

（5）冲突敏感度评估（Conflict Sensitivity Assess）。1997 年世界银行框架文件就指出，有必要开展社会评估。社会评估的内容是关注一个社会内部资源分配模式以及强调包容性机遇。2001 年“世行行动政策 2. 30”进一步要求将冲突敏感度纳入本行的援助范围。为此，在宏观层面，世界银行冲突预防与重建小组形成了“冲突分析框架”；在微观层面，该小组形成了一个“和平与安全影响分析工具”，关注具体干预行动及其可能对和平与冲突的影响。除了专门的评估工具，世界银行的减贫战略文件（Poverty Reduction Strategy Paper）和贫困与社会影响评估（Poverty and Social Impact Assessment）也将冲突敏感度作为其内容的一部分，进一步扩大了世界银行在该领域的影响力。

（6）紧张状态低收入国家倡议（the Low – Income Countries under Stress Initiative）。“9·11”事件之后，世界银行开始重新审视其 20 世纪 90 年代后期基于“援助有效性”采取的向拥有良好政策的国家集中资源的政策。世界银行注意到，虽然不是所有冲突影响的国家都是低收入国家，但是低收入国家更可能陷入冲突。2001 年 11 月，世界银行提出了“紧张状态下低收入国家”概念；2002 年 6 月，发起“紧张状态低收入国家倡议”。该倡议的主要目的是与那些条件比较糟糕的低收入国家建立“困难伙伴关系”，并关注这些国家的治理问题。2002 年 10 月世界银行在分管的行动政策和国家服务司的副行长下属设立专门小组负责该倡议的实施。2004 年，世界银行设立“紧张状态低收入国家”信托基金，负责向符合条件的低收入国家提供援助。其资金主要来源于世界银行的盈余收入以及少量外部捐款。该信托基金成立 3 年内就获得 8000 万美元拨款和 200 万美元捐赠；批准了 66 项赠款，金额总计 5920 万美元，实际支付 2960 万美元。②

（7）国家建构与建设和平基金（State – and Peace – Building Fund）。2008 年，世界银

①② The World Bank, “The Post – Conflict Fund and LICUS Trust Fund Annual Report: 2007 Fiscal Year”, October 2007, p. 1.

行创建国家建构与建设和平基金，采取措施支持那些危机后或可能陷入危机的国家改善治理，提高制度能力，推动重建，促进发展。该基金对所有符合资格的成员国开放。国家构建与建设和平基金主要资助如下战略倡议或项目：试点能够解决脆弱挑战和为广泛发展建立稳固根据的创新性倡议；援助尚有欠款的国家；推广那些应对冲突和脆弱带来的挑战的创新性手段和措施；收集和传播基金行动中取得的经验和教训。

截至2012年底，国家建构与建设和平基金共实施了50个项目（含53笔赠款），共计1.346亿美元。53笔赠款中，非洲占53%，中东北非占15%，拉丁美洲和加勒比地区占10%。

（三）世界银行与莫桑比克冲突后重建

莫桑比克重建是世界银行认为其参与比较成功的案例。世界银行认为莫桑比克结束冲突后的12年见证了莫桑比克经济的好转。莫桑比克经济增长率从低于8%增长到8.2%以上。世界银行认为这主要归功于政府、私有部门、市民社会及国际捐助者的共同参与能力培训项目。1993年莫桑比克内战结束后，世界银行开始参与该国的第一期重建项目。当时世界银行在莫桑比克有4000个项目，这些项目得到利益攸关方的一致同意。莫桑比克成功的一个重要因素归结于世界银行有一个详尽的发展议程。该发展议程通过与市民社会沟通之后与之取得共识，使得这些议程在被莫桑比克议会通过之后能够得到社会最大限度的监督。两个关键因素使议程能够得到彻底贯彻：具有清晰、长远目标的领导和愿意适应该目标的国际捐助者。

莫桑比克前总统希萨诺（Chissano）的目标是为经济增长创造一个和平稳定的环境，并结束了莫桑比克内战。继任总统格布扎（Guebuza）的目标是减贫，这是一个健康繁荣的国家的根源。由于莫桑比克缺乏指标、数据，当世界银行首次接触这个任务时，感到非常棘手，无从下手。1997年，世界银行经过艰难的入户调查，最终确定莫桑比克的绝对贫困人口约占总人口的70%。然后通过分析其原因来确定如何最好地分配本就不足的资源。世界银行最终决定将65%～70%的预算分配到教育、健康、农业与农村发展、基础设施以及治理（包括司法、地方分权进程和宏观经济稳定）方面。

世界银行认为其介入莫桑比克重建取得成功主要因为其采取了以下几个方面措施：第一个成功的举措是为了使世界银行在莫桑比克的能力水平得到发展，必须发现一些取得成功的项目。例如，在减贫领域，莫桑比克人民生活水平的提高主要是由于经济增长。第二个成功的举措在于机构能力问题。世界银行机构现在能够制定政策、创立项目和控制项目，说明世行机构的能力得到了很大提高。第三个成功的举措是私有部门的增长，与其相伴的是国内外投资总量均获得很大增长。非洲大陆上与莫桑比克获得相同投资的国家只有两个：苏丹，因其有储量丰富的石油；安哥拉，因其有丰富的石油和钻石资源。而莫桑比克并不拥有上述国家的任何资源。第四个成功的举措是市民社会的参与。市民社会非常积极地与政府讨论政策，这通常会花费较多时间，但是政策一旦决定将比较容易得到执行。第五个成功的举措是社区发展。社区发展是国家能力发展的重要基础。只有社区真正准备好迎接自然灾害和诸如疟疾、艾滋病等疾病带来的挑战时，一个国家的能力才能获得真正的提升。

莫桑比克重建的成功经验虽然不能为其他国家所复制，但是给其他冲突后国家的借鉴是显而易见的。首先，一个冲突后国家必须提供一个稳定环境。为此，该国在发展过程中必须维护国家的和平与安全，巩固民主制度，鼓励更广泛的大众参与。其次，为了控制通货膨胀，必须保持宏观经济稳定。通货膨胀带来的价格波动给消费者带来了很多问题，并导致人民罢工和大规模抗议示威。宏观经济稳定有利于政府推行使社会受益的政策。最后，必须更多地依靠政府领导。各级政府领导必须由具有清晰和长远视野的人士担任。获得指导才能够使国家处于平稳进程，但是不能在毫无共识的情况下将政策强加于百姓。[①]

二、国际货币基金组织关于冲突后重建的理论与实践

1962 年，国际货币基金组织开始向成员国提供自然灾害后的紧急援助。1995 年国际货币基金组织开始将紧急援助的范围从自然灾害扩大到冲突后情形，开始了该组织向冲突后国家提供援助的历史。与世界银行不同，国际货币基金组织除了向冲突后国家提供紧急金融援助之外，还向冲突后国家提供技术援助和培训，如经济、金融、财政、税收等与经济发展相关的制度机构的改革与重建。技术援助和培训的目的是帮助冲突后国家提升货币、金融以及经济管理能力。

（一）国际货币基金组织的冲突后援助政策

国际货币基金组织冲突后重建政策的形成始于 1995 年。1995 年，国际货币基金组织将冲突后情形纳入其原有的自然灾害紧急援助项目。该政策允许国际货币基金组织在成员国没有能力执行和筹备综合经济规划时进行干预。国际货币基金组织设定了很多冲突后紧急援助的条件，其中包括：①由于冲突导致制度和行政能力的瓦解；②充足的政策规划和执行能力；③明确的承诺；④紧急的收支平衡需要；⑤国际货币基金组织资助的刺激作用；⑥协调国际支援；⑦试图让成员国通过短期框架获得国际货币基金组织备用信贷或提升结构调整项目（Enhanced Structural Adjustment Facility）下的资金安排。因此，国际货币基金组织对冲突后国家政策主要是帮助这些国家恢复宏观经济稳定，促进收支平衡。它强调早期介入，紧急、短期接触以便重建行政管理以及制度方面的能力，并有限处理那些拥有良好执行能力以及能够快速获得国际货币基金组织信用部分贷款的国家。[②]

国际货币基金组织主要向冲突后国家提供以下三个方面的援助：①在重建冲突后国家关键经济制度能力过程中提供技术援助；②政策建议；③动员捐助国提供财政和技术援助。其目的是通过推动制度发展和促进宏观经济稳定来实现冲突后国家的可持续增长。国际货币基金组织一般都是在与多边机构和双边捐助国之间国际性协调的努力下向冲突后国家提供援助（见表 2－1）。

---

① Ms. Luisa Diogo，“Post－Conflict Mozambique’s Reconstruction：A Transferrable Strategy in Africa”，World Bank Finding Paper，May 2006.

② Kristen E. Boon，“Open for Business：Inernational Financial Instittutions，Post－conflict Economic Reform，and Rule of Law”，*International Law and Polictics*，Vol. 39，2007，pp. 525－526.

（二）国际货币基金组织冲突后援助的制度安排

（1）紧急援助项目。1962 年国际货币基金组织建立自然灾害后紧急援助项目，1995 年紧急援助项目扩大到冲突后国家，在紧急冲突后援助项目（Emergency Post – Conflict Assitance）下实施。冲突后国家紧急援助仅限于由于战乱破坏了其能力，有紧迫收支平衡需求却不能形成和执行综合经济发展项目的成员国。自 2001 年 5 月开始，冲突后贷款可以申请优惠贷款，利率可以获得补贴。补贴来自双边捐助者赠款。2005 年 1 月，自然灾害后援助可以获得冲突后援助相同的优惠贷款。2010 年 1 月，接受优惠贷款的紧急援助项目被快速信贷（Rapid Credit Facility）项目取代。

紧急援助贷款将得到快速支付，不需要满足贷款条件。国际货币基金会要求申请紧急援助的成员国描绘一下即将实施的总体经济政策。快速信贷项目紧急援助通常每年最高金额是成员国占国际货币基金组织份额的 18.75%，某些情况下可以达到 37.5%，累计不能超过 75%。在成员国遭受大型自然灾害时，紧急援助的金额最高可达到 60%。

除了快速贷款项目，国际货币基金组织还推出了快速金融工具（Rapid Financial Instruments）。快速金融工具向面临紧急收支平衡的成员国提供快速和低门槛的金融援助，不需要有成熟项目即可提供援助。该项目向遭受大宗商品价格上涨、自然灾害、冲突的国家以及冲突后国家提供援助。作为一个简单灵活的机制，快速金融工具已经取代之前的自然灾害紧急援助和冲突后紧急援助等项目。

表 2－1　1997～2009 年获得冲突后紧急援助的非洲国家

国家	年份	总额（百万美元）	占国际基金组织份额百分比（%）
卢旺达	1997	12.2	15.0
卢旺达	1997	8.1	10.0
刚果（布）	1998	9.6	12.5
塞拉利昂	1998	16.0	15.0
几内亚比绍	1999	2.9	15.0
塞拉利昂	1999	21.4	15.0
几内亚比绍	2000	1.9	10.0
塞拉利昂	2000	13.3	10.0
刚果（布）	2000	13.6	12.5
布隆迪	2002	12.7	12.5
布隆迪	2003	13.4	12.5
中非共和国	2004	8.2	10.0
中非共和国	2006	10.2	12.5
科特迪瓦	2007	62.2	12.5

续表

国家	年份	总额（百万美元）	占国际基金组织份额百分比（%）
科特迪瓦	2008	66.2	12.5
几内亚比绍	2008	5.7	25.0
科摩罗	2008	1.7	12.5
几内亚比绍	2009	2.7	12.5

资料来源：IMF Emergency Assistance：Recovery from Natural Disaster and Armed Conflict，2009.

（2）技术援助与能力建设。加强冲突后国家经济机构如中央银行和财政部的能力将导致更有效的经济政策，导致经济稳定和增长。这也是国际货币基金组织 50 年来向成员国经济机构提供技术援助和经济问题培训的重要原因。这将有利于冲突后国家增加公共收入，使银行系统更加现代化，形成强大的法律框架，提升宏观经济数据和金融数据的可靠性和准确性。

国际货币基金组织的能力培养主要包括来自其总部的短期人员任务、向东道国提供长驻顾问、地区能力培训中心网络以及在线学习等。技术援助主要集中于四个领域：货币与财政政策，包括货币政策工具、银行系统监督和重组、外汇管理和运营、中央银行的机构发展等；财政政策和管理，包括税收政策和管理、预算形成、指出管理、社会安全网络设计、外债和内债管理；统计数据的收集、整理、管理、提升和发布；经济和财政立法建议。

国际货币基金组织的技术援助形式多样，包括长期能力建设和短期政策支持。技术援助的方式包括国际货币基金组织职员访问成员国，向成员国政府和中央银行官员就具体问题提出政策建议，或向成员国提供短期或长期常驻专家。

（3）重债穷国倡议（Heavily Indebted Poor Countries Initiative，HIPC）。1996 年，国际货币基金组织、世界银行和其他多边、双边或者商业债权人联合发起重债穷国倡议。该倡议最初设想是确保最贫穷的国家不被不可持续的债务负担压垮，减少那些符合严格标准的贫穷国家的债务。2017 年，重债穷国倡议与相关多边债务减免倡议一共减免了 36 个国家共计 990 亿美元的债务负担。

1999 年对重债穷国倡议的全面回顾对倡议的发展起了较重要的作用。此次调整包括调低了负债门槛，使更多的国家有资格获得债务减免。此外，许多债主，包括主要的多边机构开始向到达临时减免决策点的国家提供更早期的援助。最后是流动的完成点被引入，以激励贫穷国家加快改革，增加自主权。39 个国家目前符合重债穷国倡议的债务减免要求。

有资格通过重债穷国倡议获得债务减免的国家必须经过两个步骤：第一步是确定决策点（Decision Point），这是由世界银行和国际货币基金组织正式决定一个国家是否能够得到债务减免的标准。达到决策点的国家必须满足四个条件：有资格从世界银行和基金组织借款；面临用传统债务减免机制无法减免的不可持续的债务负担；建立了世界银行和国际货币基金组织项目支持的改革和合理政策的轨迹记录；候选国通过广泛的国内参与提出《减贫战略文件》（*Poverty Reduction Strategy Paper*）。一旦到达决策点，国际货币基金组织和世行将会对未到期债务进行临时减免。第二步是确定完成点（Completion Point）。到达完成点必须符合3个标准：国际货币基金组织和世界银行贷款支持的业绩表现良好，并建立业绩轨迹记录；进行到达决策点时同意的令人满意的关键改革；采用的《减贫战略文件》实施满一年。到达完成点的国家将获得国际社会在决策点承诺的全部债务减免。这也是债务国家从项目毕业的时间。

2005年，为了加快联合国千年目标的进展，一个多边债务减免倡议（Multilateral Debt Relief Initiative）被提出，并与重债穷国倡议相互补充。多边债务减免倡议允许符合条件的所欠的三家多边金融机构的债务得到100%减免，候选国家必须按照重债穷国倡议的程序申请。这三家机构为国际货币基金组织、世界银行和非洲发展银行。

随着重债穷国倡议的发展，国际社会加强债务减免和减贫之间的联系。目前债务减免与候选国家执行《减贫战略文件》的进展和宏观经济改革、结构改革相联系。

（三）国际货币基金组织参与非洲冲突后援助

自1995年以来，国际货币基金组织开始介入冲突后国家的援助。国际货币基金组织通过紧急援助、技术援助、培训等手段，推动冲突后国家的能力建设。此外，通过将冲突后国家纳入重债穷国倡议，国际货币基金组织推动冲突后国家的社会经济改革和减贫，降低冲突后国家债务负担，推动其经济恢复。

国际货币基金组织在非洲冲突后国家开展技术援助的最近的几个案例包括索马里和南苏丹。2013年4月，国际货币基金组织承认索马里联邦政府。自此之后，国际货币基金组织开始与索马里联邦政府积极接触。尽管由于欠款问题，索马里没有资格使用国际货币基金组织的财政资源，国际货币基金组织仍向索马里提供了技术援助。技术援助领域包括：中央银行的运营，财政管理和会计；货币改革；财政政策和预算筹备；建立统计系统。2014年12月，国际货币基金组织为索马里新任命的中央银行董事会启动定向项目。尽管索马里局势复杂多变，国际货币基金组织在索马里仍取得里程碑式成就，包括准备第一次国家预算，进行了国民生产总值和外贸部门估算等。2015年2月，为了进一步培养能力，国际货币基金组织为索马里启动了一个为期3年的多边信托基金。

2012年，国际货币基金组织为南苏丹建立了一个为期5年的能力建设项目。该项目由筹划委员会指导执行，该委员会包含政府、捐赠者和基金组织职员，该项目是一个结果主导的管理框架，适于定期反映形势的变化。由于2013年12月至2014年12月南苏丹发生内战，项目一度中断。该项目主要目标包括：形成统一的宏观经济框架；建立功能完备的央行；税务和海关管理机关现代化；加强石油收入管理；基本宏观经济数据统计能力建设。国际货币基金组织通过向南苏丹派出短期和长期顾问、派出代表团、提供培训来提供上述技术援助。

国际货币基金组织非常重视对成员国政府官员的培训。考虑到冲突后国家的特殊需求，国际货币基金组织对这些国家采取专门课程。这些课程提出有效的方法提升冲突后国家负责宏观经济政策的各部门官员的能力。然而，由于人员和资金不足限制了国际货币基金组织定期提供相关培训。2014 年，中非共和国财政与预算部、经济与发展部、卫生部、教育部、公务员管理局和国防部的 30 名官员参加了国际货币基金组织举办的预算编制和执行相关培训。国际货币基金组织通过紧急援助、技术援助和培训，在一定程度上帮助冲突后国家开展了经济、金融等管理部门的制度建设，并使工作人员更加专业。这对于缓和冲突后国家紧张的经济形势、支持它们开展建设和平和重建发挥重要作用。

三、非洲开发银行关于冲突后重建的理论与实践

过去多边发展金融机构一直试图在向包括冲突后国家在内的“脆弱国家”分配发展援助时更加系统化和透明。然而，这两个银行用于资助低收入国家的优惠资源相当有限。以世界银行和非洲开发银行为例，两个银行的优惠援助项目是每三年分别与国际开发协会和非洲开发基金的捐助国协商确定。因此，非洲开发银行下属的非洲开发基金是每三年向约 40 个国家以优惠条款提供总价值约 50 亿美元贷款。

由于稀缺的优惠资源被分配给众多国家，对这些国家会以配置资源能力表现（Performance）为基础进行评估。一个包含国家政策和机制评估（Country Policy and Institutional Assessment，CPIA）的分配程序将在 4 个关键领域评估这些国家的表现：宏观经济政策；结构政策；公平增长和减贫政策；治理与公共部门表现（见表 2－2）。这些候选国家将会因其各项因素表现水平被给予 1～6 的评分，其中 1 分表示高度不满意，6 分表示高度满意。国家政策和机制评估得分占约占 70% 的权重，国家系列表现评级（A Country Portfolio Performance Rating，CPPR）约占 30% 的权重，两者一起形成对一个国家管理基金资助系列行动的评估。总体国家表现评级（Country Performance Rating，CPR）得分（1～6 分）将会计入指标公式以计算资源分配指数水平。

根据国际发展援助国家对治理的各要素的重视程度，促进治理的因子将会被运用在国家政策和机制评估的总体评分中。如果一个国家努力采取措施加强治理，那其国家资源分配方面评级会急剧增长。冲突后因素也被计算和运用到国家表现评级中以促进资源向冲突后国家倾斜。冲突后国家评级因素包括：安全；经济恢复；社会包容和社会经济发展；公共部门管理和制度。这些因素也按照 1～6 分进行计算。

当国家政策和制度评估体系、国家系列表现评级、国家表现评级等体系被运用到所有国家以合理分配资源时，冲突后国家只能预期占到所有有效份额的很小部分。唯一能有力解决这一两难问题的办法是别让冲突后国家与那些处于和平状态的国家同台竞争。这需要设立或建立一个专门的资源分配机制，按照只适用于冲突国家或冲突后国家目标标准来分配资源。

另外，除了国家政策和机制评估的适用性之外，大多数冲突后国家都背负沉重的欠款。过去多边金融机构的规则是禁止信誉不好的国家获得新的贷款。唯一能够给冲突后国家的资源是赠款。但是非洲开发银行第 9 期（2002～2004 年）和第 10 期（2005～2007 年）优惠贷款中，赠款只占 7.5%。而之前两期的优惠贷款中，给低收入国家赠款份额增长了

表 2－2 国家政策和机制评估（CPIA）框架

A. 宏观经济政策
总体宏观经济改革
财政政策
宏观经济和外债管理能力
B. 结构政策
对外贸易和外汇政策
财政稳定和深度
私有部门发展环境
提升公共部门效率的政策
地区经济一体化和合作政策
C. 公平增长和减贫政策
建设人力资本
鼓励性别平等和社会包容
向穷人倾斜的项目与投资
贫困监控与分析
劳工市场政策
环境保护政策和规章
D. 治理与公共部门表现
政治和制度框架
反腐政策与实践
公共服务的责任与透明
产权
预算与公共投资的质量
收入动员努力与公共开支合理化

27%，给重债穷国的赠款份额增长了 100%。然而向使用赠款转变并不能使欠债国家自动免除那些禁止新的发展金融项目的禁令。

此外，冲突后国家即使能够获得赠款，也远不能缓解其发展资金瓶颈。因为它们为了发展不得不停地举更多的债。一个更加综合性的解决办法是允许冲突后国家进入重债穷国倡议（Highly Indebted Poor Countries，HIPCs）名单和债务减免程序，但这又需要它们有良好的债务记录。

2004 年 4 月，随着非洲开发银行通过了新的冲突后政策大纲（Post－Conflict Policy Guidelines），非洲开发银行提议建立冲突后国家工具（Post－Conflict Country Facility，PC-CF）。2004 年 7 月，该提议获得了银行董事会的通过。冲突后国家工具的主要目的是推动合格冲突后国家清除其在非洲开发银行的欠款，使它们能够再次将援助国带入它们的发展进程，并有资格获得重债穷国倡议的债务减免。

根据非洲开发银行新的冲突后国家工具的条款，那些满足基本要求的冲突后国家清理它们的欠款，也因此得以重新获得银行的优惠贷款和赠款，并扫清了通向重债穷国倡议债务减免的障碍。2004 年，布隆迪和刚果共和国分别获得了 800 万货币单位和 3330 万货币单位，作为支持冲突后政策工具下的债务清理的援助。一个援助冲突后国家符合重债穷国倡议限制性的框架清理了它们在非洲开发银行的欠款。2002 年，总额 2700 万货币单位的资金经与非洲发展基金的捐助国特别协商之后用于刚果（金）的欠款清理机制。2004 年，欠款清理促进了重债穷国倡议下总额为 619209000 货币单位债务减免。

除了发展金融援助，银行还致力于推动冲突国家所在地区成员国之间的对话，以阻止它们互相开展代理人战争。然而，非洲开发银行也认识到它在政治解决冲突方面与公认的非洲联盟相比无任何比较优势。

其他对缺乏发展金融手段的冲突后国家援助还包括：紧急援助，非金融咨询服务，投资于国家发展挑战、机遇和解决办法方面的知识，支持通过私有部门提供服务以减轻政府部门负担。此外还有其他一些更加紧迫的责任。

第三节　小结

本章前几节的梳理使我们对于国际社会冲突后重建行动的脉络有一个初步认识和了解。总体而言，国际社会诸行为体对于冲突后重建存在很多共识。这主要体现在以下几个方面：首先，冲突后重建是预防冲突再次发生的一个重要手段。其次，秩序或者政治稳定是一个国家实现持久和平和可持续发展的前提。最后，消除冲突根源有利于预防冲突再次发生，而消除冲突根源的主要手段为发展社会经济，实现社会公正。除此之外，国际社会也日益认识到在冲突后重建进程中须重视东道主的自主权（National Ownership），为此提出了加强东道主的能力以使得重建顺利实施。

政府间国际组织由于身份角色、各自利益以及价值观以及关注领域等方面的差别，导致它们对于重建行动的认识以及侧重的领域存在一定差别。例如，联合国比较注重安全和政治重建，如安全部门改革，巩固脆弱的和平；世界银行更加注重社会、经济重建；而非洲出于对自身安全的考虑，比较重视自己的参与权和自主权。然而，由于冲突后重建的很多领域并不是单一领域，需要综合手段协同推进。因此，这些国际组织有自身的优势领域，但是在参与冲突后国家重建时，并不仅限于自身领域，经常会与其他组织共同合作完成冲突后任务。

联合国作为世界上最大的国家间组织，对全球和平与安全负有重大责任。由于联合国在世界和平与安全领域有着较大的影响力，因此其在和平与安全领域的理念和实践对冲突后国家重建有巨大影响。联合国建设和平理论经过多年的发展，基本上确定了几个主要原则和任务：民主选举；卸甲归田；保护人权；经济重建；司法和警察体系建设；东道国的自主权（Ownership）；等等。这些原则和任务的确定为建设和平的实践奠定了理论基础，而建设和平行动对于巩固冲突后国家脆弱的和平发挥了重要作用，特别是在非洲地区。20

世纪 90 年代非洲地区的冲突和战乱加剧，而非洲地区组织在资金、能力等方面存在明显不足，没有能力解决冲突。而联合国建设和平行动则弥补了这种不足。由于冲突后国家局势脆弱、复杂、多变，联合国在非洲的建设和平行动仍存在诸多问题。这并不能否定联合国在非洲的建设和平行动在预防冲突再起、维护其和平与稳定方面发挥的重要作用。联合国建设和平理论及其在非洲的实践主要有以下几个特点:[①]

（1）联合国建设和平理论的不断发展为建设和平行动的开展奠定了理论基础。有学者指出，正是建设和平理论的日趋成熟使得其有可操作性。[②] 由于“冷战”后国际局势的变化，冲突内容出现了不同于冷战时期的特点，即内部冲突化以及外溢效应。这导致了联合国在应对此类冲突时缺乏法理与理论基础。虽然 20 世纪 90 年代初，联合国信心满满地试图通过武力来维护和平，但是实践却证明无法实施。在此背景下，联合国开始了改革与观念转变。这种转变与联合国在国际事务中的角色弱化有一定关系。随着八国集团、一些地区性组织以及非政府组织在国际舞台上发挥日益重要的作用，联合国的权威受到了严峻的挑战。这促使联合国改革与创新，以应对日益复杂的世界。就建设和平行动在非洲的实践而言，它基本上遵循了《卜拉希米报告》的原则。建设和平理论也影响并丰富了非洲国家对于冲突后重建的理论与实践。

（2）联合国建设和平行动一般是在冲突各方签署和平协议之后开展，维和人员的部署获得冲突各方同意，并有选择地使用武力。联合国履行建设和平使命时机一般都是在当事国冲突各方签署和平协议之后。鉴于 20 世纪 90 年代初强制和平行动的教训，联合国在非洲国家开展建设和平行动时遵循了传统维和的一些原则，如中立、一致同意。在使用武力方面，联合国有所调整。一般而言，联合国维和部队不使用武力。如果冲突一方使用武力威胁到和平进程，或者维和人员人身受到威胁而自卫，使用武力亦是联合国维和部队的选择之一。例如，1999 年 8 月，刚果（金）冲突各方签署了《卢萨卡和平协议》，邀请联合国部署维和部队。然而当时刚果（金）国内内战正酣，联合国并没有介入。相反的案例则是联合国多次授权欧美国家特种部队组成多国维和部队，采取武力维护和平，如塞拉利昂维和人质事件和伊图里冲突。2012 年科特迪瓦因大选发生内战，联合国维和部队甚至使用武力帮助国际社会支持的候选人上台。

（3）联合国建设和平行动与维持和平行动互为补充，相辅相成。随着联合国强制和平行动的挫败，维和行动一度被认为成为了历史。但是就非洲的实践而言，维和行动并没有成为历史，反而与建设和平行动相互补充。就建设和平在非洲实践而言，维和部队在特定情况下可采取武力维护和平。塞拉利昂的维和人员被扣为人质，以及刚果（金）伊图里冲突升级之际，联合国授权组织维和部队采取武力维护当地和平，强制解除当地派别武装。这实际上已经属于建立和平（Peacemaking）范畴的任务。这表明在局势脆弱多变的冲突后国家，建设和平行动仍存在一定局限。

---

① 袁武:《联合国建设和平的发展及其在非洲的实践》,《国际关系学院学报》2012 年第 6 期，第 35－36 页。

② 林俏静:《联合国与建立和平行动：以狮子山共和国为例》,《国际关系学报》2009 年第 27 期，第 127 页。

（4）从联合国建设和平的经验和实践，可以发现建设和平行动主要集中在几个领域：安全；政治治理或者说民主选举；人道主义援助和社会福祉；司法与和解；经济和基础设施重建。我们基本上可以把它们归纳为政治、社会经济、安全三个领域的重建。这三个领域的优先次序为：安全重建优先于政治重建，而政治重建优先于社会经济重建。其原因在于：首先，安全是一个国家重建的基础。解除各派武装是冲突后国家巩固和平、防止战端重启的最有效的一个手段。其次，冲突后国家只有建立一个合法政府，才能够开展重建任务，国际社会的援助也才有可能实施。

而世界银行与国际货币基金组织参与冲突后重建亦有自身特点。正如前文所述，世界银行成立的初衷就是为援助“二战”后欧洲国家经济重建。因此参与冲突后重建，特别是冲突后经济重建算是回归世界银行的“本职工作”。世界银行作为一个金融机构，有其自身的特点和优势领域。首先，世界银行日益认识到发展与稳定之间的关系。通过推动减贫和发展来预防冲突已经成为世界银行的一个优先选项。其次，世界银行制定的指导参与冲突后重建的文件中，将冲突后国家划为 5 个阶段，根据各个阶段任务的不同采取不同的策略。国际货币基金组织虽然也提供紧急金融援助，但是它更注重向冲突后国家提供技术援助和培训，目的是帮助相关国家形成经济、金融领域的建设专业能力。

第三章　非洲大陆的冲突后重建政策、制度框架及其自主维和的探索

20 世纪 90 年代，战乱与冲突在非洲为祸甚烈，非洲人民深受其害，导致 20 世纪 90 年代成为非洲“失去的十年”。这亦使非洲国家有着参与解决战乱和冲突以及冲突后重建的积极动力。自 20 世纪 80 年代末起，西非国家经济共同体就开始了自主维和的积极探索，为非洲大陆解决冲突提供了一定的经验。由于非洲国家深受战乱和冲突之苦，使得它们在参与冲突后重建时采取了比较积极而相对激进的态度，并有着自身的特点和诉求。非洲大陆明确地提出了“非漠视”（Non－Indifference）原则，并成为非洲联盟的“干预权”理论来源。非洲联盟成立后，非洲国家积极探索非洲的集体安全机制，并在非洲冲突解决和冲突后重建中发挥了积极而富有建设性的作用。非洲联盟和非洲发展新伙伴计划秘书处先后阐述了对冲突后重建的看法和政策。虽然其冲突后重建理论受国际社会影响颇大，但这仍为非洲国家参与冲突后重建提供了重要的指导原则。

第一节　非洲地区组织关于冲突后重建的理论及制度建设

一、非洲地区组织关于冲突后重建的制度建设

非洲地区组织包括非洲联盟（2002 年之前为非洲统一组织）和地区经济共同体。20 世纪 90 年代，非洲统一组织安全机制无力应对本大陆日益增多的内部冲突。非洲国家痛定思痛，开始了联合自强的进程。1999 年非洲统一组织第四届特别首脑会议通过《锡尔特宣言》，决定建立非洲联盟。2002 年 7 月，非洲联盟成立，开始建立新的集体安全机制，以应对非洲大陆面临的新挑战。

（一）非洲统一组织安全机制

非洲统一组织（非洲联盟的前身，以下简称“非统组织”）成立时逐渐形成了一些处理国际冲突与争端的机制。非洲统一组织成立于 1963 年 5 月，其目的和宗旨是为了促进非洲的团结和统一，保卫非洲国家的主权、领土完整和独立，在非洲根除一切形式的殖民主义，促进国际合作。为了维护非洲国家的团结和统一，调解非洲国家的争端，非统组织采取了三个措施：第一个措施是通过了《关于边界不得改变的协议》（1964 年 7 月 21

日）。在独立之初的非洲，对于非洲边界有截然不同的两种看法。一种看法以历史为根据，主张改变边界；另一种看法出于现实主义考虑，赞成维持现状。① 独立后，非洲国家领导人逐渐认识到调整边界必将引起无休止的冲突，因此，除了极少数国家，大家都主张保持边界现状，并通过该协议，这有利于减少非洲的边界冲突。第二个措施是非统组织于1964年建立了“调解、和解与仲裁委员会”，调解非洲国家之间的争端。但这两个措施都是处理国与国之间的矛盾和纠纷的。《关于调解、和解与仲裁委员会的议定书》第二部分第12条明确规定：“委员会只对各国之间的争端有裁判权。”② 第三个措施是非统组织在每年一届的首脑会议上经常调解非洲国家之间的争端。

然而，由于“冷战”后非洲发生的危机多属于国内冲突，传统的非统组织调停机构已无法处理。借鉴西非维和行动的经验，非统组织决定积极加强干预，以有效地解决非洲冲突。1992年6月29日至7月1日举行的非统组织第28届首脑会议原则上同意在非统组织内建立“预防、处理和解决非洲内部冲突机制”，并责成秘书长进一步研究细节和听取成员国意见，对原方案加以修改补充，提交下届首脑会议审议。1993年6月28～30日，非统组织第29届首脑会议在开罗举行，并发表《开罗宣言》，强调“安全、稳定、合作、发展和经济完善，是非统组织首要关注的问题，和平与安全的建立不仅会减少防务开支，而且使我们能够重新安排资源去提高生产和服务水平，增进人民生活水准，创造更多的工作机会和实现经济的增长和发展”。该宣言表示将建立一个专职和平解决非洲内部冲突的机构。这一机构将重点采取“预防性外交”，以防止冲突的发生。同时，在冲突已经出现的地区，发挥缔造和维持和平的作用。首脑会议决定成立一个由非统组织现任、前任、下任主席和8位现任副主席组成的11人贤人委员会来领导，并由非统组织秘书长和秘书处具体负责。非统组织秘书长经该委员会授权并同冲突各方协商后采取维和行动；同时建立一笔特别基金用于维和行动，资金来源由各成员国及联合国提供。在进行维和行动时，非统组织将严格遵守非统组织宪章并与联合国密切合作。③

根据该决议，非洲统一组织加强了秘书处及秘书长在协调非洲维和努力方面的作用。该机制是围绕一个由非统组织秘书长领导的“中央机构”建立的。该机构是“非统组织国家和政府首脑会议执行局”，包括1个主席和8个副主席，每年选举一次，该执行局被授权代表非洲国家和政府首脑在处理部署维和部队事务时采取行动。另外，秘书长办公室由于建立了“早期预警系统”而得到加强，该系统对冲突的发生进行监督和分析，而且非统组织日益重视预防性外交的作用。秘书长依靠非统组织的贤人委员会从事预防性外交。④ 预防性外交是联合国秘书长加利在其《和平纲领》报告中提出的，其要点是采取行动，防

① 布特罗斯—加利：《非洲边界冲突》，商务印书馆1979年版，第3页。

② 唐大盾：《泛非主义与非洲统一组织文选》，华东师范大学出版社1995年版，第177页。

③ 夏吉生：《冷战结束后非洲的一个新课题：依靠集体力量解决内部冲突》，《西亚非洲》1993年第5期，第28页。

④ 夏吉生：《冷战结束后非洲的一个新课题：依靠集体力量解决内部冲突》，《西亚非洲》1993年第5期，第31页。

止双方发生争端，防止现有争端升级成为冲突，并在发生冲突时限制冲突的扩大，[①] 后被广泛用于冲突后重建的过渡阶段，预防冲突再次爆发。贤人委员会由非洲一些知名人士和德高望重的前领导人组成。坦桑尼亚前总统尼雷尔就是其成员，一直参与调解布隆迪部族冲突。尼雷尔去世后，曼德拉接替其前往坦桑尼亚的阿鲁沙调解布隆迪部族冲突，促使停顿多时的谈判重新启动。[②] 这些制度安排在解决非洲危机冲突方面扮演越来越重要的角色。

同时，建立泛非维和部队的想法也提上了日程。为了争取非洲国家，西方国家纷纷表示愿意在经费上支持组建非洲维和部队，企图借机插手非洲的维和行动，但遭非洲国家的拒绝。1996 年 10 月，美国国务卿克里斯托弗访问撒哈拉以南非洲五国。在访问行程中，克里斯托弗提出美国愿意帮助建立“非洲危机反应部队”。美国提出建立“非洲危机反应部队”的大致构想是：由博茨瓦纳、埃塞俄比亚、肯尼亚、坦桑尼亚、塞内加尔、南非、莫桑比克、乌干达、津巴布韦等国出人组织一支 7000 ~ 10000 人的“非洲危机反应部队”，其使命是对非洲大陆发生的各类冲突进行人道主义的军事干预；美国负责部队的训练并提供武器装备，建立这支部队所需的 2500 万 ~ 4500 万美元，由美国等西方国家资助，美国打算出其中的一半；这支部队在 4 ~ 6 个月内完成组建后，即开始执行任务。非洲国家对美国这一构想普遍心存疑虑，认为美国企图用金钱和武器设备来继续控制非洲的维和事务，以达到干涉非洲事务的目的。对此，南非总统曼德拉在与来访的克里斯托弗会谈后，于 1996 年 10 月 12 日明确表示，南非不支持美国组建“非洲危机反应部队”的倡议。他说，只有联合国才有权发起组织和领导这一部队。[③] 由于组建泛非维和部队不仅在军事能力，而且在经费上也遇到了极大的障碍，截至 1995 年，非统组织成员国共拖欠经费 6400 万美元，而当时非统组织经费一年也不过 2500 万美元。[④] 在 1995 年第 31 届非统组织首脑会议上，非统组织秘书长对大量拖欠经费的成员国施加压力，才使非统组织的金库增加了 2000 万美元。[⑤] 因此，这一想法搁浅 10 余年后才得以实现。

（二）非洲联盟和平与安全架构（Peace and Securtiry Archtecture）

2002 年非洲联盟（以下简称“非盟”）的成立标志着非洲开始了联合自强的进程。为了摆脱非统组织时代面对冲突应对无力的状态，非洲联盟在制度上建构了一个和平与安全架构，加强了自身在应对内部冲突时的权力和能力。非洲联盟也加强了安全制度的建设，建立了一个“和平与安全架构”，其中包括非盟和平与安全理事会、共同防务与安全政策、反对侵略和共同防务条约、大陆早期预警系统、非洲待命部队、贤人委员会（the Panel of the Wise）、非洲和平基金等，极大提升了非洲内部维和的意识和能力，充分体现了非洲国家“非洲人解决非洲问题”的勇气和决心。非盟和次地区组织解决地区冲突的能力大幅提

---

① 李铁城：《联合国历程》，北京语言学院出版社 1993 年版，第 502 页。

② 于大波：《南非：非洲事务的重要发言人》，《瞭望》2000 年第 6 - 7 期，第 25 页。

③ 《人民日报》约翰内斯堡 1996 年 10 月 14 日电。

④ Sola Akinrinade, Amadu Sesay, “Africa in the Post - cold War International System”, London: Pinter, 1998, p. 51.

⑤ David A. Lake, Patrick M. Morgan, “Regional Orders: Building Security in a New World”, The Pennsylvania State University Press, 1997, p. 36.

升。[1] 2015 年通过的《非洲 2063 议程：我们想要的非洲》也为非洲解决冲突提供了政策指导框架。

1. 非漠视原则与非盟的“干预权”

鉴于卢旺达大屠杀引起的严重后果，非洲国家面对大规模屠杀或人道主义灾难的态度比较鲜明，提出了“非漠视原则”。《非洲联盟宪章》（*Constitutive Act of African Union*）第4款承认，“（非洲）联盟在面临严峻形势时有依据大会决议干预成员国的权利”。虽然干预有严格限制（严峻形势指发生战争罪行、大屠杀和反人类的罪行），非洲国家已经接受了特定情况下可以对一个国家内部冲突采取干预措施。

2. 和平与安全理事会

2004 年 5 月成立的和平与安全理事会是非洲集体安全机制的核心机构，取代原非统组织的“预防、处理和解决非洲内部冲突机制”，旨在建设非洲的集体安全机制，强化冲突和危机预警体系，以及时有效对冲突和危机形势做出反应。和平与安全理事会由 15 个成员国组成，其中 5 国任期 3 年，10 国任期 2 年，均可连选连任。成员国权利平等，无否决权。为了更充分履行其责任，在出现屠杀、战争犯罪和反人类罪的情形下迅速派遣维和干预力量以提供支持，理事会可以咨询由 5 名非洲人士组成的“贤人委员会”。和平与安全理事会的主要职责包括：维护非洲的和平与稳定；预防冲突，开展建立和平和建设和平行动；打击国际恐怖主义；根据《非洲联盟宪章》第 4 款（d）形成非洲共同防御政策；推动民主、善政和法治，保护人权和基本自由；等等。和平与安全理事会 15 个席位按区域分配，其中东非、中部非洲、南部非洲各 3 个席位，北非 2 个席位，西非 4 个席位。根据规定，和平与安全理事会成员国常驻代表每个月至少召集 2 次会议，理事会成员国元首和部长会议每年至少召开 1 次。理事会决议采取一致同意。和平与安全理事会设立秘书处，为日常办事机构，设置于非盟委员会下属的和平与安全部。

3.《非洲共同防务和安全政策》（*Common Policy for Defence and Security*）与《反对侵略和共同防务条约》（*Non Aggression and Common Defence Pact*）

2004 年 2 月，非洲联盟第二届特别首脑会议在利比亚锡尔特举行。会议通过了《非洲共同防务和安全政策》。该文件指出，任何一个非洲国家的防务都与其他国家以及本地区安全息息相关，并就建立共同防务机制达成原则一致。实施共同防御机构和机制包括非盟大会以及和平与安全架构，通过与联合国、非洲次地区组织协调共同促进非洲和平与稳定。

2005 年 1 月 31 日非盟大会通过了《反对侵略和共同防务条约》，该条约规定的目标主要包括：促进成员国之间在反对侵略和共同防务方面的合作；促进非洲的和平共处；预防国家间或国家间性质的冲突；确保冲突以和平方式解决。为此，该条约将依照非盟宪章和非洲共同防务和安全政策规定一个原则框架，使非盟据此进行可能的干预或授权干预，

① 《非洲在动荡中前行》，http：//opinion. china. com. cn/opinion_ 55_ 63455. html。

以预防或解决出现侵略的情况。[①] 对非盟通过集体行动保证非洲安全做出了原则性规定。

4. 非洲待命部队（African Standby Force）

非洲待命部队是非洲和平与安全框架结构（APSA）中最重要的组成部分之一。它根据非盟和平与安全理事会决议执行和平支助使命，或非盟大会授权开展军事干预。根据《和平与安全理事会条约》第13款，非洲待命部队主要承担的使命有：观察和监督任务；其他类型和平支助使命；发生严重情形或应成员国要求，对成员国进行干预；组织争端或冲突升级；建设和平，包括冲突后解除前战斗人员武装并使之复员；人道主义救援；非盟和平与安全理事会或非盟大会决定的其他任务。一旦维和使命得到授权，那么该使命由非盟委任的主席特别代表（SRCC）全权负责。同时，非盟主席还任命部队司令、警察专员以及民事部门负责人。

5. 大陆早期预警系统（Continental Early Warning System）

大陆早期预警系统根据《和平与安全理事会条约》第12款设立。预警系统负责收集潜在的有关和平与安全方面的信息，预防冲突，维护非洲大陆的和平、安全与稳定。预警系统团队包括当地特派团、联络办公室和预警官员，他们负责每天或每周发出相关预警报告。非盟大陆早期预警系统由非盟委员会和平与安全部下属冲突预防与早期预警处负责管理运营，包括该处下属的24小时运行的观察与监督中心（又称“情报室”）和各区域早期预警机构。各区域预警机构负责收集和处理数据并呈递给“情报室”。例如，在东非，伊加特组织已经建立了一个冲突早期预警和反应系统，该系统已经于2003年6月开始运行，在多个国家设有冲突早期预警和反应小组。

6. 贤人委员会

贤人委员会根据《和平与安全理事会条约》第11款于2007年10月成立，协助和平与安全理事会、非盟委员会主席维护非洲和平、安全与稳定。贤人委员会有5位成员，分别由非洲大陆五大区域的德高望重、为非洲和平与安全做出重大贡献的人士担任，任期3年，可以连任。该委员会的职责包括：向和平与安全理事会和非盟委员会主席提供咨询；采取一切恰当的行动协助和平与安全理事会和非盟委员会主席预防冲突；发表与维护非洲和平、安全与稳定相关问题的声明；应和平与安全理事会或非盟委员会主席邀请采取行动。2018年4月，非盟委员会任命贤人委员会成员埃德姆·科乔作为刚果（金）全国对话推动人，推动刚果（金）各政党之间对话。

7. 非洲和平基金

非洲和平基金根据《和平与安全理事会条约》第21款设立，主要是向非洲和平支助行动及和平、安全相关的行动提供财政支持。和平基金的资金来源主要有非盟定期拨款，非盟成员国自愿捐款；非洲伙伴方的捐款以及各种筹款。非盟委员会主席负责筹集和接受来自非洲外部符合非盟宗旨和目标的捐款。为了满足非洲和平与安全的资金需求，2010年非盟首脑峰会决定自2011年开始在3年内将成员国的资金贡献从6%提高到12%，然而截

① 杨立华：《非洲联盟十年：引领和推动非洲一体化进程》，《西亚非洲》2013年第1期。

至2014年8月，这一贡献率仅为7%。2016年，非洲联盟首脑会议决定，来自非洲外部的进口关税0.2%将被用于非洲联盟预算，其中非洲和平基金的拨款将从目前每个区域6500万美元增加到8000万美元。

（三）非洲次地区组织安全机制

非洲次地区组织也加强了自己的制度建设，以预防本区域冲突和开展冲突后重建任务。1999年，西非国家经济共同体建立了冲突预防、解决和维和机制，2008年建立了冲突预防框架；2009年，南部非洲共同体非政府组织委员会建立了安全与治理项目；2002年，伊加特组织建立了冲突预防早期预警和反应机制。非洲次地区组织建立的制度建设为其参与本地区的冲突后重建提供了制度保障和法理依据。

二、非洲冲突后重建的理论和政策框架

自独立以来，非洲国家不断经历动乱和冲突，人民饱受战乱之苦。战乱剥夺了非洲人民的生命、尊严和财富。20世纪末，随着非洲复兴思想的兴起，非洲开始了联合自强的进程。冲突作为威胁非洲复兴和经济发展的最大障碍，成为非洲实现永久和平和可持续发展所面临的亟待解决的课题。21世纪初，随着非洲国家安全形势趋缓，很多冲突战乱国家逐渐结束战乱，进入冲突后重建阶段。冲突后重建逐渐成为非洲国家面临的新的安全课题。迄今为止，非洲联盟和非洲发展新伙伴计划秘书处先后发布了冲突后重建政策性文件：非洲发展新伙伴计划秘书处的《非洲冲突后重建政策框架》（2002）和非洲联盟的《冲突后重建与发展政策》（2006）。2013年1月，非盟在非洲多个国家安全部门改革实践的基础上发布了《安全部门改革政策框架》。

（一）《非洲冲突后重建政策框架》（*African Post - Conflict Reconstruction Policy Framework*）（2002）

2002年，非洲发展新伙伴计划秘书处发表了《非洲冲突后重建政策框架》（以下简称“政策框架文件”），对非洲战后重建提出了自己的政策和指导原则。

政策框架文件认为冲突后重建应该被理解为一套复杂的机制，该机制能够同时提供短期、中期和长期的项目以帮助冲突国家在冲突结束之后，争端不会再次升级，国家不再重新陷入冲突，以建设持久的和平。冲突后重建的最终目标是消除冲突根源，为社会公正和持久和平建立良好基础。根据政策框架文件，冲突后重建主要分三个阶段推进：紧急阶段、过渡阶段和发展阶段。但是这三个阶段并非是绝对的、固定的、受时间约束或者有清晰边界的。每个重建机制的内容应该由国内和国外行为体互动、冲突的历史以及和平进程等因素共同构建。重建机制主要包括五个方面：安全；政治过渡、治理和大众参与；社会经济发展；人权、司法和民族和解；协调、管理和资源动员。文件认为，过去10年，连接和平、发展与安全的核心亦是冲突后重建思考和实践关注的中心议题。而关键的政策问题在于如何在经济效率和政治稳定之间寻求平衡。

政策框架文件鼓励包括非洲联盟、地区安全机构、成员国、非洲公民社会以及金融、私有部门在内的内部行为体以及包括国际机构、非洲大陆外的国家政府、非政府组织等在

内的外部行为体参与到非洲国家冲突后重建进程中来。但是文件认为仅由外部行为体推动而缺乏本地行为体自主权（Ownership）和参与的重建进程是不可持续的。外部行为体应该培养内部行为体的能力，并逐渐减少自身在重建进程中的作用，同时提高内部行为体在重建进程中的作用。

（二）《冲突后重建与发展政策框架》（*Post - Conflict Reconstruction and Development Policy，PCRD*）（2006）

《冲突后重建与发展政策框架》是根据非洲联盟非洲和平与安全理事会的法令扩展而形成的，该法令要求采取一切必要的措施以预防冲突，巩固和平。[①] 这其中“一切必要措施”就包括冲突后重建行动。政策框架规定的一系列基本原则和最低标准，为非洲联盟成员国参与和干预冲突后重建提供了指导原则。

该文件基于4个前提：①非洲联盟必须制定一个战略性的冲突后重建与发展政策框架，制定最低标准来评估战乱国家复苏程度；②应该从过去的冲突后重建与发展行动中汲取经验教训，并为未来的干预行动提供借鉴；③通过提供有形的和平红利来巩固和平；④加强干预行为的连续性并改善对其的协调。

这4个前提亦对指导非洲联盟所有冲突后重建干预行动的5个核心原则产生影响。这5个原则分别为：①确保非洲联盟在非洲所有冲突后重建和发展能力和干预行动中的领导权；②加强刚摆脱冲突国家的国家自主权和地方自主权（National and Local Ownership）；③在消除冲突根源过程中，加强包容性；④通过更好的协调工作确保资源得到高效和有效利用，以保证冲突后重建和发展的努力更具连续性；⑤巩固可持续和平。这5个核心原则又促进了6个战略目标的实现。这6个目标分别为：安全，政治治理和过渡，人权，司法和和解，人道主义援助，性别发展。

作为非洲自己的重建政策文件，该文件认为现在非洲大陆的大部分重建模式存在一定的不足，例如目前非洲大陆的大部分重建模式都是来自非洲大陆之外，鲜有非洲或冲突国人民参与；大部分重建只关注冲突后重建与发展（PCRD）的某个或几个方面，这其中大部分关注卸甲归田项目（DDR），而排斥其他项目。为此，该政策文件强调非洲对于非洲冲突后重建与发展行动的领导权，以及冲突当事国人民对于重建的自主权（National Ownership）。

（三）《非洲联盟安全部门改革政策框架》（*African Union Policy Framework on Security Sector Reform*）（2013）

《非洲联盟安全部门改革政策框架》（以下简称“政策框架”）对“安全部门”进行了定义。根据政策框架的定义，军警宪特、执法队伍、边防管理部门、移民局、海关、国家相关部门是“安全部门”中的基本安全机构。其他的安全部门还包括司法机关、情报安全机关、公共监督和管理机关、民事紧急救援机构和私人安保公司。政策框架认为“安全部门改革”有时可以表述为安全部门治理、安全部门转型、安全部门发展或者安全与司法

① Article 14（3），Constitutive Act of the African Union.

改革。政策框架提出了安全部门改革的原则、核心要素。

（四）《非洲2063议程：我们想要的非洲》

2015年1月，非盟在埃塞俄比亚首都亚的斯亚贝巴召开峰会通过了作为“非洲愿景和行动计划”的《非洲2063议程：我们想要的非洲》（以下简称《非洲2063议程》），号召非洲人“在共同价值观和共同命运基础上合力建设繁荣团结的非洲”。《非洲2063议程》提出了七大愿景，描绘了2063年非洲的宏伟蓝图：一是在包容性增长和可持续发展基础上打造繁荣的非洲；二是在泛非洲和非洲复兴愿景基础上打造政治团结的一体化非洲大陆；三是建设公平、民主、尊重人权、正义和法治的非洲；四是实现非洲的和平安全；五是让非洲拥有强大文化认同、共同传承、共享价值观和道德观；六是以人为本追求发展，充分发挥非洲人特别是女性和青年的潜力，关爱儿童成长；七是让非洲成为国际社会中强大、团结而富有影响力的行为体和合作伙伴。

2015年6月，非盟首脑会议通过了《非洲2063议程》的第一个十年计划。第四大愿景“稳定与和平的非洲”提出了2023年非洲实现和平与安全的三大优先领域：第一个领域是维持和平与安全，其目标包括将各国各种因素导致的冲突的水平降到2013年的一半和完善非洲联盟和平与安全架构；第二个领域是非洲联盟有关和平与安全手段的制度架构，其主要目标是到2020年让非洲各国枪声平息（Silence the Guns）；第三个领域是防务、安全与和平，其目标是各国提供足够的安全服务；将冲突情况下尊重交战规则和人权的观念根植于安全部队；2020年，《非洲共同防御和安全政策》完全实施；重新评估2016年《非洲和平与安全条约》。《非洲2063议程》为非洲和平与安全提供了一整套系统的政策框架，有利于维护非洲的和平、安全与稳定。

第二节　从泛非部队到非洲待命部队

泛非主义兴起以来，拥有一支泛非部队一直是非洲有识之士的梦想。作为泛非运动的重要继承和发展的非洲统一组织和非洲联盟承载了几代非洲人建设泛非部队的梦想。非洲待命部队的建设最终圆了数代非洲人的梦想，泛非部队设想的使命也从反抗殖民主义、帝国主义，实现非洲解放和独立演变，发展到反抗外国侵略、维护非洲和平与安全。泛非部队从设想到实现是“非洲人解决非洲问题”（African Solution to African Problems）迈出的关键一步，这也极大提升了非洲大陆应对和管理非洲危机和冲突的能力。自1963年非洲统一组织成立以来，非洲统一组织一直由于其自身能力的不足而遭到批评。非洲待命部队的建设提升了非洲大陆支助和平行动的能力，成为非洲和平安全架构的重要支柱。

一、“泛非部队”理念的起源与发展

非洲待命部队应该追溯到泛非主义运动时期。建立非洲自己的部队或泛非部队在泛非大会上经常被讨论，但是一直没有得到政治支持。直到1958年，加纳领导人恩克鲁玛在

全非人民大会上第一次提出建立“非洲高级司令部”（African High Command）和非洲军团的设想。根据恩克鲁玛的设想，这一军事建设的目标包含三个方面内容：保卫越来越多新独立的非洲国家不受到帝国主义的侵略；向不愿意与冷战时期大国签署不利的军事条约的新独立非洲国家提供替代选择；将斗争矛头直指殖民主义和白人至上主义控制的军事领域。① 恩克鲁玛泛非部队的目的是防止外国干涉和帮助非洲仍未独立的殖民地开展争取民族解放的武装斗争，1960 年刚果（金）独立初期爆发的危机更加坚定了恩克鲁玛建立泛非部队的想法。

虽然恩克鲁玛的建议在非洲大陆颇受欢迎，但仍有一些非洲国家民族主义领袖激烈反对这一建议。他们将这一建议视为非洲大陆政治统一的第一步，而一些包括恩克鲁玛在内的激进的泛非主义领导人确实有建立一个统一的“非洲合众国”的理想。然而，这些非洲国家领导人却认为迈向非洲统一的步骤应该循序渐进，不应该侵蚀新独立非洲国家的主权。对于非洲统一运动的进程和方式以及刚果（金）独立初期危机出现的分歧使新兴非洲国家被划分为两大主要的国家集团。一些非洲国家组成的卡萨布兰卡集团主张立即建立经济、文化集中协调的政治同盟，另一些国家组成的布拉柴维尔集团（后吸收英语国家，改称蒙罗维亚集团）则主张非洲统一进程应该逐渐推进。

虽然他们在非洲统一的进程和方式方面存在分歧，但是蒙罗维亚集团和卡萨布兰卡集团都以不同方式推进了各自集团内部的军事合作。蒙罗维亚集团建立了仅具有顾问咨询性质的联合防务司令部，总部位于布基纳法索首都瓦加杜古。卡萨布兰卡集团则更加雄心勃勃，并且走得更远。卡萨布兰卡集团宪章创立了一个联合非洲高级司令部，作为 4 个专门机构之一，并且为其建立了一个可行的统一军事体制。

1963 年，蒙罗维亚集团和卡萨布兰卡集团抛弃成见，共同创建了非洲统一组织。恩克鲁玛强烈呼吁在新建的非洲统一组织中成立统一的军事机构来维护非洲大陆的和平与安全，然而最终非统组织只是建立了仅具有咨询功能的防务委员会。防务委员会的核心职能是为成员国制定一个协调一致的共同防务政策方案，以便非统组织能够履行其防务职责。

恩克鲁玛关于统一非洲军事机构的诉求被非统组织大部分创始会员国以不成熟为由予以否定，非洲仍有国家不断在非统组织委员会会议上提出建立非洲军队的方案。这些国家的方案或构想以诸如非洲防务部队、非洲和平部队或非洲防务组织等新的名义重新提出，但基本上仍然表达了希望建立非洲统一军事机构的愿望。

1963 年末，加纳代表团在非统组织防务委员会第一次会议上提出了另一个替代的统一军事机构的提案。该提案规划了整个非洲大陆的军事基地的驻地，为即将获得解放的非洲殖民地制定了可行的武装斗争计划。该提案建议建立一个军事机构控制的军事组织，这个名为“最高军事指挥总部”（Supreme Military Command Headquarters）的组织对非统组织国家元首和政府首脑会议负责。在最高军事指挥总部下，设立 4 个地区总部（东非、西

---

① Benedikt Franke, “A Pan - African Army: The Evolution of an Idea and Its Eventual Realisation in the African Standby Force”, *African Security Review*, Vol. 4, 2015, p. 3.

非、南部非洲、中部非洲）负责本地区的安全与防务。此外，设立一个战略后备指挥部处于待命状态，随时准备应对非洲任何地区的军事威胁。这几乎是当前非洲待命部队机制的雏形。除了联合陆军、海军、空军外，还有联合打击部队、联合军事情报机构、联合军事研究发展组织以及联合军事规划部门。然而该计划遭到尼日利亚的强烈反对，尼日利亚代表团提出三个反对理由：成员国主权的丧失；部署成本过于高昂；军队的武器装备、统一训练、部署、后勤、标准化等障碍。①

1964 年，非统组织防务委员会第二次会议在塞拉利昂弗里敦召开时，塞拉利昂提出了一个相对温和的方案。塞拉利昂代表团提议建立一个非洲防务组织，而非恩克鲁玛主张的非洲常备军，即建立由军事专家委员会支持的全大陆性质的国家武装部队交换站（Clearinghouse）。在这个交换站，每一个非洲国家将被要求划拨一个或多单位的部队由非统组织支配，用于具体的军事行动。这些部队将驻扎在本国，非统组织只有在非洲国家遭到非洲大陆之外的攻击或侵略时，应成员国请求才能动员和使用这些部队。当然这也遭到尼日利亚等国的反对，认为这是给恩克鲁玛的军事设想开了个后门。

然而，到了 20 世纪 70 年代，加纳和尼日利亚的立场却全盘置换。尼日利亚在比夫拉内战之后开始越来越倾向于建设一个统一军事机构，而加纳政变将恩克鲁玛赶下台之后，却对恩克鲁玛的泛非军事设想越来越不乐观。然而虽然得到尼日利亚这样的地区大国的支持，1970 年 11 月，非统组织仍无力应对葡萄牙对几内亚的侵略，这使得非洲再次将注意力投向共同行动。新的方案提议建立集中的高级司令部和地区防御部队。地区防御部队由各国军队组成，分布于恩克鲁玛划分的非洲四个区域，由非统组织统一支配用于具体军事行动。地区防御部队由地区防务秘书处统一协调行动，该秘书处由地区防务参谋长及副手、各国军队代表组成。但这一方案又因为遭到大多数成员国的拒绝而流产。

20 世纪 70 年代中期之后，非洲发生了一系列冲突，包括美国和苏联在非洲开展的“代理人”战争，如 1975 年安哥拉爆发内战，1977 年、1978 年苏联两次组织雇佣军入侵扎伊尔沙巴省，1977 ~ 1978 年埃塞俄比亚和索马里之间爆发欧加登战争，赞比亚等前线国家与南非白人种族主义政权坚决斗争。这些事情让越来越多的非洲国家认识到建立泛非部队的紧迫性。1978 年 7 月，在非统组织部长理事会第 31 次一般会议上，建立泛非部队的呼声高涨。经过激烈的辩论之后，部长理事会呼吁防务委员会认识各方渴望建立非统组织领导下的非洲军事部队的心情。1979 年 4 月，防务委员会赞同建立一支非统组织防御部队。这支防御部队的职能主要有：支持成员国免遭外部大国入侵；支持独立解放运动；成员国之间发生冲突时提供维和部队和观察员部队；在影响成员国的防务与安全问题上与联合国合作。然而，1980 年召开的非统组织首脑会议并未对防务委员会的报告作出决议，只是称防务委员会的报告需要进一步研究。

总体而言，泛非运动自兴起以来，非洲的有识之士就认识到一支泛非部队对于非洲和

---

① Benedikt Franke, A Pan – African Army, “The Evolution of an Idea and Its Eventual Realisation in the African Standby Force”, *African Security Review*, Vol. 4, 2015, pp. 4 – 5.

平与安全的重要意义。第二次世界大战之后，非洲国家纷纷独立，建立一支泛非部队也得到部分国家的政治支持。由于“冷战”格局和当时国际关系理念的桎梏（如主权原则、不干涉内政原则）等影响，泛非部队一直停留在纸面上。然而这种探索为当今非洲待命部队的形成提供了宝贵的思想财富，非洲待命部队的一部分制度建设就是来源于当时泛非部队理念和设想。

二、非洲大陆独立组建维和部队的尝试

在非洲待命部队建立之前，非洲大陆曾经组建过军队试图解决非洲冲突。1981 年非统组织组建了全非军事力量，试图干预乍得冲突。第二次实践是 1993 年组建维和部队部署在卢旺达。此外，非洲次地区组织如西非国家经济共同体率先在西非开始了自主维和的进程，为非洲待命部队的建设提供了丰富宝贵的经验。

（一）非统组织首次组建维和部队

1981 年 12 月，为解决乍得日益扩大的内战，非统组织第一次独立组建了一支短期的泛非维和部队。这支非洲部队一共 4800 人，由来自扎伊尔、尼日利亚、塞内加尔的士兵组成。乍得内战是指 1975 ~ 1990 年乍得民族解放阵线内部以部族或地区为基础的政治武装集团之间为争夺领导权而发生的武装冲突。

1960 年乍得独立。1975 年 4 月，乍得发生军事政变，成立了以原武装部队总司令、代表南方部族利益的费利克斯·马卢姆为首的军事委员会。马卢姆执政后，提出民族和解的口号，主张谈判解决内战问题。1976 年下半年，北方武装部队领导人侯赛因·哈布雷同意与马卢姆政权接触，但该组织前领导人古库尼·韦戴反对，两人遂告分裂。1978 年 1 月，马卢姆政府同哈布雷达成和解协议，8 月组成“全国民族团结政府”。古库尼则率其所部以“民阵”临时革命委员会的名义，重新联合北方各派，于 1978 年 3 月组成“人民武装部队”，向政府军发起大规模进攻，占领了 1/2 的国土，其前沿距首都恩贾梅纳仅 300 千米。在法国军队的干预下，乍得政府军阻止了“人民武装部队”的前进。1979 年 3 月、4 月、8 月、11 月，在非洲统一组织斡旋下，召开了乍得全国和解会议第一至第四次会议，11 个派别达成和解协议，组成团结过渡政府。1979 年马卢姆被迫辞职，此后政权几经更迭，政局持续动荡。

1980 年 3 月，哈布雷和古库尼两派又在首都发生大规模武装冲突，乍得再度陷入全面内战。6 月，古库尼同利比亚签订“友好同盟条约”。11 月，利比亚出兵乍得，帮助古库尼把哈布雷派武装赶出首都。1981 年 1 月，利比亚同古库尼临时团结过渡政府发表联合公报，宣布双方进行合作。利比亚通过这种手段，控制了乍得 4/5 的地区，但遭到非洲统一组织的强烈反对。6 月，第 18 届非洲统一组织首脑会议再次重申，外国军队应撤出乍得。11 月，泛非和平部队进驻乍得，利比亚军队撤出乍得。

然而，非统组织泛非和平部队于 1982 年 6 月就撤出乍得。非统组织第一次自主维和使命失利的主要原因在于非统组织后勤、财政困难，维和使命任务不明，非统组织缺乏指挥和控制机制，乍得内战各方缺乏解决问题的政治意愿。虽然此次维和行动以失利告终，

但是却打开了非洲国家自主维和的桎梏。

（二）非统组织卢旺达观察团

卢旺达于1962年7月1日宣告独立。1990年10月，侨居乌干达的图西族难民组成卢旺达爱国阵线与胡图族政府军爆发内战。1991年6月卢旺达实行多党制。1993年7月22日，在非统组织和邻国的调解下，卢旺达政府和爱国阵线在坦桑尼亚阿鲁沙签署和平协定，决定结束内战。

1992年8月1日非统组织正式部署两期中立军事观察团（Neutral Military Observer Group）。首期观察团人员50名，分别来自刚果（布）、突尼斯、塞内加尔，负责监督停火，为和谈创造条件。虽然军事观察团未能消解双方敌意，但第二批130名维和人员被部署在卢旺达政府军和爱国阵线武装力量之间建立非军事区，为双方下一步和谈创造了条件。非统组织维和行动虽然失败了，但是显示了“非洲人解决非洲问题”的信心和决心。

与此同时，面对20世纪90年代的冲突，非洲次地区组织挺身而出，开始了自主维和的实践。西非国家经济共同体首次组织维和部队干预西非的冲突和内战，为“非洲人解决非洲问题”做了有益的探索，为非洲待命部队建设和非洲联盟的维和行动提供了宝贵的经验。

三、非洲待命部队的建立

非洲联盟的成立推动了非洲待命部队的建设。为了实现“非洲人解决非洲事务”，非盟开始建设“非洲和平与安全架构”，非洲待命部队是该架构的重要组成部分。《和平与安全理事会条约》第13款第1条和第2条设想非洲待命部队将按照理事会决议作为和平支助特派团部署，或依据非盟大会授权实施干预行动。而《非洲共同防务与安全政策》则规划了非洲待命部队建立的路线图。按照《共同防务与安全政策》构想，非洲待命部队的建设分两个阶段：第一阶段，根据地域平衡原则于2005年建立5个地区性军事基地，首批部队约1.5万人来自南非、尼日利亚、埃及等地区大国；第二阶段，到2010年部队扩大为全非常备部队，由全体成员国派兵参加。

在2003年5月会议通过的政策框架中，非盟的军事专家们根据非洲面临的安全问题和地区特点，概括了非盟和非洲待命部队可能遇到的6种想定情况，作为待命部队行动的指导。具体包括：①为政治使命提供来自非盟（地区）的军事建议；②与联合国维和行动一起执行非盟（地区）观察任务；③执行非盟（地区）单独的观察任务；④为执行《联合国宪章》，扮演非盟（地区）维和力量和执行预防性部署任务；⑤作为非盟维和力量执行复杂的多纬度任务，处理低层次的扰乱者（非洲大部分主要冲突的特点）；⑥当国际社会无法介入时，干预种族屠杀。非洲待命部队在上述第①~④种想定情况中，将于30天内完成部署；在第⑤种想定情况中，将在90天内完成部署，其中军事单位应在30天内部署完毕；而在第⑥种想定情况中，即应对种族屠杀这种极端严重的情况时，非盟必须能在

14 天内将强有力的军事力量部署完毕。[①] 非盟的一系列制度建设为非盟参与非洲维和以及冲突后重建任务打下了坚实的基础。

2005 年 3 月，非洲联盟开始着手建立人数约为 1.5 万人的非洲待命部队（African Standby Force，ASF）。非洲待命部队下辖五个待命旅，分别部署在东部非洲、西部非洲、南部非洲、北部非洲以及中部非洲，分别由这 5 个地区的次地区组织负责建设。[②] 这 5 个地区的经济共同体是非洲待命部队的地区支柱。参加待命部队的国家，要为联合国、非盟或地区支持行动提供人员，同时也提供后勤支持。这些部队还将得到民事警察和其他机构的支持。最终非洲待命部队的总人数将达到 25000 ~ 30000 人。

次地区的非洲待命部队（旅）由各地区负责对各个旅的指挥和控制，负责通信、情报、部署计划等。而安全与和平理事会则将对 5 个旅以及民事部门进行统一指挥与控制。在建设完成之后，5 个次地区旅部队中各自还设置约 1500 人的快速反应部队（即总数为 7500 人的快速反应部队），以便能在 14 天内部署到任务区。按照构想，一旦这支待命部队组建完毕，具备实际行动能力之后，它将有能力对非洲任何地区甚至可能在非洲大陆之外实行快速反应及部署。

根据“和平与安全理事会备忘录”，非洲待命部队主要肩负着以下使命：①观察和监督使命；②执行其他类型的维和使命；③在严重的情况下或应成员国恢复和平与安全的请求，干预成员国的事务；④进行预防性部署；⑤执行重建和平行动，包括冲突后的裁军和复员；⑥在冲突和灾难地区提供人道主义援助，缓解民众的痛苦；⑦发挥非盟和平与安全理事会授权的其他功能。

2013 年 5 月，第 21 届非洲联盟（非盟）首脑会议上，非洲领导人决定立即建立一支快速反应部队，应对非洲地区安全危机，推动非洲大陆减少对外部军事和防务资金的依赖。这支非洲快速反应部队将在非洲待命部队全面运作前作为临时措施应对非洲大陆冲突和战乱，快速反应部队将由非盟会员国自愿提供军队、装备和资金。非洲联盟待命部队成立后，先后在布隆迪、苏丹、索马里、中非、科特迪瓦、刚果（金）等国冲突中发挥重要作用。非盟和次地区组织解决地区冲突的能力得到大幅提升。

第三节 “非洲人解决非洲问题”的探索

非洲大陆发起的维和行动始于非洲次地区组织的自主维和尝试，这其中西非国家经济共同体自 20 世纪 80 年代末首先开始自主维和探索。西非国家的维和行动取得了巨大的成就，也存在不少问题，但为非洲国家自主维和进行了宝贵的探索和尝试。在西非国家的自

---

① 胡欣：《非洲待命部队及其面临的挑战》，《现代军事》2011 年第 3 期，第 67 – 68 页。

② 这 5 个次地区组织分别为：东非为伊加特组织（Iner – Governmental Authority on Development，IGAD），西非为西部非洲国家经济共同体，南部非洲为南部非洲发展共同体，北非为阿拉伯马格里布联盟，中部非洲为中部非洲国家经济共同体。

主维和的探索之后，各个次地区组织也加强自己在制度领域的建设，为非洲自主维和提供制度和理论保障。在非洲自主维和的积极探索下，非洲国家也开始了联合自强的进程。这最终也推动了非洲统一组织向具有更大权力的政治实体非洲联盟迈进。而非洲联盟和平与安全架构建设反过来又推动了非洲自主维和行动的发展。

一、西非国家经济共同体自主维和的尝试与探索

自20世纪80年代末起，短短10年间，西非国家经济共同体就在本地区展开了两次维和行动，为非洲地区的冲突解决进行了有益的探索。西非国家经济共同体成立于1975年5月，共有16个成员国。作为一个区域性经济合作组织，西非国家经济共同体以促进各成员国经济合作和一体化进程为主要目标，由于西非的国内冲突也具有外溢和示范效应，造成地区局势动荡，影响整个区域经济合作和一体化进程，在没有稳定就没有发展的情况下，安全问题成为西非国家经济共同体关注的首要问题。[①]

1989年12月利比里亚爆发内战。当时，国际形势正发生巨变。1990年8月，伊拉克侵占科威特，国际社会的注意力转移到波斯湾，非洲国家，特别是西非地区的那些国家只好着手对利比里亚惨案做出反应。西非国家经济共同体对利比里亚内战干预是非洲第一次依靠非洲人自己的集体力量处理本地区内部事务所采取的行动，也是“冷战”后非洲第一次用新方法自行解决大陆发生的危机和冲突的尝试。

利比里亚是一个人口仅250万的西非小国。1980年4月，以军士长塞缪尔·多伊为首的17名士兵推翻了小威廉·理查德·托尔伯特政权。多伊政权执政10年，日益暴虐腐化，人民强烈不满。1989年12月，前多伊政府成员查尔斯·泰勒领导的全国爱国阵线在利比里亚东北部起事，内战爆发。这场战争至少使15万人丧生，70多万人流亡国外。[②]

1990年7月底之前，全国爱国阵线力量不断壮大，取得节节胜利，并攻入首都蒙罗维亚，正当多伊政权岌岌可危之时，爱国阵线内部发生分裂，约翰逊和泰勒公开火并，这场推翻多伊政权的斗争逐渐变成爱国阵线内部的权力之争和部族间的互相残杀。

利比里亚战火爆发后，战火很快波及塞拉利昂、科特迪瓦和加纳等邻国。非统组织和西非国家经济共同体对利比里亚局势非常关注，并为实现利比里亚和平做了不懈努力。1990年5月，西非国家经济共同体决定建立一个常设调解委员会，以解决成员国之间的争端和冲突。8月7日，常设调解委员会七国首脑会议决定组建并派遣西非维和部队进入利比里亚，促成交战各方实现停火，结束内战，恢复和平与秩序，创造条件以保证将来选举的正常进行。这支维和部队由尼日利亚、加纳、几内亚、塞拉利昂和冈比亚的2400名官兵组成，司令是加纳的阿诺德·奎努将军。8月25日，西非维和部队进驻利比里亚首都蒙罗维亚。除泰勒一派，各方都表示欢迎。

---

① Karl P. Magyar, Earl Conteth – Morgan, “Peacekeeping in Africa: ECOMOG in Liberia”, New York: St. Martin's Press, 1998, p. 54.

② 《人民日报》阿比让1997年7月23日电。

1990 年 9 月 9 日，利比里亚总统多伊被约翰逊抓获并杀害。约翰逊随即宣布自己是利比里亚总统。此前，泰勒也曾宣布自己是利比里亚总统。多伊死后，他的卫队长官戴维·尼姆利也宣布接任总统。而其他 7 个多伊时代的反对党和 11 个群众团体的代表在冈比亚首都班珠尔举行会议，宣布成立以阿莫斯·索耶为总统的全国统一临时政府，利比里亚出现了同时有 4 个总统的复杂局面。各派武装相互攻讦，利比里亚全国陷入无政府状态。

在西非维和部队的军事压力及国际社会的调停下，利比里亚各派别首领多次聚会协商，先后共达成 12 个协议，但均未得到执行。1995 年 8 月，在尼日利亚首都阿布贾召开的西非国家经济共同体首脑会议上，与会首脑同利比里亚内战各派别首领共同签署了一项协议，即《阿布贾协议》，决定解除各派战斗人员武装，各派别一律解散成立新的政党，全国于 1996 年 8 月 20 日举行议会大选。这项协议一年后得到了修改，但基本内容未变。后来一些政党建议将大选日期推迟，原因是缺乏安全和后勤保障、选民缺乏信息、几千难民未回国等。

1996 年 8 月，西非国家经济共同体首脑会议对不履行承诺的利比里亚内战派别首领发出制裁威胁，加之西非维和部队的努力，决定将大选推迟到 1997 年 7 月 9 日举行。在这次大选中，国际社会特别是西非维和部队发挥了重要作用。1. 1 万名西非维和部队士兵被部署在利比里亚全国，保证投票站的秩序与安全，而且还增派装甲车到十字路口、交通要道等各个战略要地，保证了利比里亚大选正常进行。此外，联合国和非统组织等国际机构派遣了约 500 名观察员来监督这次大选。最终泰勒赢得了大选胜利。

比起在利比里亚的行动，西非维和部队在塞拉利昂的军事行动更进了一步。前者虽是区域组织对其成员国内部事务的干预，但至少形式上保持中立，而后者发展到通过武力驱逐非法政权，恢复民选政府。

塞拉利昂自 1961 年独立以来饱经战乱。1985 年 10 月，塞武装部队总司令约瑟夫·塞义杜·莫莫少将当选总统。1991 年，福迪·桑科领导的“革命联合阵线”（以下简称“联阵”）发动叛乱，塞拉利昂内战就此拉开序幕。1992 年 4 月，瓦伦丁·斯特拉瑟率领一批年轻军官发动政变，推翻莫莫总统。1996 年 1 月，斯特拉瑟被一场政变推翻。2 月，在国际社会帮助下，塞拉利昂成功地举行了总统和议会选举，人民党候选人卡巴出任塞拉利昂第八任总统。

民选总统卡巴上台后，致力于结束内战，恢复和平和重建家园。在科特迪瓦总统贝迪埃的斡旋下，塞拉利昂政府同反叛组织领导人桑科经多次和谈，于 1996 年 11 月在科特迪瓦首都阿比让签署和平协议。然而桑科对与政府合作心存疑虑，大量联阵士兵并未缴械、遣返，政府同联阵达成的和平协议实际上是一纸空文。与此同时，军方与总统的对立日益严重。

卡巴总统出身于曼德族，对主要成员为泰姆奈族的军队不信任，给予他们的待遇也很低。因此，塞拉利昂军人早已心怀不满。1997 年 5 月 25 日凌晨，塞拉利昂中下层军官发动政变，组成以科罗马少校为首的军政府。卡巴总统逃往几内亚首都科纳克里避难。科罗马任命联阵 4 名领导人为军政府成员，其中在当年 3 月被尼日利亚拘禁的联阵领导人桑科被缺席任命为副总统。这表明军政府和联阵结成了联盟。西非的多数国家、非洲统一组织和联合国均对塞拉利昂军事政变表示谴责。西非国家经济共同体应卡巴总统的要求，派出以尼日利亚军队为主的维和部队。原在利比里亚执行维和任务的西非维和部队向塞拉利昂调集3000名士兵进驻塞拉利昂，并配备坦克、装甲车、大炮等重型武器，对弗里敦形成包围之势。联合国对西非维和部队表示支持。在国内外强大的军事压力下，政变当局被迫同西非维和部队进行谈判。10月23日，塞拉利昂政变当局、联阵和西非国家经济共同体代表在几内亚首都科纳克里达成协议，宣布塞拉利昂军政府将于1998年4月22日之前交出政权，届时卡巴将官复原职。所有参与政变的人将被赦免，尼日利亚将释放桑科，让他返回塞拉利昂参加和平进程。但塞拉利昂军政府迟迟不履行诺言。在这种情况下，以尼日利亚为主的西非维和部队于1998年2月向军政府发动进攻。经过一周激战，西非维和部队于2月12日攻克弗里敦，并抓获大部分军政府成员，但军政府头目科罗马漏网。1998年3月，卡巴回到塞拉利昂重新就任总统。

然而，塞拉利昂叛军和联阵士兵仍在东部和北部山区打游击。在1999年1月初，恢复不到一年的卡巴政权再次遭反政府武装围攻，首都弗里敦一度失守。在西非维和部队的直接军事干预下，首都弗里敦于1月20日被收复。但塞拉利昂国内的局部战事并未就此中断。塞拉利昂反政府武装发起反扑后，联合国、非统组织、西非国家经济共同体、英联邦等国际组织当即表明立场，一致谴责塞拉利昂反政府武装发动的军事行动，坚决支持卡巴合法政府，并主张以和谈方式结束战乱。经过有关国际组织和国家的多轮外交努力，1999年7月7日，卡巴政府与反政府武装革命联合阵线终于在多哥首都洛美正式签署了和平协议。其间虽有所反复，但2002年5月塞拉利昂结束了内战，举行了大选。

虽然西非维和行动存在很多不足，但从总体上来看，其对于非洲探索自主解决非洲冲突还是有着重要意义。西非国家经济共同体本来只是一个加强区域经济合作、推动区域经济一体化的区域经济合作组织，它唯一涉及安全方面的是1981年成员国共同签订的防务互助议定书。该议定书本来是要对付来自共同体外部的威胁，包括新殖民主义、雇佣军和南非。[①] 只是在后来1989年12月利比里亚内战爆发后，才在西非国家经济共同体中设立了一个常设调解委员会，作为处理利比里亚内战和西非地区危机的一个机构，并组建了西非维和部队进行干预。

西非维和行动的成功对于非洲其他地区乃至整个非洲大陆的危机处理和冲突控制都有十分重要的借鉴意义。西非维和行动的成功使非洲大陆及各区域增强了解决大陆及各区域所发生冲突的信心，给他们提供了宝贵的经验和教训。正是借鉴西非维和部队的经验，在1993年召开的第29届非统组织首脑会议上，正式决定建立一套常设安全机制，组建泛非维和部队，以解决非洲的危机和冲突。在西非维和行动的影响下，南部非洲发展共同体（以下简称南共体）在干预本区域冲突上显得更加积极。1998年9月下旬，南部非洲的小

① Karl P. Magyar, Earl Conteth - Morgan, "Peacekeeping in Africa: ECOMOG in Liberia", New York: St. Martin's Press, 1998, p. 55.

国莱索托发生了政治骚乱，南非和博茨瓦纳立即进行了干预。南非政府在出兵声明中指出："军事干涉的目标是为了帮助莱索托合法政府迅速恢复国内稳定，一旦达此目的，将会尽快撤军。"南非政府还特别强调，莱索托政府书面请求南共体出兵干预其国内的混乱局面，军事干预符合该组织有关地区安全的协议。[①] 而且为了使军事干预更加合法和有效，南非还推动14个成员国组成的南部非洲发展共同体签署一项地区防务条约。该条约内容包括：今后当某个南共体成员国发生危及国家利益和安全的事件时，其他成员国的军队可以随时进行武装干预，以帮助该国恢复和平与安全。[②] 这说明西非维和行动对于非洲其他区域，特别是安全环境和安全结构相似的区域，借鉴意义确实很大。西非维和行动不仅为非洲其他地区组织树立了榜样，也为2002年建立的非洲联盟开展维和行动提供了借鉴。

二、非洲联盟开展维和行动

非洲联盟成立之后，随着和平与安全架构的建立，非洲联盟开始在非洲和平行动中崭露头角。非洲联盟在非洲冲突解决和冲突后重建中，采取多种方式进行干预，其中包括调解、维和、冲突后建设和平等行动。值得注意的是，由于非洲联盟维和行动仍存在资金不足、能力欠缺等因素制约，非盟的维和行动主要是为联合国维和行动开展前期工作。非洲维和行动最终还是由联合国维和部队或联合国—非盟混合行动接替。自非盟成立之后，先后在布隆迪、科摩罗、苏丹达尔富尔、索马里、科特迪瓦、马里、中非共和国等国开展和平行动。

2003年，非盟在布隆迪开展了成立后的第一次和平行动。布隆迪于1962年7月1日宣布独立，于1992年实行多党制。1993年6月，布隆迪举行多党总统和立法选举，胡图族最大政党布隆迪民主阵线（以下简称"民阵"）主席梅尔希奥·恩达达耶（Melchior Ndadaye）当选总统，民阵获议会绝对多数。10月，布隆迪发生军事政变，恩达达耶总统被害身亡，政变引发大规模民族流血冲突。1994年1月，国民议会选举民阵成员西普里安·恩塔里亚米拉（Cyprien Ntaryamira）为总统。4月6日，恩塔里亚米拉遇空难身亡。9月，民阵同原执政党、图西族政党争取民族进步统一党（又称乌普罗纳党，以下简称乌党）等反对党达成权力分配"政府契约"，国民议会选举民阵成员西尔维斯特·恩蒂班通加尼亚（Sylvestre Ntibantunganya）为总统。1996年7月25日，由图西族控制的军队发动政变，废黜恩蒂班通加尼亚，推举前总统布约亚为总统。2000年8月，在国际社会和周边国家调解下，布隆迪政府与各政治派别签署阿鲁沙和平与和解协议。2001年11月1日，布隆迪过渡政府成立，布约亚出任过渡期前18个月总统，原民阵总书记、胡图人多米蒂昂·恩达伊泽耶（Domitien Ndayizeye）出任副总统。2003年4月30日，根据阿鲁沙协议顺利实行政权交接，恩达伊泽耶接任总统，图西人阿尔方斯—马里·卡德盖（Alphonse -

① 葛立德：《南部非洲的冲突与和平》，《世界军事》1998年第12期，第13页。

② 于大波：《南非：非洲事务的重要发言人》，《瞭望》2000年第6-7期，第25页。

Marie Kadege）出任副总统，布隆迪过渡期平稳进入第二阶段。[①]

2003 年，为了巩固布隆迪和平，预防可能爆发的冲突，非洲联盟决定组建非洲联盟布隆迪特派团（African Union Mssion in Brundi，AMIB）。这是第一个完全由非洲联盟成员国提议、计划并实施的建设和平行动。2003 年 4 月，非洲联盟在布隆迪部署来自南非、埃塞俄比亚、莫桑比克的 3000 人维和部队，监督和平进程并提供安全保障。非盟布隆迪特派团的使命包括保护参加过渡政府的各派政治领导人、创立安全的复员中心解除各派武装、为流离失所的人们和坦桑尼亚的布隆迪难民返回家园创造条件。[②]

非盟布隆迪特派团预防复杂多变的布隆迪局势恶化，为联合国维和部队介入创造条件。2004 年 2 月，一个联合国评估团队认为布隆迪局势适于开展联合国维和行动。同年 5 月 21 日，联合国安理会通过 1545 号决议，决定在布隆迪部署维和部队。6 月 1 日，联合国布隆迪和平行动开始，非洲联盟布隆迪特派团并入联合国维和部队。截至 2006 年 10 月，联合国维和部队解除了约 20000 名前战斗人员武装。

索马里是非洲长期战乱的并被国际社会忽视的一个国家。1991 年，索马里反政府武装推翻了西亚德政府，并开始了内部混战。1992 年 4 月至 1995 年 3 月，联合国先后在索马里开展两期维和行动，最终遭到挫败。自此以后，索马里成为国际维和的伤疤和禁区。2007 年 1 月，非洲联盟向索马里派出特派团，开展和平行动。非盟索马里特派团（The African Union Mission in Somalia，AMISOM）应追溯到 2005 年伊加特开展的维和行动。2005 年，伊加特（东北非地区组织“政府间发展组织”的简称）向索马里派出和平支助团（IGASOM），准备在索马里开展和平行动。由于缺乏资金以及出兵国家（出兵国家多为索马里邻国，与该国有着直接利益关系）中立问题，伊加特和平支助团没能成功部署。此外，伊加特和平支助团被视为美国支持的控制日益增长的伊斯兰运动的西方手段。[③] 伊加特和平支助团的受挫导致非洲联盟于 2007 年 1 月决议部署非盟索马里特派团。索马里特派团主要使命包括：支持索马里各政治派别开展对话，实现和解；保护索马里政府的安全；帮助执行全国安全与稳定计划，特别是重建并训练索马里安全部队；向索马里解除武装进程提供技术援助；监控特派团所在地的安全形势；推动人道主义行动的开展；保护特派团及其各部门人员的安全。自从第一支来自乌干达的部队部署在索马里之后，索马里特派团规模不断扩大。截至 2016 年，索马里特派团人数已经达到 22000 余人。

非盟索马里特派团对索马里局势的介入极大地改善了索马里安全形势，为其国内和平与安全的恢复奠定了基础。索马里也建立了国家安全部队（National Security Forces），在非盟索马里特派团的支持下打击索马里青年党。2012 年，索马里举行了 21 年来的首次大

---

① 中国外交部网站，https：//www. fmprc. gov. cn/web/gjhdq _ 676201/gj _ 676203/fz _ 677316/1206 _ 677486/1206x0_ 677488/，2019 年 6 月 17 日。

② Tim Murithi，“The African Union Evolving Role in Peace Operations：the Afrian Union Mission in Brundi，the African Union Mission in Sudan and the African Uinin Mission in Somali”，*Afrcian Security Review*，Vol. 1，2017，p. 75.

③ Lt. Col. Donatien Nduwimana，“AMISOM in Somalia：A Ray of Hope?”，Occasional Paper Series 4，NO. 4，Published by International Peace Support Training Centre（IPSTC），2013，p. 11.

选。总体而言，非盟索马里特派团对于索马里长达多年的安全形势的改善做出了重要贡献。

三、联合国、非洲联盟、非洲次地区组织合作机制的形成

1992 年加利在《和平纲领》中提出了与区域组织进行合作的构想。由于联合国当时自认为有足够能力解决非洲的危机和冲突，并未对非洲统一组织和次地区组织给予足够的重视。随着 20 世纪 90 年代前期联合国维和行动遭受挫败，从 1995 年开始，联合国开始鼓励非洲的地区组织和次地区组织在非洲危机与冲突中发挥更大的作用。非洲区域组织和次区域组织承担危机与冲突方面的责任主要援引《联合国宪章》第 8 章“区域办法”，其中第 52 条指出区域组织不应该排除区域组织在维持国际和平中的作用，并鼓励成员国依照区域组织安排和平解决争端。《和平纲领》进一步分析认为，该宪章没有明确确定区域安排和区域机构的定义，从而使地区组织能够灵活而有力地采取行动处理适宜区域行动应付的事件，这样也有助于维持国际和平与安全。[①] 1995 年 1 月，加利在“《和平纲领》补编”中列举了联合国与区域合作的 5 种形式（协商、外交支持、行动支援、联合部署、联合行动），并提出联合国与区域组织合作的准则。[②]

1998 年，一份题为《非洲境内冲突起因和促进持久和平与可持续发展》的秘书长报告进一步强调，应加强非洲区域组织和次区域组织在非洲危机与冲突中的作用。报告指出：根据联合国为国际和平与安全所承担的主要责任，既有必要也易于为非洲的区域和分区域倡议提供支持与帮助。原因在于，联合国缺乏解决非洲可能发生的所有问题的能力、资源和专门知识。当然，只要有可能，国际社会就应竭力支持非洲人为解决非洲问题所进行的努力。[③]

联合国通过资金支持、能力培训等方式支持非盟提升冲突解决和维和的能力，并支持非盟及非洲次地区组织开展和平行动。非洲联盟和平与安全理事会和联合国安全理事会举行年度会议，在诸如预防和解决冲突、维持和平及冲突后建设等领域交流信息和加强合作。这种接触的一个行动是通过了题为“加强联合国—非洲联盟合作：非洲联盟能力建设十年方案框架”的宣言。该方案被视为与非洲联盟合作的不断发展的战略框架，将涉及非洲联盟的机构能力建设和人力资源开发，以及同联合国机构及区域和次区域组织的更广泛的伙伴关系。在前三年中，方案的重点是和平与安全问题，以及支助非洲和平与安全架构。自 2007 年以来，联合国机构在各种倡议和专题组中发挥主导作用，包括通过区域协调机制支持非洲联盟和非洲发展新伙伴关系。“能力建设十年方案”有助于改进非洲联盟

---

① 布特罗斯—加利：《和平纲领》（中文版），1992 年 6 月 17 日，第 60 ~ 61 段落。

② 布特罗斯—加利《〈和平纲领〉补编》（中文版），1995 年 1 月 3 日，第 86、88 段落。

③ 联合国秘书长提交给安理会的报告《非洲境内冲突起因和促进持久和平与可持续发展》，1998 年 4 月 13 日，第 41 段落。

与联合国系统之间的协作，并有助于使联合国为非洲机构做出的努力更加协调一致。①

联合国最早和非洲区域组织之间的合作是与西部非洲发展共同体（以下简称西共体）合力解决利比里亚冲突。根据安理会第866号（1993）决议设立的联合国利比里亚观察团（以下简称“联利观察团”），被授权与西共体合作执行利比里亚各派停火、解除武装和军队复员，以及举行国家选举。联利观察团是联合国第一个与区域组织发起的行动开展合作的维持和平使命团。② 这一合作被联合国视为与非洲次区域组织合作的成功范例。在安哥拉内战问题和刚果民主共和国内战中，联合国和非统共同发挥作用。在刚果民主共和国内战中，联合国任命阿尔及利亚外交官穆罕默德·萨努恩为联合国和非统共同派驻大湖地区的代表，以调解扎伊尔（现刚果民主共和国）内战。非盟和非洲次区域组织的一些实践也表明了它们能够在非洲内部危机和冲突中发挥重要作用。非盟的维和部队成立后，先后向布隆迪、索马里、苏丹、刚果民主共和国等国家和地区派出了非盟驻当地的特派团。非洲的一些次区域组织，如西共体、伊加特组织、南部非洲发展共同体在各自区域采取的一些维和行动取得了一定成效。西共体组建的西非维和部队走得更远，直接采用武力解决利比里亚和塞拉利昂的危机与冲突。南共体也在解决安哥拉和刚果冲突中发挥了重要的调解作用。

第四节　小结

非洲大陆作为内部冲突的直接受害者，解决非洲冲突与其利益相关。非洲联盟及非洲次地区组织一直在试图加强自身在非洲维和及冲突后重建中的参与权和话语权。近些年来随着非盟集体安全机制的建设以及非洲待命部队的建立，非洲联盟在本大陆的冲突及冲突后国家重建发挥日益重要的作用。从非洲自主解决非洲问题的探索和演变来看，非洲主导的自主维和行动主要有如下特征：

第一，非洲拥有强烈的政治意愿来自主解决本大陆的冲突，并进行了充分的探索与实践。从泛非部队的演变到非洲统一组织变成政治实体非洲联盟都反映了“非洲人解决非洲问题”的强烈政治意愿。非洲联盟及非洲次地区组织都为此进行了长期的探索与实践。非洲联盟为此建立了“非洲和平与安全架构”，并建立了非洲待命部队。这些都为非洲联盟主导的自主维和行动奠定了良好的基础。

第二，由于比非洲大陆之外的国家拥有更强的合法性，非洲联盟及次地区组织在维和行动中能够采取更激进的手段，尤其在使用武力进行强制和平方面。在非洲自主维和行动中，非洲国家多次使用武力进行强制和平。一方面，非盟和非洲次地区组织在非洲拥有更

① 联合国秘书长的报告《秘书长关于非洲境内冲突起因和促进持久和平与可持续发展的报告所载建议的执行情况》，联合国文件 A/65/152 - S/2010/526，2010年7月20日，第14～15段落。

② 《联合国纪事》，1995年，第12卷第3期，第41页。

强的合法性，苏丹政府拒绝联合国维和部队而欢迎非盟维和部队也印证了这一点；另一方面，非盟勇于行使“干预权”为冲突国家实现和平、开展大规模重建奠定了良好的基础。

第三，为了寻求开展维和行动的更大的合法性，非洲自主维和行动不只寻求非洲联盟的授权，同时也寻求联合国的授权。这不仅可以加强非洲自主维和的合法性，也可以获得联合国和其他国家的资助和支持。

第四，非洲维和行动由于受资金和能力不足的制约，导致非洲自主维和行动更多的是为联合国维和行动作前期铺垫。首先，资金匮乏导致非洲和平行动缺乏可持续性。2017年，非洲联盟委员会副主席伊雷斯特斯·姆文查（Erastus Mwencha）表示，非洲联盟和平行动过分依赖联合国和欧盟资助。自2007年非洲联盟向索马里派驻维和部队并开展强制和平行动，打击索马里青年党以来，目前非洲联盟索马里维和部队约有22000名士兵，每月维和费用支出约4500万美元。长期以来欧盟通过其非洲和平基金（African Peace Facility）向非盟维和部队提供资金。由于联合国资金的不确定性以及欧盟改革导致其削减20%的援助资金非洲和平行动陷入了困境。[①] 其次，非洲军事能力影响非盟维和能力。非洲社会经济发展滞后的一大后果是制约了非洲军事能力的发展。非洲国家军事能力良莠不齐，后勤保障、远程投送能力不足阻碍了非洲维和能力的提升。最后，对于外部资金的过度依赖影响非洲和平行动的独立性和自主性。自1963年非洲统一组织（非洲联盟前身）成立以来，非统组织的预算就依赖于外部援助。2015年6月，非盟承诺办公经费主要从成员国自筹；自2016年开始，非盟100%的运营经费预算、75%的项目预算以及25%的和平行动预算由成员国资助，由此可见非洲对外部资金的依赖程度。由于非洲对外部资金过度依赖，导致其在非洲本土安全领域的话语权和自主权下降。在利比亚冲突中，非盟一直反对西方国家的干预，特别是军事干预，主张“非洲事务由非洲人解决”，这决定了非盟在利比亚危机中的立场。非盟在关于利比亚危机的决议中希望和平协商解决利比亚危机，反对非宪法方式更迭非洲国家政权，并一直拒绝承认利比亚反政府势力。然而，非盟并不能阻止北约对利比亚的军事打击，尴尬地位显露无遗。

① Xinhua News Agency, “AU Faces Financial Challenges in Peace operations”, January 27, 2017, http: //www. xinhuanet. com/english/2017 -01/28/c_ 136016830. htm, 2018 -06 -25.

第四章　美国、欧洲及中国等在非洲冲突后重建中的作用

非洲拥有 54 个国家，人口众多，占联合国会员国的 1/3，不结盟运动的 1/2，是世界上发展中国家最多的大洲，政治上具有重要地位。而且非洲资源丰富、市场巨大，非洲国家长期处于混乱和贫困状态，并不符合美国的利益。西方国家对解决非洲冲突的立场经历了一个逐渐变化的过程。20 世纪 90 年代初，西方大国赢得了“冷战”的胜利，并在军事上挫败了伊拉克吞并科威特的野心，自信满满。“冷战”结束之初，西方国家竞相参与在非洲的维和行动，国际社会自 1991 年 6 月开始在安哥拉执行维和行动以来，先后向西撒哈拉、莫桑比克、索马里、利比里亚和卢旺达派遣维和部队，西方大国或部分或全部参与了这些维和行动。随着 1993 年联合国索马里维和行动和 1994 年卢旺达维和行动的失败，西方大国基本上退出了联合国维和行动。21 世纪初，随着非洲开展联合自强以及经济的发展，非洲日益受到世界关注。西方国家逐渐参与到非洲冲突后的重建进程。

第一节　美国的国家构建理论及其实践

一、美国关于国家构建的理论与政策

美国对于战后重建的重视始于“9・11”事件。“9・11”事件对美国本土进行了攻击，给美国人带来了一种无法言喻的恐慌和震惊，因为自“二战”以来美国本土从未受到任何来自敌对国家的攻击。[①]“9・11”事件中，恐怖主义仅仅挟持几架飞机就已经对美国造成严重威胁，如果恐怖主义拥有杀伤性武器，后果将不堪设想。因此，2002 年 9 月发表的《美国国家安全战略报告》明确指出，美国面临的最严重的危险在于激进主义和技术的结合。为此美国开始调整战略，其重心开始转向打击国际恐怖主义势力。《美国国家安全战略报告》提出了三个方面的调整：减少对传统盟国和国际组织的依赖、预防性战争原则（Doctrine of Preventive War）和强制性推进民主。美国政府认为，美国国家安全的最大威

---

① 有报道称，“二战”中日本人曾经用热气球悬挂炸弹轰炸过美国本土。但是美国人为打击日本人的士气，未予以公布。

胁来自恐怖主义和所谓的“失败国家”，因为“失败国家”可能成为恐怖主义分子滋生的温床。而美国应该通过“民族构建”或者“国家构建”帮助这些“失败国家”实现民主和稳定，以彻底消除恐怖主义的容身之所。

众多美国学者的研究成果都是持相同或相似观点。美国兰德公司发表的《国家建构入门指南》中开宗明义地指出了这一点。该报告明确提出在美国，民族构建（Nation - Building）通常是通过使用包括武力在内的各种措施推动一个冲突国家的政治经济改革，其目的是使冲突国家实现和平。①

“9·11”事件以来，美国开始了对所谓“失败国家”的国家构建进行关注，相关研究也如雨后春笋般涌现。从美国学者的观点来看，美国开展冲突后国家构建历史久远。据美国一位军方学者研究，美国的国家构建历史可以追溯到1898年。1898年，美国通过美西战争从老牌殖民主义国家西班牙手中夺取了古巴和菲律宾。美国对古巴和菲律宾的统治是美国参加国家构建的开始。② 他认为，美国的国家构建实际上就是对一个民族国家内部事务进行干预以改变其政府行为方式，美国付出这些努力只有一个目标——民主。

“9·11”事件爆发以后，美国智库兰德公司发表了一系列关于国家构建（Nation - Building）的报告。德国和日本的战后重建是兰德公司报告中认为比较成功的案例。“二战”结束以后，美国就先后帮德国和日本开展国家重建，而且取得辉煌的成功。这两个国家在美国的帮助下成功地实现了政治、经济和社会转型。迄今为止，这两个国家不仅巩固了民主政体，经济上也取得了辉煌的成就，被美国人树立为国家构建的经典。美国承认这两个国家的成功并不能说明任何问题，但日本和德国民主的巩固还是使美国对于在从来未实行过民主的地方推行民主制度充满信心。在讨论德国和日本战后重建的成功经验时，兰德报告认为德国和日本有一个经济上高度发达的先进社会，这是德国和日本经济上成功的重要原因，但是这并不能解释两国政治转型上的成功。

通过研究美国参与重建的历史，兰德公司学者杜宾斯等总结了美国历史上参与国家构建的经验。第一，影响国家构建难易的因素众多，其中包括之前的民主经历、经济发展水平和国家的同质性。③ 但是在众多的可控因素中，最重要的决定因素是以时间、人力和金钱来衡量的努力程度。德国和日本与海地、索马里和阿富汗的区别不在于它们认同西方文化程度、经济发展水平乃至族群同质程度，而在于美国和国际社会为民主转型付出多大的努力以及投入多少。第二，多边国家构建比单边民族构建要更加复杂，也需要花费更多的时间，但是却可以相应降低参与者的成本。多边国家构建比单边国家构建能产生更彻底的转型和更广泛的地区和解。第三，如果主要参与者拥有共同视野，统一指挥和广泛参与能

① James Dobbins, Seth G. Jones, etc. “The Beginners' Guide to Nation - Building”, Published by Rand Corporation, 2007, p. xvii.

② Colonel Jayne A. Carson, “Nation - building, the American Way”, No. 0704 - 0188, U. S. Army War College, April 7, 2003.

③ James Dobbins, John G. McGinn, etc., “America's Role in Nation - Building: From Germany to Iraq”, Published by Rand, 2003, pp. xix - xiv.

够更加一致，就能形成国际金融机构。第四，稳定部队的规模和风险水平之间似乎是逆相关的。稳定部队人数越多，受伤的人数越少。第五，冲突国的邻国能发挥重要影响。第六，过去不公正的责任是民主化的强有力组成部分。①

2007 年，美国学者弗朗西斯·福山在其著作《国家构建：21 世纪的国家治理与世界秩序》中更加确认了这一点。福山对美国国内的国家构建思想进行了总结，他在书中指出，改善弱国的治理能力、增强其民主合法性并强化它们可自我维持的制度两项议题成为国际政治的第一要务。② 其隐含的意思是国际社会有必要加强对战乱国家的民主制度及能力建设，美国有权利和义务将民主制度移植到战乱国家。美国国内学术界就此有过争论。一部分保守派人士并不支持国家构建，他们认为这将为美国带来沉重负担。福山将国家构建分为三个阶段：第一阶段为战后重建，即在战争崩溃的国家开展稳定行动；第二阶段是创立外国军事力量撤离后能自我维持的国家制度；第三阶段与第二阶段有所重叠，主要涉及国家能力建设问题。③

2004 年 7 月，美国国务院设立了重建和稳定协调专员办公室（Office of Coordinator for Reconstruction and Stabilization，S/CRS，以下简称“专员办公室”）。它的正式目的是“帮助稳定和重建从冲突和国内争斗过渡的社会，以便它们能够抵达和平、民主和市场经济的持久坦途”。该办公室的设立得到布什政府、学者、政策分析人士以及国会的支持。美国有学者认为支持建立该机构主要源于一种思想，即认为“失败国家”是对美国国家安全的一种威胁。④ 专员办公室发布《冲突后重建基本任务》（*Post - Conflict Reconstruction Essential Tasks*）作为其指导冲突后重建行动的纲领性文件。该文件由美国战略和国际问题研究中心（Center for Strategic and International Studies，SIS）以及美国军队协会（AUSA）根据前者发表的《赢得和平：美国冲突后重建战略》⑤ 联合制定，之后经由专员办公室领导的 6 个跨部门工作团队分别讨论、扩充而成。

《冲突后重建基本任务》将冲突后重建工作划分成 5 个领域：安全；治理和参与；人道主义援助与社会福祉；经济稳定与基础设施；司法与和解。这 5 个领域中的每个领域均根据其性质分为三个阶段的任务：①最初反应（短期）：建立一个安全的环境；②过渡（中期）：形成合法和稳定的安全机制；③促进可持续发展（长期）：加强东道国的能力。

从其主要内容而言，与联合国建设和平设定的任务并无二致，这说明西方国家与联合

① James Dobbins, John G. McGinn, etc., “America's Role in Nation - Building: From Germany to Iraq”, Published by Rand, 2003, pp. xix - xiv.

② ［美］弗朗西斯·福山：《国家构建：21 世纪的国家治理和世界秩序》，中国社会科学出版社 2007 年版，第 96 页。

③ ［美］弗朗西斯·福山：《国家构建：21 世纪的国家治理和世界秩序》，中国社会科学出版社 2007 年版，第 97 - 98 页。

④ Justin Logan & Christopher Preble, “Failed States and Flawed Logic: The Case against a Standing Nation - Building office”, Policy Analysis No. 560, January 11, 2006.

⑤ Edited by Robert C. Orr, “Winning The Peace: An American Strategy for Post - Conflict Reconstruction”, CSiS Press, 2004.

国在冲突后重建面临的工作方面理念趋同。但是作为世界第一大国，美国倾向于用国家构建来代指冲突后重建，说明冲突后重建只是美国在所谓的“失败国家”或“崩溃国家”移植西方民主制度的工具而已，正如“二战后”其在德国和日本所推行的民主化改革。然而，时代和国际形势已经发生了根本的改变，很多冲突后国家与德国、日本的国情千差万别，因此美国的国家构建虽然取得了军事胜利，但是就伊拉克、阿富汗、利比亚等国的实践而言，结果并不尽如人意。

二、美国关于非洲和平行动的政策和制度框架

虽然美国在全球奉行“国家构建”的理论和政策，主要的实践案例当属美国发动的伊拉克和阿富汗战争，但对于未威胁美国核心利益的非洲，美国的政策还是有所差别的。美国从“冷战”结束初期积极介入联合国维和行动到联合国索马里维和二期行动失败后退出。在此之后，美国开始支持非洲地区组织和国家加强维和行动能力,[①] 也极少派遣军队参加联合国维和行动。1994 年以来，美国先后提出了《非洲冲突解决法案》（*African Conflict Resolution Act*）、非洲危机反应倡议（African Cirsis Response Initiative，ACRI）、提升国际维和能力项目（Enhangcing International Peacekeeping Capabilities，EIPC）、非洲部队行动和培训项目（African Contingency Operation and Trainning Program，ACOTA）、全球和平行动倡议（Global Peace Operations Initiative，GPOI）、非洲维和快速反应伙伴计划（African Peacekeeping Rapid Response Partnership，APRRP）。这些项目大多是为非洲国家提供维和能力培训和军事装备、后勤援助。目前，全球和平行动倡议和非洲维和快速反应伙伴计划是美国正在非洲执行的两个培训项目，由美国国务院政治军事事务局（Bureau of Political - Military Affairs）主管和协调各部门合作，和平行动能力建设处（Peace Opertations Capacity Building Dvision，POCB）负责这两个项目的运行和实施。此外，2007 年美国建立非洲司令部，负责非洲军事相关事务。

（一）《非洲冲突解决法案》

1994 年 10 月，美国国会通过了《非洲冲突解决法案》。该法案声称在过去 10 年里，非洲有 2000000 ~ 4000000 人死于冲突，并导致了 5200000 名难民和 13100000 人流离失所。为了美国的国家利益，美国应该提供援助，加强非洲冲突解决能力。该法案决定，1995 ~ 1998 财年，美国向非统组织提供每年不少于 1500 万美元的援助，用于加强非统组织解决冲突的能力，以及支付美国冲突解决专家与非统组织合作的费用，向撒哈拉以南非洲的次地区组织提供援助，提高它们解决冲突的能力；1995 ~ 1996 财年，向撒哈拉以南非洲提供每年 2500 万美元援助，支持武装人员复员并融入社会；1995 ~ 1996 财年提供适当援助，用于培训非洲冲突解决能力和维和能力。

（二）非洲危机反应倡议

1994 年卢旺达大屠杀后不久，美国提出非洲危机反应部队倡议（African Crisis Re-

---

① A. Sarjoh Bah & Kwesi Aning，“US Peace Operation Policy in Africa：From ACRI to AFRICOM”，*International Peacekeeping*，Vol. 15，No. 1，February 2008，p. 120.

sponse Force）。该倡议目的是建立一支非洲危机反应部队，该部队由一些有能力部署到冲突地区的非洲国家军队组成，负责在冲突地区保护平民。然而，该倡议并不受非洲国家欢迎。一些非洲领导人，包括南非总统纳尔逊·曼德拉认为这只是美国在卢旺达大屠杀后的下意识反应，同时也是想在非洲建立军事立足点的借口。① 因此，这个倡议被视为外部强加事物没有得到非洲国家政府的支持。因此，美国将非洲危机反应部队倡议变成了非洲危机反应倡议。

非洲危机反应倡议的目标是为承担联合国传统维和任务的非洲部队提供培训。倡议最初设想是在双边基础上提供军事及维和能力培训，并向正在开展维和行动的非洲次地区组织（如西非国家经济共同体）提供可能的直接军事援助。一些非洲国家，如塞内加尔、埃塞俄比亚、乌干达，对非洲危机反应倡议伸出了橄榄枝，然而南非和尼日利亚却仍对此表示反对。由于非洲地区大国的反对，非洲危机反应倡议只能集中资源向非洲国家提供维和及军事能力培训，而无法提供非洲国家急需的军事、后勤物资。

（三）提升国际维和能力项目

提升国际维和能力项目创立于 1998 年，主要内容是美国向全球伙伴国家军事部门提供课堂教学，帮它们培训教官。非洲有博茨瓦纳、加纳、肯尼亚、摩洛哥、南非、突尼斯等国家参与。

（四）非洲部队行动和培训项目

2004 年，美国用非洲部队行动和培训项目取代非洲危机反应倡议。项目也是在双边基础上签署协议，同时也考虑向地区组织提供军事援助。项目最大的变化是向非洲国家提供攻击性军事行动的培训，并提供相应武器装备。由于项目培训是由私人安保公司而非美国军队承担，一些非洲国家拒绝参与项目。该项目与提升国际维和能力项目于 2005 年被并入全球和平行动倡议。

（五）全球和平行动倡议

全球和平行动倡议设立于 2005 年，是美国为了响应 2004 年八国集团扩大和平支助行动全球能力行动计划（G8 Action Plan for Expanding Global Capability for Peace Support Operations）而提出的。提升国际维和能力项目和非洲部队行动和培训项目被正式并入全球和平行动倡议。该倡议是美国国务院资助的安全援助项目，目的是加强伙伴国家和地区组织实施和平行动的国际能力。项目的主要目标是：帮助伙伴国家建设自给自足的和平行动能力；支持伙伴国家发展和利用关键需求的能力；提高伙伴国家战备就绪和持续能力；加强伙伴国家的快速部署能力；提高妇女的作用，推动性别平等；建设联合国和地区组织的能力。

全球和平行动倡议于 2005 年启动，每 5 年为一期，现在已经是第 3 期。自 2005 财政年度至 2018 年，全球和平行动倡议预算 11.54 亿美元。截至 2018 年 4 月，全球和平行动

① A. Sarjoh Bah & Kwesi Aning, "US Peace Operation Policy in Africa: From ACRI to AFRICOM", *International Peacekeeping*, Vol. 15, No. 1, February 2008, p. 122.

倡议已经在全世界拥有53个建设性伙伴国，并与联合国以及3个地区组织建立了伙伴关系。这3个地区组织均为非洲地区组织，即非洲联盟、西非国家经济共同体和中部非洲国家经济共同体。①

（六）非洲维和快速反应伙伴计划

在2014年8月召开的美非领导人峰会上，时任美国总统奥巴马宣布在3~5年内，每年向非洲6个伙伴国家（埃塞俄比亚、坦桑尼亚、加纳、塞内加尔、卢旺达、乌干达）提供1.1亿美元的援助，帮助它们提高快速部署维和部队的能力。这一计划于2015财年开始实施，主要关注联合国和地区和平行动部署快速反应部队时急需的一些能力培训，如空运、指挥、控制、通信、信息系统、后勤、工程、医疗等。这些项目不仅包括技能培训，美国还提供相关的设备。例如，埃塞俄比亚接受的是C－130运输机维护补给站项目；加纳接受的是军事营地建设规划项目；其他几个国家分别接受了桥梁工程、指挥系统（C315S）、医疗、后勤等方面的资助和培训。

（七）美国非洲司令部（African Command，AFRICOM）

2007年2月，时任美国总统布什发布命令，建立非洲联合司令部。在此之前的2006年9月，中非合作论坛北京峰会刚刚召开。有学者推测，美国非洲司令部是为了应对大国在非洲的存在以及非洲丰富的矿产资源。2007年10月，美国非洲司令部正式成立。由于没有非洲国家愿意接受非洲司令部，因此美国非洲司令部驻扎在德国斯图加特。

三、美国在非洲冲突后重建中的实践

"冷战"结束后，美国在非洲的军事存在分为几个阶段：第一阶段从"冷战"结束至1994年美军撤出索马里，美国携"冷战"胜利及伊拉克战争胜利之余威试图在非洲冲突中大展拳脚，展现霸主风采，然而强制干预以期建立和平的维和行动以"黑鹰坠落"黯然收场。第二阶段从1994~2001年"9·11"事件爆发。在此期间，美国不再参与联合国维和行动，转而与非洲地区强国或支柱国家加强军事联系，帮助它们加强安全方面能力。第三阶段为"9·11"事件之后，美国开始全球反恐。由于其认为非洲有潜在的滋生恐怖主义的土壤，美国在非洲加强了军事存在。2007年，美国正式建立了非洲司令部。

（一）第一阶段：美军参与联合国强制和平行动

随着"冷战"结束，苏联解体，世界基本格局正处于两极格局体制向多极体制过渡阶段。非洲战略地位一度下降，不少非洲国家领导人产生了被抛弃的"失落感"。正如肯尼亚政治学家迈克尔·切克指出的，"随着'冷战'的结束，非洲已失去了它往日拥有的政治诱惑力"，现在没有任何令人信服的地缘政治、战略或经济理由"来把它一下子提到全球经济的议事日程的首位上来"。② 非洲越来越不被国际社会重视，似乎处于被边缘化的

---

① 美国国务院网站，https：//www.state.gov/t/pm/rls/fs/2018/282229.htm，2018年8月9日。

② 米歇尔·克劳斯：《最终自由了？冷战结束与美国对非政策》，载徐济明、谈世中主编：《当代非洲政治变革》，经济科学出版社1998年版，第34页。

危险境地。多党民主浪潮给非洲大陆各国带来政局混乱，引发了一些国家的内战。再加上一些大国的军事撤离，使非洲一些国家局势陷入混乱。

“冷战”之初，以美国为首的多国部队经联合国授权，在海湾战争中大展拳脚，将伊拉克驱逐出科威特。美国因在海湾战争中“大获全胜”而踌躇满志，似乎世界上只有它一家可以“包打天下”。许多美国人自己也认为，只要美国这个超级大国出面干预，就没有解决不了的问题。同时，为了拉拢非洲、扩大自己的影响，美国参与了“冷战”结束之初大部分非洲维和行动。联合国自 1991 年 6 月开始在安哥拉执行维和行动以来，先后向西撒哈拉、莫桑比克、索马里、利比里亚和卢旺达派遣维和部队，美国或部分或全部参与了这些维和行动。

1992 年 12 月 9 日，根据联合国安理会 794 号决议，以美军为主体的多国部队进驻索马里，开始代号为“恢复希望行动”的维和行动，这是美国有史以来对非洲大陆的首次直接军事干预，也是“冷战”后联合国对非洲采取的最大多边军事行动。美国以为大军一到，索马里各派武装就会规规矩矩，俯仰由人。然而，索马里情况并不像美国人想象得那么简单，特别是美军将维和目标由以人道主义救援为主改为收缴各派枪械、帮助“重建民主政府”后，多国部队便同索马里最大的武装派别——以艾迪德为首的“索马里全国联盟”发生军事摩擦和武装冲突，最后愈演愈烈，结果造成索马里万余平民伤亡，维和士兵 132 人阵亡，其中 44 人为美军士兵。国际社会纷纷指责美军偏离中立立场。这样一来，不仅使美国颜面扫尽，也损害了人们对联合国的信任。1994 年 3 月，美军撤出索马里。

1995 年，当“冷战”后非洲的冲突没有什么减缓的迹象时，维和部队开始撤退。同年 3 月，联合国索马里二期部队撤出索马里。1994 年，当卢旺达爆发种族冲突时，联合国做出的反应是将其 1700 人的维和部队减少成一支不超过 270 人的象征性部队。在 1989 ~ 1992 年维和部队急剧膨胀后，这些维和部队的撤退已经表明联合国已不能像布特罗斯—加利的《和平纲领》所提出的那样应付更深层次冲突的挑战。①

以 1994 年 3 月美军撤出索马里为标志，美国开始改变直接军事介入非洲的政策。1994 年 5 月，在总统决策指令中就体现了美国不介入联合国维和，特别是在非洲的维和行动的新政策。该指令限制向维和行动提供后勤支援，并提出美国支持联合国维和行动前必须得到满足的严格标准。② 之后，美国军队曾介入利比里亚和中非共和国的军事行动。但在这两次行动中，他们的角色被严格限制于保护美国人的生命和财产安全方面。

（二）第二阶段：加强与非洲地区强国或支柱国家的军事合作

联合国索马里维和行动和卢旺达维和行动的失败使西方认识到强制和平行动在非洲大陆是行不通的。而且冷战时期超级大国对非洲大陆事务的干涉已使它们声名狼藉，不论它

① Tom Woodhouse, Robert Bruce & Malcolm Dando, “Peacekeeping and Peacemaking”, Macmillan Pr. Ltd. 1998, p. 39.

② Oliver Furley & Roy May, “Peacekeeping in Africa”, Ashgate Publishing Ltd. 1998, p. 229.

们以何种名义对非洲进行干预，都会使非洲国家联想起它们以前对非洲国家的干涉，引起非洲国家的重重疑心。因此，自从这两次维和行动受挫以后，美国逐渐调整对非洲的政策，撤出或脱离在非洲的军事存在。

在联合国索马里维和行动失败后，美国开始倾向于同非洲地区的大国合作，以维护自己在非洲的利益，在这一点上，美国的政策同亨廷顿的新作《孤独的超强》中的想法似乎有点不谋而合。亨廷顿认为，“冷战”后，世界逐渐进入真正的“多极”时代，而美国作为唯一的超级大国并没有充分认识到这一趋势，在地区问题上到处干预，反而使自己成为“孤独的超强”。随着美国国力的相对下降，这种干预必然难以为继。而事实上，世界上也没有任何一个地区需要美国充当世界警察。如何避免这一点？亨廷顿主张美国可以在地区事务中利用三角关系发挥制衡作用。他认为，美国应认识到，多极体制形成后，将由地区强国担负起维护本地区秩序的基本责任。① 例如，在东非，美国加强了同乌干达的战略关系。美国为了对付所谓的“恐怖主义”苏丹伊斯兰原教旨主义政府，一直在设法保证反政府组织——苏丹人民解放军的军火供应线。克林顿当局利用乌干达北部作为培训苏丹南方叛乱分子反对喀土穆穆斯林政府的军事基地。②

美国还加强同尼日利亚、南非这样的地区大国的友好关系，以保护美国在该地区的利益。尼日利亚在军人当政期间能够出兵干预利比里亚和塞拉利昂的国内冲突问题，这不能不说是有美国的背后支持。美国前总统布什就表示很赞成非洲的次地区组织的维和努力，美国政府也明确表示支持西非国家经济共同体在利比里亚的行动。③

自从联合国索马里维和行动失败后，美国不再参与联合国维和行动，但一直表示支持非洲人建立非洲维和机制的努力。例如，1994 年 9 月 9 日，美国国会通过了《非洲冲突解决法案》。该法案提供 2500 万美元用以提高非统组织解决冲突的能力，资助从事维和行动的非洲区域组织。1994 年 10 月，美国副国务卿斯特罗博·塔尔博特在津巴布韦访问时建议，为了提高南部非洲地区组织的快速反应能力，美国准备向其提供大型运输机。随后在 1994 年 12 月总统国家安全顾问安东尼·莱克访问埃塞俄比亚时，决定向非统组织和平基金提供 150 万美元，表明他对亚的斯亚贝巴非统组织总部指挥的统一行动的支持。所有这些提供的援助符合目前美国避免直接军事介入非洲维和行动的政策。④

美国还以前所未有的规模参与培训非洲国家军队的行动。根据联合国交换培训计划，美国特种部队仅在 1995 ~ 1997 年就为 54 个非洲国家当中的 34 个提供了军事训练。当时这些国家都不同程度地卷入了冲突。例如，乌干达第 3 营在接受了美国陆军特种部队的培训之后，立即被派往该国西部平叛。⑤

---

① 林少文：《从全球冷战到地区冷战：读亨廷顿的新作〈孤独的超强〉》，《世界知识》1999 年第 7 期，第 22 页。

② Kurt Shillinger, “U. S. in Africa: All Talk and No Action?” International Herald Tribune, December 9, 1999.

③ Karl Magyar & Earl Conteth - Morgan, “Peacekeeping in Africa: ECOMOG in Liberia”, New York: St. Martin’s Press, 1998, p. 55.

④ 沈效泉：《法非关系新演变》，《瞭望》1998 年第 49 期，第 44 页。

⑤ 施军：《非洲战争背后的大国》，《世界军事》1999 年第 4 期，第 12 页。

（三）第三阶段："9·11"事件之后美国对非洲维和的支持

美国在非洲的军事存在规模大、手段灵活多样。2001 年"9·11"事件发生后，在反恐的名义下，美非关系的军事化色彩不断增强，2008 年成立的非洲司令部就是例证。特朗普政府的《国家安全战略报告》提出在军事和安全领域美国将继续与国际伙伴合作，增强非洲的安全能力，包括反恐、打击人口走私、打击有关武器和自然资源的非法贸易；美国将与国际伙伴合作在非洲反恐，保护美国公民和国土安全。自 2001 年以来，美国陆续将军事资源部署到非洲，通过小布什政府的"睡莲计划"（Lily - Pad Strategy）、奥巴马政府的"轻脚印"（Light Footprint）战略，美国在非洲部署了大量军事设施，包括军营、哨卡、补给点等。此外，美国还部署了大约 60 个小型基地（包括正在使用的、后备的和暂时关闭的），遍布非洲 34 个国家。当前美军在 38 个非洲国家设有"安全合作办公室"或"武官处"，其中 30 个国家允许美军使用它们的机场，以此作为加油站。这些小型基地平时有少量美军驻扎，美国负责维护和改进基地，并提供预设装备和后勤补给。这些基地规模较小、合作敏感度较低，因此易被非洲国家接受。除了直接的军事行动外，经济援助、武器出售以及包括军事训练合作、联合军演、反恐合作等美非军事合作，成为美国在非洲进行军事布局的重要渠道。[①]"9·11"事件之后，美国除了加强在非洲的军事存在，还通过各种方式加强美国对非洲维和行动的支持。[②]

1. 开展维和人员培训

美国为非洲联盟和联合国组织的和平行动提供了重要的支持。2005 ~ 2014 年，美国通过非洲部队行动和培训项目为非洲 25 个伙伴国家培训了 248000 名维和士兵，这些维和士兵在部署到冲突国家之前接受美国培训；2009 ~ 2014 年，全球和平行动倡议为非洲维和士兵培训提供了 2.41 亿美元资助。此外，全球和平行动倡议资助非洲司令部对非盟和 22 个非洲伙伴国家开展专门维和培训，目的是帮助非洲建立一支职业维和人员的骨干队伍。美国通过国际警察维和行动支助项目向参与联合国在达尔富尔、南苏丹、马里的 1100 名非洲维和警察提供了所需装备。

2. 向非洲联盟解决冲突提供支持和支助

美国重视非洲联盟在解决非洲冲突中日益增长的领导作用和政治意愿，并承诺加强非洲开展和支持维和行动的制度能力，并提升非洲联盟成员国在维和部署中相互协调的工作能力。

2005 年，美国开始向非洲联盟总部提供和平与安全顾问，向非洲联盟和平支助行动处提供援助，提供防务资源管理、指挥与控制等相关领域培训。美国国防部提供了很多培训，提高伙伴国家在复杂行动中相互协调能力，加强非洲待命部队规划、部署、使用维持

① 王磊：《中美在非洲的竞争》，《国际展望》2018 年第 4 期。

② "Factsheet: US Sopport for African Peacekeeping Operations", August 6 2014, https://obamawhitehouse.archives.gov/the - press - office/2014/08/06/fact - sheet - us - support - peacekeeping - africa, 2018 - 09 - 03.

和在冲突区域重新部署军队的能力。2015 年，美国承诺向非洲维和部队在索马里和中非共和国的维和行动提供价值 7000 万美元的部署装备，这将使已做好准备的维和部队更好地开展行动。

3. 支持非盟和联合国维和行动

美国继续支持联合国和非盟加强维和能力的项目，包括帮助参与维和国家提升维和军警的人数、能力和效率，推动非洲和平与安全。此外，美国是联合国维和行动最大的财政贡献国。2013 财年，美国向联合国在非洲的维和行动提供了超过 17 亿美元。2009～2014 年，美国对联合国非洲维和行动贡献了约 90 亿美元。

（1）中非共和国：非盟领导的中非共和国国际支助团和法国军队联合行动，恢复中非共和国和平与稳定。美国向维和行动提供了 1 亿美元，并在 2014～2015 财年向联合国多层面综合稳定团提供 4.28 亿美元。

（2）科特迪瓦：2009 年以来，美国向联合国科特迪瓦维和行动贡献据估计超过 8.85 亿美元。美国还在科特迪瓦冲突后恢复中提供了支持，包括 2011 年大选危机之后帮助科特迪瓦提高边境安全，保护平民和推动稳定。

（3）刚果（金）：2009 年以来，美国向联合国刚果（金）稳定团的贡献据估计超过 21 亿美元。美国向刚果（金）军事司法机关派往联合国刚果（金）稳定团支持的公诉机关人员提供顾问，帮助他们调查和起诉犯有严重罪行的战斗人员。2013 年，美国强烈支持联合国修改联合国刚果（金）稳定团的任务，支持成立联合国干预旅，以打击刚果（金）东部非法武装。在联合国干预旅部署之前，美国向该旅提供了军事培训。

（4）利比里亚：2009 年以来，美国向联合国利比里亚特派团提供了超过 8.79 亿美元的资助。5 名美军士兵参与联合国利比里亚特派团，1 名美国海军军官曾担任联合国利比里亚特派团最高长官。

（5）马里：美国向联合国马里多层面综合稳定团贡献据估计超过 1.15 亿美元。美国还向非洲维和部队及非盟国际支助团提供了空运和 1.73 亿美元的后勤资助、培训和车辆及通信设备。9 名美军官兵参与了联合国马里多层面综合稳定团。

（6）索马里：为了打击索马里的恐怖主义，支持索马里联邦政府建立安全与稳定，美国向非盟索马里特派团提供了 5.12 亿美元资助。这其中包括部署前培训、提供军事装备和提供地面军事顾问。此外，美国还向联合国支助非盟索马里特派团办事处提供 4.55 亿美元，促进对非盟维和部队的支持。

（7）南苏丹：美国向 2011 年建立的联合国南苏丹特派团提供的资助据估计达到 6.35 亿美元。5 名美军官兵参加了联合国南苏丹特派团。

（8）苏丹达尔富尔/阿卜耶伊：2009 年以来，美国向非洲联盟—联合国混合行动提供了将近 24 亿美元；向联合国阿卜耶伊临时安全部队提供了 1.82 亿美元。

第二节　欧洲的冲突后重建政策及其在非洲冲突后重建中的作用

一、欧盟及欧洲国家关于冲突后重建的理论框架

与联合国和美国不同，欧洲倾向于称冲突后重建为 State – Building。[①] 欧洲国家在非洲的重建主要和其之前的殖民经历有关系。欧洲对待冲突后重建的态度在很大程度上受到20世纪90年代前期联合国在波斯尼亚和平行动的影响。与波斯尼亚维和行动失败相伴随的是联合国索马里行动的失败以及联合国未能阻止卢旺达爆发的大屠杀，欧洲国家因此而对联合国失去信心，即使同时期联合国在结束柬埔寨、纳米比亚、萨尔瓦多和莫桑比克等国的内战的行动中取得辉煌成就。

在此之后，欧洲国家退出了20世纪90年代剩下时间中的几乎所有联合国的和平行动，相反它们参与了美国以北约名义领导的诸多行动。欧洲在波斯尼亚行动的失败使得欧洲开始两条腿走路，一条腿是参与北约领导的诸多行动，先是波斯尼亚行动，以及稍晚的科索沃战争；另一条腿是在欧盟领导下发展自身干预的能力。

2003年以来，欧盟先后发布了多份安全政策或战略文件，形成欧洲对安全、冲突后重建等方面的政策框架。2003年，欧洲联盟提出了《欧洲共同安全和防务政策》，迈出了欧盟独立建设自身防务的第一步，这为欧盟独立开展维和行动奠定了理论框架。2003年12月出台的《欧洲安全战略》报告认为，非洲地区的冲突可能导致极端主义、恐怖主义和国家失败；它为有组织犯罪提供了机会。而大量非洲“失败国家”或“虚弱国家”的崩溃可能与明显的威胁相联系，如有组织犯罪或恐怖主义。欧盟与美国都认为，国家失败是一种动摇全球治理、增加地区不稳定性的现象。[②] 但是由于地位、利益和价值观不同，欧洲对于冲突后重建的政策与美国并不一致，而是有自己独特的认识。2003年《欧洲安全战略》指出，安全是发展的前提。冲突不仅破坏基础设施（包括社会基础设施），也鼓励犯罪，遏制投资，使正常的经济活动变得不可能。很多国家和地区陷入一个冲突、不安全和贫困的恶性循环。2008年，《欧洲安全战略执行报告》在回顾5年来欧洲安全战略执行情况时，重申了这一点，并认为安全部门改革、解除武装、复员和重新整编是冲突后稳定和重建的关键，是欧盟在几内亚比绍和刚果民主共和国的工作重点。而这些措施在与国际社会以及当地利益攸关者合作时最有可能取得成功。

2007年12月，第二届非洲—欧盟峰会在葡萄牙里斯本召开。此次峰会通过了《非

---

① James Dobbins & Seth G. Jones, etc., “Europe's Role in Nation – Building: From the Balkans to the Congo”, Rand Corporation, 2008, p. XV.

② 张春：《“9·11”后美国与欧盟的非洲政策比较》，《现代国际关系》2007年第4期。

洲—欧盟联合战略》(*Joint Africa - EU Strategy*),成为欧盟对非关系的长期政策框架。《非洲—欧盟联合战略》再次肯定和平与安全是政治、经济和社会发展的前提。《非洲—欧盟联合战略》通过联合确定欧盟—非洲共同感兴趣的优先合作项目,推动双边关系发展。该战略每3年更新,确定新的优先项目,通过行动计划(Action Plan)予以执行。和平与安全是欧盟对非关系的重要领域。

2016年,欧盟提出了《共同愿景,共同行动:一个更强大的欧洲——欧洲外交和安全政策的全球战略》,以恢复力(Resilience)取代价值输出,作为欧盟周边政策(European Neighbourhood Policy)的核心。在冲突国家,这意味着采取各种援助措施帮助冲突中的人们和国家从冲突中恢复。帮助非洲国家摆脱脆弱的环境是全球优先选择。需要各利益相关方采取集体行动应对贫困、不平等、冲突、暴力极端主义、气候异常等问题带来的挑战。长期的危机和冲突会对欧盟产生外溢效应。在尼日利亚北部,欧盟与联合国、世界银行向受冲突影响的地区提供人道和发展援助,帮助受冲突影响的人们和社区从冲突中恢复。[①]

非洲作为欧洲的侧翼和周边地区之一,一直是欧盟和欧洲国家最关注的地区之一。欧盟认为非洲长期危机和冲突会对自身产生外溢效应,如非洲难民偷渡欧洲、恐怖主义、有组织犯罪等问题。此外,欧洲一些大国原先是非洲殖民宗主国,与非洲在历史上联系密切。为了维护后殖民时期利益存在,一些大国仍在非洲维持自己的军事存在。在冲突后领域,欧洲大国也同样发挥着重要的作用。此外,非洲也是欧洲国家重建独立防务能力的试验场。

由于长期的历史联系以及毗邻的地缘关系,一直以来非洲都是欧洲大国关注的重要地区。第二次世界大战结束之后,非洲国家纷纷独立。但是原殖民宗主国并不愿退出非洲舞台,而是通过各种方式维持自己在非洲的利益,如法国将法属非洲国家视为自己的禁脔,与很多非洲国家签署军事协议,保留军事存在。"冷战"结束之后,包括欧洲大国在内的西方大国曾大力支持联合国维和行动。然而,20世纪90年代前期,联合国维和行动受挫。西方大国都与联合国产生矛盾,并逐渐退出了联合国维和行动。欧洲国家开始在北约、欧盟的框架下或者独自开展军事行动。

近年来,英国对于和平行动的立场主要受2011年《建立海外稳定战略》(*Building Stability Overseas Strategy*)和2015年《防务与安全战略性回顾》(*Strategic Defence and Security Reivew*)影响。《建立海外稳定战略》是第一个统一的跨政府部门的论述冲突问题的战略,内容涉及早期预警、反应以及预防。《防务与安全战略性回顾》重申了英国承诺加强基于规则的国际秩序及其制度,并对支持联合国和平行动做了3个实际承诺:英国军事力量愿意开展恢复和平与稳定的行动;英国愿意部署更多的法律执行和民事事务专家,并继续培训维和人员;英国政府将建立一个跨政府部门的联合国政策联合小组使英国军事和民

① European Union, "A Strategic Approach to Resilience in EU's External Actions", 2017, p. 5, https://eeas.europa.eu/sites/eeas/files/join_2017_21_f1_communication_from_commission_to_inst_en_v7_p1_916039.pdf, 2018-09-12.

事影响最大化，并形成英国对联合国和平使命的政策。在维和行动领域，近年来英国用北约组织《联盟联合军事支持和平支助指令》（*Allied Joint Doctrine for Military Contribution to Peace Support*）取代英国国防部2011年颁布的《和平行动军事指令手册》（*Military Doctrine Note on Peace Operations*）。英国政府比较关注早期预警和冲突预防，并为此建立了总额10亿英镑的冲突、稳定与安全基金。该基金将以跨政府部门的现存资源以及新资源预防冲突，处理海外不稳定地区给英国国家利益带来的威胁。英国更加倾向在北约组织的框架下开展军事和维和行动。

1994年法国在卢旺达开展的维和行动备受外界指责，法国因此退出了联合国维和行动。和英国一样，法国开始在北约、欧盟的框架下或独自开展维和行动。2008年和2013年的法国《国防与国家安全白皮书》承认联合国是国际安全架构的核心，并具有使维和行动合法化的作用。然而，这并不表明法国有意回归联合国维和行动。法国认为联合国在危机管理中存在结构性缺陷，只在联合国维和行动中提供民事事务专家、警察或技术人员，而不提供军事战斗人员。

二、欧洲在非洲冲突后重建行动中的实践

“冷战”时期，非洲挣脱了欧洲的殖民统治，获得民族独立和解放。然而欧洲一些大国仍千方百计维护自己在非洲的利益。它们不仅要防止苏联的争夺，还要防止美国势力的渗透。为此，一些欧洲国家保留了在非洲的军事存在。“冷战”结束之后，由于非洲战略地位下降，欧洲一度减少了在非洲的军事存在。进入21世纪之后，随着欧盟的成立和国际局势的变化，欧洲开始再次介入非洲。在和平与安全领域，欧盟采取了多种措施帮助非洲实现和平与安全，一些欧洲大国，如法国、英国在非洲有着特殊利益，在非洲和平与安全领域也扮演着比较重要的角色。欧洲在非洲和平安全领域的作用主要有资助非洲和平行动、提升非洲自主维和能力、接受联合国授权直接采取军事维和行动、资助冲突后国家建设和平等。

（一）欧盟向非洲主导的和平行动提供援助

2003年，欧盟应非盟马普托峰会的要求建立非洲和平基金（African Peace Facility），负责向非洲和平安全机制提供资助，支持“非洲人解决非洲问题”。非洲和平基金是欧盟援助非洲和平与安全事务的主要机构，由欧洲发展基金提供资金。2007年12月，第二届欧非里斯本峰会通过了《非洲—欧盟联合战略》。该战略提出了欧非和平与安全合作的3个具体目标：提升和平与安全领域的政治对话；推动非洲和平与安全架构的实施；向非洲主导的和平支助行动提供资助。非洲和平基金作为欧非合作的主要援助机构负责提供资助。截至2014年，非洲和平基金向非洲主导的和平支助行动以及非洲和平与安全架构的建设提供了10亿欧元。

截至2014年，非洲和平基金先后资助了非盟索马里特派团、非盟领导马里国际支助团等行动。自2007年非盟开展索马里维和行动以来，欧盟持续支持非盟索马里特派团。欧盟向非盟索马里特派团提供了4400万欧元援助，包括津贴、行动开展费用、营地建设、

运输和医疗费用、通信设备等。2012 年马里发生政变，法军干预击退了北方叛军。为了维护当地脆弱的安全环境，联合国授权部署由非盟和西非国家经济共同体领导的马里国际支助团。欧盟向马里国际支助团提供5000 万欧元援助。①

（二）加强与非洲和平安全对话，支持非洲和平与安全架构的实施

欧盟持续与非盟委员会就和平与安全领域开展全面详尽的对话，主要议题包括：调解；安全部门改革；卸甲归田；小武器与轻武器；武器贸易条约；不扩散大规模杀伤性武器；反恐、毒品控制与预防犯罪；非洲边界项目；非洲统一海洋战略；等等。

2002 年非洲联盟成立之后，开始了非洲和平与安全架构（African Peace and Security Achitecture）的建设。欧盟通过非洲和平基金积极支持非洲国家提高解决非洲冲突的能力。为此，欧盟设立了许多能力建设项目，目的是提高非盟和非洲次地区组织能力和效率。这些能力建设项目针对非洲和平与安全架构中的各种组成部分，如非洲待命部队、非洲大陆早期预警系统等。欧盟帮助非洲次地区组织在非盟总部亚的斯亚贝巴建立地区经济共同体联络处，提升了非盟与次地区组织之间关于和平与安全事务的协商沟通能力。

作为一支多兵种部队，非洲待命部队包含军事、民事和警察力量。欧盟“非洲和平与安全架构”项目支持非洲待命部队相关能力建设；欧盟“非洲和平与安全培训中心”项目支持非洲培训能力的培养和非洲待命部队指导方针的形成；欧盟向提升非洲待命部队快速部署能力的阿玛尼非洲二期（Amani Africa Ⅱ）战场训练演习提供援助。Amani Africa 是斯瓦希里语，意为“非洲和平”。2015 年 11 月在南非举行的阿玛尼非洲二期战场训练演习的目的是评估非洲待命部队快速部署到非洲大陆任何地点的备战状态，非洲 21 个国家参加了该演习。

（三）欧盟直接军事干预或维和行动

欧盟参与非洲的冲突后重建比较多，但是欧盟多数维和行动是联合国授权、欧洲国家自己组织维和部队实施维和行动。自 1999 年英国在塞拉利昂开展维和行动以来，欧盟以及欧洲国家在非洲参与了多次冲突后重建行动。2003 年 6 ~ 9 月，根据联合国安理会 1484 号决议，一支由法国担任指挥工作的欧盟维和紧急部队在刚果民主共和国开展了为期 3 个月的军事行动。行动的使命是确保刚果（金）伊图里地区（Ituri）首府布尼亚市（Bunia）的难民营安全秩序，收容离散人员，确保布尼亚机场安全和人道主义援助的自由开展，并保护布尼亚城中民众及外国人员的安全。欧盟总计投入兵力约 1400 人，共有 14 个成员国派出军事人员参与，以法军为主体，包括德国、英国、比利时和瑞典在内的数个欧盟国家以及加拿大、巴西参加了这次行动。

（四）欧盟参与非洲冲突后国家建设和平行动

欧洲国家还在非洲多个国家的冲突后重建中承担了一些技术辅助工作，如安全部门改革、协助组织大选、过渡司法等。如 2005 年对非盟苏丹任务区的支援行动和欧盟驻刚果

---

① 上述资料详见欧盟和非盟 2014 年关于《非洲—欧盟联合战略》执行情况的总结手册，参见“The Africa - EU Partnership：2 Union，1 Vision”，2014，pp. 7 - 9.

民主共和国安全改革顾问与援助团行动；2007 年开展的对非盟索马里任务区的军事支援行动；2008 年在几内亚比绍实施的安全改革行动；2008 年 3 月至 2009 年 3 月欧盟乍得—中非军事协调行动；2009 年 12 月打击索马里海盗的“亚特兰大行动”；2010 年 2 月开始的向索马里过渡政府提供安全部队训练行动；等等。这些军事行动主要是派出军事顾问、提供安全改革计划和训练，有的也提供兵力投送等后勤支援，虽不是以成建制部队直接参与的形式开展，但也是欧盟和平行动的重要组成部分。

2006 年 7 ~ 11 月，欧盟在刚果开展了第二次军事行动，此次行动的使命是为刚果和平进程中的总统和议会民选提供监督并维持安全秩序。具体任务是确保刚果首都金沙萨机场的安全、确保刚果民众的行动自由、解救可能处于安全威胁下的平民等，目的就是确保在选举期间通过机场进入刚果的人道主义援助、选举监督人员和机构的自由通行，保证刚果民众在不受威胁的情况下积极参与选举投票。欧盟总计投入兵力 2300 多人，共有 21 个成员国派出军事人员参与，以法德两国军队为主体。

欧盟在非洲的和平行动基本上是响应联合国的倡议或是得到联合国决议的授权，并且基本以非作战、支援为主。对于欧盟在非洲开展的历次军事行动，有很多评论将其定义为“先期维和”或是“支援维和”行动，因为这些行动的主要目的就是为联合国和非盟的维和行动提供支援。欧盟在刚果实施的系列行动，虽然具体任务使命不尽相同，但目的基本一致，即为联合国刚果特派团提供安全支持。核心任务都是通过派驻军事人员，保证当地平民、联合国机构和工作人员的安全，防止发生人道主义危机和冲突升级，确保联合国维和任务的顺利开展。这些行动总是与民事行动紧密联系、相互配合。欧盟在非洲开展的军事行动，从来都不是单纯的军事行动，或者说不只有军事行动，而是往往伴随或延续着政治、经济等多种手段和人道主义援助、警察行动、安全改革等民事行动。比如在两次刚果开展军事行动之间，欧盟先后实施了在金沙萨的警察行动、对刚果安全部门改革任务等民事行动。

而且欧盟在参与非洲的和平行动中始终坚持开放、合作的原则。欧盟在历次行动中，都积极接纳非欧盟国家，吸纳它们共同参与。这些国家一般都是根据自愿原则，主动向欧盟提出派遣军事人员或装备的要求，接受欧盟的行动领导和指挥。欧盟在非洲几次大规模的维和支援和人道主义救援行动，都有第三国的参与。如 2003 年在伊图里紧急行动中的巴西、加拿大、南非，2006 年刚果选举监督行动中的土耳其、瑞士，2008 年中非—乍得协调行动中的俄罗斯、阿尔巴尼亚和克罗地亚，“亚特兰大”行动中的挪威和克罗地亚。此外，在行动准备、实施等各环节，欧盟特别注意与在行动地区的各种国际组织、所涉及国家以及非政府组织进行合作，加强与各种力量的协调。①

（五）欧洲大国直接开展军事维和行动

英国和法国曾经在非洲拥有最多的殖民地，两国在非洲的利益相对较多。2000 年，英国首先在塞拉利昂开展维和行动。2000 年 5 月初，塞拉利昂叛军“联合革命阵线”将 500

① 张魁：《“第三支维和力量”——欧盟在非洲军事行动回顾》，《现代军事》2010 年第 11 期。

余名维和士兵扣为人质，并向首都弗里敦进军。5 月 7 日，英国向西非派遣了一支联合特遣部队抵达塞内加尔，开始帮助撤离在塞拉利昂的英国公民。英军的存在对稳定形势起了很大的作用。英军特遣部队不仅成功地撤离了西方侨民，而且一次成功的救援行动还使 233 名被叛军包围的联合国维和官兵获释。应时任联合国秘书长安南的要求，总数 800 余人的英国联合特遣部队完成塞拉利昂撤侨任务以后并没有全部撤离，而是留下来继续帮助维持这一地区局势的稳定，并着手装备、训练和武装塞拉利昂政府军，以抵御反叛力量的攻击。英国的军事干预对于塞拉利昂局势的稳定起了关键作用。但是英国自认为是一支重要的军事力量，不能仅做出普通的维和贡献，它认为其应该参与类似塞拉利昂干预行动这样的高端维和行动。因此，英国虽然积极支持联合国和非盟维和行动，但是极少派军事人员参与联合国和非盟主导的维和行动，更多的是参与欧盟或欧洲国家组织的和平行动。

法国是近年来在非洲军事比较活跃的欧洲国家之一。在科特迪瓦、马里的联合国维和行动中都可以看见法国的身影。然而，“冷战”结束以来，法国对于联合国维和行动的看法有所转变。20 世纪 90 年代初，“冷战”结束，世界格局发生剧烈变化。那时的法国和美国等西方国家对于联合国维和行动持积极看法，认为联合国是应对冲突与安全问题的一个较好的平台。法国亦出兵参与了多次联合国维和行动，是联合国维和行动的重要参与者。截至 1993 年 5 月，法国向联合国在世界各地的 8 个维和行动派遣了 8000 名维和士兵。① 随着 20 世纪 90 年代中期联合国在波黑和卢旺达维和行动的失败，法国逐渐撤出了联合国维和行动，只参与北约、欧盟和盟友主导的行动。

法国在卢旺达开展的“绿松石行动”的失败，让其在政治上和道义上承受了巨大的压力。法国从卢旺达维和行动中吸取教训，改变了其对非政策，引进了“多边主义”概念。这个概念包括两个方面的内容。一是“非洲化”，即法国与非洲国家开展维和合作。法国与非洲联盟合作，推出了“加强非洲维和能力计划”（RECAMP）。在此框架下，法国将为非洲培训 4000 ~ 5000 名维和士兵，并为他们提供后勤物质和装备，以便他们在 2000 年末能够投入维和行动。二是“多国化”，就是与盟国一起采取军事行动，建立维护和平的地区性军事力量。1997 年 5 月 23 日，法国与美国、英国签署了三边维和协议。② 由于法国在非洲的利益，法国不可能缺席非洲的冲突解决。这一时期，法国主要在政治上和经济上积极支持联合国在非洲的维和行动，极少派兵参加联合国在非洲维和行动。

2004 年，法国开始有选择地参与联合国维和行动，如联合国在科特迪瓦和乍得的维和行动。值得注意的是，法国在非洲的维和行动多是经联合国授权，不参与联合国维和部队，只是配合联合国维和部队开展维和军事行动。在 2011 年科特迪瓦内战中，法国部队是应联合国要求参加联合国维和部队在科特迪瓦经济首都阿比让的军事行动，以解除前总统洛朗·巴博武装的重型武器。由于法国组织的维和行动有比较强的目的性，多由联合国授权并单独开展行动，或配合联合国维和行动。因此，法国军事行动让外界担心并质疑其

① Thierry Tardy, “Fracne: The Unlikely Return to UN Peacekeeping”, *Inernation Peacekeeping*, Vol. 5, 2016, p. 612.

② ［法］多米尼克·马亚尔：《从历史角度看法国在非洲的军事存在》，《国际观察》2013 年第 3 期，第 53 页。

有“干预主义”抬头的倾向。

第三节　中国在非洲冲突后重建中的作用

中国在非洲和平与安全事务领域并不是“迟到者”，其参与非洲和平与安全事务始于中国支持非洲国家和人民争取民族解放独立事业。20 世纪 50 年代末，中国向阿尔及利亚独立运动提供军事援助，开启了中国参与非洲和平与安全事务的历史篇章。[①] 但是在非洲维和领域，中国却是一个“迟到者”。1971 年，中国恢复联合国合法权利。然而直到 20 世纪 80 年代末，中国才开始参与非洲维和行动，对维和行动的贡献后来居上。

一、中国参加联合国维和事务的历史

1971 年 10 月，中国恢复了在联合国的合法权利，并成为联合国安理会常任理事国。然而很长时期内中国并未参与联合国维和行动，并与之保持一定的距离。中国在有关联合国维和行动的投票中投弃权票，并不向维和行动提供财政资助。直到 10 年后，中国对维和行动态度有了初步变化，随后开始向联合国维和行动提供资金。1989 年中国才开始参与维和行动。这主要与冷战时期一些联合国维和行动成为大国干预他国的工具有关。这其中最典型的案例是 1960 年联合国刚果（金）维和行动。

1960 年，刚果（金）获得独立，卡萨武布当选总统，卢蒙巴当选总理。然而，比利时仍试图通过各种手段控制独立的刚果（金），包括在刚果（金）军队中保留比利时殖民军官。这引起刚果（金）人民的愤慨。刚果（金）士兵对独立后还要继续遭受比利时军官的控制和欺压十分不满，奋起反抗。1960 年 7 月 5 ~6 日，刚果（金）首都利奥波德维尔（今金沙萨）等地爆发士兵哗变。士兵们拒绝服从比利时军官的命令，要求撤换以刚果（金）军队总司令埃米尔·詹森斯为首的殖民军官。在此情况下，比利时凶相毕露，于 7 月 9 日宣布增兵刚果（金），出动军队对新生的刚果（金）发动侵略；比利时还策动加丹加省省长冲伯发动分裂国家的行动，成立加丹加共和国。卢蒙巴政府迫于形势，宣布与比利时之间处于“战争状态”，并要求国际社会提供援助。联合国随后通过决议，向刚果（金）派遣维和部队。为了抵制苏联势力的渗透，美国利用其控制的联合国维和部队和机构，软禁卢蒙巴总理，并最终导致其遇害。[②] 中国当时与卢蒙巴政府建交，并支持退往斯坦利维尔（今基桑加尼）的卢蒙巴副手基赞加成立的政府。美国操纵联合国维和部队干预刚果（金）内政的事实无疑给中国造成负面影响。这表明联合国维和部队极有可能成为大国干预他国内政的工具，因此，20 世纪 60 年代联合国在刚果（金）的维和行动对于中国的立场无疑产生极大的影响。超级大国将联合国维和部队作为干预一个国家内部事务的工

① 徐伟忠：《中国参与非洲的安全合作及其发展趋势》，《西亚非洲》2010 年第 11 期，第 12 页。

② 梁根成：《美国与非洲》，北京大学出版社 1991 年版，第 73 – 81 页。

具引起中国的谴责与不满。虽然这只是一种揣测，但中国在 1971 年恢复联合国合法权利之后长期不愿意参与维和行动是不争的事实。

一直到 20 世纪 80 年代初，中国对联合国维和行动的态度有了初步的变化。1981 年，联合国塞浦路斯维和行动投票前，中国驻联合国大使发言指出，由于国际形势和联合国维和行动的变化，中国政府将考虑和支持维和行动作为维护国际和平与安全的手段；1982 年，中国开始缴纳维和行动会费。[①] 直到 20 世纪 80 年代末，中国开始转变对联合国维和行动的态度。1988 年 9 月，中国正式申请加入联合国维持和平行动特别委员会，12 月联合国大会一致同意中国申请。1989 年，中国首次派 20 名观察员参加了联合国纳米比亚过渡时期协助团，帮助纳米比亚实现独立。1991 年，中国向柬埔寨维和部队派出第一支成建制的后勤部队。中国开始参与联合国维和行动，并不断调整政策，加大对联合国维和行动的投入。

20 世纪 90 年代，中国中规中矩地参加维和行动，并未吸引世界的关注。直到 20 世纪 90 年代末，中国开始逐渐加大对维和行动的参与力度，逐渐引起世人关注。中国加大维和参与力度主要体现在人数和财政支持：中国参与维和人数从最初的数百人上升至数千人；中国对维和行动的财政支持也从最初默默无闻到现在成为仅次于美国的第二大捐助国。

进入 21 世纪以来，中国在维和行动方面的巨大变化引起了国际社会的广泛关注。对于中国在联合国维和事务中快速崛起以及中国对非洲维和的参与，国际社会有各种解读。国际社会主流的观点认为中国扩大对国际维和行动的参与主要是受保护中国日益扩大的海外利益、推动军事现代化、获取良好的国际声誉等因素驱动；当然也有观点认为中国直到“冷战”结束都饱受西方殖民主义、帝国主义之苦，因此中国认为很有必要保护其他国家主权。[②]

上述观点对于解读中国加大参与国际维和力度并非没有道理。然而，如果考虑到当时整体国际格局和国际形势的变化，这些观点似乎并不全面。中国加大参与国际维和的力度始于世纪之交，那时正是国际维和行动的低谷时期。西方大国都不再派军事人员参与联合国主导的维和行动，而中非合作论坛刚刚启动，中非经贸合作也并未爆发。没有人能够预见联合国维和行动在未来逐渐恢复并在国际和平与安全事务中发挥重要作用，更没有人能够预见中非关系及双边经贸关系的大发展。如果今天国际维和行动仍不景气，或者中非经贸关系并不理想呢？因此，国际主流观点是从结果的角度来解读原因，这在逻辑上是站不住脚的。

从某个角度而言，中国加大参与联合国维和事务的力度既有偶然因素也是一种必然结果；既是中国国内不断改革开放、思想不断解放的结果，亦是国际形势演变的必然。就中

① International Crisis Group, “China's Growing Role in UN Peacekeeping”, Asian Report No. 166, 17 April, 2009, p. 5.

② Kuo, S. C. Y., “Chinese Peace? An Emergent Norms in African Peace Operations”, *China Quarterly of International Strategic Studies*, Vol. 1, 2015, pp. 155 – 181.

国国内而言，自 1978 年中国实行改革开放以来，就一直在从各个领域与国际社会接轨。中国一直在“学习”如何成为一名合格的国际社会成员。中国融入国际社会的过程实际上也是中国不断解放思想的过程，这个过程使得中国对于国际维和事务的看法逐渐发生变化。至今，这种观念的变化仍时有发生。例如，2013 年，中国首次向马里维和行动派出战斗分队。而在此之前，中国只向国际维和行动派出工程、医疗等后勤分队。随着国际形势的演变、苏联东欧阵营的瓦解，发展中国家直接面对西方发达国家的压力。这其中最主要的压力是西方国家试图将发展中国家“一网打尽”，全盘纳入西方主导的国际政治经济秩序。这造成了发展中国家的混乱和冲突，亦让中国和其他发展中国家有团结对抗发达国家压力的想法。中国扩大参与国际维和力度以及应非洲国家之请成立中非合作论坛都是这个时间节点前后的决策。

二、中国关于非洲安全以及维持和平、建设和平的有关原则和立场

（一）关于非洲安全

“冷战”结束之后，中国对于非洲冲突的认识有一个逐渐变化的过程。在 20 世纪 90 年代，中国认为非洲的冲突主要是因为两极格局体制掩盖下的宗教、民族、种族、社会等矛盾的爆发，而 20 世纪 90 年代西方在非洲推行的民主化将这些矛盾进一步激化。到了 20 世纪 90 年代末，中国对于非洲冲突根源的看法有所改变。中国认为非洲冲突的根源是历史、发展不足、宗教、社会矛盾等多方面因素，但是最根本的原因是经济落后和贫困。[①] 中国开始强调经济落后与贫困是非洲冲突的根源。这种转变也体现到了官方的正式文件中。2000 年召开的中非合作论坛首届部长级会议上发表的《北京宣言》即采用了这一观点。《北京宣言》强调“经济和社会因素是导致非洲政治不稳、社会紧张和冲突不断的根源”。

冷战时期，安全与发展完全是分裂的，被制度化为两个有着完全不同的目标和手段的“政策领域”。自“冷战”结束以来，这一局面已发生重大变化。世界上最穷地区长期持续的冲突使发展努力大为受挫，也激发了一种整合安全与发展的渴望。现在，安全与发展的关系已经日益紧密。各国政府和各国际机构都声称，在介入冲突后的局势及与“失败国家”或潜在的“失败国家”的关系中，它们更为重视整合安全与发展计划的必要性。[②]

20 世纪 90 年代末，中国敏锐地意识到了国际安全形势正在逐步缓和。1998 年 7 月，中国政府首次发布的《1998 年中国的国防》白皮书对国际安全形势做了如下描述：“冷战后的一个时期，地区冲突仍频繁，并呈上升趋势。但近几年来，一些持续多年的冲突和战乱有的已经得到解决，有的正走上政治解决的轨道或逐步降温。目前，因领土、资源争端及民族、宗教纷争而引起的武装冲突和局部战争，其规模、强度和地域相对有限，并得到

① 王莺莺：《非洲：走出冲突的阴霾》，人民网，http：//www. people. com. cn/GB/channel2/18/20000713/142483. html，2000 年 7 月 13 日。

② 克里斯·阿尔登、张春、贝尔纳多·马里亚尼、丹尼尔·拉吉：《非洲冲突后重建：中国日益增长的作用》，《国际展望》2011 年第 6 期，第 104 – 105 页。

不同程度的控制。国际社会的调解努力日益增加，能力不断增强。”① 这种对国际局势的认识也扩展到中国对非洲安全局势的认知。在2006年发布的《中国对非洲政策文件》中，中国认为“在非洲各国以及非洲统一组织/非洲联盟的共同努力下，非洲政局总体稳定，地区冲突逐步解决，经济连年增长”。

20世纪90年代，非洲爆发激烈的内部冲突，造成地区局势动荡，对世界和平构成威胁。作为负责任的发展中大国，中国认为非洲冲突对非洲和世界和平与安全构成威胁，维护非洲的和平与安全是对世界和平与安全的重要贡献。正如2006年《中国对非政策文件》所认为的，非洲是发展中国家最集中的大陆，是实现世界和平与发展的一支重要力量。

（二）关于维持和平与建设和平

中国对于维持和平与建设和平的步调基本上与国际潮流相一致。2006年中非合作论坛北京峰会通过的《行动计划》提出，中国政府将继续加强同非洲联盟以及非洲次区域组织和机构的合作，支持非洲联盟在解决非洲问题中发挥主导作用，积极参与联合国在非洲的维和行动；2009年中非合作论坛第四届部长级会议《沙姆沙伊赫行动计划》首次提及要“加强与有关国家在联合国建设和平委员会的合作，支持有关国家战后重建进程”；而2012年第五届部长级会议《北京行动计划》则更进一步，要向非洲国家冲突后重建提供资金和技术支持。这表明，中国日益认识到冲突后重建的重要性，并加大了参与和支持力度。

作为联合国常任理事国和负责任的发展中大国，中国在非洲冲突后国家重建中发挥了建设性的作用。同为发展中国家，中国对非洲国家和人民因冲突而遭受的苦难感同身受，有意愿推动非洲和平，促进共同发展。中国多次在联合国各种场合阐释中国对于建设和平的立场。2009年7月，中国常驻联合国大使刘振民在安理会冲突后建设和平问题公开辩论会上的发言指出，建设和平是“冷战”结束后出现的一个新概念。1992年，前联合国秘书长加利在《和平议程》报告中首次提出“建设和平”的概念。这是继维持和平行动形成后，联合国集体安全体制发展史上的又一个里程碑，这标志着国际社会认识到，冲突的结束并不意味着和平的降临，冲突后建设和平对实现有关国家和地区的长治久安具有重要意义。在国际维持和平与建设和平事务中，中国的立场是一贯而明确的。

第一，尊重非洲的主导权和自主权。一方面要尊重非盟及非洲次地区组织在非洲和平与安全事务中的主导作用。中国与非洲都是发展中国家，对于西方列强的侵略和干预均感同身受。西方国家从自己的价值观出发，对非洲事务动辄进行制裁或干预，严重侵犯了非洲国家的尊严和主权，其行为方式在某种程度上并不受到非洲国家的欢迎。而中国则更加重视非洲国家意愿，支持非洲联盟和次地区组织加强能力建设，开展自主维和。2006年中非合作论坛北京峰会宣言指出：“中国高度评价非洲在维护地区和平、促进区域合作、加快经济和社会发展方面取得的进步；赞赏非洲国家和非洲联盟等地区组织及次地区组织为

① 中国国务院新闻办公室：《1998年的中国国防》，http：//news. xinmin. cn/world/2013/04/15/19733899. html，2014年4月15日。

此发挥的积极作用；重申支持非洲国家联合自强，自主解决非洲问题，支持非洲地区组织和次地区组织推动经济一体化的努力，支持非洲国家实施‘非洲发展新伙伴计划’。”2013 年 3 月习近平主席访问非洲时重申，中国将继续坚定支持非洲自主解决本地区问题的努力，为促进非洲和平与安全做出更大贡献。① 另一方面要尊重当事国的自主权。冲突后建设和平的首要任务是恢复当事国国家机构的管理职能。当事国所有政治领导人均应以国家和民族大义为重，遵守并切实履行和平协议，通过政治对话与协商解决分歧，致力于民族和解、民主建设以及经济社会恢复与发展。国际社会参与冲突后建设和平，应认真听取当事国政府和人民的意见，充分尊重当地的政治、文化、法律和宗教传统。国际援助战略的制定要适应当事国的具体国情，并充分考虑到当事国自主确定的优先发展事项。建设和平不可能有统一的标准，要根据不同当事国的情况制定不同的战略。在实施过程中，要注重加强当事国的能力建设和人员培训，并应优先考虑发挥当事国的现有人才资源和专家队伍的作用。

第二，坚持在联合国非洲地区组织的框架内开展维持和平与建设和平行动。中国认为，要实现世界的和平与稳定，必须解决非洲热点问题，实现非洲的安全稳定；国际社会应当更加注意倾听非洲的呼声，照顾非洲的关切，尊重非洲国家的意愿与选择；安理会应该进一步加强与非盟的协调与配合，采取更加积极的举措帮助解决非洲热点问题，并同其他联合国有关机构一起，给予非洲国家更多的援助。② 中国强调联合国在讨论非洲问题的时候需尊重非洲联盟和非洲次地区组织的意见；在非洲相关问题的决议案中，对于联合国安理会未考虑非盟意见的相关决议案，中国往往通过投弃权票表示反对。③

第三，国际社会协同推动非洲冲突和建设和平行动。联合国应继续在冲突后建设和平领域发挥领导作用，与世界银行、国际货币基金组织等其他国际伙伴建立稳定的合作协调关系，充分整合各方援助资源。联合国系统内有关机构应明确分工、加强合作。建设和平委员会作为联合国负责冲突后建设和平工作的重要机构，应在统筹协调国际社会建设和平方面发挥更大作用。④

第四，充足的资金投入是有效开展冲突后建设和平的基本保障。冲突后国家多饱受战争创伤，百废待兴，国家治理和发展能力不足，国际社会迅速及时的支持和援助不可或缺。联合国建设和平基金以及其他多边和双边捐助方为冲突后建设和平提供了大量资源投入，发挥了积极作用，但仍不能充分满足现实需求。中方支持改进联合国建设和平基金的工作，加快资金投放速度，加强对项目的效果评估与问责。秘书长建议捐助国根据冲突后建设和平的特殊需要，转变援助思维方式，创建灵活、迅速和可预见的资金援助模式，并

① 《习近平在坦桑尼亚尼雷尔国际会议中心的演讲》，新华网，http：//news. xinhuanet. com/world/2013 - 03/25/c_124501703_ 2. htm，2014 年 5 月 24 日。

② 温家宝：《实现共同安全 缔造持久和平》，人民网，http：//politics. people. com. cn/GB/1024/12802742. html，2014 年 5 月 20 日。

③ 邓子立、王翠文：《冷战后中国何以参与非洲维和行动》，《国际政治科学》2012 年第 2 期，第 33 页。

④ 《常驻联合国大使刘振民在安理会冲突后建设和平公开辩论会上的发言》，2009 年 7 月 22 日，参见：http：//www. fmprc. gov. cn/ce/ceun/chn/lhghywj/fyywj/fayan2009/t574773. htm，2018 - 01 - 07。

考虑设立国别信托基金等创新性筹资渠道。这些建议值得认真研究。

第五，统筹协调建立和平、维持和平和冲突后建设和平等各阶段的活动是当事国实现持久和平的必然要求。当今世界上的冲突日益呈现复杂多样的特点，实现冲突后建设和平的目标需要采取综合、系统的战略，从建立和平开始，就要考虑建设和平的问题。只有尽快稳定战后安全局势，建立具有广泛代表性的政府，促进民族和解，才能为经济恢复发展创造必要的和平环境。只有尽快实现经济恢复与重建，使人民享受到和平红利，和平进程才能有稳固的政治基础。确立司法公正与法治，是冲突后地区或国家实现稳定与发展的必要条件，但没有发展，公正与法治只能是空中楼阁。应对有罪不罚现象，也要符合促进政治对话与加快民族和解的总体需要。

三、中国参与非洲国家冲突后重建

非洲是发展中国家最集中的大陆，中国是最大的发展中国家，中非关系一直是中国外交的重要基石之一。中国和非洲在历史上都曾遭遇列强的侵略或殖民，在反对帝国主义、殖民主义和反对霸权主义的斗争中相互同情、相互支持，彼此之间结下了深厚的友谊，并成为“全天候”的朋友。20 世纪 90 年代，非洲因爆发激烈的内部冲突而处于被“边缘化”的危险境地。中国认为，没有非洲的和平与发展，就没有世界的繁荣与稳定。为此，中国不断加大对非洲安全事务的投入，为非洲国家冲突后重建做出了重要贡献。具体而言，中国在非洲冲突后重建领域主要有以下几方面的贡献：

（一）积极参与、支持联合国在非洲的维和行动

近年来，中国已经成为联合国在非洲维和行动的重要建设性力量。在维和领域，中国是联合国维和行动中出兵最多的常任理事国，也是发展中国家中分摊维和经费最多的国家，仅次于美国的第二大维和经费提供国。从 2000 年起，中国向联合国提供的维和人员增长了 20 倍，其中主要部署在非洲，几乎参与了联合国在非洲的所有维和行动。特别是从 2003 年开始，中国加大了参与维和行动的力度，向联合国在刚果（金）、利比里亚和苏丹的维和行动派出了成建制的维和部队。据统计，截至 2014 年 9 月，中国共参加联合国在非洲的 16 项维和行动，仍有 1800 多名维和官兵在非洲执行任务。[①] 2013 年中国首次向马里维和行动派出安全警卫部队；2014 年，中国向南苏丹维和行动派遣一个营级战斗部队。中国在积极参与和支持联合国在非洲的维和行动对于冲突后国家巩固和平、预防冲突发挥了建设性的作用。

中国缴纳联合国维和事务会费从最初名不见经传到现在成为第二大会费国。2015 年 9 月，在联合国成立 70 周年系列峰会活动上，习近平主席在出席联合国大会一般性辩论并发言时宣布了一系列支持联合国的措施：中国决定设立为期 10 年、总额 10 亿美元的中国—联合国和平与发展基金，支持联合国工作，促进多边合作事业，为世界和平与发展做出

① 《外交部：中国目前在非洲共有 1800 余名维和人员》，2014 年 9 月 10 日，参见：http：//gb. cri. cn/42071/2014/09/10/2225s4686824. htm，2015 - 09 - 21。

新的贡献；中国将加入新的联合国维和能力待命机制，决定为此率先组建常备成建制维和警队，并建设8000人规模的维和待命部队。

（二）支助非洲自主维和及维和能力建设

中国向非洲地区组织和次地区组织维和行动提供了无私的支持和援助，帮助非洲自主解决非洲问题。2001年，中国政府向非统组织和平基金捐赠20万美元，用于其在刚果（金）的维和行动。2002年，非洲联盟的成立为非洲自主维和行动的发展注入了新的活力。非盟成立自己的维和部队之后，先后向布隆迪、索马里和苏丹等地区派出了非盟维和部队。2003年7月，中国向参加布隆迪非盟维和部队提供价值250万元人民币的军用后勤物资。2005年，向非盟提供40万美元现汇，支持非盟扩大在苏丹达尔富尔地区的维和行动。2006年，中国增加对非盟在达尔富尔地区的维和行动的援助，总共提供140万美元现汇，至此向非盟驻苏丹特派团总计捐助180万美元。2007年6月，为支持非盟建设和非盟在索马里的维和行动，中国政府决定为非盟提供两笔各为30万美元的捐款。[①] 2009年8月，中国向非洲联盟驻索马里特派团的两个主要出兵国乌干达和布隆迪分别提供了500万元人民币的后勤援助，并向非洲联盟在索马里的维持和平行动提供了40万美元的支票。[②] 2013年1月，中国向非洲领导的驻马里国际支持特派团提供支持和援助。中国的支持和援助对推进非洲和平进程、提高非洲自主维持和平能力起到了积极的作用。2015年9月，在联合国成立70周年系列峰会活动上，习近平主席在宣布一系列支持联合国的措施的同时，决定在未来5年内，向非盟提供总额为1亿美元的无偿军事援助，以支持非洲常备军和危机应对快速反应部队建设。2015年12月，习近平主席在中非合作论坛约翰内斯堡峰会上提出，中方将向非盟提供6000万美元无偿援助，支持非洲常备军和危机应对快速反应部队建设和运作。中方将继续参与联合国在非洲维和行动，支持非洲国家加强国防、反恐、防暴、海关监管、移民管控等方面能力建设。

（三）支持非洲冲突后国家政治过渡进程

冲突后国家实现和平之后，一个重要任务是制定宪法，组织政府。根据目前非洲国家冲突后重建的实践，在内战各方签署和平协议之后，冲突后国家将组织一个包括各方在内的全国过渡政府。全国过渡政府在为期2～3年的过渡期内负责制定宪法，组织大选。中国在非洲冲突后国家过渡及大选期以各种方式向其提供支助。中国向多个非洲冲突后国家大选派驻观察员，中国维和部队亦为大选提供了安全保障，例如中国曾向联合国利比里亚观察团派驻观察员，监督利比里亚大选；向南苏丹派出全民公决观察团，监督南苏丹全民公决；在2006年刚果（金）举行独立后的第一次大选时，包括中国维和士兵在内的联合国维和部队负责安保工作，为刚果（金）大选顺利举行提供了安全保障。中国以各种方式支持非洲冲突后国家政治过渡进程，推动了非洲冲突后国家的政治

① 袁武：《中国与非洲联盟》（DVD电子版），五洲传播出版社2007年版。

② 盛红生：《中国在和平安全建设中发挥重要作用》，2011年11月17日，参见：http：//www.beijingreview.com.cn/2009news/guoji/guancha/2011－11/16/content_405877.htm，2015－09－22。

重建。

（四）向非洲冲突后国家提供紧急人道援助

中国向非洲冲突后国家提供各类援助，帮助其改善民生。2006 年 1 月，中国向利比里亚提供农具援助，用于帮助回家的难民开展自我生产，解决就业和温饱问题。2007 年中国为刚果（金）援建的中刚友好医院正式投入使用。同时，中国还向刚果（金）恢复派遣援外医疗队和农业专家组，帮助当地居民摆脱疾病和饥饿的困扰。2014 年初，西非几内亚、利比里亚和塞拉利昂三国相继爆发严重的埃博拉出血热疫情，中国先后提供了 4 轮总价值约 7.5 亿元人民币的紧急援助，在非洲建设了首个生物安全防护三级实验室（P3 实验室），并组织派遣了 16 批临床和公共卫生专家组赴疫情国，开展大规模公共卫生培训，加强当地的疫情防控能力，累计派出各类人员共计 27 个团组、超过 1000 人次。中国向非洲冲突后国家提供急需的援助，促进了非洲社会民生问题的改善。

（五）积极参与非洲冲突后国家的基础设施和经济重建

近年来中非经贸关系的深入发展为非洲冲突后国家经济重建做出了重要贡献，特别是中国对非洲基础设施援建。国外学者也认识到，通过与非洲的贸易、投资和发展合作，中国正为非洲的经济增长做出贡献。特别是在基础设施被破坏、缺乏投资和就业机会、刚走出冲突的国家，中国的建设性作用更加明显。中国对非洲冲突后国家的投资并不仅局限于安哥拉、苏丹、刚果（金）这样的资源富国，还包括利比里亚这样资源贫瘠的国家。2010 年中国对利比里亚的援助和投资达 90 亿美元。[①] 中国向安哥拉提供 45 亿美元的信贷用于公路、铁路、港口、住房等基础设施的建设；2008 年，中国企业集团与刚果（金）政府签署协议，拟修建数千公里的公路和铁路、32 家医院、145 个健康中心以及 2 所大学；2012 年，中信建设参与安哥拉住房建设过程中累计雇佣 5.5 万名安哥拉工人，并在当地建立起一系列的建材配套产业。中国参与非洲冲突后国家经济重建推动了其基础设施的恢复，创造了大量的就业机会，促进了东道国经济增长，有利于非洲的和平与发展。

“冷战”结束之后，随着经济全球化的发展，包括非洲国家在内的世界各国都希望搭上经济全球化的“顺风车”，以推动经济发展。然而，没有稳定就没有发展，非洲冲突已经成为社会经济发展的一大障碍。因此，非洲国家渴望建设持久和平，推动社会经济发展，提高自身在国际社会中的地位。中国同情并支持非洲国家的这些正当诉求，积极参与非洲国家重建进程，为非洲和平与发展做出了突出贡献，展现了一个负责任的发展中大国的风采。中国参与和支持非洲冲突后国家重建，对于中国和非洲都具有积极而重要的意义。

---

① 克里斯·阿尔登、张春等：《非洲冲突后重建：中国日益增长的作用》，《国际展望》2011 年第 6 期，第 109 页。

第四节　小结

美国、欧洲和中国等国家行为体在冲突后重建中有自己的理念，在非洲国家冲突后重建进程中发挥了不同的作用，这主要是由于各方利益、价值观及立场的不同。“冷战”后，西方大国对联合国维和行动的立场有个转变过程。“冷战”结束初期，西方大国普遍对联合国维和行动抱有乐观的心态，认为联合国是解决冲突的一个较好的平台，这从20世纪90年代初西方大国参与联合国维和行动的力度可见一斑。随着联合国在索马里和卢旺达维和行动的失败，西方大国逐渐退出了联合国维和行动。而中国、印度等新兴国家正好填补了西方国家撤出的空白，在联合国和平行动中发挥着建设性的作用。

首先，美国作为世界上唯一的超级大国，其利益遍布全球。“冷战”结束之后，美国曾试图挟“冷战”胜利之余威在非洲冲突解决中发挥重要作用。为此，美国出兵参与了20世纪90年代初多场联合国在非洲维和行动。但是在1995年联合国索马里维和行动中，美军遭到当地部族武装袭击，维和行动也“折戟沉沙”。这导致美国质疑联合国维和行动，并退出联合国的维和行动。20世纪90年代后期，我们看到更多的是美国通过北约采取的各种军事行动，最著名的就是科索沃战争。在非洲，美国主要是与非洲地区强国合作，维护自己在非洲的利益。非洲虽然并不是美国全球战略的重点，然而恐怖主义和新兴大国在非洲的存在使得美国也日益加强在非洲的军事存在。2007年美国成立非洲司令部就是一个明显的证据。当然，美国对于非洲和平与安全仍发挥重要作用，美国仍是联合国维和行动最大的财政资助国。进入21世纪，美国通过加强对非洲国家能力培训来提升其维和能力。

其次，由于历史联系及地缘上毗邻，欧洲有充分动力参与非洲冲突后安排。欧盟参加非洲和平行动的特点反映出的是欧盟在安全政策、理念和实践中所坚持的基本原则，且与美国有着较大差异。在安全领域，欧盟一直强调以联合国体系为基础的有效多边主义和法理基础；在实践中，欧盟也坚持要尊重联合国在国际危机处理方面的权威，以联合国安理会决议或授权为其军事行动的法理基础。在处置危机的实践中，欧盟一直认为，只有军事和民事手段相结合，才能更好地应对危机。而加强危机后的民事干预，建立和谐的政治环境和能够持续发展的经济能力，才能真正避免危机冲突再次爆发。① 当然，近年来，以法国为代表的欧洲国家在非洲和平行动中显现出的西方大国“新干预主义”有抬头的趋势。利比亚内战中，西方国家以北约的名义干预内战。多边主义并不意味着西方国家会放弃其核心利益。在维护其核心利益之时，某个西方国家亦可能单独采取军事干预行动，如法国在科特迪瓦内战和马里内战中虽然经联合国授权，但是单独采取军事行动。

最后，中国在参与非洲冲突后重建进程中做出了积极而富有建设性的贡献，并得到国际社会的认可。然而，作为新兴大国的代表，中国在冲突后重建中的能力和话语权仍有待

① 张魁：《“第三支维和力量”——欧盟在非洲军事行动回顾》，《现代军事》2010年第11期。

加强。中国在非洲冲突后建设主要侧重于政治、经济重建，对社会重建的参与度比较小。此外，中国在冲突后重建中更多的是一个参与者，而非决策者。中国参与非洲冲突后重建还需要在下面两个方面提升自己：

一方面，中国缺乏一个系统的国家冲突后重建政策规划。只要人类社会存在冲突，冲突后重建就是我们需要面对的一项课题。因此，在冲突后重建方面形成自己的政策和路线图非常有必要。中国作为一个发展中大国，应该根据发展中国家的特点，形成自身解决非洲冲突、参与非洲冲突后重建的具有自身特点的政策或者路线图。例如，在冲突比较脆弱的过渡阶段，安全部门改革的主要建议、执行多来自西方国家或者非洲国家自身的努力。此外，西方国家主导了非洲冲突后重建的话语权。西方的学者在冲突后重建领域的研究成果涉及重建的各个微观层面，而中国极少数学者关注该领域。就近几十年来的发展经验而言，中国政府在政府治理、维持社会稳定和促进经济发展方面是发展中国家的佼佼者。中国应该提炼、总结经验，为人类社会的进步提供中国智慧。因此，中国应该加强冲突后重建领域的研究和智力储备，加强自己在冲突后重建领域的话语权。

另一方面，中国应加强自身冲突后重建的能力建设。中国参与非洲国家冲突后建设任务时，擅长政治、经济重建，而在社会重建方面的能力有所欠缺。实际上，中国并不缺这方面的能力和经验。1949 年中华人民共和国成立之前发生了多年的战争，因此中国实际上也是经过了战后重建的考验。在中华人民共和国成立后，面临了非常严峻的问题，例如新政权的建设、敌对势力的颠覆、宏观经济的稳定、金融秩序的稳定、生产的恢复。中国一一克服了这些严峻挑战，奠定了当代中国发展的基础。冲突后国家面临的问题有一定的共性。因此，在战后重建方面，中国有充足的经验。这些经验不一定适合当代非洲国家战后重建，但是仍对其有一定的借鉴意义。

第五章　非洲冲突后国家重建案例及经验和启示

20 世纪 90 年代，非洲爆发的一些战争与冲突，从规模、烈度、时间等角度而言，均属于大规模的内战，而非普通意义上的社会冲突。这些内战造成当事国及其所处地区整体局势的动荡，例如安哥拉内战（1975 ~ 2002 年）、利比里亚内战（1989 ~ 1997 年）、塞拉利昂冲突（1991 ~ 1997 年）、索马里内战（1991 年至今）、卢旺达大屠杀（1994 年，约 80 万人死于大屠杀）、刚果（金）两次冲突（1996 ~ 1997 年，1998 ~ 2003 年）等。这些冲突给这些国家社会经济造成严重的后果，并导致非洲政治局势动荡不安。进入 21 世纪之后，非洲动荡局势逐渐缓和，大部分冲突国家迈进了冲突后重建进程。这些非洲国家的冲突后重建为我们提供了丰富的案例和经验。

第一节　冲突后国家重建的两种类型

一、冲突后重建的两种类型

20 世纪末，在国际社会与非洲国家的共同努力下，非洲的安全形势有所缓和。大部分冲突国家结束冲突，开始步入冲突后阶段。但是非洲国家冲突后重建因各种因素，并非通过同一路径巩固和平，开展重建。在导言中，笔者曾提及非洲国家冲突后重建的两类国家：第一类国家是冲突的一方完全击败了敌对方，夺取了全国政权，实现了全国统一。本书称之为 A 类型冲突后重建。在这类国家中，由于冲突一方完全夺取政权，实现了全国统一。在国内局势相对比较稳定的情况下，国家能够集中精力开展冲突后重建行动。而且重建的主导权完全掌握在政府手中，外国行为体处于从属地位。重建一般都取得比较好的成果。这类国家主要有乌干达、埃塞俄比亚、卢旺达和 2002 年之后的安哥拉。这些国家面临的主要问题不在当前，而在于未来。“打天下”的第一代领导人威望较高，大多属于“强人”式人物，能够用铁腕控制国内局势。但是他们百年之后的局势呢？继承人能否控制局面、把持政权，还是再次陷入动乱？这是这类冲突后国家未来很可能面临的问题。另外西方对非洲新第一代领导人牢牢把持政权，不推行西方式多党民主也颇有微词。

第二类国家中，冲突的各方实力相对比较均衡，无力通过武力消灭敌对方，在国际社会的斡旋下实现了和平，实现了名义上的全国统一。本书称之为B类型冲突后重建。由于冲突后重建国内各武装派别实力相当，自己期望利益未得到满足，撕毁停火协议时有发生，导致战端重启。在这类冲突后重建进程中，过渡阶段至为关键。这类国家政局不太稳定，国家须花费大量精力来稳定政局，重建进程相对比较缓慢，在最糟糕的情况下和平进程甚至可能颠覆。这些国家主要有塞拉利昂、利比里亚、2002年之前的安哥拉和刚果民主共和国等。与A类型国家相比较，B类型国家重建进程更加艰难，也更加缓慢，甚至可能导致整个和平进程逆转。在这类国家中，国际社会的干预能够发挥较大的作用。

安哥拉在非洲的冲突后国家中比较特殊，它属于非洲国家中少数先后经历过上述两种状况的国家之一。2002年之前与之后，安哥拉的冲突后重建进程实际上是分别属于B类型重建和A类型重建。2002年之前，和平进程不断反复，重建无从开展；2002年之后，随着反对派武装瓦解，安哥拉实现全国统一，重建进程顺利进行，经济发展迅猛，成为撒哈拉以南非洲的一个耀眼明星。下面以安哥拉为例来探讨两种类型的重建。

二、先后经历两个类型重建的安哥拉

1884～1885年，柏林会议把安哥拉划为葡萄牙殖民地。1922年，葡萄牙占领安哥拉全境。1951年，葡萄牙将安哥拉改为葡萄牙的一个“海外省”，并派总督进行统治。20世纪60年代，安哥拉人民解放运动（以下简称安人运）、安哥拉民族解放阵线（以下简称安解阵）、争取安哥拉彻底独立全国联盟（以下简称安盟）三个民族解放组织相继开展争取民族独立的武装斗争。1975年1月15日，这三个组织同葡萄牙政府达成关于安哥拉独立的《阿沃尔协议》，并于当年1月31日同葡萄牙当局共同组成过渡政府。

（一）第一阶段重建：B类型重建

安哥拉独立后不久，安人运同安盟、安解阵发生武装冲突，过渡政府解体。此后，国家长期处于内战状态。1975年11月11日，安人运宣布成立安哥拉人民共和国，阿戈斯蒂纽·内图任总统。1976年，安人运击溃安解阵部队，并将安盟部队逐出城市。1989年6月，在非洲19个国家的斡旋下，安哥拉政府与安盟首次达成关于停火及民族和解的《巴多利特协议》，但此协议未能付诸实施。在葡萄牙、美国和苏联的推动下，安哥拉政府与安盟经过六轮谈判，于1991年5月31日在葡萄牙首都里斯本签署了《比塞斯和平协议》。1992年8月，安哥拉改国名为安哥拉共和国。同年9月29～30日，安哥拉举行首次多党制大选，安人运获议会选举胜利，并在总统选举中领先。来自安人运的若泽·爱德华多·多斯桑托斯在第一轮投票中以微弱优势领先于来自安盟的若纳斯·萨文比。安盟指责政府舞弊，宣称选举被人操纵，拒绝接受大选结果，并恢复了对政府的战争，安哥拉重陷内战。

1993年11月，安哥拉双方在赞比亚首都卢萨卡恢复和平谈判，并于1994年11月20日签署了《卢萨卡和平协议》。此后，安哥拉全国范围内基本实现停火，重新开始和平进程，但进展缓慢。到1997年初，来自安盟的成员还是既不接受在议会中的授权，也不根据和平协定的规定加入当时的政府。1997年4月，在国际社会的强大压力下，安哥拉和平进程再次取得进展，安盟议员全部到国民议会就任。11 日，以安人运为主体、有安盟成员参加的安哥拉民族团结和解政府成立。但从 1998 年 3 月起，安盟又停止履行和平协议，最终导致和平进程陷入僵局。1998 年 11 月，安哥拉政府军向安盟发动大规模进攻，遭到安盟军队猛烈反击，安哥拉和平进程破裂。在这个阶段，安哥拉在各派武装势均力敌的情况下，和平进程一再反复，与 B 类型重建概念相符。

（二）第二阶段重建：A 类型重建

2000 年 4 月，联合国安理会通过强化对安盟制裁的决议。2002 年 2 月 22 日，安盟主席萨文比在战斗中被政府军击毙，和平进程出现重大转机。3 月 13 日，安哥拉政府停止军事进攻。4 月 4 日，安哥拉政府与安盟正式签署停火协议，多斯桑托斯总统宣布内战结束。8 月，安盟完成非军事化，5000 名安盟军人被编入安哥拉武装部队。12 月初，安哥拉总统任命前内政部长南多为总理，并陆续任命一批安盟人士担任省长、部长和驻外大使。同月，联合国安理会通过决议，全面解除对安盟的制裁。至此安哥拉和平进程取得不可逆转的决定性胜利，真正实现了人民盼望已久的和平。

2002 年，安哥拉实现和平之后，逐渐开始了重建进程。近 50 年的持续战乱，使这个原本土地广袤、自然资源丰富的非洲国家的人民陷入极端贫困和艰难的生活境遇中。实现全面和平后的恢复和重建更为艰巨。安哥拉政府为 2003～2004 年度确定了一个以发展农牧为基础、修复基础设施为重点的两年发展计划。在继续落实减少贫困、增加就业、提高百姓平均收入、严格控制通货膨胀、稳定货币等原有各项发展和经济整改计划的同时，把工作重点逐步转入战后重建，推出一系列恢复经济措施，拨款 3.6 亿美元，作为全国 18 个省修复基础设施的启动资金，着手恢复和重建一批基础设施项目。

随后安哥拉又开始与国际社会接触，希望获得更多的资金以开展重建。2004 年 3 月，中国商务部和安哥拉财政部正式签署双边贷款协议，由中国进出口银行向安哥拉政府提供总额为 20 亿美元的商业贷款。这 20 亿美元的贷款协议将分两期操作，每期 10 亿美元，主要用于基础设施建设，包括铁路、公路、供电供水、通信领域，以及学校、医院、农业灌溉等公共服务项目。重建以来，安哥拉经济发展迅猛。除了 2008 年、2009 年因金融危机经济增长有所放缓，其他时期安哥拉国民生产总值年增长率均达到 2 位数以上。

安哥拉经济增长迅猛的主要原因是经济基数低，以及本身为资源富国。安哥拉重建以来的经济方面的成就不一定能说明什么问题。本部分以安哥拉作为案例主要是想通过比较安哥拉 2002 年之前与 2002 年之后的重建，借以说明 A 类型冲突后国家与 B 类型冲突后国家不同的特点和环境，其重建的难易程度以及重建花费的时间、精力和金钱有较大的差异。

由于 A 类型的冲突后国家政治相对稳定，内战获胜上台执政的政党或政治组织对于国家建设有自己的纲领和思路，国家对于社会的监控、渗透比较好，国家重建的自主性比较强，因此其战后重建相对比较容易。它们比 B 类型冲突后国家少了易再次爆发冲突的过渡阶段。它们的问题在于如何探索一条适合本国国情的政治经济发展道路。而 B 类型冲突后国家因为各武装派别实力相对均衡，无法在战场上消灭对方。因此，通过谈判进入和平进程成为它们无法避免的选择。B 类型冲突后重建国家面临的问题要相对复杂和严峻。本书探讨的主要是 B 类型的冲突后国家重建，因此 A 类型的冲突后国家重建不再赘述。

第二节 利比里亚冲突后重建进程

一、利比里亚冲突背景

美国解放的奴隶移民至利比里亚，于 1847 年建立了共和国。另一美国黑人移民区于 1854 年 2 月 4 日建立马里兰共和国，1857 年并入利比里亚。1878 年，真正独立党执政，政权长期为美裔利比里亚人上层所掌握。

1980 年 4 月 12 日，以克兰人塞谬尔·多伊军士长为首的 17 名士兵发动军事政变，击毙托尔伯特总统，推翻了执政 103 年的真正独立党的统治，成立以多伊为首的军政府。1984 年 7 月军政府举行全国公民投票，通过新宪法。1985 年 10 月进行了总统和议会选举，多伊当选总统。

1989 年 12 月 24 日，利比里亚全国爱国阵线在科特迪瓦组织反政府武装，在查尔斯·泰勒的领导下攻入利比里亚，全面内战爆发。1990 年 7 月，爱国阵线攻入蒙罗维亚，旋即分裂为两派，利比里亚陷入混战。8 月，西非国家共同体派遣维持和平部队进入蒙罗维亚，与泰勒派武装发生冲突。在国际社会斡旋下，各派在冈比亚首都班珠尔召开会议，成立“全国团结临时政府”。9 月，多伊被俘，枪决后陈尸蒙罗维亚街头。11 月，索耶就任全国团结临时政府总统，但遭到泰勒的反对。

1991 年 3 月，利比里亚内战扩展到邻国塞拉利昂和几内亚。1993 年 7 月，交战各方于贝宁城市科努托达成协议，成立五人国务委员会掌握国家最高权力。1994 年 5 月，过渡政府成立。1995 年，由于各派均不满意权力分配方案，战火再起。8 月，各派再次在尼日利亚首都阿布贾达成协议，以六人国务委员会取代五人国务委员会。9 月，再次组成过渡政府。1996 年，泰勒试图逮捕敌对派系首脑，导致内战再起。8 月，在国际社会的压力下，各派又一次达成协议，同意全部解除武装。长达 7 年的内战共造成了 15 万人死亡，85 万人成为难民，彻底摧毁了利比里亚经济。

1997 年 2 月，各派全部解除武装并改组为政党。7 月，举行大选，泰勒当选总统。泰勒使用强力控制了国家，实现了国内的和平，并着手开始重建经济。然而，1999 年利比里亚北部又出现一支反政府武装，又一次发动了内战。到 2003 年，泰勒政府仅控制不到 1/3 的全国领土，蒙罗维亚也陷入围攻。以尼日利亚为首的西非国家共同体再一次派出了维和部队。8 月 11 日，泰勒宣布辞职，向副总统摩西·布拉移交权力，并流亡尼日利亚。2003 年 10 月 1 日，联合国维持和平部队接管了利比里亚，着手解除内战各方武装。

二、利比里亚冲突后重建进程

（一）维护利比里亚的安全与稳定

2003年8月1日，联合国安全理事会通过了第1497号决议，授权在利比里亚建立一支多国部队，并宣布随时准备建立一支后继联合国稳定部队。2003年8月18日，利比里亚各方在阿克拉签署了一项《全面和平协定》。随着后来西非国家经济共同体特派团在利比里亚的部署，该国的安全状况有了较大改善。为尽快解决这场政治危机，恢复正常的政治、社会和经济秩序，联合国安理会于2003年9月19日通过了第1509号决议，决定建立联合国利比里亚维和任务区。其主要任务是：支持利比里亚全国过渡政府和其他各方有效、及时地执行《全面和平协定》；监测遵守停火协定的情况；帮助全国过渡政府将国家权力扩展到整个利比里亚；为政府关键设施，特别是港口、机场和其他重要基础设施提供安全保障；确保联合国人员的安全和行动自由；促进人员、人道主义援助和物资的自由流动；支持难民和国内流离失所者安全返回；在直接部署联合国建制军事部队的地区，保护随时可能遭到人身伤害的平民等。[①] 联合国利比里亚特派团（以下简称“联利特派团”）部署到利比里亚全国之后，有力地改善了利比里亚的安全形势，为利比里亚下一步重建奠定了良好的基础。

（二）利比里亚安全部门改革

为了巩固利比里亚的和平与安全，为过渡期结束后的大选提供安全环境，联利特派团开始了安全部门改革。联利特派团、美国政府、西非国家经济共同体在利比里亚过渡政府的支持和捐助国的资助下开始安全部门改革。联利特派团与联合国开发计划署、联合国儿童基金会、联合国难民事务高级专员办事处、世界卫生组织、世界粮食、美国国际开发署、世界银行等机构共同支助利比里亚安全部门改革。

按照预定计划，卸甲归田分以下几个阶段。第一阶段，前战斗人员进入卸甲归田驻扎营地，交出武器并当场销毁、接受基本指导以及重返社会约谈，每组战斗人员在驻扎营地待3周后离开，离开之前将会收到第一份津贴，用来支付其安置费用。第二阶段，他们将会被收送安置地区，参加为期3个月的临时重返社会项目。临时项目结束后，前战斗人员将会收到第二份津贴。第三阶段，前战斗人员参加过渡政府及其发展伙伴提供的参加长期重返社会项目。此外，妇女儿童在卸甲归田项目中将接受特殊安排。[②] 2004年10月，大约有101495名前战斗人员及其家属被解除武装，圆满完成了利比里亚《全面和平协定》要求的任务。[③]

（三）过渡司法与社会和解

2006年2月，利比里亚成立了真相与和解委员会，收集并指控在该国长达14年的内战期间发生的侵犯人权行为和暴行有关的资料。不过，该委员会的工作并不顺利，主要问

---

① 王洪海、高心满：《联合国利比里亚维和行动案例研究》，《武警学院学报》2009年第1期，第29页。

② 《秘书长关于联合国利比里亚特派团第一次进度报告》，联合国文件S/2003/1175，2003年12月15日，第23段。

③ National Transitional Government of Liberia, “Results Focused Transitional Framework”, April 2005, p. 34.

题是资金短缺，委员会为期两年的运作迫切需要约1000万美元。迄今为止它收到以下捐助：开发计划署的60万美元，用作前3个月筹备阶段的经费；欧洲联盟委员会的30万欧元，用作后勤和技术援助；利比里亚政府认捐总额26万美元中的12万美元。真相与和解委员会的授权任务于2008年9月结束，但是到报告提交时，与预计的30000份证词相比，委员会仅记录了5000份证词。此外，委员会仅收到220万美元，而最初预计的业务预算是1400万美元。并且由于管理和透明度问题，早些时候委员会的工作还一度暂停。不过在特派团任期时间渐长，以及安全问题基本解决、经济问题逐步改善的情况下，这一问题开始得到更多的重视。

（四）利比里亚大选及政党和平轮替

2003年8月，迫于内外压力，泰勒向副总统布拉移交权力，并流亡尼日利亚，利比里亚内战结束。10月，各派组成以布赖恩特为主席的全国过渡政府。联利特派团成立了选举处，专门负责协调国际社会对利比里亚大选的支持。在联利特派团的协助下，利比里亚全国选举委员会划分选区，登记选民，并于2005年举行了内战后首次大选。此次大选共花费1880万美元，其中利比里亚政府提供了450万美元，其余为国际社会资助。2005年10月，利比里亚举行内战后首次大选，团结党领袖埃伦·约翰逊—瑟利夫女士（Ellen Johnson－Sirleaf）当选。她也是撒哈拉以南非洲首位女性国家元首。2011年11月，瑟利夫蝉联总统。2017年12月，利比里亚举行第三次大选，反对党民主变革联盟领导人维阿击败团结党候选人当选总统。利比里亚实现了内战结束后首次政权和平交接。

（五）经济恢复与发展

经历了十余年的内战之后，冲突后的利比里亚满目疮痍。这场内战导致250000人丧生，超过500000人流离失所。利比里亚暴力冲突的规模和烈度使其经济滑入深渊。到2005年，利比里亚年财政收入不足9500万美元，用于国民的公共支出人均仅为25美元，是世界最不发达国家之一。与此同时，利比里亚外债如气球一般膨胀，至2005年外债总额达到47亿美元。这相当于2005年利比里亚国民生产总值的8倍、出口总额的30倍。2006年，利比里亚国内债务和欠款超过6亿美元。[①]

为了重振经济和重拾人民对政府的信心，2005年新当选的利比里亚政府开始了经济管理部门改革。新当选政府接手了2005年大选前几个月利比里亚启动的治理与经济管理援助项目，致力于改善和提高财政管理信誉和透明度。此外，利比里亚政府通过改善投资环境积极吸引外国投资来推动经济发展。利比里亚政府通过协商解除了国际社会对于其钻石和森林行业的制裁；与中国企业集团和全球最大的钢铁制造企业荷兰阿赛洛·米塔尔钢铁公司分别签署了26亿美元和15亿美元的矿业合同，极大改善了利比里亚的经济状况。[②]此外，通过重债穷国项目，利比里亚40亿美元的债务得到减免。2009年12月，利比里亚

① Punam Chuhan－Pole & Manka Angwafo, "Yes Africa Can: Success Stories from A Dynamic Continent", World Bank Publications, 2011, p.127.

② Liberian President Ellen Johnson－Sirleaf addresses at University of Legon, Ghana, "Post－Conflict Liberia: From Tragedy to Opportunity", February 19, 2010.

外汇储备达到3.12亿美元。2005年，利比里亚经济增长率为5.3%，2006年、2007年分别为7.8%和9.5%。2008年受世界金融危机影响下滑到7.1%。上述数据显示，2006年1月瑟利夫当选总统后，利比里亚经济获得恢复性增长，宏观经济整体有所改善。利比里亚经济逐渐从战时经济向正常经济过渡。

三、联合国建设和平行动结束

2017年12月，利比里亚举行了内战结束后的第三次大选。反对党民主变革同盟候选人维阿击败执政党团结党候选人，当选新一届总统。利比里亚实现了内战结束以后首次政权和平更迭。2018年4月，联合国利比里亚特派团正式结束使命，标志着利比里亚建设和平行动顺利结束，正式迈入正常国家行列。

第三节　塞拉利昂冲突后重建进程[①]

塞拉利昂位于西非，不仅热带资源丰富，而且还有丰富的钻石、黄金和铝矾土等矿产资源。1971年塞拉利昂独立后相当长一段时间内政局稳定，经济获得了较大发展。但在20世纪80年代末和90年代初，塞拉利昂政局受到西方多党民主浪潮的冲击后开始动荡，加上邻国利比里亚边境地区长期争战，导致塞拉利昂社会矛盾加剧。1991年，福迪·桑科领导“革命联合阵线”发动全国叛乱，势力不断扩大，导致塞拉利昂陷入了长达近10年的内战。其间塞拉利昂还发生数次军人政变，各种势力分化组合，最终形成了政府军和西非维和部队为一方，桑科领导的“革命联合阵线”与政变军人联盟为另一方的僵持对峙局面。直至1999年7月，联合国与西非国家经济共同体经过外交努力，促成政府军与叛军签署了《洛美和平协定》。该协定旨在结束内战，并组成民族团结政府。

在塞拉利昂爆发内战之后，联合国就与西非国家经济共同体等组织一起为塞拉利昂的和平积极斡旋。1998年6月，联合国安理会授权建立联合国塞拉利昂观察团，其主要任务为监督解除战斗员武装以及改组该国安全部队的努力，并就此提供建议。

1999年7月，塞拉利昂冲突各方签署和平协定，冲突各方要求加强联合国观察团的作用。1999年10月22日，安全理事会同意建立一个联合国塞拉利昂特派团（以下简称“联塞特派团”），取代联塞观察团。[②] 联塞特派团由6000名军事人员组成，其中包括260名军事观察员，以协助有关各方执行协定，帮助解除约45000名战斗人员的武装，并使其复员和重返社会。后来，由于任务增加和变动缘由，联塞特派团经过几次扩充，至2001年3月30日增加至17500名军事人员，其中包括260名军事观察员。根据安全理事会

---

① 本章资料主要来源于联合国维持和平行动网站，参见：http：//www.un.org/chinese/peace/peacekeeping/S_Leone/summarize.htm。

② 联合国塞拉利昂特派团的期限为1999年10月22日至2005年12月31日，总计开支28亿美元。

2001年3月30日第1346（2001）号决议，联塞特派团的最终使命被定义为：“联塞特派团在塞拉利昂的主要目标仍然是协助塞拉利昂政府努力扩大其管辖范围，恢复法律和秩序，逐步实现全国稳定，协助促进一个可有助于恢复卸甲归田方案并在适当时候举行自由、公平选举的政治进程。”联塞特派团组成之后，在塞拉利昂的建设和平行动中发挥了重要作用。

一、结束内战和巩固和平

2000年4月，在前战斗人员解除武装时，“革命联合阵线”的士兵却攻击了联合国特派团。4名维和人员被杀害，近500名联合国工作人员被“革命联合阵线”的军队当作人质。5月，“革命联合阵线”的头目福迪·桑科被警察逮捕。到5月底，约一半人质被释放。随后，安理会将联合国塞拉利昂特派团的部队增至13000人，以帮助该国恢复和平。7月，联合国塞拉利昂特派团发动拯救行动，使其余的人质获得安全。8月，安理会开始着手成立一个特别法庭以审判战争罪犯。从2001年开始，联合国在塞拉利昂所执行的维和使命取得了稳步的进展。到11月，联塞特派团完成了在该国各地派驻维和部队的任务。解除武装的进程在2002年1月得以完成。属于各个派别57000名的战斗人员被解除武装并复员，从而为总统选举和议会选举铺平了道路。

二、安全部门改革

（一）前武装人员卸甲归田的实施

塞拉利昂和平进程的最突出特征之一，是联塞特派团成功解除了成千上万名前战斗人员的武装，随后让他们复员并重返社会。在联塞特派团及其合作伙伴解除了超过75000名战斗员的武装之后，政府于2004年2月宣布卸甲归田进程结束。

卸甲归田方案的成功，引起世界银行驻塞拉利昂国家办事处的关注，塞拉利昂各邻国甚至大湖区的官员也开始访问塞拉利昂，因为该国“被视为全世界成功实施卸甲归田方案最佳做法的典范”。世界银行和联合国开发计划署与塞拉利昂政府一起，与联塞特派团密切合作，致力于规划、资助并执行卸甲归田方案。

根据这项方案，联塞特派团解除了以下人员的武装：各主要交战方、“革命联合阵线”和政府民兵组织——民防部队的战斗员，以及前塞拉利昂军队成员和武装部队革命委员会成员。卸甲归田方案主要完成了下列任务：全国有75490名战斗人员被解除武装并复员，其中包括6845名儿童兵（包括506名女童）和4651名妇女；不再有非法武装集团对国家构成威胁；近55000名前战斗人员获得重返社会的优待，包括技术培训方案和正规教育以及农业、渔业或企业家资助，还包括用于各种手工业的成套工具；从战斗人员手中收缴了42330件武器和120多万发子弹。

由17500名维和人员组成的联塞特派团确保了执行卸甲归田方案期间的安全，从而大大提高了方案的效益和进度。这使联塞特派团能够采取审慎的平衡行动，使灵活和权力下放的解除武装程序与“快速成功的”复员程序相结合。在儿童基金会协助下，对护理中心做出了特殊安排，其他维护儿童权益团体向儿童兵和战斗人员家属提供了养恤金。卸甲归田方案的另外一个重要特征是，利用新闻宣传运动宣传和平协定及卸甲归田方案的具体内容，并提高叛乱集团中普通士兵的认识。

6800多名复员的儿童兵大多数已与家人团聚。大约3000名被录取参加儿童基金会开办的社区教育课程。由于上述安排，人们普遍认为塞拉利昂的儿童兵复员并重返社会的模式很成功，可适用于其他建设和平行动。

复员战斗人员在接受为期6个月的培训期间获得少量现金津贴，之后，他们被送回家乡恢复平民生活，利用“启动工具包”寻找工作。例如，木工得到的工具有锤子、锯子和凿子，而建筑工人则可获得砖瓦工具。

12000多名前战斗人员选择接受正规教育，在中小学、大专甚至是当地的大学学习。他们不用自己支付学费，还可视他们注册的课程领取1~3年的生活津贴。其余的前战斗人员则找到了务农和其他工作。据政府称，整个方案需花费3650万美元，国际捐助者提供了其中大部分资金。

解除战斗人员武装并让他们复员的方案取得了成功，相比之下，重返社会和帮助他们找到适当工作的努力却不那么令人乐观。大多数人现已加入了庞大的失业队伍，该国经济无法创造更多的就业机会，这些前战斗人员只得流落街头，这种状况将继续成为塞拉利昂重建面临的一项主要挑战。

（二）警察治安力量的建设

联塞特派团与英联邦国家的一个警官小组共同努力，负责建设国家警察部队，目标是到2005年底，警员人数增加到9500人，达到战前水平。截至2005年12月，塞拉利昂警员达9019名，其中15%为女性。

高级地方警官接受了专门培训课程，再由他们为低级警官进行在职培训，同时担任全国各地警察局的指导人员。联合国警官还为当地警官提供了专门培训，涉及的领域包括刑事调查、情报服务、交通管理、维持社区治安、机场保安和跨界犯罪侦查。

在联合国开发计划署和英国国际发展部的资助下，联塞特派团协助该国建造了13个警察局、68幢营房、1个征聘培训中心，并在博城、凯内马、马尼克和菊艾建立了4个区域培训中心。另外，还修复了各县的司法机构办公楼并设立了治安法院，使人民更便于使用司法制度，并使之更加可信。联塞特派团及其伙伴继续协助该国政府努力增加法官人数，监测警察行动和监狱状况，同时还监测法院的工作情况。

警察部队培训工作取得了可观的成果，但在车辆、通信设备、办公室和营房方面，还需获得更多的援助。随着警察接受的培训水平越来越高，公众对警察的信任度得到提升。10名塞拉利昂警官曾被派往联合国驻海地维持和平特派团服务，这证明了该国警察专业化水平已有所提高。

三、举行大选和政权平稳交接

2002年5月举行了总统和议会选举，随后于2004年举行了地方政府选举，这是塞拉利昂自 1991 年战争爆发以来走向和平道路上的重要里程碑。自那时以来，联合国维持和平特派团一直与新政府携手合作，协助它在全国建立政权。选举给政府机构的工作方法带来了积极的变化，并促使各社区通过民选委员会，参与影响其日常生活的决策工作。

这次选举是在联塞特派团支助下由全国选举委员会进行的。在筹备选举期间，联塞特派团在全国各地部署了数千名维和人员以保证安全，并协助塞拉利昂警方部署了官员和机动武装小分队。它还向全国选举委员会提供了关键的后勤支助，并与联合国国别小组合作，向国内和国际观察员提供了类似的支助。联塞特派团协助全国选举委员会开展选民教育，并在投票日向所有选区部署了报告员，与此同时，联塞特派团电台 24 小时报道有关选举情况的新闻。

联合国开发计划署向西非国家经济委员会和非洲统一组织提供了资金，用于派驻观察员和购置 12000 个投票箱，以及全国选举委员会和警方所需的重要通信设备。联塞特派团选举部门密切监测选举进程，并报告关键问题，从而使特派团得以向全国选举委员会提出建议，以改正缺点。

投票表决是在格外平和的气氛中举行的，没有接到任何发生暴力事件的报告。前往投票站的选民人数超过 190 万，投票率为 81%。当地以及来自英联邦、欧洲联盟、非统组织、西部非洲经济委员会以及卡特中心的国际观察员宣称，选举自由、透明，总体没有发生暴力冲突。所有反对党包括“革命联合阵线”，都承认选举结果有效，并承诺将配合卡巴总统重建塞拉利昂。2007 年 8 月，塞拉利昂举行总统和议会选举。经过两轮总统投票选举，反对党全国大会党总统候选人欧内斯特·巴伊·科罗马当选新一届总统。塞拉利昂实现了民主选举之后的首次政权平稳交接。

四、过渡司法与社会和解

自 1999 年开始行动以来，联塞特派团已协助塞拉利昂确保该国公民的权利得到充分保护，依法惩处了暴力冲突中情节特别恶劣的犯罪分子，并组建了一支符合专业标准的民主的警察部队。联塞特派团在该国大部分地区成立了人权委员会，委员会由塞拉利昂人权组织和倡导民主的组织组成。联塞特派团为当地人权拥护者提供了培训，这些人又为人权监测员和积极分子提供了培训。虽然许多导致塞拉利昂冲突或起因于冲突的关键人权问题仍然存在，例如贫困、腐败、缺乏有效的司法制度以及当局侵犯人权的行为，但由于联塞特派团进行了提高人权意识的培训，严重侵犯人权的行为已经停止。

（一）塞拉利昂真理与和解委员会推动社会和解

为了让各派武装人员能够解除武装，洛美和平协议给予所有武装人员一揽子大赦。这引起国际和塞拉利昂国内人权活动分子不满，认为无人对塞拉利昂骇人听闻的伤害平民的暴行负责。因此他们要求成立真相、正义与和解委员会。2002 年 6 月，塞拉利昂真理与和解委员会成立，主席为约瑟夫·汉颇主教（Bishop Joseph Humper）。根据 2000 年颁布的《真相与和解法案》，“讲述真相”（Truth Telling）是真相与和解委员会主要寻求真相的方式。2002 年底，真相与和解委员会开始收集各类证据，并于 2003 年 4 ~ 8 月在首都弗里敦和全国12个省区举行公开听证会。

塞拉利昂真理与和解委员会已经完成工作，包括：提供了一份公正的历史记录，其中记载了战争期间所发生的事件；防止曾遭受的暴力或虐待事件重演，并满足了受害者的需要。委员会在最后报告中警告说，为了实现持久和平，必须铲除尚未解决的冲突根源。在联合国人权事务高级专员办事处的协助下，该委员会向塞拉利昂人民广泛散发了最后报告。政府委任的后续机制委员会将监测各项建议的落实情况，这些建议如果得到落实，预期将为愈合创伤、为人民和解做出贡献。真理与和解委员会最终报告对战争受害者及其家属的赔偿问题提出了一些中肯的建议。

（二）赔偿内战受害者

2008年8月，联合国和塞拉利昂政府开展了一个为期一年的项目，为真理与和解委员会最终报告中的建议提供制度安排及能力培训。联合国建设基金向国际移民组织提供300万美元的资金开展“第一年计划”（Year One Project）项目，该项目通过塞拉利昂政府下属的社会行动全国委员会执行。联合国建设和平基金的款项有严格的限制条件：该笔拨款在一年内必须花掉75%，且必须用于内战的受害者。

联合国建设和平基金资助“第一年计划”项目是为了建设一个能力培养机制。它的核心是为在塞拉利昂社会行动全国委员会内部建立一个能够执行赔偿的制度结构和框架，为其设定人事、后勤以及可评估的机构目标；同时要求社会行动全国委员会能够支持为期5年的持续赔偿战略。“第一年计划”项目要求同时完成下列目标：建立战争受害者的数据库；使政府、受害者、捐助人、利益相关者持续关注赔偿项目；建立并运营“战争受害者特别基金”；执行战争受害者赔偿分项目。

战争受害者登记工作于2008年12月开始，由于各种因素的影响，登记工作不断延展期限。战争受害者的人数以每月50%～100%的速度增加。

（三）利用司法程序惩戒各方战犯

塞拉利昂人民认识到，如果正义得不到伸张，来之不易的和平就不能持久。联合国设立的塞拉利昂问题特别法庭于2004年开始以战争罪对13名被告进行了审判，这些被告包括前叛军领导人桑科在内的领导成员和前政府民兵领导人，这些人被控负有主要责任，因为在他们的命令下发生了骇人听闻的暴行，包括砍掉平民的四肢。其中对利比里亚总统泰勒的审判使得人们相信“王子犯法，与庶民同罪”。这震慑了那些在战争中针对平民的犯罪行为。

五、经济复苏与发展

实现和平之后，塞拉利昂政府逐步在以前被叛乱分子占领的地区重新恢复权力和扩大权威。联塞特派团、联合国机构及其合作伙伴协助政府在全国各地，特别是在钻石生产区重新建立地方政府机构。它们修复当地办公大楼，并协助公务员和以前的领导人返回其社区。

塞拉利昂政府的权力渗透到全国各地，是冲突后塞拉利昂所取得的最重要成就之一。

政府机构的建立，帮助难民们回到了自己的社区，将商业活动扩大到首都弗里敦以外的地区，并逐渐使居民真正感受到和平带来的“红利”。

政府机构成立后，还肩负着艰巨的使命。它们有责任推动经济发展并创造就业机会，特别是为青年人创造这种机会。塞拉利昂的青年人在该国的480万人口中占了绝大多数。当该国在通往恢复与发展的道路上继续前进时，这一挑战以及其他经济和社会挑战将会发挥一种导向作用，使联合国系统了解应该向塞拉利昂提供什么样的支助。

2007年3月1日，联合国从建设和平基金中拨款3500万美元，帮助塞拉利昂在冲突后构建和平社会。这笔由自愿捐款构成的资金将在塞拉利昂用于促进青年就业和培训，建设民主和良政，健全司法和安全部门，以及提供公共服务。

六、塞拉利昂冲突后重建成功的经验

2014年3月，联合国塞拉利昂建设和平综合办事处正式关闭，标志着塞拉利昂战后重建顺利结束。时任联合国秘书长潘基文与时任塞拉利昂总统科罗马日前共同出席了在塞拉利昂首都弗里敦举行的联合国塞拉利昂建设和平综合办事处（联塞建和办）关闭仪式。潘基文在仪式上指出：“塞拉利昂是全球从冲突后恢复、维持和平和建设和平最成功的典范之一，给其他正在受战争困扰的国家带来了希望。”[①] 综观塞拉利昂冲突后重建进程，其取得成功主要有以下几点经验：

第一，国际社会在塞拉利昂的冲突后重建中发挥了至关重要的作用。在冲突各方签署和平协议之后，联塞特派团阻止了内战的再次爆发，巩固了塞拉利昂的和平；在随后的塞拉利昂大选中，联塞特派团保证了大选如期举行；联塞特派团在为塞拉利昂的军队国家化和复员前战斗人员方面做出了重大贡献，消除了潜在的安全隐患。在以联合国、西非国家经济共同体为代表的国际社会的支持下，塞拉利昂已经逐渐摆脱了冲突和战乱，走上了正轨。

第二，国际机构与塞拉利昂政府之间相互协调，相互合作，共同推进冲突后重建。例如2008年联合国塞拉利昂建设和平综合办事处成立，负责协助塞拉利昂巩固和平，进行民族和解，支持善政改革，帮助打击腐败、贩毒和有组织犯罪，解决青年人失业等问题。该机构充分认识到国家在建设和平进程中应发挥主导作用，与当地的政治力量进行了较好的合作，大大提升了塞拉利昂和平重建事务的成功率，有效地促进了武装力量的非军事化和民主选举、社会改革、人权保护、经济重建、司法和警察体系建设等多方面工作的顺利进行，在塞拉利昂从战争走向和平的转型过程中发挥了巨大作用。[②] 在安全部门改革中，世界银行、联合国开发计划署、联塞特派团与塞拉利昂政府共同协调、合作，推动前武装人员卸甲归田。

第三，塞拉利昂过渡司法比较成功，促进了社会的和解。在塞拉利昂过渡司法推动社

①② 国际在线：《塞拉利昂——全球战后重建的典范》，2014年3月11日，http：//news. cri. cn/gb/42071/2014/03/11/6871s4459197. htm，2016年4月12日。

会和解方面，我们注意到塞拉利昂真理与和解委员会以及联合国塞拉利昂问题特别法庭发挥了重要作用。真相与和解委员会不仅完成了追寻真相的工作，还就未来对战争受害者的赔偿推荐了一些方案，这些方案在赔偿战争受害人方面发挥了重要作用。而塞拉利昂问题特别法庭则对在内战中犯有战争罪行的包括桑科在内的叛军的领导层、亲政府的民防组织领袖以及利比里亚前总统泰勒进行了审判，震慑了各派武装。

值得注意的是，塞拉利昂从领土和人口而言属于非洲小国。此外，“革命联合阵线”的领导人桑科的意外被捕也使得该组织无力制造事端。这种情况与安哥拉反对派领导人萨文比在战斗中意外死亡相类似。桑科的被捕让塞拉利昂冲突后重建减少了极大的阻碍，这也是塞拉利昂冲突后重建得以顺利实施的重要原因之一。因此，国际社会可以从塞拉利昂战后重建中吸取、借鉴一些成功的经验，但其重建进程并不一定能适用于其他案例。

第四节　非洲冲突后国家重建的经验

“冷战”结束之后，由于非洲战略地位下降，西方大国逐渐撤出了在非洲的军事存在。而非洲国家又没有能力填补西方军事力量撤出之后留下的“军事真空”，这导致非洲爆发了一系列冲突。面对非洲大陆面临的安全危机，一方面，以西非国家经济共同体为代表的非洲次地区组织率先开始了自主维和的探索；另一方面，非洲国家开始联合自强，成立了非洲联盟。最终，非洲形成了以联合国、非洲联盟、非洲次地区组织、其他国家相互协调、配合，共同解决非洲冲突的安全机制。利比里亚和塞拉利昂冲突后重建案例很好地印证了这一点。综合两国重建的历程，非洲冲突后国家重建主要有如下几点经验和启示。

第一，从冲突迈向和平的过渡阶段是非洲国家重建后的关键阶段，国际社会视其为预防冲突的重要阶段。很多国家和平进程在这一阶段出现反复。因此，国际社会越来越关注过渡阶段，将过渡阶段视为预防冲突、巩固和平的重要阶段。

第二，国际社会对于非洲国家冲突后重建参与度比较高，在非洲冲突后重建中发挥了积极而富有建设性的作用。利比里亚和塞拉利昂的冲突后重建案例显示，从冲突迈向和平非常艰难。国际社会通过调解、谈判甚至采取武力开展强制和平，才结束冲突。冲突后国家由于长期战乱，缺乏资金、能力和人才，国际社会在冲突后社会重建中发挥了重要作用。

第三，过渡司法必须坚持独立原则并需要更长的任期才能发挥应有的作用，推动社会和解的进展。过渡司法在冲突后国家“赏罚分明”，才能真正实现社会和解与重建。由于害怕冲突再起，很多冲突后国家采取大赦来换取和平。有罪不罚并没有换来和平，甚至鼓励了部分好战分子和野心家，使其认为实施暴力行为并不会受到惩罚。这易导致冲突再次爆发。如利比里亚的泰勒和塞拉利昂的桑科在冲突中多次违反承诺，造成和平进程中断。

第四，每个冲突后国家的实际情况不一样，适用于一个国家的冲突后重建进程的方法和措施未必适用于另外一个国家。没有任何一个方案可以“放之四海皆准”。因此，可以借鉴成功的冲突后重建经验，但不能完全照搬其他案例的重建经验。

第五，作为联合国建设和平行动顺利完成的国家，利比里亚和塞拉利昂提供了冲突后建设和平行动完成的标准。2005 年，联合国以建设和平综合办事处取代联塞特派团。2014 年 3 月，联合国驻塞拉利昂建设和平综合办事处撤销，标志着塞拉利昂冲突后重建完成。2018 年 4 月，联合国撤出了利比里亚特派团，标志着利比里亚战后重建告一段落。联合国在这两个国家建设和平行动完成的重要标准之一是这两个国家消除了大规模冲突再起的隐患。这主要体现在三个方面：一是这两个国家的安全形势已经得到根本好转，冲突再起的风险大大降低。通过和平进程和安全部门改革，解除了各派武装，消除了冲突的隐患。二是这两个国家实现了政党和平轮替。政权是政治的核心问题，各派武装冲突经年的根本目的是控制国家政权。政党之间实现和平轮替，表明各种政治势力争夺政权方式从暴力争夺转变成政治竞争，从而大大降低了暴力冲突的风险。三是过渡司法的推进缓和了暴力冲突的社会情绪。真相与和解委员会的成立、通过司法程序追究战争首恶的刑责、赔偿受难者等机制的建立和运作，一方面抚平了社会创伤，另一方面震慑了未来可能犯战争罪行的野心家和暴力分子。

第六章　20世纪末刚果（金）内战的历史和现实根源

20世纪90年代后期，前扎伊尔（今刚果（金））先后爆发了两场武装冲突，给刚果（金）带来了严重的灾难。据估计，仅平民死亡人数就达到350万人左右，无数人流离失所，逃离家园。冲突还给刚果（金）的经济造成了毁灭性的打击，冲突的后果无法以美元来计量。刚果（金）冲突根源非常复杂，它是交织着民族部族矛盾、跨界部族问题、地区冲突、资源争夺等诸多因素的一场冲突。因其冲突卷入的大湖地区国家[①]较多，因此又被称为大湖地区冲突。刚果（金）是大湖地区冲突中倒下的最后一个"多米诺骨牌"，从刚果（金）冲突中能发现该地区诸多冲突的蛛丝马迹和后遗症，由于其"块头"巨大（是中部非洲和大湖地区首屈一指的大国），最终成为中部非洲乃至非洲的一个被引爆的巨大火药桶。

本章将从历史和现实的角度分析刚果（金）冲突爆发的根源。从历史的角度而言，刚果（金）国家的形成和民族国家的建设的失败是其冲突的重要根源。

第一节　刚果（金）的民族国家进程

刚果（金）地处非洲中西部，东邻乌干达、卢旺达、布隆迪、坦桑尼亚，南接赞比亚、安哥拉，北连苏丹和中非共和国，西隔刚果河（原名扎伊尔河）与刚果（布）相望。西部有狭长走廊连通大西洋。海岸线长37千米。北部属热带雨林气候，南部属热带草原气候。年平均气温27℃，年降水量1500～2000毫米。

在古代历史上，刚果（金）并未形成一个统一国家，在今天的刚果（金）境内分布着众多的部落和族群。古代刚果（金）境内的社会组织形态也具有多样性，从酋长制部落到古代王国都曾在刚果（金）境内存在。19世纪中叶，西方殖民者开始了在刚果（金）境内的探险。比利时国王利奥波德二世资助斯坦利沿刚果河探险，通过欺骗、收买刚果

① 非洲大湖地区是指环绕非洲维多利亚湖、坦噶尼喀湖和基伍湖等湖泊的周边和邻近地区，涵盖安哥拉、布隆迪、中非、刚果（布）、刚果（金）、肯尼亚、卢旺达、苏丹、坦桑尼亚、乌干达和赞比亚11个国家。大湖地区位于非洲中东部，面积700多万平方千米，总人口约2亿，是世界上人口最密集的地区之一，同时也是非洲自然资源最富集的地区。

（金）境内各部落的酋长，获得了对刚果（金）的控制，并在 1884 ~ 1885 年召开的柏林会议上利用欧洲强国之间的矛盾获得了对刚果（金）的宗主权。比利时对于刚果（金）国家建设的主要目的是为掠夺刚果（金）服务，这决定比利时殖民者不可能建构刚果民族国家。"二战"之后，刚果（金）人民的独立意识高涨，并于 1960 年从殖民主义者手中获得了独立。但是由于刚果（金）几个主要部族对于独立后的国家设想存在分歧，加之外国势力的干预，导致新生的共和国面临着内战的危险。在联合国维和行动的帮助下，刚果（金）暂时平息了内战。1965 年，刚果（金）军队总司令蒙博托发动政变，推翻了政府，并改名扎伊尔。由此蒙博托开始了对扎伊尔长达 30 余年的统治。

一、现今刚果（金）境内民族、部族的形成

刚果（金）最早的土著居民是俾格米人，他们居住在北部和东北部的赤道森林地区。公元元年前后，小股的班图人从西北部地区（今尼日利亚和喀麦隆）往南迁徙到热带大草原定居。公元 700 年左右，班图人就开始开采加丹加的铜矿，铜作为商品已经在较广的地区开始交易。由于班图人掌握炼铁技术和农耕知识，公元 1000 年左右，班图人逐渐遍布刚果（金）全境，并在迁徙的过程中形成不同的语言和文化。公元 1000 年后，班图人在数量上增长很快并开始逐渐形成一些古老的王国，如刚果王国、库巴王国、卢巴王国、恩东戈王国、隆达帝国等。这其中一些王国统治着很大的一片地区，拥有复杂的行政机构。

殖民入侵之前的刚果（金）社会组织多样发展。在东北部分布着分散的、小规模狩猎和采集者群体，在热带草原出现了集权的酋长制，开赛高原出现了强大的卢巴（Luba）和隆达（Lunda）帝国，大西洋沿岸出现了刚果（Kongo）王国。即使在还未出现早期国家的社会，也存在一些政治组织。刚果（金）境内的所有人群并未组织高度复杂的政治制度，一些人群仍以家庭为单位组织在一起。但是为了解决某个人群或社区内部的问题，这些人群中已经出现了政治等级划分。[①]

在热带草原地区，政治组织主要为酋长制部落。由于人口密度低阻碍了这些社会向集权政治实体的发展。这些酋长制部落由几个村落组成，所有村落酋长中年龄最长者担任首席酋长。在村落水平上创立的政治机构是由于村落之间发生土地资源争议推动的。酋长承担仲裁职责以阻止冲突爆发，并培养一种对本部落的归属感。

酋长制是王国和帝国出现之前最普遍的政治结构。王国和帝国出现之后，并没有取消酋长制，一些酋长仍然独立存在或作为中央集权王国或帝国的附属省份。这些精心设计的国家形成进程在很多方面不同于酋长制。王国在领土扩张方面更富雄心，并加强了政治集权。此外，和酋长制部落相反，王国拥有众多的族群。而酋长制部落相对地在种族上比较同质。王国更多的是超越种族性的政治工程的展示，而非种族身份的政治体现，刚果（金）境内出现的刚果王国、库巴王国都是如此。刚果王国主要臣民除了刚果人之外，还有姆本杜人（Mbundu）和贝希—恩戈姆贝人（Besi - Ngome）。库巴王国境内包括库巴人

① Ch. Didier Gondola，"The History of Congo"，Greenwood Press，December 30，2002，p. 14.

（Kuba）、卢巴人（Luba）、凯特人（Kete）以及其他族群。相比较民族的同质性，民族的多样性更有助于为酋长制部落提供向王国转变的人口和文化上的动力。

酋长制部落和王国之间的一大差异在于统治者掌握权力的性质。殖民统治前的王国国王被赋予对其臣民更大的生杀予夺的权力。国王不仅掌握最高司法和最高立法的绝对权力，而且代表人民的精神。皇家意识形态赋予国王以超自然的力量或魔力的属性。国王是现实世界和神灵世界的中介，是现实世界和超自然世界的中介。由于他具有神的属性，他已经超出普通人的范畴，令人肃然起敬甚至敬畏。和热带雨林中的酋长不一样，国王通过良好的行政网络维护自己的权力，保证下属酋长们对他的忠诚。皇家权力一般都是从首都宫廷向外省辐射，这通过有效的等级体系来实现。各省的酋长或当地部落首领代表国王以省长的名义行使权力。除了行政体系外，国王还依靠庞大的军事力量来维持臣民对其的忠诚。

自16世纪以来，欧洲人（主要是葡萄牙人）在大西洋海岸从事奴隶贸易。为了获得奴隶，他们干涉沿海刚果王国和卢安哥（Loango）王国的内部事务，并挑动王国内部自相残杀。到19世纪晚期，由于奴隶贸易和刚果（金）境内诸王国内部统治阶级争权夺利，刚果（金）到处呈现衰败景象。整个社会四分五裂，王国和王国之间以及王国内部兵连祸结，战乱不断。这些政治实体的权力逐渐被削弱，不久即在来自非洲东海岸的斯瓦希里人和非洲西海岸的欧洲人的侵略中销声匿迹。

到18世纪晚期，随着新的工业经济的发展以及奴隶贸易利润下降，欧洲对跨大西洋奴隶贸易观点开始改变。非洲不再被视为奴隶的储备地，相反被视为欧洲工业发展的未开发的原材料产地和欧洲天定的传播文明福音的目标。随着科技进步和医学技术的发展，19世纪中叶，殖民主义开始了对非洲内陆的殖民入侵，刚果（金）境内的诸王国和部落最终被欧洲殖民者征服，进入了比利时殖民统治时代。

二、殖民政策对刚果（金）民族、部族关系的影响

比利时殖民者对刚果的统治主要分两个阶段：刚果自由邦和比属刚果。刚果自由邦是比利时国王利奥波德二世的私人领地。比利时国王利奥波德二世在刚果进行残酷的统治，导致大批刚果人死亡，世界舆论为之哗然。这直接导致1908年比利时政府接管了刚果，殖民主义统治进入了比属刚果时期，直到1960年刚果获得独立。利奥波德二世和比利时政府殖民统治刚果的出发点是掠夺资源和压榨剥削当地人民，他们对于刚果殖民地国家的建设都是为掠夺资源和殖民统治服务。

在19世纪中叶之前，欧洲人在非洲的殖民活动大多限于非洲沿海地区，对于广袤的非洲内陆，欧洲人还一无所知。但是随着西方科学技术的进步、医学技术的发展，欧洲人对于非洲内陆的探险也随之展开。比利时资助的探险家斯坦利对中部非洲进行的探险活动为比利时对刚果的殖民统治打下了基础。1879年，斯坦利作为比利时国王利奥波德二世的代理人开始了对刚果（金）的入侵。斯坦利及其同伴利用引诱、收买、欺诈乃至暴力手段在刚果河流域建立了40多个殖民据点，并同当地400多个部落酋长签订了“保护条约”。

利奥波德二世在刚果河流域的殖民侵略活动引起了其他帝国主义的关注和竞争，特别是法国和葡萄牙等均宣称对刚果河流域拥有主权。英国支持葡萄牙的要求，但遭到德法两国反对。后由德国首相俾斯麦倡议，帝国主义列强于1884年11月15日至1885年2月26日召开国际会议，以调解列强在非洲中部的争执，史称“刚果会议”或“柏林会议”。会上，德、法、美等国宁可让较弱的比利时在刚果占有优势，也不愿让操纵葡萄牙的英国在那里取得霸权。比利时国王利奥波德因而得以个人名义领有“刚果自由邦”（其范围是刚果河盆地，今刚果民主共和国），葡萄牙被迫放弃刚果河河口北岸（卡宾达飞地除外）。会议最后通过了《关于非洲的总议定书》，划定“刚果自由邦”与法属、葡属殖民地的边界，宣布在该地区贸易自由，刚果河与尼日尔河自由通航，禁止买卖奴隶，规定任何国家以后凡在非洲取得新领土都必须是“实际有效”的占领并通告议定书各签字国，英国和法国应分别“保证”尼日尔河下游和上游的航行自由，等等。

随后为了扩大占领，完成“有效占领”，比利时开始了武装入侵刚果，并遭到了刚果人民的抵抗。直到19世纪末20世纪初，比利时才完成了对刚果的“有效占领”。在征服刚果的过程中，利奥波德二世逐渐建立了一套完整的殖民统治机构，史称“利奥波德制度”。其主要内容有二：第一，在政治上，国王极端专权。刚果自由邦的军队、立法、司法和行政大权由利奥波德二世独揽。政府部门的高级官员均由他任免，并向他一人负责。他本人不受任何约束。第二，在经济上推行租让制，通过私人垄断资本进行残酷剥削和野蛮掠夺。这一制度以剥夺非洲人的土地为主。刚果自由邦颁布了一系列法令，规定土著人土地之外的其他所有土地为空地，归国家所有；国有土地上所有的产品归国家所有。在此基础上，利奥波德推行租让制，把大片土地连同土地垄断经营权租给私人资本。①

刚果人民在利奥波德二世的统治下遭受了巨大的灾难。以当时刚果自由邦的主要出口品橡胶业为例，刚果境内有很多天然橡胶，刚果自由邦规定刚果人民缴纳橡胶实物税。各个地方规定每个成年人每月缴纳的橡胶实物税为2～9公斤。为了驱使刚果人民采割橡胶，国际私人公司和殖民当局规定了很多残忍的惩罚手段，没有按期缴纳橡胶者将会受到鞭打、砍手、砍腿甚至砍头、枪毙等残酷惩罚。② 除了缴税之外，刚果人还要承担沉重的徭役。大批劳动力去割胶和服徭役，导致刚果粮食作物无人种植，大批刚果人死于饥荒和徭役。据估计，在利奥波德二世的残酷统治下，短短20余年间刚果人口比1885年锐减了一半左右。③

自利奥波德二世对刚果（金）建立残酷统治以来，不断有人在欧洲披露其统治期间的暴行。20世纪初，欧美出于自身利益的考虑开始对比利时施加压力。1908年8月，比利时议会通过了国家接管的法案，由比利时政府取代利奥波德二世统治刚果（金）。刚果

---

① 陆廷恩和郑家馨主编：《非洲通史·近代卷》，华东师范大学出版社1995年版，第800－801页。

② 李智彪：《列国志·刚果民主共和国卷》，社科文献出版社2004年版，第46页。

③ 关于刚果死亡人数各种观点不一。一种观点认为刚果人口从4000万减至1550万，另一种观点认为从2500万减至1000万，还有认为从2500万减至1500万。参见陆廷恩和郑家馨主编：《非洲通史·近代卷》，华东师范大学出版社1995年版，第804页。

（金）开始进入比属刚果时期。

比利时政府的统治比利奥波德的残酷统治虽然有所改善，但是这些改善并没有改变殖民主义者对刚果人民的政治控制和经济压迫的实质。刚果人民的权利并没有得到保障，殖民统治方式只不过从赤裸裸地抢劫变成隐蔽地掠夺。比属刚果殖民当局改变了以前依靠公司进行管理的制度，转而将当地传统的酋长作为统治的基层支柱。1910 年，比属刚果殖民当局在地方行政体系中增加了酋长区和酋长分区两种建制，以便对刚果人民进行更有效的监控。酋长区和酋长分区的范围由地区专员划定。酋长区和酋长分区内的人民都必须登记户籍，不得随便迁徙；如果要迁徙的话必须获得酋长区或分区酋长的迁移证明。酋长和分区酋长由总督任命，享受薪金待遇，其职责主要是征税、招募劳工、维持秩序和报告居民动向。通过这一制度，殖民当局将触角深入刚果政治社会生活的各个方面。[①]

比利时殖民者只是把刚果看成一个镶嵌了数百个部落集团或氏族集合体的财产。这些部族传统上经常互有敌意。为了统治一个面积为本土 80 倍的地方，殖民当局使用当地部落酋长和中间人作为代理人，负责管理那些按照严格民族和部族划分的部落组织。刚果社会原本是一个迁移性比较强的由部落集团组成的网络。人们根据生产生活条件、自然边界或者与邻里关系的好坏，决定自己是否迁移。中非的各王国中，很少真正实现中央集权统治。殖民统治却通过让刚果人扮演“良好的纳税人”“良好的基督徒”和“良好的公司工人”等角色实现了中央集权。

即使在“二战”结束之后，殖民主义政权权力仍高度集中，仍旧坚持实行严密的经济榨取的垄断体制。20 世纪 50 年代中期，刚果 3.17% 的雇主雇用了 51.7% 的劳动力。甚至到 1955 年，一项大肆宣扬的非官方观点认为刚果应到 1985 年才能独立。比利时舆论界的主流观点却认为，这个观点即便不是空想也是大胆狂言。[②] 因此，比利时殖民者的殖民统治是为其掠夺刚果资源和统治当地人民而服务的。他们不会考虑去建构一个统一的刚果民族和现代刚果国家。他们的殖民统治更多建立在暴力、极权统治和压榨刚果人民的基础上，而不是刚果人民普遍参与的基础上。在 1947 年之前，刚果当地人民从来没有参与到管理自己国家的进程中，之后也只是极少数刚果人作为点缀在政府咨询机构任职。

殖民主义带来的资本主义并没有使传统经济获得发展，也未使之被消灭掉。资本主义肢解了传统经济，吸取了它的生命力（即劳动力），而让传统经济苟延残喘。[③] 在农村，殖民者保留了传统的社会组织；而在中心城市和沿海城市，资本主义得到有限发展。独立后的刚果（金）面对的殖民主义遗产是落后的广袤农村与相对发达的城市、农村的传统社会结构与城市的现代社会结构并存的二元对立的国家。而这种社会断裂需要独立后的刚果（金）人民去解决和克服。

---

① 李智彪：《列国志·刚果民主共和国卷》，社科文献出版社 2004 年版，第 46－47 页。

② ［英］巴兹尔·戴维逊：《现代非洲史：对一个新社会的探索》，舒展译，中国社会科学出版社 1989 年版，第 317 页。

③ ［比］比埃尔·约阿、萝西娜·勒纹：《在刚果的托拉斯》，沙地等译，世界知识出版社 1964 年版，第 52 页。

三、独立初期的政治危机

“二战”结束之后，非洲民族独立和解放运动风起云涌。刚果人民也开始了追求国家和民族独立之路。刚果受教育的中产阶级精英的民族主义诉求并不是政治性的，而是社会性、宗教性和部族性的。直到1956年，刚果才出现第一个政党组织。在此之前，部族协会（Ethnic Associations）和校友会（Alumni Associations）是非常重要的组织。人们在部族、宗教组织、各行各业组织部族协会。在城市发展进程中，城市文化和价值观给初来乍到的来自乡村的个人带来了巨大的冲击和无奈，为此他们组织了部族协会，从传统文化和联系中寻求安慰和帮助。部族协会成员资格取决于是否来自同一部族和语言联系，其领导人多为比较西化的人。这些部族协会领导人用个人影响和城市资源来加强他们部族群体的社会、经济和文化地位。随着“二战”后大量的人口从农村流向城市，大部分部族协会出现于20世纪40年代末至50年代初。利奥波德维尔（今金沙萨）在1956年时有85个协会登记注册。部族协会中的精英和普通成员为在更广泛基础之上建立的政党提供了模式和支持者。他们是刚果政党的先驱和母体。①

校友会使得那些受教育的中产阶级精英们了解他们那个时代的政治问题。各种校友会将成员们聚集在一起讨论和商议政治问题，他们一些人后来成立了自己的政党。到了1956年，利奥波德维尔已经有18个校友会组织。20世纪50年代刚果独立运动的领导人均出自校友会，其中包括独立后第一任总统卡萨武布（Kasavubu）和第一任总理卢蒙巴（Lumumba）。他们都是天主教教会学校的学生。

“二战”后，随着非洲大陆各殖民地争取独立的呼声高涨，刚果人民也深受鼓舞。在此情况下，比利时安特卫普殖民研究所学者最先提出刚果30年分阶段独立方案。作为第一个允许刚果独立的方案，得到了刚果人民的热烈呼应。为了应对刚果人民要求独立的呼声，1957年，比利时殖民部长提出比利时最终目标是实现刚果独立。

20世纪50年代后期，刚果出现了数百个以部族为基础的政党。这些政党逐渐相互结盟，或者并入更大的政党，最终形成了大约30个政党。这些政党对于未来刚果的政治形势发展主要有四种观点：第一种是要求本部族、本地区独立，如冲伯领导的科纳卡特党；第二种是要求刚果独立后实行联邦制，如卡萨武布领导的阿巴科党；第三种是要求刚果立即独立，如卢蒙巴领导的刚果民族运动；第四种是同意比利时提出的独立方案。② 刚果民族主义者之间分歧和矛盾是刚果（金）独立之初的动荡与冲突的重要根源，亦为西方国家所利用。比利时虽然不情愿撤出刚果，但是在形势逼迫下他们不得不允许刚果独立。为了保护自己的利益，他们利用刚果民族主义者之间的分裂寻找能够维护自己利益的当地政治力量作为自己的“同盟”。卢蒙巴坚决主张刚果完全独立，对外主张不结盟政策，被视为

① Ch. Didier Gondola, “The History of Congo”, Greenwood Publishing Group, 30 December 2002, pp. 103 – 105.

② Jeane M. Haskin, “The Tragic State of the Congo: From Decolonization to Dictatorship”, Algora Publishing, 2005, p. 16.

激进派，他领导的刚果民族运动是当时最具有促成刚果民族统一能力的政治组织[①]；而卡萨武布被视为温和派，并得到了比利时人、西方政府和政治上保守的跨国公司的支持。

1958年8月，法国总统戴高乐宣布允许法属刚果［今刚果（布）］独立，给了比属刚果人民极大的鼓舞。在刚果人民的斗争下，1960年1月，比利时在布鲁塞尔召开刚果圆桌会议，邀请刚果各主要政治党派和团体参加。比利时人提出了为期4年的独立计划，但是刚果各政治团体均支持卢蒙巴立即独立的主张。最终，比利时同意刚果于1960年6月30日独立。

1960年5月举行的立法选举中，部族之间的裂痕在争夺国家权力的斗争中表现得非常明显。早在1957～1958年比属殖民当局举行的市镇选举中，这种部族之间争夺权力的苗头就已经显现出来。不仅政党提名候选人参选，部族协会也提名候选人参选。在加丹加地区，祖籍开赛的卢巴人（Baluba）击败了当地的原住民隆达人（Lunda）。为此，隆达人莫伊滋·冲伯（Moïse Tshombe）领导成立了加丹加原住民联盟（the Confederation of Katanga Natives，CONAKAT），又称科纳卡特党。1960年5～6月举行的立法选举使得刚果（金）部族之间的紧张气氛开始加剧。卡萨武布领导的巴刚果部族协会（Association of Bakongo，ABAKO，又称阿巴科党）赢得了下刚果省和利奥波德维尔（今金沙萨）的选举，非洲社会主义党（African Socialists Party，SAP）在奎卢省（Kwilu）、科纳卡特党在加丹加省分别胜选，刚果民族运动（Congolese National Movement of Congo，MUC）在刚果（金）其他地区获得胜利。[②]

在刚果民族主义者的领导下，刚果（金）最终于1960年实现了独立。在独立前的大选中，卡萨武布当选为独立后第一任总统，卢蒙巴当选为第一任总理。但是独立之初刚果（金）作为一个民族国家就表现得先天不足。首先，独立之初的刚果（金）国家和社会呈现四分五裂的景象。刚果（金）各民族主义政党之间充满矛盾和冲突，比利时和西方国家也充分利用这种矛盾来掌控刚果（金）局势。除了总统与总理之间政见不同，刚果（金）一些以部族为基础的政党也提出独立要求，如加丹加的冲伯和南开赛的卡隆吉要求本地区独立。这些政治集团有外国势力和跨国公司的支持，最终发动了叛乱。其次，刚果（金）极度缺乏政府和公共管理人才，特别是高级管理人员。直到1947年，比属刚果殖民当局首次吸收2名刚果人加入咨询性质的机构政府委员会，到1951年这一人数也仅上升为8名。[③] 独立当天，卢蒙巴及其政府不得不依赖9801名比利时文职人员和11803名刚果职员。这些刚果职员当中有1.1万人几乎是目不识丁的五级职员，800人是四级职员，剩下

① ［英］巴兹尔·戴维逊：《现代非洲史：对一个新社会的探索》，舒展译，中国社会科学出版社1989年版，第317页。

② Balingene Kahombo，"Protection of the Ethnic Minorities in the Democratic Republic of Congo：Between Breaking off and Continuity of Former Constitutional Rules"，pp. 4－5，http：//www. the－rule－of－law－in－africa. com/wp－content/uploads/2010/07/Protection－of－the－Ethnic－Minorities－in－the－Democratic－Republic－of－Congo－Between－Breaking－off－and－Continuity－of－Former－Constitutional－Rules. pdf.

③ Jeane M. Haskin，"The Tragic State of the Congo：From Decolonization to Dictatorship"，Algora Publishing，2005，p. 13.

3 人中没有一名是一级职员。许多比利时官员在刚果独立后则立即返回比利时，留下来的人中大部分也不愿意或者无法将自己的技术传授给当地人，更不用说向他们解释文件了。①最后，刚果（金）武装力量是从殖民政府手中继承过来的，其指挥权仍在比利时军官手中。随后的局势表明，没有掌握武装的刚果政府最终控制不住整个局势。在冲伯开始武装分离运动时，刚果（金）政府无力应对，只能请求联合国维和部队帮助平叛。

独立伊始，刚果（金）士兵要求赶走比利时军官的军营暴乱最终导致了总统和总理之间的权力之争。而与此同时，1960 年 7 月 1 日，加丹加省长冲伯在外国势力的唆使下宣布“独立”；8 月 8 日，南开赛省在阿尔伯特·卡隆吉的领导下宣布“独立”。最终，1961 年 1 月，卢蒙巴总理遇害，而独立后的半年里刚果（金）出现了四个政府并立的局面：金沙萨的卡萨武布政府；卢蒙巴派的基赞加在斯坦利维尔（今基桑加尼）另立中央政府；冲伯宣布成立加丹加矿业国；南开赛宣布独立的卡隆吉政府。刚独立的刚果（金）就陷入了政治动荡之中。虽然分离主义者最终失败，但独立后 5 年中，连绵不断的动荡和战争夺去了 50 万人的生命，更多刚果（金）人流离失所。

四、蒙博托统治下扎伊尔国家的失败

作为一个国家和社会，刚果（金）自 1960 年独立就显得先天不足。加之，刚果（金）位于非洲心脏地区，战略地位重要，资源非常丰富，因此大国势力一再染指。1965 年 11 月，刚果（金）国民军总司令蒙博托发动政变，推翻卡萨武布总统，自任总统。自此，蒙博托开始了对刚果（金）长达 30 余年的统治。

蒙博托上台之后，认为部族主义是困扰扎伊尔乃至非洲的大问题，因此提出了“真实性”理论并在扎伊尔推行“真实化”运动和“彻底化”运动。蒙博托“真实性”思想认为个人自由和集团利益不能导致国家陷入无政府状态。公民自由在一个政治机构健全的国家才可能实现。为此必须推翻殖民政府机构，重建扎伊尔国家。② 但是扎伊尔的政治实践却走样了，最终变成了加强蒙博托个人权力和权威的工具，建立了一种纯属于扎伊尔的国家治理方式。在这种管理形式下，扎伊尔成为一个“巨大的酋长国”。蒙博托的总统制实际上是班图传统的酋长制，只不过将酋长制从村落放大到了整个国家。③

1967 年，蒙博托创建人民革命运动。1974 年，蒙博托通过修订宪法，从法律上确定人民革命运动为刚果（金）唯一合法政党及唯一最高权力机构，从而使刚果（金）走上一党制的政治发展模式。根据宪法，扎伊尔人民团结在人民革命运动内，以蒙博托主义为指导，决心捍卫领土完整和统一，保持政治、经济、社会和文化独立，确保个人的物质福利，确信非洲人民只有通过非洲统一道路才能彻底摆脱外国的控制。宪法规定，扎伊尔共

① ［英］巴兹尔·戴维逊：《现代非洲史：对一个新社会的探索》，舒展译，中国社会科学出版社 1989 年版，第 317－318 页。

② 张宏明：《多维视野中的非洲政治发展》，社科文献出版社，1999 年，第 140 页。

③ 莫里托·坎托：《黑非洲的权与法》，法国司法判例出版社，第 304～305 页，转引自张宏明：《多维视野中的非洲政治发展》，社科文献出版社，1999 年，第 140 页。

和国是统一的、民主的、社会的和世俗的国家。人民革命运动是唯一的国家机关，全体扎伊尔人均为人民革命运动（执政党）成员。人民革命运动（以下简称“人运”）的机构包括以下8个：人民革命运动主席、共和国总统、党代表大会、中央委员会、政治局、立法委员会、执行委员会和司法委员会。人民革命运动主席是法定的共和国总统，也是政府首脑和武装力量最高统帅，其主要职权有：负责主持人民革命运动代表大会、中央委员会、政治局和执行委员会（政府）；有权任命和免除政府总理、部长、省长、武装力量各级军官、法院和检察院负责人；在立法委员会休会期间或特殊情况下，可以颁布指令和采取法律措施；有权改变法院判决；必要时可以宣布紧急状态和采取一切必要措施。

这之后，刚果（金）的立法、行政、司法体系全部被纳入人运的组织体系之中，成为非洲大陆非常典型的党政合一、党国合一国家。但是在20世纪70年代末期，扎伊尔政治经济危机的爆发，反对派开始活动。1980年，以齐塞克迪为首的13名议员写信给蒙博托，要求进行政治改革。1982年，他们成立了社会民主进步同盟（Union pour la Démocratie et le Progrès Social，UDPS）。

在蒙博托统治的前10年里，扎伊尔经济发展比较迅猛。但是20世纪70年代中期的国内国外因素导致扎伊尔经济连年滑坡。1973年，扎伊尔为实现经济独立，宣布实行“扎伊尔化”和“彻底化”，宣布将扎伊尔的2000多家外国企业无偿国有化，包括农场、种植园、牧场、工厂、批发商和零售企业。这些企业最终大多落入扎伊尔官僚阶层手中，其中包括蒙博托及其亲戚。由于管理不善，很多企业倒闭。加之20世纪70年代的石油危机，导致扎伊尔经济开始走下坡路。蒙博托对扎伊尔的30多年统治使该国成为一个政治上贪污腐败，任人唯亲，裙带关系盛行的国家。为了维护自己的权力宝座，蒙博托完全依靠利益输送来换取效忠。谁忠于自己，蒙博托就给予其权力、地位和名誉。在蒙博托的统治末期，扎伊尔已经腐败不堪。20世纪90年代，扎伊尔民主化进程导致的政治混乱和经济崩溃使得蒙博托政权摇摇欲坠。

1990年5月，蒙博托迫于国内外压力宣布结束人运的一党制统治，实行有限多党制，即在人运之外，允许另外两个政党合法存在。10月，蒙博托又在反对派的压力下宣布取消有限多党制，实行无限多党制。这之后，形形色色的政党应运而生，到1991年下半年已有各种政党200多个；蒙博托政权垮台前大大小小的政党更是多达400多个，成为非洲大陆政党最多的国家。在这些新成立的政党中，绝大多数为反蒙博托政权的政党，有少数为亲蒙博托的政党。同独立初期成立的众多政党一样，新一轮多党民主浪潮中涌现的政党也多具有浓厚的部族共同体和地域色彩。根据各党派的意识形态划分，所有政党基本上可分为总统派和反对派两大阵营，两大阵营之间保权与夺权的斗争异常激烈，从而导致刚果（金）政局在20世纪90年代前期再次出现剧烈动荡。

第二节　20世纪90年代刚果（金）两次内战的根源

20世纪90年代后期爆发的两场刚果（金）内战的根源错综复杂，各种矛盾盘根错节。从某种角度而言，刚果（金）冲突与卢旺达大屠杀有着强烈的逻辑关系。更确切地说，这场冲突与卢旺达和布隆迪等国内的图西人和胡图人之间的矛盾有着较大的关系。其直接导火索就是刚果（金）境内图西人（包括刚果籍图西人以及刚果（金）境内的邻国图西难民）受到迫害，而遭到迫害的图西人担心遭遇类似1994年卢旺达大屠杀境遇，在邻国乌干达、卢旺达、布隆迪的支持下，发动叛乱。殖民统治以及前扎伊尔领导人蒙博托的独裁统治导致的国家失败可以说是刚果（金）内战的历史根源，是刚果（金）冲突的内因；而大湖地区图西人和胡图人的矛盾所引起的地区安全问题是外因。地区安全问题与部族冲突、种族冲突交织在一起，成为压倒陷入崩溃边缘的蒙博托政权的最后一根稻草。本节试图分几条（主）线索，将刚果（金）内战的背景阐述清楚。

一、土地问题

土地纠纷在刚果（金）东部冲突中起着重要的作用。在刚果（金）东部，土地不仅是重要的生产资料，而且是获得矿产财富的重要途径。在刚果（金）东部，土地纠纷主要因为两个方面原因所致：一方面是传统习惯法体系和国家土地法律体系共存导致土地权限之间的纠纷；另一方面是原住民与移民之间的土地纠纷。

刚果（金）东部的土地大部分都在习惯法的控制之下，即土地由以部族共同体首领或者酋长根据本部族的习惯法进行分配，不同的部族有不同的习惯法。但是大部分习惯法基本上都遵循相同的原则：一是土地只分配给本部族共同体成员；二是土地不能出售、转让给别的部落的成员，这意味着部落成员仅拥有土地使用权，而并未拥有土地所有权；三是土地使用者必须向部族首领纳贡。部族因之而建立了一种政治—经济方面的等级制度。①

一些“外来者”（大部分为移民）没有自己的酋长或首领，他们一般佃租当地部族的土地。他们为了能够佃租土地，必须和部落首领维持良好的关系，并且纳贡。这些外来者一般被限定为“被保护人”，而部落首领则充当“保护人”角色。但是这些外来者并不会落到无田可耕的境地，他们处于社会—经济和社会—政治等级的最底层。比利时殖民统治时期，大批卢旺达胡图移民被殖民当局招募或强迫移民刚果（金）东部的马西西地区。在移民的最初阶段，这些卢旺达移民仍接受卢旺达图西当局的管辖；但是在移民的第二个阶段，卢旺达移民被置于马西西当地亨德人（Hunde）当局的管辖之下。这说明殖民当局试图通过给予亨德人一定的政治权利来补偿他们土地方面的损失。

① Chris Huggins，“Land，Power and Identity：Roots of Violent Conflicts in Eastern DRC”，International Alert，November 2010，p. 12.

比利时当局在刚果（金）东部利用传统的部族机构进行统治，因此当地人获得土地的主要途径是通过部落酋长的传统土地管理和分配方式。殖民者、教会以及其他外国公民则是通过比利时民法典规定的形式获得土地产权。

这种双重土地管理制度一直延续刚果（金）独立之后，直到 1973 年《产权法》(General Property Law) 颁布。理论上，该法将所有土地收归国有，不再受传统部落首领或酋长控制。部落或部落成员仅有使用权，而没有所有权。部落传统“保留地”在法律上被取消。该法规定，将会颁布一个总统法令来确定部落传统保留地的地位。然而，一直没有任何相关总统法令颁布，这使得部落传统保留地处于一种脆弱、尴尬的法律境地。该法简化了个人或公司购买土地和部落传统保留地手续。部落首领或部落管理机构也成为国家管理者，并被禁止从土地出售中牟利。然而，1973 年《产权法》颁布之后，部落首领千方百计保持自己的权力和影响力。一些部落首领利用自己在当地的影响充当土地交易的中间人为自己牟利，或者将部落保留地中的公共用地私自出售以自肥。

《产权法》要求对土地占有和使用情况进行核实，并与土地将被出售的社区协商，以确保当地家庭不会失去他们已经在使用的土地。然而，当地官员包括部落首领和酋长收受贿赂而忽略了这些程序。更普遍的是，部落首领将本部落的以备未来使用的储备土地，或公共用地（如沼泽、湿地）出售。一些部族的精英成员或者富裕成员有能力向国家土地管理机构注册登记自己的土地，以便从事正规的经济活动。但是对于更多穷困的小土地拥有者而言，在国家土地管理机构登记注册自己拥有的土地并不是一件容易的事情。除了复杂的程序，高昂的登记注册费用也令大多数人望而却步。[①] 1999 年爆发的伊图里冲突很大一部分原因就在于此。赫马人声称通过国家法律体系购买了伦杜人的土地，而传统习惯法体系下的原土地拥有者伦杜人却不知情。为此双方发生冲突，最终导致了两大部族长达数年的暴力武装冲突。

除此之外，移民与原住民之间对土地资源的争夺亦导致土地纠纷，特别是在刚果（金）东部的南基伍省、北基伍省。这两个省毗邻卢旺达和布隆迪。比属刚果时期，比利时殖民当局就曾经从卢旺达引进 85000 名卢旺达移民到基伍地区开发当地。20 世纪六七十年代，大批卢旺达难民逃到基伍地区。他们在当地生衍繁殖，并购买土地，特别是图西人在北基伍省拥有大片土地，与当地亨德人、南德人产生了尖锐的矛盾。20 世纪 90 年代，由于卢旺达大屠杀以及图西族掌握了卢旺达政权，大批难民逃往基伍地区，并导致当地土地使用权发生大规模的转移。20 世纪的最后 10 年中，基伍地区刚果（金）公民和卢旺达难民为了逃离迫害，将土地折价出售，或将土地遗弃。2003 年刚果（金）结束内战，他们返回家园之后声称对自己原有土地拥有所有权。[②] 在刚果（金）其他一些地方，也有类似土地争议和纠纷。比利时殖民政权为了开发矿产资源，强迫一些部族或民众迁移到其他

① Chris Huggins, “Land, Power and Identity: Roots of Violent Conflicts in Eastern DRC”, International Alert, November 2010, pp. 13 - 14.

② Séverine Autesserre, “The Trouble With Congo: How Local Disputes Fuel Regional Conflict?”, Foreign Affairs, May/June, 2008, p. 95.

地方充当劳工也引起了移民与原住民之间的土地纠纷。例如，殖民时期，大量原籍开赛省的卢巴人被殖民当局作为劳工引进到加丹加省开发矿产资源，这导致他们与当地土著居民隆达人之间发生冲突和纠纷。

刚果（金）东部土地管理的双重体系以及移民和原住民之间的土地纠纷在人口急剧增长和外来人口（移民和难民）大量增加的情况下，逐渐演变成为一个严重的社会问题。至 20 世纪末，土地问题最终成为引发刚果（金）冲突的一个重要根源。

二、地区安全隐患

地区安全的根源在于大湖地区的图西人和胡图人的历史矛盾以及他们目前的政治现状。刚果（金）的邻国卢旺达、布隆迪均由图西人和胡图人组成，且图西人与胡图人的人口结构很相似。这两个国家的胡图人占总人口的 85% 左右，而图西人占 15%。在本书的第一章追溯了图西人和胡图人的历史恩怨，并得出了一个结论：胡图人和图西人的历史恩怨完全是近代殖民主义种下的恶果。卢旺达、布隆迪等国独立后，人数占优的胡图人执掌了政权。胡图人视原先与殖民主义政权合作的图西人为外来侵略者，对图西人进行了大肆迫害。卢旺达独立期间以及独立后胡图人与图西人先后发生数次冲突，导致大批图西人逃亡到邻国。

20 世纪 90 年代初，卢旺达图西人卡加梅组织反政府武装，发动了内战。卢旺达内战造成数千人死亡，上百万人流离失所。内战加剧了卢旺达两个部族之间的冲突，最终导致胡图族极端主义分子于 1994 年发动大屠杀，造成 80 万图西人和胡图族温和派死亡。卡加梅领导的卢旺达爱国阵线在 1994 年卢旺达大屠杀结束后夺取了卢旺达政权。布隆迪图西族军人也掌握了布隆迪政权。但是图西族政权遭到了当时的扎伊尔总统蒙博托的仇视。蒙博托与卢旺达胡图人政权交好，并收容了大批胡图族难民，其中包括胡图族反政府武装。这些武装以扎伊尔难民营为基地，经常袭扰卢旺达边境，被卢旺达政府视为心腹大患。

卢旺达政府将扎伊尔境内的胡图族反政府武装视为威胁自己政权生存和国家安全的重要因素。卢旺达政府一再警告它不能接受大屠杀的罪魁祸首住在扎伊尔—卢旺达边界附近的难民营，并重新武装起来。它谴责这些大屠杀的发动者以联合国的难民营作为攻击卢旺达的后方基地。而蒙博托在冷战时期对于周边国家的干涉也引起了周边国家的不满。例如，蒙博托在安哥拉内战中支持反政府武装，收容乌干达的反政府武装民主同盟军（Allied Democratic Forces，ADF）。20 世纪 90 年代中期，中部非洲地区已经是暗流涌动，扎伊尔诸多邻国暗中联合准备推翻蒙博托政权。而扎伊尔境内图西人的反抗给了这些国家机会。在周边国家或明或暗的支持下，包括图西人在内的扎伊尔各反政府武装集结在洛朗—德西雷·卡比拉领导的解放刚果民主力量同盟的旗帜下，于 1996 年 10 月发动对蒙博托的战争，并最终于 1997 年 5 月夺取了全国政权。

由于解放刚果民主力量同盟受到乌干达和卢旺达的支持而夺取政权，图西人在新成立的刚果（金）政府中占据重要席位。图西人势力的急剧膨胀已经直接影响到洛朗—德西雷·卡比拉政权的生存。首先，受到乌干达和卢旺达支持的卡比拉政权的合法性在国内遭到了严重的质疑。乌干达和卢旺达在刚果（金）的军事存在使得刚果（金）国内民众认为洛朗—德西雷·卡比拉是外国势力的“傀儡”。其次，图西人在刚果（金）的行为举止如同他们在被占领土上。图西人以“解放者”自居，大肆抢劫，引起当地人极大不满。[①] 1998 年，洛朗—德西雷·卡比拉开始清除图西人在刚果（金）政府内的影响和势力。刚果图西人因此不满，并于当年 8 月发动了内战。

从地区安全角度而言，大湖地区的跨界部族问题与大湖地区各国的政治局势紧密相关，一个问题处理得稍有不慎，很有可能导致的不是一个国家的内乱，而是整个多米诺骨牌的倒下。在卢旺达和布隆迪政权均为图西人所掌握，而大湖地区的图西人人数的劣势以及被杀戮的历史使得他们对于自身安全非常敏感。[②] 扎伊尔收容其他国家反政府武装并且默许其利用扎伊尔作为攻击其本国的基地，最终酿成大祸。这种情况在非洲大陆并不鲜见，只不过在前扎伊尔和现刚果（金）表现得淋漓尽致而已。

三、部族矛盾和跨界民族矛盾

如果将班亚穆伦盖人与相邻部族之间的矛盾视为刚果（金）内战的理由似乎不太充分。刚果（金）拥有 254 个部族，总人口 6400 余万。刚果（金）图西人实际上只是一个比较小的部族，人口据估计在 250000 ~ 400000，主要居住在刚果（金）东部的南基伍省[③]。作为刚果（金）两场冲突最重要的主角之一的大湖地区的图西人（包括刚果（金）籍图西人、卢旺达—布隆迪图西人）按理说不应该成为刚果（金）部族矛盾的主角。但恰恰是刚果（金）图西人成为了 20 世纪 90 年代刚果（金）两场冲突的主角。这其中最主要的原因在于刚果（金）图西人的国籍和公民权的争议。

刚果（金）图西人主要由两部分人群组成：一部分是在刚果（金）境内被称为班亚穆伦盖人（Banyamulenge）的图西人。班亚穆伦盖人是刚果（金）境内土生土长的原住民。Banyamulenge 为当地土语，意思为“peoples of Mulenge”，即穆伦盖人。

虽然目前历史学家对于卢旺达图西游牧民族移居刚果（金）的时间存在分歧。然而，大部分历史学家并不否认，图西族移民刚果（金）东部的时间在 16 ~ 19 世纪。有历史证据表明卢旺达人 18 世纪就对现在位于刚果（金）境内基伍湖上的岛屿进行农业垦殖。除此之外，早在 17 世纪之前，一部分图西人就定居于基伍湖和坦噶尼喀湖之间的他们称之为“穆伦盖”的一个山丘（位于刚果（金）南基伍省的布卡武（Bukavu）和乌维拉（Uvira）之间）。因此，他们自称班亚穆伦盖人。联合国扎伊尔人权特别事务协调员指出，1797 年图西人开始向刚果移民，定居在卡坎巴（Kakamba）、鲁兹兹（Ruzizi）平原和高地（穆伦盖山地，Mulenge Hills），因为当地气候和自然条件适合图西人放牧。这些人最初定居于穆伦盖山地，因此被称作班亚穆伦盖（意为穆伦盖人），随后逐渐扩散到了乌维拉、

① Filip Teyntjens，“The Second Congo War：More Than Remake”，*Africa Affairs*，Vol. 98，1998，pp. 244 – 245.

② 图西人在非洲有“非洲犹太人”之称（笔者注）。

③ “Les Banyamulenge，Case of A Denied Identity”，http：//www. oocities. com/shabani4u/banyamulenge. html.

姆纹加（Mwenga）和费兹（Fizi）等地区。他们语言是卢旺达语（Kinyarwanda）的变种，被刚果（金）语言当局承认为一种方言。[①]

另一部分是1885年之后的图西人移民，被称为班亚卢旺达人（Banyarwanda），即卢旺达移民。这其中还包括1910年德属东非殖民当局和比属刚果殖民当局因双方领土变更导致的一些随领土一起并入刚果（金）的图西人。1910年德属东非殖民当局与比属刚果殖民当局调整边界时，德国殖民当局将基伍湖最大岛屿伊基维（Idjwi）割让给了比属刚果，这些岛屿上的图西人因而变成了比属刚果属民，并成为现代刚果（金）领土和人口的组成部分。图西族移民是因各种原因被迫迁移到刚果（金）东部地区的。他们中一部分是20世纪30年代以来由比利时殖民当局从其殖民的卢旺达引进到比属刚果开发农矿业的，其余的是历次卢旺达冲突中逃难到刚果（金）东部的。1937~1955年，比利时从卢旺达招募了成千上万的班亚卢旺达农民前往北基伍省。此外，比属刚果殖民当局还招募了更多的卢旺达人前往沙巴省、马尼埃省和南基伍省的矿业、运输和农业企业中工作。这些卢旺达移民中的大部分参加了1957~1958年市镇选举和1960年的独立大选。新的卢旺达人是在1959~1961年流入的，大部分图西政治难民因为卢旺达和布隆迪种族冲突而逃离家园，移居到刚果（金）东部。

1960年刚果（金）独立以来有2条法律对于刚果（金）图西人是否具有合法的身份进行了认定。1972年1月，扎伊尔国籍法（No. 72-002 5）规定，在1950年1月1日之前居住在基伍省，以及持续定居在扎伊尔至1961年6月30日的具有卢旺达血统的人将集体被授予扎伊尔国籍。1972年法令授予所有1959~1960年因为卢旺达政治骚乱逃到扎伊尔的卢旺达难民以扎伊尔国籍。但是1981年6月，国籍法被修改。修改后的国籍法规定，只有那些能够确定他们的祖先为1885年8月1日之前定居于扎伊尔共和国的部落成员的人能够被认定为扎伊尔公民。国籍仅能在个人的基础上获得，任何其他形式（指之前以集体形式）获得的扎伊尔国籍均非法和无效。扎伊尔领土上的卢旺达血统的人是无国籍（Stateless）的人。根据这一标准，只有那些申请并归化的卢旺达移民才能拥有扎伊尔国籍。所有原先拥有扎伊尔国籍的卢旺达裔，包括1885年前定居的、1910年因边界变更以及1950年前移民到扎伊尔的卢旺达人后裔均被剥夺了扎伊尔国籍。

在1960年刚果（金）获得独立之前，班亚穆伦盖人一直与当地相邻部落和睦相处。但是刚果（金）独立之后，双方开始不断发生冲突。一种说法是因为1963年刚果（金）东部爆发的农民叛乱使得班亚穆伦盖人与当地人产生隔阂和冲突。1963年，南基伍省发生了农民叛乱。这些叛乱农民要求平分财产和田地，得到当地居民的支持。而相对富裕的班亚穆伦盖人则支持政府军成功镇压了该叛乱，因此与当地居民产生了矛盾与隔阂。[②] 此后双方关系持续紧张，直到1972年班亚穆伦盖人被承认拥有扎伊尔国籍才相对缓和下来。而扎伊尔政府一直在班亚穆伦盖人的国籍身份问题上首鼠两端，并且对他们采取歧视和迫

---

① "Les Banyamulenge, Case of A Denied Identity", http://www.oocities.com/shabani4u/banyamulenge.html.

② Norm Dixon, "Zaire-sponsored Ethnic Cleansing Behind Crisis", Green Left Weekly, Issue 253, 6 November, 1996.

害的政策。班亚穆伦盖人为了自己的生存，揭竿而起，武装反抗蒙博托政权的统治。

吉登斯认为，古代国家仅有边陲而无国界[①]。随着经济发展和人口膨胀，古代王国的居民将逐渐从中心地区向边陲地区扩散。从历史的角度而言，当班亚穆伦盖人向现在的刚果（金）东部迁徙的时候，现代意义的刚果（金）国家是不存在的。图西人迁徙的只是毗邻古代卢旺达王国的边陲地区而已。现代意义上的刚果（金）只是欧洲列强用边界线圈起来的势力范围而已。从这个角度而言，班亚穆伦盖人以及刚果（金）独立之前所有的卢旺达移民和刚果（金）境内的所有原住民一样，是刚果（金）历史无法割裂的一部分。

四、种族矛盾

种族主义起源于欧洲，本来是欧洲白人对付其他有色人种的理论武器。随着德国纳粹种族主义登峰造极，给世界造成巨大灾难，种族主义理论已被现代世界所唾弃。但是种族主义的幽灵却仍在独立后多年的非洲大湖地区游荡。胡图族和图西族之间的矛盾就被人为地“上升”到非洲两大种族苏丹人和班图人之间的冲突的高度。

图西族虽属少数，但在历史传统上一直是执政部族，其社会经济地位优于其他部族，在管理和军事上也比其他部族显示出更强的能力。他们在迁徙到卢旺达和布隆迪之后征服了当地居民，建立了古代卢旺达和布隆迪王国。德国殖民当局和比利时殖民当局控制卢旺达和布隆迪之后并未摧毁两个国家的统治机构，而是利用这两个国家原有的政治机构开始间接统治。但是随着非洲国家独立，胡图人凭借众多的人数开始执掌国家政权。从20世纪60年代起，在卢旺达胡图族的号召和推动下，胡图族战略逐渐形成，即动员全世界的“胡图—班图人”团结起来，进行反对“图西—含米特人”的决战。人们称之为“泛胡图主义”。1990年12月发表的著名的“胡图族十条训诫”中第九条规定，所有的胡图人应该团结起来，为胡图族事业不断寻求盟友，反对共同敌人图西人。[②] 20世纪70年代，卢旺达率先成立了胡图族极端组织，肆意迫害甚至屠杀图西族居民。

独立后的胡图人已经将图西人视为“非我族类”，将殖民主义者造成的社会人群之间的分裂与对立上升到了种族对立（苏丹人和班图人）层面。这种胡图沙文主义实际上也是独立后卢旺达内部冲突的一个重要根源。而这种情绪或多或少又传导到了刚果（金）。刚果（金）全国有254个部族，较大的部族有60多个，分属班图、苏丹、俾格米三大族系。属班图语系的各族约占总人口的84%，主要分布在南部、中部和东部，其中主要为刚果族、恩加拉族、卢巴族、蒙戈—恩库恩杜族、隆达族等；其余为属苏丹语系的阿赞德族，属尼洛特语系的阿卢尔族和俾格米人等。

以上几个线索交织在一起，基本上勾勒出目前刚果（金）冲突的侧影。当然正是因为蒙博托统治已经危机重重，才使得这几个交织在一起的因素能够爆发出巨大的能量。从历

---

① ［英］安东尼·吉登斯：《民族—国家与暴力》，胡宗泽等译，生活·读书·新知三联书店1998年版，第63页。

② 吴增田：《非洲大湖地区与周边国家关系探析》，《西亚非洲》1996年第6期，第42页。

史的角度来看，特瓦人和胡图人在大湖地区生活时间最长，而图西人是公元10世纪之后才逐渐迁徙到这个地方，并统一了古代卢旺达王国和布隆迪王国。然而，这种民族的迁徙在世界历史上是非常普遍的。非洲班图人也是经历上千年的迁徙从西非高原向南部非洲地区扩张和拓展的。但是殖民主义的入侵打断了非洲这种民族迁徙的格局，使得他们没有时间逐渐融合成为一个民族。

就胡图人和图西人的历史起源而言，目前文献大多显示，古代卢旺达和布隆迪王国内的图西人和胡图人身份并不是作为国家内部的族群划分依据，而是作为等级（Caste）划分依据。他们说着同样的语言，拥有共同的文化，相互通婚。即使从人类学和民族学的角度而言，也无法完全将他们划分为两个民族。但是殖民主义入侵之后为了利用卢旺达和布隆迪已有的图西王国的现存机构进行间接统治，利用种族主义理论为图西人的统治提供理论依据。殖民主义者灌输图西人与雅利安人种或者高加索人种更接近，是优秀民族，是“白人”的思想。这导致后来胡图人和图西人的对立被加入了这种种族主义的色彩。胡图人为自己反图西人的暴行找到了理论依据：图西人和白人一样是殖民入侵者。这不仅影响了卢旺达和布隆迪的政治生活，而且对于扎伊尔人也有影响。蒙博托就对图西人没有好感，但是对同属于班图人的胡图族相对宽容。[①] 上述的种种因素最终导致大湖地区和刚果（金）陷入了内战的深渊。

① ［奥］俞力工：《非洲大湖区灾难背后的资源争夺战》，《领导者》2009年第31期，第27页。

第七章　1996～2003年刚果（金）内战与和平进程

20世纪90年代后期，刚果（金）经历了两场内战。第一场内战是1996年10月至1997年5月的反蒙博托的武装叛乱，结局以反政府的洛朗—德西雷·卡比拉夺取政权告结束；第二场冲突是胜利一方的卡比拉集团内部因为某些原因发生分裂而爆发内战，这场冲突始于1998年8月，以2002年12月冲突各方在南非签署《全面包容性和平协议》而宣告结束。导致两场内战的因素非常复杂，综合了非洲的部族矛盾、种族矛盾、地区冲突、跨界部族问题等诸多矛盾，其直接导火索皆为刚果（金）图西人的政治地位。由于内战造成巨大的平民伤亡，有评论称之为“二战”以来最惨烈最残酷的冲突。刚果（金）冲突造成的死亡人数虽然没有确切统计，各方说法也不一，但是估计的数字有250万～500万不等。不仅如此，冲突引发了一系列严重的社会经济后果，造成刚果（金）人民流离失所，经济凋敝，基础设施几乎损毁殆尽，社会隔阂和分裂加剧。这些都为刚果（金）的重建带来巨大的挑战。

第一节　20世纪90年代后期的两次刚果（金）内战

1996～1997年的第一次刚果（金）内战①和第二次刚果（金）内战有着很大的关联。战争的双方一方为乌干达和卢旺达及其支持的刚果（金）图西人，在两次内战中都为重要的主角；另一方为刚果（金）政府，前为蒙博托政权，后为洛朗—德西雷·卡比拉和其子约瑟夫·卡比拉建立的新政权。为什么乌干达和卢旺达以及他们支持的图西人敢于冒天下之大不韪，先后两次引发冲突？笔者认为主要有两点原因：第一，刚果（金）东部（以及前扎伊尔）成为乌干达、卢旺达和布隆迪叛乱分子攻击本国的基地，刚果（金）政府（以及前扎伊尔政府）的纵容使得这几个邻国视刚果（金）为自己国家安全的重要威胁。1994年卢旺达大屠杀后，卢旺达前政府军和部族民兵裹挟200万胡图族难民逃到扎伊尔东部。国际社会在扎伊尔东部设置了难民营，提供了大量援助。而前卢旺达胡图族政府军则

① 由于1996年10月爆发的扎伊尔内战与1998年爆发的刚果（金）内战时间上距离较近，因此西方学术界多分别将其称为第一次刚果（金）内战和第二次刚果（金）内战。

在难民营建立了准政权组织，在难民营中招募士兵，募集资金，并骚扰卢旺达边境，被卢旺达现政权视为心腹大患。为此，乌干达、卢旺达支持扎伊尔国内以洛朗—德西雷·卡比拉为首的反对派武装推翻蒙博托。1996~1997年内战之后，洛朗—德西雷·卡比拉上台之后为了维护新政权存在的合法性，拒不承认乌干达和卢旺达的支持，而认为自己是刚果（金）的“解放者”。为了平息国内关于新政权是外国势力代理人的质疑，卡比拉总统上台后，逐渐与乌干达、卢旺达疏远关系。卡比拉总统不仅没有清理刚果（金）境内的乌干达和卢旺达的反政府武装，反而开始武装和培训这部分势力。这导致刚果（金）与前盟友的关系彻底破裂。而乌干达、卢旺达为了维护国家安全，不惜支持刚果（金）图西人发动第二次叛乱。第二，刚果（金）图西人的国民身份问题。刚果（金）两次内战均与刚果（金）图西人的国民身份有很大的关系。卡比拉上台之后，在疏远乌干达和卢旺达的同时，卡比拉总统也开始解决图西人尾大不掉的势力，将图西人从新政权的重要军政岗位上驱逐出去，并且和蒙博托政权一样不承认刚果（金）境内的图西人的刚果（金）公民身份。20世纪90年代刚果（金）爆发的两场冲突都与这两个现实问题密切相关。从某种角度而言，这两次冲突是一脉相承的。

一、第一次刚果（金）内战（1996年10月至1997年5月）

扎伊尔班亚穆伦盖人和图西移民的国民身份问题是第一次刚果（金）内战的重要导火索。1981年，扎伊尔议会修改了1972年的国籍法，剥夺了班亚穆伦盖人和班亚卢旺达人国籍，他们也被否认拥有扎伊尔境内的土地权，他们的土地被当地原住民邻居宣布为自己祖先遗留下来的土地。在整个基伍地区，班亚穆伦盖人和其他扎伊尔族群冲突的核心问题就是土地问题。在卢旺达大屠杀之前的1992~1993年，已经有成千上万卢旺达裔在北基伍省的族际冲突中丧生。为此，他们组织了自己的政治组织以维护自身权利，但是遭到当地政府的镇压。扎伊尔当局没有采取负责任的态度去解决冲突，相反采取排外措施火上浇油。

1995年4月28日，扎伊尔议会通过法律，阻止卢旺达和布隆迪难民获得扎伊尔国籍，并将班亚穆伦盖人和班亚卢旺达人定义为以欺骗手段获得扎伊尔国籍的“移民”（Immigrants）。法律还禁止这些“移民”出售或转让财产，并禁止他们担任政治军事职位，禁止班亚穆伦盖人在行政机关任职。1995年，乌维拉行政长官要求班亚穆伦盖人将财产和田地清单交到政府。班亚穆伦盖人被逐出家园的事件也普遍发生，他们均被送往卢旺达。班亚穆伦盖的请愿者被逮捕拘押。扎伊尔当局要求非班亚穆伦盖人武装自己，扎伊尔政府军和在卢旺达大屠杀中臭名昭著的胡图部族民兵（Interahamwe）也开始加入到暴力驱逐班亚穆伦盖人的行动中。1994年卢旺达图西人夺取政权后，大批的胡图族难民，包括部族民兵和前政府军逃到扎伊尔东部，他们的到来打破了当地的部族平衡。

1996年9月初，扎伊尔军队突袭了几个班亚穆伦盖人的宗教中心和非政府组织机构，逮捕了一些班亚穆伦盖教士、教民以及活跃分子。扎伊尔当局还发动人民游行示威，要求

“外国人”（即班亚穆伦盖人）离开扎伊尔。乌维拉地区行政长官招募年轻人入伍和图西人作战，而扎伊尔军方也宣布乌维拉为“军事区”。南基伍省副省长于10月8日命令班亚穆伦盖人在一周之内必须前往临时营地集中。关于班亚穆伦盖人死亡和失踪的谣言和消息四处流传。在这种背景下，卢旺达政府开始把刚果（金）图西人当作天然盟友，并悄悄武装他们。

在面对生存威胁的情况下，1996年10月，南基伍省的班亚穆伦盖人率先揭竿而起，与扎伊尔政府军展开了交火。在卢旺达的支持下，班亚穆伦盖人成功地抵挡住了扎伊尔政府军的攻势。而与此同时，扎伊尔与卢旺达之间的局势也日趋紧张。双方巡逻艇在基伍湖发生了交火事件。卢旺达和乌干达开始推动扎伊尔反对派组织联合，以推翻蒙博托的统治。在卢旺达和乌干达的支持下，扎伊尔反对派组织联合组建了解放刚果—扎伊尔民主力量同盟（Alliance for Democratic Forces for The Liberation of Congo－Zaire，AFDL），并推举人民革命党（the Party of the Peoples’ Revolution）领导人洛朗—德西雷·卡比拉（Laurent－Désiré Kabila）担任领袖。除了老卡比拉[①]领导的人民革命党，解放刚果—扎伊尔民主力量同盟还包括安德雷·恩甘达（André Kissasse Nganda）领导的全国民主抵抗委员会（the National Council of Resistance for Democracy，CNRD）、安塞梅·宁达加（Anselme Masusu Nindaga）领导的刚果解放革命运动（the Revolutionary Movement for the Liberation of Congo，MRLZ）、迪奥戈拉提阿斯·布格拉（Déogratias Bugera）领导的人民民主同盟（the Democratic Alliance of the People，ADP）。1996年10月18日，来自北基伍省的图西人迪奥戈拉提阿斯·布格拉担任解放刚果—扎伊尔民主力量同盟的首任总书记。[②] 在推翻蒙博托统治的内战中，卢旺达和乌干达政府军一直与解放刚果—扎伊尔民主力量同盟武装并肩作战。

1996年10月，解放刚果—扎伊尔民主力量同盟从卢旺达越过扎伊尔东部边界发动进攻，月底攻陷南基伍省首府，11月10日攻占基伍湖边的重镇戈马（Goma）。很快AFDL就横扫扎伊尔东部。此时，一直与蒙博托有隙的安哥拉认为打击蒙博托的最好机会来了。蒙博托一直被美国作为支持安哥拉反政府军的安盟和安解阵的后方基地，而安哥拉也一直支持加丹加宪兵骚扰扎伊尔，双方互相攻讦。在扎伊尔陷入内乱之际，安哥拉趁机发兵扎伊尔。1997年3~4月，卡比拉叛军先后占领了基桑加尼（Kisangani）、姆布吉马伊（Mbuji Mai）和卢本巴希（Lubumbashi）。蒙博托大势已去，被迫逃亡国外。1997年5月，老卡比拉领导的解放刚果—扎伊尔民主力量同盟占领金沙萨，第一次刚果（金）冲突结束。5月17日，老卡比拉宣布将国名扎伊尔改为刚果民主共和国。

---

① 为与后文中洛朗—德西雷·卡比拉之子约瑟夫·卡比拉区别，本书统一用“老卡比拉”代指洛朗—德西雷·卡比拉，用“小卡比拉”代指约瑟夫·卡比拉。

② Thomas Turner，“Congo Wars：Conflict，Myth and Reality”，Zed Books Ltd.，2007，p. 4.

二、第二次刚果（金）内战（1998年8月至2003年6月）

1997年老卡比拉上台之后，受到了非洲国家的欢迎。很多非洲新一代领导人乐见蒙博托下台。20世纪90年代的蒙博托已经成为腐败、独裁、无能的代名词。但是老卡比拉的地位并不稳固，其政权的合法性面临着刚果（金）国内一片质疑声。刚果（金）国内各种政治势力将其视为外国势力的傀儡。而且刚果（金）经过蒙博托30余年统治和内战之后已经处于崩溃的边缘。一些社会集团开始加强自己的势力。在东部基伍省，一些部族开始组织自己的武装，成为不受政府控制的"自治"地区；国外前扎伊尔政府军以刚果（布）和中非共和国为基地不断骚扰新生国家。而刚果（金）军事力量并未掌握在老卡比拉手中，刚果（金）武装力量参谋长为卢旺达籍图西人詹姆斯·卡巴雷贝将军（Gen. James Kabarebe）[①]。

为了巩固自己的统治，老卡比拉采取了一些不得人心的措施。他违背自己之前关于要推进民主和自由经济的承诺，上台之后就颁布了禁止政党活动的法令；在经济政策上也日趋严厉，对外汇进行管制。另外，在联合国要求调查第一次刚果（金）冲突中对胡图人的大屠杀行为时，受到卡比拉的阻挠。在第一次刚果（金）冲突中，卢旺达政府军和班亚穆伦盖战士对刚果（金）境内的胡图人难民进行了报复和屠杀。国际社会逐渐对卡比拉失去了信心，原先国际社会承诺的15亿美元的经费只有1亿美元到位。[②]

为了巩固自己脆弱的地位，自1998年开始，卡比拉总统逐步削弱刚果（金）军政领域图西人的势力。1998年5月，解放刚果—扎伊尔民主力量同盟总书记图西人布拉格被免职；7月，刚果武装力量总参谋长卡巴雷贝将军被免去总参谋长职务，改任卡比拉总统的军事顾问；同时，老卡比拉要求所有班亚穆伦盖士兵与投诚的其他扎伊尔前政府军混编。7月28日，卡比拉宣布包括卡巴雷贝在内的所有外国军官将被遣送回国，这引起了刚果（金）班亚穆伦盖士兵的强烈不满。1998年8月2日，在卢旺达会合乌干达军队的支持下，班亚穆伦盖军人在戈马发动叛乱。10天之后，反对卡比拉的人士成立了刚果民主联盟（Rassemblement Congolais pour la Démocratie，RCD）。叛军武器精良，战斗力较强，在乌干达和卢旺达军队的支持下很快攻占了刚果（金）东部领土，并空运士兵占领下刚果省，对金沙萨形成了包抄合围。一些卡比拉的反对派，包括前扎伊尔政府军也开始加入叛乱，以本巴为首的刚果解放运动（Mouvement pour la Libération du Congo，MLC）开始在赤道省发起叛乱。至1998年8月26日，叛军已经出现在金沙萨郊区。一时之间，刚果

---

① 詹姆斯·卡巴雷贝将军，卢旺达图西人，卢旺达爱国军指挥官，曾率卢旺达军队参与卡比拉推翻蒙博托的军事行动，被任命为刚果（金）武装力量参谋长，后被解除职务；在刚果（金）第二次内战时任刚果（金）反政府军指挥官。2002年10月被卡加梅总统任命为卢旺达国防参谋长，2010年4月被擢升为卢旺达国防部长。2006年，法国法官Jean－Louis Bruguière指控卡巴雷贝将军指挥击落卢旺达前总统哈比亚利马纳的专机而导致大规模屠杀发生，以其犯有恐怖主义罪名而对其发出通缉令。但是卡巴雷贝对此罪名予以否认。

② Guy Arnold，"Historical Dictionary of Civil Wars in Africa"，the Scarcecrow Press，2008，p. 98.

（金）新政权陷入了摇摇欲坠的境地。

面对内忧外患，卡比拉一方面要求与叛军和解，以缓兵之计延滞叛军攻势；另一方面向南部非洲共同体求援，请求中部、南部非洲的国家出兵援助。应卡比拉总统邀请，安哥拉、纳米比亚和津巴布韦派出军队参战，帮助卡比拉稳住了阵脚。分裂成两个集团的非洲国家及它们支持的盟友在刚果（金）广袤的国土上相互厮杀。一方是安哥拉、津巴布韦、纳米比亚、苏丹、刚果（布）、乍得、加蓬和中非共和国支持的刚果（金），另一方是卢旺达、布隆迪和乌干达支持的反叛武装。由于冲突卷入了非洲 9 个国家和 20 多个武装集团，被称为“非洲世界大战”（Africa’s World War）或“非洲大战”（Great War Of Africa）。交战双方势均力敌，最终在战场形成了胶着状态。

随着战争进入僵持阶段，1999 年 5 月，乌干达和卢旺达因为对刚果民主联盟控制权问题发生冲突，导致刚果民主联盟分裂。卢旺达支持刚果民主联盟的最大派别戈马派（RCD – Goma），乌干达支持刚果民主联盟—解放运动派（RCD – ML）和刚果民主联盟国民派（RCD – National）。刚果（金）领土被分裂成了几大领地：本巴领导的刚果解放运动（MLC）占领了北方的赤道省和东方省的一部分；刚果民主联盟—戈马派（RCD – Goma）占领了南基伍，马尼埃以及北基伍省、开赛、东方省和加丹加省的一部分；刚果民主联盟解放运动派（RCD – ML）占据着北基伍省和东方省一部分；2000 年从刚果民主联盟解放运动派分离出来的刚果民主联盟国民派（RCD – N）占据着东方省的大部分地区。

除了这些主要反对派武装之外，在刚果（金）领土上还活跃着大大小小的各种武装集团，比如马伊—马伊部族民兵（Mai – Mai）、解放卢旺达民主力量（FDLR）、卢旺达胡图部族民兵（Interahmwe）、乌干达上帝抵抗军（LRA）、乌干达人民抵抗力量（UPDF）、乌干达民主同盟军（ADF）、安盟（UNITA）。这些武装集团大部分在刚果（金）东部地区（安盟在下刚果省活动）活动，导致刚果（金）东部暴力横行，民不聊生。他们在当地盗采矿产资源，掠夺和压榨平民，强奸妇女，给刚果（金）人民带来了深重的灾难。

刚果（金）内战中的各种势力分化组合，相互厮杀，造成了非洲中部、南部地区形势动荡不安，引起了国际社会的极大关注。在国际社会努力下，1999 年，冲突各方在卢萨卡签署了和平协议。但是该协议并未得到各方遵守，冲突仍在继续。直至 2001 年 1 月，洛朗—德西雷 · 卡比拉总统遇刺，其子约瑟夫 · 卡比拉继任总统。小卡比拉继位之后，对内修正了其父亲的一些政策，宣布开放党禁，实行经济改革；对外寻求国际社会支持以解决国内冲突。最终，经过多轮和谈和磋商，冲突各方于 2002 年 12 月在南非比勒陀利亚签署和平协议。2003 年 6 月 30 日，刚果（金）各派组成的过渡政府宣告成立，内战正式宣告结束。

第二节 刚果（金）和平进程：卢萨卡阶段

1998年8月2日，刚果（金）内战再次爆发。由于冲突卷入了至少9个非洲国家和20余个武装集团，受到了国际社会的严重关切。冲突爆发后，非洲统一组织、南部非洲共同体以及有关非洲国家立即开始斡旋，呼吁冲突各方保持克制，通过和平谈判解决冲突。但是冲突各方各执己见，不肯罢手。战争僵持至1999年，随着各方势力的分化组合，使得各方终于能够坐下和谈。刚果（金）和平进程主要分两个阶段：第一个阶段以卢萨卡协议为标志。虽然卢萨卡协议并没有为刚果（金）带来和平，但是它给刚果（金）和平进程制定了政治框架，刚果（金）的和平进程最终基本上是按照卢萨卡停火协议制定的框架进行的，并最终结束了内战。第二个阶段为刚果内部对话（Inter－Congolese Dialogue）。刚果内部对话是卢萨卡协议规定的一项议程，其主要任务是实现国内和解和权力分享。经过艰难曲折的对话，刚果（金）各派最终签署了有关权力分享的协议，最终为刚果（金）结束内战奠定了基础。

一、冲突有关的各派武装

刚果（金）内战卷入了9个国家、20多个武装派别。在战争中，这些武装集团主要分成两派：一派以刚果（金）政府为主，受到南部非洲共同体的多数国家支持，安哥拉、津巴布韦和纳米比亚直接参战，苏丹和乍得也一度出兵；另一派则是以刚果民主联盟为首的叛军，受到乌干达和卢旺达的支持。但是后来随着战争的进展，叛军一方的力量发生了分化组合。下面先简单介绍一下1998年刚果（金）内战中的各个派别。

（一）刚果（金）政府

1997年5月由解放刚果—扎伊尔民主力量同盟武装推翻蒙博托政权后建立。1998年8月内战爆发后，原执政的解放刚果—扎伊尔民主力量同盟发生了分裂，一部分原解放刚果—扎伊尔民主力量同盟的官员发动叛乱。

（二）卢旺达和布隆迪

1994年卢旺达大屠杀之后，卢旺达前政府军和部族民兵（Interahamwe）裹挟200万胡图族难民逃亡刚果（金）东部。前胡图政府军和部族民兵成立了卢旺达解放军（Rwandan Liberation Army，ALiR）。胡图族难民在国际社会的援助下建立了难民营，卢旺达解放军在各难民营中设立机构组织，招募士兵，俨然一个政府。卢旺达解放军以刚果（金）东部难民营为基地，骚扰卢旺达图西族政权，被卡加梅总统视为心腹大患。卢旺达为了解除前胡图族政府军和部族武装，介入了两次刚果（金）冲突。布隆迪也是因为其国内胡图族武装在刚果（金）东部活动。

（三）乌干达

乌干达出兵一方面是为消灭刚果（金）活跃的反政府武装民主联盟力量（Allied Democracy Force，ADF），另一方面与卢旺达为特殊盟友关系。

（四）津巴布韦

津巴布韦参加刚果（金）内战有以下几个原因：首先，刚果（金）是南部非洲共同体新成员国，津巴布韦有根据共同防御协议帮助刚果（金）抵御外国侵略的正当理由；其次，津巴布韦总统穆加贝本人在刚果（金）有经济利益；最后，津巴布韦在刚果（金）有大量投资，其不希望自己的投资因刚果（金）易主而化为乌有。[①]

（五）安哥拉

安哥拉是因为反对安盟利用刚果（金）作为钻石走私转运地以及攻击安哥拉的游击队基地，所以希望通过支持卡比拉政权来遏止安盟在刚果（金）的活动。安哥拉主要担心洛朗—德西雷·卡比拉政府下台之后，安盟会与新的刚果（金）政府结盟，利用刚果（金）作为袭扰本国的基地。

（六）纳米比亚

据称纳米比亚的政府高官在刚果（金）投资矿产，其出兵主要是为了保护高官的私人利益。

（七）刚果民主联盟（Rally for Congo Democracy，RCD）

1998 年 8 月初，刚果（金）爆发内战，随后反叛势力成立刚果民主联盟。刚果民主联盟主要由前蒙博托分子、图西族精英和解放刚果—扎伊尔民主力量同盟中的异见分子组成，受乌干达和卢旺达的支持。但是随着战争的进行，乌干达和卢旺达以及刚果民主联盟内部对于战争目标等发生了分歧，最终导致乌干达和卢旺达之间于 1998 年 10 月、1999 年 5 月两次发生交火。刚果民主联盟也因此发生分裂。1999 年 5 月，刚果民主联盟原主席万巴受到乌干达支持，在基桑加尼另立门派，成立刚果民主联盟基桑加尼派，后改名刚果民主联盟解放运动（RCD－ML）；原主流派别仍以戈马为基地，是刚果（金）最大的反对派武装集团，被称为刚果民主联盟戈马派（RCD－Goma）。2000 年中，刚果民主联盟解放运动派又发生分裂，分裂的组织被称为刚果民主联盟国民派（RCD－National），其领导人为罗格·伦巴拉（Roger Lumbala）。

（八）刚果解放运动

让—皮埃尔·本巴领导的反叛组织，1998 年 11 月创建。刚果解放运动在战争中主要控制整个赤道省和东方省的一部分。其主要成员为原蒙博托政府的官员和前扎伊尔政府军士兵。

（九）马伊—马伊部族民兵

刚果（金）东部部族武装，是刚果（金）东部很多部族民兵的统称，包括很多派别，活跃在基伍地区、加丹加等省，最初目标是反对外国侵略，并与侵略者及其支持的刚果民主联盟战斗。其中最主要的派别已经参加了政府军，并被任命为刚果（金）十大军区中的一个军区的司令，很多马伊—马伊民兵组织参加了刚果（金）的卸甲归田项目，但是直到

① International Crisis Group，“Congo at War：A Briefing on Internal and External Players in Central African Conflicts”，17 November，1999.

现在仍有部分派别民兵在东部活动。

（十）伊图里部族武装

1999 年 6 月，伊图里最大两个部族——赫马族和伦杜族，因为土地纠纷发生暴力冲突，而后各部族纷纷成立自己的部族武装。伊图里部族武装之间相互厮杀导致了 2003 年伊图里的紧张局势。

（十一）解放卢旺达民主力量（Democratic Forces for the Liberation of Rwanda，FDLR）

该组织是卢旺达反政府军，于 2000 年成立，是胡图族温和派与前卢旺达解放军合并成立的新组织。在第二次冲突中受洛朗—德西雷·卡比拉政府招募，与叛军作战，内战之后直到目前仍活跃在刚果（金）东部。

（十二）布隆迪民主自卫军（Forces pour la Défence de la Démocratie，FDD）

布隆迪胡图族组织，活跃在刚果（金）、布隆迪和坦桑尼亚。该组织一度与刚果（金）政府结盟，并被刚果（金）政府允许在加丹加省活动。2001 年撤出刚果（金），2003 年与布隆迪政府签署和平协议，转型为政治组织。

这些武装集团基本上在刚果（金）东部和北部地区活动，他们在当地占山为王，相互攻伐，虐待当地平民，以矿石走私作为活动的主要经费来源。与此同时，在战争进程中，各种势力不断分化组合，加剧了刚果（金）内战的复杂性，延缓了刚果（金）和平进程的推进。

二、《卢萨卡停火协议》的签署

刚果（金）和平进程主要由两大议题主导：一个是外国军队撤军问题，另一个是刚果（金）内部各派权力分享问题。正是冲突各方对这两大议题的分歧和矛盾导致刚果（金）的和平进程充满曲折。

自 1998 年 8 月刚果（金）内战爆发后，国际社会一直在积极斡旋，希望冲突各方能够和平解决冲突。但是刚果（金）与反对派武装势同水火，双方都试图消灭对方，通过军事胜利来解决冲突。在战争初期，反叛武装在乌干达和卢旺达军队的支持下，实力较强，一度兵临金沙萨城下。但是刚果（金）政府军在安哥拉、纳米比亚和津巴布韦援军的支持下，稳定了战线。随着 1999 年战事陷入了胶着状态，交战各方对于战争进程的态度出现了微妙的变化。老卡比拉政府自内战爆发以来在军事上并未取得优势。随着战争进程陷入僵局，盟国并没有继续支持战争的进一步承诺。至卢萨卡停火协议签署前，刚果（金）政府军也未收复任何国土。在这种情况下，卢萨卡和平会议成为双方无奈之下的一种选择。

自从 1998 年战端重启，国际社会就开始介入希望结束刚果（金）内战。1998 年 8 月，南部非洲发展共同体在南非比勒陀利亚召开紧急首脑会议，讨论刚果（金）局势，并呼吁各派立即停火；9 月 13 日，南部非洲发展共同体任命赞比亚时任总统奇卢巴（Frederick Chiluba）领导刚果（金）非洲和平倡议小组负责调解刚果（金）内战。在卢萨卡协议之前的预备阶段，国际社会进行了多轮协商。1999 年 1 月，5 个在刚果（金）驻军的国家召开了首脑会议。在峰会上，卢旺达、乌干达、安哥拉、纳米比亚和津巴布韦总统均同意停火。但是老卡比拉的缺席以及忽略最大反对派武装刚果民主联盟使得这次会议并不圆满。联合国1324号决议也要求刚果（金）内战各方中止敌对行动，立即签署停火协议。决议还强调刚果（金）和平进程应该包容各方。转机出现在1999年4月，在利比亚总统卡扎菲的调解下，乌干达总统穆塞维尼和刚果（金）总统老卡比拉在利比亚锡尔特（Syrte）签署了停火协议。刚果（金）内战调解人奇卢巴总统同意实施《锡尔特协定》，但是该协定遭到卢旺达和刚果民主联盟的抵制。乌干达和卢旺达对于战争与和平进程的分歧导致了1995年5月刚果民主联盟分裂。

1999年6月，卷入刚果（金）内战的各国在赞比亚首都卢萨卡召开和谈，联合国秘书长特使亦参加了和谈；7月10日，刚果（金）、纳米比亚、乌干达、卢旺达、津巴布韦的国家元首以及安哥拉国防部长签署了《卢萨卡停火协议》。在国际社会的推动下，7月，刚果（金）政府代表团在卢萨卡和平会议上与3个主要叛乱集团（刚果民主联盟戈马派、刚果民主联盟基桑加尼派（解放运动派前身）、刚果解放运动）展开了直接对话。3个反叛集团最终于8月分别在停火协议上签字。

《卢萨卡停火协议》主要内容包括：冲突各方在24小时内实现停火；在一周之内建立包括签字方代表在内的联合军事委员会，主席由中立方代表担任；联合军事委员会采取协商一致的原则处理军事有关事宜；6个月内撤出除维和人员之外的所有外国军事人员；解除各派武装，建立统一的国家军队；协议生效的45天之内推动包容各方的刚果内部对话的开展；4个月内部署联合国维和部队，以监督停火协议实施。

三、卢萨卡和平进程受挫

冲突各方并无意实现真正的和平，只是从《卢萨卡停火协议》中各取所需。乌干达和卢旺达成功地使得协议承认刚果（金）东部的安全威胁是两国卷入刚果（金）内战的原因；而洛朗—德西雷·卡比拉则在协议中加入外国侵略军必须从刚果（金）领土撤出的条款；就叛军而言，他们获得国际社会承认，并将在未来的对话中取得与刚果（金）政府同等的地位。正是由于冲突各方同床异梦，《卢萨卡停火协议》内容迟迟未能得到落实，刚果内部对话亦迟迟未能开展。

（一）卢萨卡协议的军事内容未能得到执行

首先，停火协议要求24小时之内实现停火，但是各方的敌对行动并未停止，内战的格局仍在维持。直到2000年下半年，政府军和叛军仍在激烈交火。2000年7~9月，刚果解放运动在乌干达的支持下，同政府军在赤道省沿刚果河和乌吉河的地区激战；10月，反政府军在乌干达、卢旺达两国的支持下先后在加丹加省和赤道省的部分地区为争夺一些战略要地与政府军反复激战。[①]

其次，外国军事力量并未在规定时间内撤出刚果（金）领土。1999年8月，停火协

① 《综述：各方协力解决刚果（金）冲突》新华网，http：//202.84.17.73/world/htm/20010118/323092.htm，2001年1月18日。

议刚刚签署不久，乌干达和卢旺达军队就在基桑加尼爆发冲突；2000年5~6月，乌干达军队和卢旺达军队甚至为了争夺东部钻石交易中心——基桑加尼市的控制权而发生大规模武装冲突。

再次，联合军事委员会并未发挥作用。联合军事委员会主要职责是调查违反停火协议的行为和接触刚果（金）各派武装。根据协定，联合军事委员会应该在卢萨卡协议生效一周后建立。但是由于反对派武装之间对于联合军事委员会代表权的分歧导致联合军事委员会拖延至1999年10月才在乌干达首都坎帕拉召开了第一次全体会议。由于刚果（金）内战仍在继续，联合军事委员会根本无法在刚果（金）实施监督停火行动。

最后，联合国维和部队的部署也困难重重。1999年8月6日，联合国安理会通过1258号决议，授权部署至多90名联合国军事联络人员，以及必要的文职人员，部署到各签署国的首都、军委会的临时总部，并在情况允许时部署到刚果民主共和国各主要交战方的后方军事总部，以及部署到秘书长认为必要的其他地区；11月30日，安理会通过第1279号决议决定，由先前授权的人员组成联合国刚果（金）特派团（以下简称“联刚特派团”），并表示打算根据秘书长的建议就进一步部署作出决定。它请秘书长根据对安全、进出和行动自由等条件的评价和《停火协议》签署各方的合作情况，加快拟订行动构想。2000年2月24日，安全理事会第1291号决议（S/RES/1291（2000））决定将联刚特派团的任务期限延长到2000年8月31日，并授权扩大该特派团，其组成为至多5537名军事人员，其中包括至多500名观察员，或秘书长确定需要并可在总兵力和结构范围内容纳的更多观察员，以及人权、人道主义事务、新闻、儿童保护、政治事务、医疗支助和行政支助等领域的适当文职支助人员。安理会还请秘书长建议为加强对该部队的保护可能需要增加的任何部队。[①] 但是联刚特派团的部署受到了刚果（金）政府及叛军的阻挠，截至2001年12月1日，仅有224名军事联络人员和军事观察员部署到刚果（金）境内。

（二）刚果（金）政府阻挠政治对话的开展

《卢萨卡停火协议》的一项重要内容是为刚果（金）国内各派开展和谈提供了一个政治框架，即刚果内部对话（Inter－Congolese Dialogue）。正是这个政治框架最终结束了刚果（金）内战。停火协议的第5章第19款规定，停火协议生效之后，刚果（金）政府与反叛组织、政治反对派以及民间社团应该尽快召开刚果内部对话，协商权力分配和全国和解进程。但是，在《卢萨卡停火协议》签署的最初2年里，刚果（金）总统老卡比拉成为阻挠国内政治和谈的主要障碍。

与《卢萨卡停火协议》相左，老卡比拉并不承认反叛组织的合法地位，认为反叛组织是乌干达和卢旺达的代理人。他要求将外国“侵略军”先撤军作为和谈的先决条件。为此，老卡比拉采取种种措施阻挠国内对话的开展。1999年底，他拒绝博茨瓦纳前总统马西雷作为内部对话的协调人；2000年6月，卡比拉政府拒绝派代表参加在贝宁科托努举行的刚果内部对话筹备会议。与此同时，老卡比拉推动成立了制宪会议（Constituent Assem-

① 联合国网站，http：//www.un.org/chinese/focus/drcongo/history.shtml。

bly)，全部300名代表为其提名，并试图以此作为国内和谈的平台。这遭到了反对派武装的抵制。在政治对话无法开展的情况下，军事较量就成为双方的主旋律。在《卢萨卡停火协议》签署直到2001年1月老卡比拉被刺之前，刚果（金）各武装集团之前的敌对行动一直没有停止。

虽然卢萨卡阶段和平进程没有取得进展，但是它为刚果（金）政治、军事问题的解决制定了框架。后来的刚果（金）和平进程一直都是沿着卢萨卡协议制定的框架前进的，并最终结束了刚果（金）内战。

第三节　刚果（金）和平进程：刚果内部对话阶段

2001年1月，老卡比拉遇刺，其子约瑟夫·卡比拉继任总统之后，刚果（金）和平进程开始出现了转机。由于约瑟夫·卡比拉继位比较仓促，其地位也相对脆弱，因此他希望通过和平进程来加强其地位。约瑟夫·卡比拉上台之后出访各国，寻求国际社会对于刚果（金）和平进程支持，并邀请马西雷继续调解冲突；对内，小卡比拉宣布开放党禁，实行经济改革，放松对经济的管制。这使得刚果（金）和平进程得以延续并取得真正的进展。

小卡比拉在联合国的支持下重新启动了《卢萨卡停火协议》，并与国内各政治派别展开对话。冲突各方武装于2001年3月底开始撤离前线，6月初军事脱离接触行动基本完成。与此同时，联合国军事观察员开始部署。2001年5月17日，小卡比拉总统宣布解除党禁，实行政治自由化，为刚果对话会议（Inter - Congolese Diologue）的举行创造了条件。

一、刚果内部对话的筹备及亚的斯亚贝巴对话的失败

小卡比拉总统的政治、经济改革为刚果（金）和平进程的重启创造了条件。2001年5月，刚果（金）冲突各方重申对《卢萨卡停火协议》的承诺，并通过了作为国内和谈基础的总的原则，包括：承诺维护刚果（金）领土统一和主权完整；承诺将冲突各方、政治反对派和民间社会的代表纳入政府；开放党禁，在独立的机构监督和见证下，在各省中采取公平公正的方式选举刚果内部对话代表；刚果内部对话采取一致同意的原则；组织公正、民主、透明的大选；在刚果内部对话之后，组建一支由原政府军以及各派武装组成的统一军队；全国和解。

2001年8月20~24日，刚果内部对话筹备会议在博茨瓦纳首都哈博罗内举行。冲突各方、政治反对派以及民间社会代表济济一堂，讨论刚果内部对话议程。所有与会者同意释放政治犯，并允许政府和叛军控制区之间的商品货物自由流动。对于刚果内部对话，最初的设计是建立4个平行的委员会，分领域讨论未来重建的诸多事宜：人权、经济和社会事务委员会，负责提出基伍地区的重建计划；选举委员，负责在大选前提出全国共识；宪法委员会，负责制定选举后的宪法；军事委员，负责提出解除武装和复员的计划。哈博罗

内举行的筹备会议增加了第5个委员会，专司提出讨论全国和解以及司法体系的建设。

2001年10月15日，第一次刚果内部对话在埃塞俄比亚首都亚的斯亚贝巴举行，但是这次内部对话并未取得成功，因此亦很少为外人所知。这次对话失败的原因并不在于各派别的政治分歧，而在于会议资金紧张。刚果内部对话的协调人因为资金紧张，不得不将每个代表团的名额从之前约定的60人削减到了15人。然而，鉴于刚果（金）社会和族群的多样性，刚果内部对话不仅不应该削减代表名额，似乎还应该进一步增加代表名额。最终一些代表团因为不满削减代表名额而恼怒退出对话机制，最终导致第一次内部对话草草收场。但是10月22日发布的会议简报同意继续举行刚果内部对话，只是会址将从亚的斯亚贝巴转到南非。

二、功败垂成的太阳城刚果内部对话

2001年12月，在联合国秘书长安南的提议下，刚果（金）政府、刚果民主联盟戈马派和刚果解放运动在纽约召开了一次非正式会议，决定重启刚果内部对话进程。南非、欧盟、加拿大、美国、日本、比利时决定向刚果内部对话提供财政援助。同时，三方在尼日利亚阿布贾召开的会议上也就代表团的组成取得进展。

2002年2月25日至4月19日，刚果内部对话在南非太阳城举行。刚果（金）各界代表362人聚集在南非太阳城，分成5个技术委员会，分别讨论政治和法律事务，安全与国防，社会、文化与人权事务，经济与财政以及和平与和解事务。最终这些委员会一致通过了34个决议。然而对一些与冲突相关的核心问题并没有形成解决方案，而是留给了未来的过渡政府，比如国籍问题、内战时期商业合同是否继续有效等问题。

（一）刚果内部对话的主要分歧

最重要的分歧仍然出现在几个武装集团如何分享权力方面，这几乎导致刚果（金）和平进程夭折。在太阳城刚果内部对话即将结束的前4天，刚果（金）政府和反对派武装因为过渡政府总统人选和国家军队的重建发生激烈争执。由于冲突中的几大武装集团都有自己的小算盘，使得对一些重大的政治、军事议题很难妥协。约瑟夫·卡比拉打算在过渡政权中任命一批反对派和叛乱组织领导人担任政府高级职务，并在过渡末期举行大选，但是他对于总统的职务是寸步不让；而叛乱组织领导人则想利用对话创造的机会将其从总统宝座上赶下去。在军事问题上，各派一致同意将各派武装整编到刚果（金）军队中。但是刚果（金）政府为了控制军队和削弱叛军武装，提出将反叛武装整编到现在的政府军中。而叛乱组织则要求三支军队按一定的比例合并成为一支新的刚果（金）国家军队，并主张他们在指挥系统拥有自己的份额。

双方对这两个问题争执不下，导致刚果内部对话面临失败。东道主南非总统姆贝基接连提出两套方案，希望调解双方的争执。姆贝基总统的第一套方案提出，在全国大选举行前，卡比拉担任过渡总统；在总统下面成立国务委员会（Council of State）和全国和解内阁作为行政机构，国务委员会包括总统、刚果民主联盟戈马派领导人、刚果解放运动领导人、内阁总理；总理人选由刚果内部对话从政治反对派中选择，负责领导全国和解内阁；

议会实行一院制，拥有500名议员，议会领导人从民间社会中挑选。这个方案由于保留卡比拉作为过渡总统，遭到了刚果民主联盟戈马派和刚果解放运动的拒绝。

姆贝基总统因此又提出了第二套方案。新方案将国防、安全、财政、经济和选举方面的权力分配给了原叛乱组织，从而大大削减了卡比拉总统的权力。这个方案受到了刚果民主联盟戈马派和刚果解放运动的谨慎支持，但遭到了卡比拉政府的拒绝。

由于主要武装集团不能就这个议题达成一致，刚果内部对话协调人马西雷将会期延长了一周。在这一周中，卡比拉政府与主要武装集团就军队整编达成了妥协。刚果（金）政府不再坚持将叛军力量吸收到政府军中的方案，同意所有武装在平等的基础上组建一支新的国家军队。但是新军队的规模、指挥机构和指挥官以及政府军和各叛乱组织武装的比例并未确定。

（二）卡比拉与本巴签署政治协定

2002年4月18日，刚果（金）政府与刚果解放运动签署了《刚果（金）共同管理过渡政治协议》（*Political Agreement on Consensual Management of Transition in the DRC*，PAC-MT）。该协议提出建立国民议会、参议院、高级军事委员会（Senior Army Council）以及特别法庭和上诉法庭。根据该协议，总统为约瑟夫·卡比拉，为军队最高指挥官，通过高级军事委员会指挥军队。一个关于该委员会的法律将限定该委员会的职权；总统提名并任命政府部长和高级官员，但是必须经过总理副署；总理由刚果解放运动领导人让—皮埃尔·本巴担任，总理为政府首脑并主持部长会议。总理在与相关政治团体协商之后有权拒绝其提名的部长候选人，总统有权拒绝国防部长、内政部长和外交部长的候选人提名。

议会为两院制。国民议会拥有425名议员，由参与刚果内部对话的各派提名，议长由刚果民主联盟戈马派成员担任；参议院由65名参议员组成，议长由政治反对派成员担任。为保证政府总理在过渡期内不被解职，国民议会无权对政府投不信任票。

建立一个机构国防委员会（National Defence Council）专司负责国家军队的一体化，该委员会将负责改革军队，监督外国军队撤出刚果（金）领土。新的国家军队将包括原政府军、刚果民主联盟戈马派和刚果解放运动的武装。刚果民主联盟戈马派将有一名成员担任分管国防事务的副总理，并与原政府军和刚果解放运动一样在国防委员会中拥有同等代表权。

民间社会将负责选举委员会、媒体委员会、真相与和解委员会、人权委员会以及伦理和反贪污委员会。

政治协议签署之后，最终366名代表中的258名代表在该协议上签名，包括刚果民主联盟国民派和刚果民主联盟解放运动派的代表，但是遭到了刚果民主联盟戈马派、齐塞克迪和基赞加领导的主要政治反对派的反对。在太阳城对话结束之后，这些武装派别和政治派别联合成立了保卫刚果内部对话联盟（The Alliance of Protection for Inter - Congolese Dialogue，ASP）。

三、刚果（金）各方签署和平协议，结束内战

卡比拉政府与刚果解放运动达成的协议被诟病的最大原因在于没有包容所有派别。对话的各方以及国际社会都呼吁要求重开对话会以达成一个真正的全包容的协议。虽然未能达成最终的和平协议，但是刚果内部对话还是使国际社会看到了实现和平的希望。因此，国际社会还是将刚果（金）实现和平的希望寄托于刚果内部对话。联合国和南非希望冲突有关各方能够重新回到对话的轨道，最终一个新的对话在 2002 年 10 月在比勒陀利亚重启。这一进程的开始标志着卡比拉政府与刚果解放运动达成的协议实际流产。主要武装集团应邀参加在比勒陀利亚举行的对话，所有武装集团都承受了停止冲突的巨大压力。

最终在各方努力下，2002 年 12 月 17 日，刚果（金）主要武装集团签署了《刚果（金）全面包容性过渡协议》。该协议规定过渡期为 24 个月，刚果（金）总统为卡比拉，同时设立 4 个副总统，分别来自刚果解放运动、刚果民主联盟戈马派、民间社会以及以原政府。他们分别领导一个委员会，这些委员会成员由相关部委的部长和副部长组成。其中刚果民主联盟戈马派副总统领导政治委员会，刚果解放运动副总统领导财经委员会，政府方面的副总统领导重建发展委员会，民间社会方面的副总统领导社会文化委员会。政府由 36 个部长和 25 个副部长组成。此外，协议还规定过渡期议会实行两院制，参议院有 120 个席位，由民间社会代表任议长；众议院有 500 个席位，由刚果解放运动代表任议长。民间社会代表负责领导 5 个“支持民主”的机构，包括独立选举委员会和真相与和解委员会。

各方签署的协议虽然使刚果（金）和平进程取得突破性发展，但是还有 3 个重要问题亟待解决：其一是刚果（金）军队整合问题；其二是刚果（金）过渡政治领导人个人安全问题；其三是并未制定过渡时期的宪法。2003 年 2 月，刚果（金）解决这些遗留问题的技术委员会会议在比勒陀利亚召开。在这次会议上，这些问题原则上获得了解决。

首先，各方签署了《关于建立一个重组和统一国家军队的备忘录》（*Memorandum Regarding the Mechanism for the Establishment of a Restructured and Integrated National Army*）。更确切地说，这个文件只是一个意向性宣言。各武装集团对于军事问题的争论导致直到 2003 年 6 月 29 日备忘录才被签署。根据这份文件，军队总参谋长人选由卡比拉总统提名；而陆军参谋长和空军参谋长人选则分别由刚果民主联盟戈马派和刚果解放运动提名。

其次，各方在 2003 年 3 月签署了《关于过渡时期安全规定的备忘录》。文件签署后，原叛乱组织领导人希望国际社会保证他们及他们家人的人身安全。国际社会倾向于保护过渡机制，确保刚果（金）首都金沙萨的安全。这个责任将由联刚特派团承担。

最后，制定了过渡宪法。过渡宪法主要是将全面包容性过渡协议的主要内容以宪法的形式确认下来。

这三个技术性问题解决后，刚果内部对话的最后一轮于 2003 年 4 月 1～2 日在太阳城举行。刚果内部对话各方签署了《最后议定书》（*Final Act*），刚果（金）和平进程在法律意义上最终取得了成功。

必须指出的是，国际社会对刚果（金）和平进程的关注与刚果（金）丰富的矿产资源有着重要的关系。正如分析人士指出，外部行为体推动刚果（金）和平进程的兴趣主要在于其丰富的资源，洛朗—德西雷·卡比拉的政策阻碍了西方国家对刚果（金）资源的觊觎和染指，因而受到西方国家的广泛攻击，一些西方国家更是欲除之后快；而刚果（金）的叛军在某种程度上成为外国攫取刚果（金）资源的代理人。约瑟夫·卡比拉上台之后的经济改革使得国际跨国大公司有机会接近刚果（金）令人垂涎的矿产资源，从而使得反叛组织的重要性下降。这也是约瑟夫·卡比拉上台后刚果（金）和平进程能够快速推进的重要原因。[①]

第四节　刚果（金）和平进程成就及遗留问题

刚果（金）和平进程解决了刚果（金）内战的一些矛盾点，使刚果（金）结束了内战，实现了和平。但是刚果（金）和平进程并未真正解决刚果（金）冲突的根源，这也为刚果（金）东部地区冲突埋下了伏笔。刚果（金）和平进程为刚果（金）结束内战、实现和平奠定了基础，但是也给未来刚果（金）遗留下一些亟待解决的问题。

一、刚果（金）和平进程取得的成就

刚果（金）和平进程虽然进展缓慢，并历经挫折，但是其最终结束了近 5 年的内战，各派武装实现停火，联合国维和部队得以部署。刚果（金）建立了形式上统一的过渡政府，内战正式宣告结束。虽然和平进程并没有解决根本问题，但是刚果（金）实现和平已经不可逆转。

首先，《卢萨卡停火协议》的主要军事内容得到实施。2001 年 3 月和 6 月，各主要武装派别实现了停火和部队脱离接触；联合国维和部队也开始进入刚果（金）境内开展监督停火和维和行动。

其次，刚果（金）和平进程让大部分外国军队撤出了刚果（金）领土。《卢萨卡停火协议》虽然要求外国军队撤出刚果（金），但是在相当长时间内外国军队一直驻扎在刚果（金）。2001 年 9 月，纳米比亚撤出了其在刚果（金）的所有军队。随着 2002 年和平进程的加速，外国军队也开始加快撤出刚果（金）。随着 2002 年 7 月，卢旺达政府与刚果（金）政府在比勒陀利亚签署和平协议。协议规定，卢旺达将它在刚果（金）境内的 3 万名驻军撤出；作为交换，刚果（金）将遣返其境内的卢旺达叛军。同年 10 月，卢旺达政府宣布从刚果（金）撤军完毕。刚果（金）政府于 2002 年 9 月与乌干达签署和平协定。根据协定，乌干达将撤走自己在刚果（金）境内的部队。最终通过双方努力，2003 年 5

① Sagaren Naidoo, “The Inter - Congolese Dialogue: Negotiations for A Democratic State or A Formalization of A New Scramble”, Occasional Paper No. 16, Friedrich Ebert Stiftung South African Office, June 2002, pp. 7 - 8.

月，乌干达完成了从刚果（金）撤军。此外，2002 年，布隆迪也宣布撤走了 700 人的军队。刚果（金）政府于 2002 年 11 月宣布，津巴布韦和安哥拉的军队也已全部撤回各自国家。外国军队的撤离为刚果（金）实现和平和国内各派对话并最终达成和平协议创造了有利条件。

最后，刚果（金）和平进程结束了长达 5 年的内战。《刚果（金）全面包容性过渡协议》的政治安排使得刚果（金）反对派武装放弃了武装斗争，各派共同组建全国过渡政府，使国家形式上获得了统一。

虽然刚果（金）和平进程一波三折，但基本上是按照《卢萨卡停火协议》规定的路线图行进的。虽然和平进程充满艰难险阻，但它最终为刚果（金）停止冲突、实现和平奠定了基础。

二、刚果（金）和平进程遗留的问题

虽然刚果（金）和平进程结束了刚果（金）内战，但是并未完全消除刚果（金）国内动乱的根源。特别是刚果（金）东北伊图里地区的各个武装派别并未参加到国内和平进程当中，这导致了内战结束之后伊图里地区的冲突成为影响刚果（金）东部局势的一个重要因素。此外，《卢萨卡停火协议》要求解除外国武装集团的武装，虽然大部分外国武装被消灭或解除武装，但仍有几支外国武装活跃在刚果（金）东部，成为影响当地安全的另一个重要因素。

（一）伊图里部族武装问题

东北部的伊图里地区部族民兵武装因为土地、资源和权力相互厮杀，其中最主要的冲突爆发于当地最大的两个部族伦杜族（Lendu）和赫马族（Hema）之间。伦杜人和赫马人之间的冲突根源在于利益之争。双方对土地、矿产资源、地方政府人事职位进行争夺，夹杂着班图人种与尼罗河人种的种族矛盾、外部势力的挑拨离间及对当地黄金、钶钽矿、木材等资源的掠夺，最后演变成引起国际社会侧目的大规模武装冲突和人道主义事件。自 1999 年爆发的伊图里冲突在 4 年中造成了约 5 万人死亡，50 万人逃离家园。

伊图里地区有 18 个部族，其中伦杜族和赫马族约占当地总人口的 40%。另外还有北基伍省的南德（Nande）人在当地经商，被视为“外地人”。由于占据该地的刚果民主联盟解放运动派领导人姆布萨·恩雅姆维希（Mbusa Nyamwisi）为南德人，因此在当地享有比较高的地位。赫马精英一直试图掌握伊图里地区的政治权力，并将伦杜人视为竞争对手。赫马人为游牧部族，而伦杜人是农耕部族。在历史上双方在当地一直和平共存，相互通婚非常普遍。比利时殖民者到来之后，以赫马人为管理者，而伦杜人为被管理者。自此以后，赫马人一直是当地的行政官员、大土地拥有者和精英。这种状况甚至在 1960 年刚果（金）独立后一直得到延续。在蒙博托时代，赫马人作为政府、农场、矿山管理者的社会地位在蒙博托的“扎伊尔化”（Zairiaisation）运动中得到确认。[1] 独立后，赫马人和伦杜人因为争夺土地和渔业资源发生发生过纠纷，但是都在国家的支持下，用当地习惯法进行仲裁解决。

两族的冲突爆发于1999年6月，根源在于土地纠纷。殖民主义时期，刚果（金）实行的土地制度是个人耕种土地为个人所有，其他所有空地归国家所有；蒙博托的“扎伊尔化”政策将所有土地收归国有，包括个人耕种土地。1973年的扎伊尔土地法允许个人买卖土地，土地买卖后两年如果原所有人没有提出异议，就必须交出土地。富有的赫马人购买了一些伦杜人的土地，并获得土地部门的认证。他们因此要将伦杜农民赶走，并获得警察的支持。由于刚果（金）正处于内战中，没有权威的官方机构来解决这一纠纷。这一事件导致伦杜人开始开展报复行动，并失去控制进而逐渐演变成两个族群的大规模暴力冲突。而暴力冲突又将越来越多的部族卷进来。乌干达根据自己的利益决定向哪个部族提供支持，而且这种支持经常是反复多变的。

在冲突中，伊图里各个族群分别建立了自己的组织和武装，分别受到乌干达和卢旺达的支持。这些组织和武装基本分为两大阵营，相互敌视。

1. 刚果爱国同盟（Union of Congolese Patriots，UPC）

赫马人建立了以托马斯·卢班加（Thomas Lubanga）为首的刚果爱国同盟。2002年8月，在乌干达和本部族民兵的支持下，该组织掌握了布尼亚的政权。2002年12月，因为刚果解放运动和刚果民主联盟解放运动派将它排除在和谈之外，它转而寻求卢旺达的支持，并与卢旺达支持的刚果民主联盟戈马派结盟。乌干达军队因此于2003年3月用武力将其赶出布尼亚，但是5月它又凭武力占领布尼亚。

2. 保卫刚果领土完整和统一党（Party for Unity and Safeguarding Integrity of Congo，PUSIC）

2003年2月初，由对刚果爱国同盟不满的前成员卡瓦·曼德罗（Kahwa Mandro）酋长创建，受到乌干达支持，以抗衡刚果爱国同盟。它还与金沙萨建立了合作关系。

3. 刚果民主大众力量（Popular Forces of Democracy in Congo，PFDC）

2002年晚期由来自伊图里北部的亚勒人（Alur）和卢格巴拉人（Lugbara）创建，领导人为托马斯·乌能·奇恩（Thomas Unen Chen）。

4. 民族统一阵线（Front for National Integration，FNI）

民族统一阵线是由伦杜族知识分子和酋长建立，声称在与刚果爱国同盟的斗争中获得伦杜人的广泛拥护。该组织拥有自己的军事组织，并在2003年3月与乌干达军队协同作战，将刚果爱国同盟赶出布尼亚。它得到刚果民主联盟解放运动的支持，并通过该党派获得金沙萨的支持。

5. 伊图里和平与统一阵线（Front for Integration and Peace in Ituri，FIPI）

2002年12月，乌干达将拥有共同的击败刚果爱国同盟的目标的3个组织，即保卫刚

① Mark Malan & Joao Gomes Porto ed.，“Challenges of Peace Implementation：The UN Mission in the Democratic Republic of the Congo”，Institute for Security Studies，January，2004，pp. 191－192.

果领土完整和统一党、刚果民主大众力量和民族统一阵线捏合在一起建立的松散联盟。在刚果爱国同盟被赶出布尼亚之后不久，3个派别就发生内讧，该组织也名存实亡。

6. 伊图里爱国抵抗力量（Patriotic Force of Resistance in Ituri，FRPI）

2002年12月伦杜人发起的组织，据说与民族统一阵线关系密切。该组织将传统领导人与部族民兵拧成一股力量，并与刚果爱国同盟对抗。该组织以贝尼（Beni）为基地，据称拥有9000名战斗人员。它与刚果民主联盟解放运动派关系密切，并从该组织接受武器和培训。该组织也参加了2003年3月乌干达攻打布尼亚的军事行动。

7. 刚果人民武装力量（People's Armed Forces of Congo，FAPC）

该组织创建于2003年3月，先后效忠于刚果民主联盟解放运动派和国民派、刚果爱国同盟，最终投靠乌干达，并获得乌干达的支持。其基地在伊图里北部。

在伊图里冲突中，刚果民主联盟解放运动派也扮演着重要角色。1999年5月，刚果民主联盟解放运动派从刚果民主联盟中分裂出来后，基地设在基桑加尼，并受到乌干达支持。1999年8月，乌干达与卢旺达军队在基桑加尼发生战斗，乌干达被击败，刚果民主联盟解放运动派被迫将基地从基桑加尼迁至布尼亚。现任领导人姆布萨·恩雅姆维希与前任领导人万巴（Wamba）在2000年的权力斗争中纷纷寻求当地部族的支持。万巴获得伦杜人支持，而姆布萨·恩雅姆维希则通过赫马商人获得赫马部族民兵支持。最终姆布萨·恩雅姆维希获得胜利，将万巴驱赶下权力宝座。但是姆布萨·恩雅姆维希上台后为了权力平衡，防止赫马人坐大，逐渐加强了与伦杜人的关系。他任命一个开赛人为伊图里行政长官，并授权其管理本派武装，以限制解放运动派中的赫马族领导人托马斯·卢班加的权力，而仅给其一个"国防部长"的名义。这导致托马斯·卢班加在布尼亚12英里外的曼德罗自立门户，建立了刚果爱国同盟，并控制了布尼亚市的一部分。

乌干达在伊图里也扮演着重要角色，他们自称为伊图里地区的和平缔造者（Peacemaker）。但是作为伊图里地区的实际控制人，乌干达人在伊图里部族冲突中扮演着不光彩的角色。乌干达从自己的利益出发，采取分而治之的政策，挑动当地部族相互厮杀。刚果民主联盟解放运动派只是其在当地的代理人而已。2002年6月，托马斯·卢班加在乌干达坎帕拉被乌干达政府逮捕，并移交给刚果（金）政府并被刚果（金）政府软禁。但是同年8月，乌干达军队突然转而支持刚果爱国同盟，并和其武装联合将刚果民主联盟解放运动派赶出布尼亚。不久刚果爱国同盟即在布尼亚建立政府，以控制伊图里全境。但是2003年1月，乌干达与刚果爱国同盟又反目，刚果爱国同盟转而投靠卢旺达，导致乌干达于2003年3月发动攻击，将刚果爱国同盟赶出了布尼亚。

伊图里各个武装由于没有参与刚果（金）和平进程，不受任何停火或和平协议的制约，导致它们不久后在伊图里地区爆发大规模冲突，成为影响刚果（金）东部局势的一个重要因素。

（二）跨界民族和地区安全问题

作为冲突重要根源之一的刚果（金）图西族国籍问题在和平进程中并未得到解决，该问题被遗留给了未来的刚果（金）过渡政府。2003年制定的《过渡宪法》第2章第14款规定，独立时期组成现在刚果（金）的所有领土上的所有族群或民族作为刚果（金）公民在法律上受到平等的对待和保护，刚果（金）不承认双重国籍。该条款还要求未来制定专门的国籍法来处理国籍相关问题。2004 年 12 月，刚果（金）议会通过的国籍法和 2006 年颁布的刚果（金）过渡后宪法（Constitutive Referendum）均确认了 1960 年 6 月 30 日独立时，居住在刚果（金）所有族群均为刚果（金）公民。国籍法再次强调了可以以集体形式获得国籍，即个人只要属于刚果（金）境内的任何一个族群或民族，即可自动获得刚果（金）国籍。

地区安全的一个重要议题就是乌干达、卢旺达和布隆迪在刚果（金）活跃的反政府武装问题。《卢萨卡停火协议》明确指出的刚果（金）境内需要解除武装的外国武装有乌干达民主同盟军（Allied Democratic Forces，ADF）、乌干达民族解放军（National Army for the Liberation of Uganda，NALU）、乌干达前国民军（Former Uganda National Army，FUNA）、乌干达民族救亡第二阵线（Uganda National Rescue Front Ⅱ，UNRF Ⅱ）、乌干达上帝抵抗军（Lord's Resistance Army，LRA）、卢旺达前政府军（Former Rwandese Armed Forces，Ex－FAR）、卢旺达胡图部族民兵（Interahamwe）、尼罗河西岸阵线（West Nile Bank Front，WNBF）、布隆迪民主自卫军（Forces for the Defence of Democracy in Burundi，FDD）、安盟（National Union for the Total Independence of Angola，UNITA）。在国际社会的压力和大湖地区国家共同努力下，刚果（金）境内的大部分外国武装集团被清理，但是卢旺达前政府军和胡图部族武装仍活跃在刚果（金）东部，并重组为解放卢旺达民主力量（FLDR），成为影响刚果（金）东部局势的另外一大势力。此外，乌干达上帝抵抗军的残部仍在刚果（金）东部活动，对当地安全构成了威胁。

第八章　刚果（金）安全重建及巩固脆弱的和平

过渡阶段是冲突后国家重建进程的最初阶段，其主要任务是为为期 2 年的过渡期后的大选进行筹备。然而，众多的冲突后重建案例表明，过渡阶段是冲突后国家最脆弱阶段，这一阶段是冲突比较容易再次爆发的阶段。因此，过渡阶段最重要的任务是巩固脆弱的和平。这个阶段最重要的工作是安全重建，而安全重建的核心任务是完成安全部门改革，其主要内容涉及军事力量的重建。总而言之，安全重建主要涵盖三个方面的任务：建立统一的国家军事力量；解除各派武装，使前战斗人员融入社会；改革警察等国家治安力量。此外，由于过渡阶段是为 2 年后大选进行筹备的阶段，筹备大选也是过渡政府的重要工作内容之一。由于章节安排，筹备大选的过程安排在下一章“刚果（金）的政治重建”中论述。

第一节　刚果（金）安全部门改革

刚果（金）和平会议上要求进行安全部门改革，以为大选及大选之后的和平与安全创造良好的安全环境。安全部门改革在国际上有不同的定义。一部分学者认为安全部门涵盖了军事力量、准军事力量、警察、监狱、边防部队以及海岸警卫部队等以保护国家、领土、人民等为目标的安全军事、准军事力量；另一部分学者认为安全部门改革包括国防力量的整编、卸甲归田进程以及警察等治安力量的建设。从某个角度而言，刚果（金）的国防力量整编和解除武装是一个硬币的两方面：一方面，新组建的统一的刚果（金）军队的人员来源于各派武装的战斗人员；另一方面，超过军队名额之外的各派武装战斗人员需要解除武装，并参加卸甲归田进程。在安全部门改革的过程中，国际社会发挥了巨大的作用，如联合国、世界银行、欧盟、比利时、南非、安哥拉等国际组织和国家。

由于刚果（金）伊图里地区的各武装派别没有参与和平进程，因此解除伊图里部族武装成为刚果（金）的难点。过渡政府成立之后，伊图里部族民兵仍活跃在刚果（金）的东部地区。另外一大难点是长期盘踞在刚果（金）东部的卢旺达和乌干达的反政府武装，其中卢旺达反政府武装解放卢旺达民主力量与 2004 年在刚果（金）东部新崛起的恩孔达叛军相互厮杀，造成基伍地区大批难民背井离乡。这些成为刚果（金）和平与安全的严重挑战，21 世纪头 10 年刚果（金）安全形势的发展也证明了这一点。

一、刚果（金）安全部门改革制度安排

刚果（金）内战中有众多的武装集团，除了几个大的武装集团之外，很大一部分小的武装集团不属于任何一派武装集团。在战争进程中，武装集团私有化的倾向日益明显。武装集团成为某些个人、集团牟取私利的工具。他们武装抢劫平民，大规模强奸妇女，盗采矿石和武装走私，给刚果（金）的安全造成重大威胁。刚果（金）要想实现和平，解除各派武装，实现军队国家化是其亟待解决的重要挑战。据估计，刚果（金）除了建立统一的国家军队之外，还需要解除约150000名前武装人员武装。为此，和平协议、过渡宪法和国际社会建立了一些制度框架，并相互合作。但是由于冲突各方相互猜疑，缺乏互信，导致这一进程困难重重，进展缓慢。

（一）建立最高国防委员会

根据和平协议规定，为了将各派武装整合成统一的刚果（金）国家军队，刚果（金）应建立最高国防委员会（The Supreme Council of Defence），负责刚果（及）武装力量整编和解除各派武装，监督外国军队撤离刚果（金），草拟国防政策，宣布戒严以及战争状态等，以及与国防有关的任何事宜。

《过渡宪法》第189条规定，最高国防委员会由总统领导，其成员包括四位副总统，国防部长，内政部长，外交部长，分权与安全部长，武装力量总参谋长和陆、海、空军参谋长。最高国防委员会每月至少召开一次会议，由总统或任何一位副总统召集。如若总统缺席，由分管政治、国防与安全委员会的副总统鲁贝鲁瓦主持会议。

但是由于缺乏互信，最高国防委员会在行使职权的时候效果并不理想。委员会中“总统俱乐部”五名成员中的四名曾为战场上的对手，相互厮杀了5年。最高委员会中主要分为两派：一派为总统约瑟夫·卡比拉，其中包括总统派成员担任的内政部长和总参谋长；另一派为刚果民主同盟戈马派副总统鲁贝鲁瓦，包括刚果民主同盟戈马派人员担任的国防部长和外交部长。他们总是相互怀疑对方的提案是为自己派别利益考虑，因此倾向于否决对方的提案。为此，最高国防委员会会议经常陷入僵局。

（二）颁布国防和武装力量法（Law of Defence and Armed Forces）

2004年1月和6月，刚果（金）部长会议和议会分别通过了《国防和武装力量法草案》。但是2004年12月12日颁布的法案并没有规定统一后的刚果（金）武装力量（FARDC）的规模、运转模式和职能。此外，虽然国防法规定总统为刚果武装力量总司令，但是对于总统卫队的规模和职权并无相关规定。法案规定国家元首兼武装部队总司令在作出诸如宣布紧急或战争状态决定之前必须事先征求最高国防委员会的意见。

（三）建立一体化的军队指挥体系

根据全面包容性协议，军队改革是刚果（金）过渡阶段要完成的五大目标之一。根据军队改革方案、国防部运行计划和国防和武装力量法的精神，统一军队的形成前提是建立组织机构，任命各组织机构的长官，统一整编军队，实施战斗人员复员计划，以及军队整训。在统一军队前，国防部首先寻求建立冲突各方军队的统一总参谋部，包括建立一个新

的总参谋部和军区总指挥部、负责新军队改革的军事一体化机构（Structure of Military Integration，SMI）、统一的军事司法体系。

刚果（金）军队整编采取的是自上而下的方式，先建立国防部、总参谋部和军区，然后再开始整编军队。经过激烈的讨价还价之后，国防部和总参谋部最终组建成功，分别由刚果民主联盟戈马派和总统派掌握。之后，刚果（金）过渡政府将全国划分为十个军区（Military Regions）。由原政府军掌管其中 3 个军区，刚果解放运动和刚果民主联盟各获得 2 个军区，刚果民主联盟解放运动派和国民派各获得 1 个军区，剩下最后 1 个军区由南基伍省马伊—马伊部族民兵主要武装派别领导人帕迪利·卡伦多·布伦达将军（Padiri Karendo Bulenda）掌握（见表 8 - 1）。[①] 虽然建立了十大军区，但是整合军区内的武装力量以及改组内战期间延续下来的平行、重叠的指挥机构仍是一个挑战。此外，将各个派别的士兵编入同一个单位并整合也并不是一件容易完成的任务。

表 8 - 1　刚果（金）十大军区及其指挥官

序列	军区名称	指挥官	政治及武装派别
第一军区	班顿杜军区	穆斯塔法准将	刚果解放运动
第二军区	下刚果军区	吉森比亚准将	原政府军
第三军区	赤道省军区	穆哈姆迪准将	原政府军
第四军区	西开赛军区	辛达尼准将	刚果民主联盟解放运动派
第五军区	东开赛军区	利维哈斯里准将	刚果民主联盟戈马派
第六军区	加丹加军区	恩扎姆贝准将	刚果解放运动
第七军区	马尼埃军区	迪维奥卡准将	刚果民主联盟国民派
第八军区	北基伍军区	加布里埃尔准将	刚果民主联盟戈马派
第九军区	东方省军区	布兰达准将	马伊—马伊部族民兵
第十军区	南基伍军区	姆布扎准将	原政府军

资料来源：The Institute for Security Studies（ISS）Paper 199，December 2005.[②]

（四）建立负责卸甲归田的机构

刚果（金）负责卸甲归田的机构主要有三个，分别为：卸甲归田概念与方针部际委员会（The Comité Interministériel Chargé de la Conception et de l' Orientation en Matière de Désarmement，Démobilisation et Réintégration，CI - DDR），主要负责制定有关卸甲归田的总的方针政策；卸甲归田委员会（The Commission Nationale de Désarmement，Démobilisation et Réintégration，CONADER），负责执行卸甲归田的方针和政策；卸甲归田基金管理委员会

① Richard L. Sklar，"The Open Door to Peace in Africa"，*The International Journal of African Studies*，Vol. 4. 2，Fall 2005.

② Roger Kibasomba，"Post - War Defence Integration in The Democratic Republic of Congo"，ISS（South Africa）Paper 119，December 2005，p. 6.

(The Comité de Gestion des Fonds de Désarmement, Démobilisation et Réintégration, CGFD-DR), 主要负责卸甲归田的财务管理。

二、刚果（金）卸甲归田进程以及统一武装力量的建立

刚果（金）内战结束时，根据2002年太阳城和平会议冲突各方当时报送人数，各派武装人数总计220000人。2003年底各派武装人员入册登记时，各武装派别报送的战斗人员总人数上升至340000人（见表8-2）。2004年2月，最高国防委员会核定总人数为240000人。但是新组建的军队总人数为100000~125000人，那就意味着约有近150000前战斗人员需要加入卸甲归田进程。① 从实际操作上而言，卸甲归田进程与军队一体化进程是同时进行的。

表8-2 2003年6月刚果（金）各派武装战斗人员人数

武装派别	战斗人员人数	备注
刚果（金）原政府军	100000	
刚果民主联盟戈马派	45000	
刚果解放运动	30000	
刚果民主联盟解放运动派	15000	
刚果民主联盟国民派	10000	
伊图里各部族民兵	50000	
马伊—马伊各派民兵武装	30000~50000	
解放卢旺达民主力量	20000	卢旺达反政府军

资料来源：World Bank: Multi - Country Demobilization and Reintegration Program (MCDR).②

2003年3月5日确定的卸甲归田计划目标是解除200000~300000名前战斗人员武装，并且组建一支不超过130000人的统一军队。2003年12月，刚果（金）国防当局与比利时代表商定组建一支总人数为100000~125000人的领土部队（Territory Forces）。这支军队包括18个轻装步兵旅（分属10个军区），一支由2~3个旅组成的快速反应部队（Rapid Response Force，可在72小时之内抵达全国任何地方）和3个重装师组成的主力国防军（Main Defence Force），以及海军和空军并为之提供装备。军队整编的争议之一为是否要组建15000多人的刚果（金）总统卫队③，这支部队的组建需要国民议会的批准。2003年12月，刚果（金）政府成立国家卸甲归田委员会，负责实施卸甲归田进程。2004年，刚果（金）成立了军事一体化机构（SMI），负责军队整编。

根据刚果（金）政府2005年8月发布的武装部队一体化国家战略（A National Strate-

① International Crisis Group, "Security Sector Reform in The Congo", Africa Report N°104, 13 February, 2006, p. 17.

② World Bank, "DDR in the Democratic Republic of Congo: Program Update", September, 2009, p. 2.

③ 后来组建了一支共和国卫队（Republican Guard），负责保护总统。

gic Plan for the Integration of Armed Forces)，刚果（金）武装力量整编分三个阶段进行①：

（1）短期目标。2006年6月30日之前完成对领土部队18个轻装步兵旅的整编。各派武装先到就近的集结中心（Regrouping Center）集合，在集结中心他们将交出自己的武器，并由军事一体化机构（SMI）进行最初确认；然后他们将被送到国家复员委员会下属的指导中心（Orientation Center），并进行战斗人员身份认证，人员也将被分流。不合格的人员、妇女以及儿童将被移交并参加卸甲归田项目，而合格人员将在指导中心驻扎一周，并考虑是继续军旅生涯还是选择复员返乡。选择复员返乡的战斗人员将会得到110美元的遣散费，其中50美元为交通费，50美元为启动津贴，10美元为伙食费。在未来一年中，他们每月将有25美元的津贴，一个遍布全国的非政府组织网络将提供职业培训。

那些选择继续军旅生涯的官兵将被送到混编中心（Integration Center，法语为“Center de Brassage”②）接受为期45天的训练，混编中心一次训练一个旅。每个旅由各个派别武装混编组成，各派武装人员构成比例并不固定。但是在新军队总人数上各个武装派别有名额和比例限制，刚果（金）原政府军占新的统一军队的总人数的35%，刚果民主联盟戈马派占28%，刚果解放运动占17%，马伊—马伊各派民兵占8%，其他武装派别占12%。每个旅的整编都要经过上述环节。

（2）中期目标。到2007年或联刚特派团开始撤离的时候，建立2～3个旅的快速反应部队，分别驻扎在各大机场附近，以便能在第一时间部署到冲突地区。

（3）长期目标。到2010年或联刚特派团撤离之后，建立一支拥有重型装备的主力国防军，能够抵御外国侵略。

总体而言，刚果（金）的军队整编和卸甲归田不算成功。主要的原因是资金和能力的问题，派系武装的抵制以及政府是否重视与投入。直到2006年6月，刚果（金）只有13个旅的军队被整编③，而且整编之后的效果受到了各方的质疑。虽然主要武装派别被整编，他们中的成员被纳入政府或者政府军当中，但是整编后刚果（金）新政府军在之后的平叛行动中因其虐待平民行为、糟糕的纪律和低下的战斗力而广受批评。而这还是在刚果（金）政府更加重视军队整编、不重视卸甲归田进程情况下取得的成果。由于官僚主义、资金短缺、能力不足以及政府不重视等方面的原因，导致卸甲归田进程延缓的现象非常严重。在经济濒临崩溃的情况下，如何保障这些复员的士兵能够找到一份养家糊口的工作是一件很困难的事情。这一切很有可能导致一个严重的后果，即：如果他们生计未得到保障，他们会不会再次接受叛军的招募，重新拿起枪支？

① International Crisis Group，“Security Sector Reform in The Congo”，Africa Report N°104，13 February 2006，pp. 17 - 18.

② 法语 Brassage 意为混编（Intermix）。

③《秘书长关于联合国组织刚果民主共和国特派团的第二十二次报告》，S/2006/759号文件，2006年9月21日，第11页。

三、解除伊图里部族武装

根据2002年9月刚果（金）与乌干达政府在罗安达签署协议，在建立伊图里绥靖委员会（Ituri Pacification Commission，IPC）后，乌干达将从刚果（金）撤出全部军队。2003年4月1~14日，一个包括伊图里各方、刚果（金）和乌干达政府代表以及联刚特派团代表在内的伊图里绥靖委员会宣告成立。这为伊图里指出了一条建设和平和和解的路线图，未来将建立伊图里临时政府。然而，2003年5月6日，当乌干达最后一批军队撤离布尼亚的时候，伦杜部族民兵与赫马人的军事组织——刚果爱国同盟却为了布尼亚的控制权而大打出手。伊图里局势再度紧张，这场再次爆发的冲突成为平民的噩梦。大批平民为了躲避冲突而逃到联刚特派团驻伊图里地区总部，但是联刚特派团驻扎在当地的乌拉圭营仅有700余人，无法也没有能力尽到保护平民的责任，为此受到国际社会的批评。

2003年5月30日，联合国安理会一致通过第1484号决议，决定向刚果（金）伊图里地区派遣一支总数为1400人的临时多国紧急部队，其任务期限截至同年9月1日。最终临时多国紧急部队通过武力削弱了当地的部族武装，切断了他们武器军火外部供给，为随后开展的任务建立了安全基础。随后政治办公室开始运作使得政治进程也逐渐开展，大约60000名难民返回家园。

但是随后伊图里地区的和平和解除武装进程却非常艰难。2004年5月，刚果（金）全国过渡政府邀请伊图里武装派别至达累斯萨拉姆参加圆桌会议，以解决伊图里军事问题。5月14日，参与圆桌会议的八个派别刚果爱国同盟卢班加派（Union of Congolese Patriots－Thomas Lubanga，UPC－L）、刚果爱国同盟基森博派（Union of Congolese Patriots－Floribert Kisembo，UPC－K）、保卫刚果领土完整和统一党（Party for Unity and Safeguarding Integrity of Congo，PUSIC）、刚果民主大众力量（Popular Forces of Democracy in Congo，PFDC）、民族统一阵线（Front for National Integration，FNI）、伊图里爱国抵抗力量（Patriotic Force of Resistance in Ituri，FRPI）、刚果人民武装力量（People's Armed Forces of Congo，FAPC）、伊图里革命阵线（Revolutionary Front For Ituri，FPRI）签署了达累斯萨拉姆协定（Dar es Salaam Accord），承诺参加解除武装和社区融合项目（Disarmament and Community Reinsertion，DCR）。

各派签署协定之后，2004年9月，作为伊图里非军事化的重要措施的解除武装和社区融合项目正式启动。项目计划复员15000名前战斗人员，其中包括6000名儿童兵，预计需要花费1050万美元。解除武装和社区融合计划分为三个阶段：第一阶段为筹备阶段，对即将参加计划的民兵进行鼓动和宣传。在这一阶段，项目将会确定过渡地点。第二阶段为过渡阶段，主要任务是解除并复员部族民兵武装。这些前战斗人员预计将抵达过渡地点，并按照固定程序完成任务。这些程序为接待、解除武装、身份认证分类（儿童、成人和残疾人）、过渡阶段的预期成果的简要说明、收集过渡材料、推荐职业岗位、培训他们离开过渡地点之后应该注意的事项、发放身份证、分发包括食品和工具在内的社区融合工具箱。最终，成人士兵将获得50美元作为开始平民生活的津贴；儿童兵将再待最多不超过48小时，他们在回家之前先不发身份证。那些没有家人的儿童将被送到过渡和再指导中心，然后他们可以选择回家或者被安置在收养家庭；残疾士兵将直接被送往地区的健康中心。至于其他成人士兵将在过渡地点最多待5天，他们有两个选择：或者返回家乡，或者加入政府军并前往混编中心（Center de Brassage）。第三阶段为社区融合或者参加政府军。选择加入政府军的前部族民兵将被送交给军事一体化机构（SMI），然后被送到混编中心。他们将接受进一步军事训练，融入新的政府军中。

对于选择返乡的前战斗人员，解除武装和社区融合项目关注如何使他们能够顺利融入社区中。对于返乡的前战斗人员及其家属，项目将会为他们提供一些工作和职业培训来维持他们的生活。项目会给他们提供两种方式的援助：一种是仅为战斗人员提供的短期贷款，每个人可获得不超过600美元的贷款。方案要求一些前战斗人员组成一个团体，他们与当地非政府组织共同形成方案，并在半年内实施该方案。另外一种是中期社区融合项目。这种项目要求70%以上的受益者为前战斗人员，普通民众不超过30%。项目预算不超过30000美元，时间跨度为1~3年，由社区和前战斗人员代表共同组成项目审批委员会（Local Committee for Project Approval，CLAP）负责审批。最终由解除武装和社区融合项目官员决定是否资助该项目。2004年9月，解除武装和社区融合项目设立了5个过渡点，2005年又先后设立了第6和第7个过渡点。[①]

但是在这一过程中，很多武装派别隐匿本派武装人员，或者仅派遣极少数人员参加解除武装和社区融合项目，以应付国际社会压力。这导致伊图里卸甲归田进程进行得极为艰难，为此伊图里地区先后进行了三次卸甲归田：第一次为2004年9月至2005年6月，第二次为2006年6~9月，第三次为2007年8月4日至10月18日。2005年结束的第一次卸甲归田项目中，一些主要的部族武装（如刚果爱国同盟等）被解除，但是另外一些派别却开始活跃，如民主统一阵线（FNI）、伊图里爱国抵抗力量（FRPI）以及新建立的刚果革命运动（Congolese Revolutionary Movement，MRC）在伊图里地区继续从事暴力活动。直到2007年11月第三次卸甲归田项目结束，这些反叛武装才大部分接受了整编和复员，标志着伊图里进入了恢复稳定的新阶段。民族统一阵线和刚果爱国抵抗力量的残余分子拒绝缴械，在朱古和伊鲁穆等县继续制造不稳定局势。2008年1月，反叛武装受到重创，对伊图里地区不再构成军事威胁。[②]

四、刚果（金）警察部队建设

根据冲突各方于2003年6月29日签署的《军队和安全力量备忘录Ⅱ》（*Memorandum Ⅱ on the Army and the Security Forces*），刚果（金）警察部队将分为两支独立部队：一支是贴身保卫部队（Close Protection Corps），负责保卫政治领导人的安全；另一支是统一警察

① Tsjeard Bouta，“Assessment of Ituri Disarmament and Community Reinsertion Program”，Netherlands Institute of International Relations，May，2005，pp. 11 -13.

② 《秘书长关于联合国组织刚果民主共和国特派团的第二十五次报告》，S/2008/218号文件，2008年4月2日，第5-6页。

部队，负责总体的社会治安。重组刚果（金）国家警察部队是过渡时期的优先议题，警察部队总人数为70000～80000人，它的组建将获得联刚特派团的技术支持和培训。[①] 为此，联合国秘书长将民事警官的人员规模从396人增加到507人。也继续在布尼亚培训、管理当地警察并提供技术顾问。此外，应刚果（金）过渡政府的请求，还在基桑加尼为布尼亚统一警察部队培训350名警官。

除了正常的业务训练外，国际社会和刚果（金）国家警察总局还对各级警察进行了针对性的安保培训。国家警察总局、、联合国开发署、欧洲联盟、安哥拉、法国、南非和英国合作制定了国家警察全面培训计划，对警察进行了投票中心固定岗哨安保、人群控制培训。

第二节　巩固脆弱的和平以及统一国家的持续努力

刚果（金）全国和平协议签署之后，虽然总体安全形势趋缓。但是东部和东北部地区仍有暴力冲突发生，对刚果（金）的和平与安全构成了威胁。刚果（金）东部的武装集团屠杀平民，实施大规模性暴力，相互攻伐，造成了当地局势动荡不安，引起了国际社会和人道主义组织的关注。

一、统一国家的持续努力

虽然刚果（金）民选政府已经成立，但是刚果（金）东部地区的冲突仍很严重，其中影响东部局势的主要势力有恩孔达的保卫人民国民大会、马伊—马伊民兵以及卢旺达反政府武装解放卢旺达民主力量。刚果（金）政府成立之后，平定叛乱和着力推进国家统一成为当务之急。首先，对于恩孔达叛军，通过与卢旺达达成协议，使其撤除了对恩孔达叛军的支持。最后通过和平收编叛军平息了恩孔达叛乱。其次，通过实施军队整编和卸甲归田计划，削除了各派别武装。刚果（金）政府要求原各武装派别领导人、现各政党领导人交出私人武装，由警察部队负责其人身安全。2007年3月，刚果（金）政府对本巴等原武装派别领导人发出最后通牒，要求他们交出私人武装。最后，刚果（金）政府通过武力解除本巴武装，并导致其最终逃往葡萄牙。至此，刚果（金）政府既打击了国内的私人武装，又削弱了竞争对手的势力。

（一）解决基伍地区的冲突

基伍地区（南、北基伍省）主要有四支武装力量在角逐，包括刚果（金）政府军、卢旺达胡图族反政府军、亲政府的马伊—马伊民兵和刚果（金）图西族武装洛朗·恩孔达领导的保卫人民国民大会。这几支武装力量在基伍地区相互厮杀，导致了几十万难民逃离

① Henry Boshoff, "Overview of Sector Reform Process in The DRC", *African Security Review*, Vol. 13 No. 4, 2004, p. 65.

家园。

（1）保卫人民国民大会（National Congress for the Defence of People，CNDP）是由刚果（金）前政府军军官洛朗·恩孔达领导的图西族叛乱武装。恩孔达是刚果（金）图西人、原刚果民主联盟戈马派的军官，后被整编入刚果（金）政府军，成为政府军将军。2004年5月发动叛乱。

根据过渡政府的军区划分，卡比拉的总统派掌控南基伍军区，与南基伍省的刚果民主联盟戈马派官员发生了权力斗争。双方最终于2004年5月在布卡武爆发了大规模战斗。南基伍省的反图西情绪的高涨导致一些班亚穆伦盖人被杀，一些图西族领导人和精英投奔恩孔达军营，大约3000班亚穆伦盖人逃离家园。恩孔达声称刚果（金）图西人正在被屠杀，于是发动叛乱，率数千士兵从戈马向布卡武进军。作为报复，叛军一路上烧杀掳掠。据称，恩孔达得到卢旺达以及刚果民主联盟戈马派的资金和武器支持。[①]

恩孔达叛乱使刚果（金）本来就脆弱的局面雪上加霜。本来就对即将到来的大选不抱希望的一些强硬派的班亚卢旺达人开始从过渡政府撤出。刚果（金）政府派出数千政府军讨伐恩孔达叛军。2004年12月，政府军和叛军在北基伍省发生激烈交火，结果政府军的进攻被击退。恩孔达因此而声名大振，成为国际社会和国内关注的一支叛乱武装。2006年大选期间，恩孔达成立了自己的政治组织——保卫人民国民大会。他宣称代表基伍地区图西人的利益。在他的发言和其他的一些政治通讯中一再提及过去图西人所遭受的暴力，并呼吁图西人要有随时可能被屠杀的紧迫感。2006年12月，他发表的政治声明为保卫人民国民大会提出了八项主要目标，其中最重要的有：结束外国武装集团在刚果（金）领土上的活动，最主要的外国势力是解放卢旺达民主力量（FDLR）；帮助国外的刚果（金）难民重返家园；独立调查1998～2004年刚果（金）领土上所犯的战争罪行；改变刚果（金）武装力量整编方式（刚果（金）整编方式是将每个武装集团分成四个部分驻扎到其他地方，恩孔达要求不拆分各个武装集团，并且要求武装集团原地驻扎）；刚果（金）实行联邦制。[②]

恩孔达叛军盘踞在北基伍省的马西西（Masisi）以东、鲁丘鲁（Rutshuru）以西地区以及鲁丘鲁以东的刚果（金）、乌干达、卢旺达三国交界的边境地区。他在自己占据的地盘上建立了行政政权，向居民征税，并盗采当地矿产资源，走私军火。他视解放卢旺达民主力量为其主要对手，并得到卢旺达政府的大力支持。在刚果（金）东部形成了卢旺达支持保卫人民国民大会、刚果（金）政府支持解放卢旺达民主力量的奇特现象。刚果（金）东部成了刚果（金）和卢旺达代理人之间的战场。

2006年12月以来，恩孔达武装同政府军在刚果（金）南北基伍省地区多次发生激战，导致当地形势紧张。据联合国估计，双方的战斗已造成当地80万居民流离失所。在

① Jason K. Stearns，"Laurent Nkunda and National Congress for the Defence of the People（CNDP）"，L'Afrique des Grands Lacs. Annuaire（2007－2008），October 2008，p. 247.

② Steven Spittaels & Filip Hilgert，"Mapping Conflict Motives：Eastern DRC"，Antwerp：International Peace Information（IPIS）Service，March 2008，p. 6.

国际社会的斡旋下，2008 年 1 月，刚果（金）政府与恩孔达叛军在戈马签署和平协议，双方同意在该国东部地区停火、结束敌对状态，并恢复该地区的和平。但是和平协议并未得到遵守，2008 年 8 月，双方再燃战火，恩孔达的保卫人民国民大会取得节节胜利；同年 11 月，恩孔达叛军已经兵临戈马城下。

2008 年 12 月，联合国报告曝光了刚果（金）东部卢旺达、刚果（金）、保卫人民国民大会和解放卢旺达民主力量等冲突各方关系。在国际社会的压力下，2008 年底，刚果（金）和卢旺达达成了协议，双方关系开始正常化。根据协议，刚果（金）同意对北基伍省解放卢旺达民主力量的据点采取联合军事行动，而卢旺达则承诺放弃对恩孔达的支持，并将保卫人民国民大会的领导权转交给博斯科·恩塔甘达（Bosco Ntaganda）。

至此，基伍省的和平进程发生了根本性逆转。2009 年 1 月，保卫人民国民大会军队参谋长恩塔甘达宣布恩孔达已经不适合领导保卫人民国民大会。而恩孔达潜入卢旺达境内，被卢旺达当局逮捕。2009 年 3 月，刚果（金）政府与保卫人民国民大会签署政治协议，保卫人民国民大会武装力量和警察将由刚果（金）政府收编。

（2）解放卢旺达民主力量（FDLR）在刚果（金）东部地区的冲突中是一支重要的力量。2002 年 12 月，刚果（金）签署的和平协议要求外国武装撤出刚果（金）。大部分外国武装集团，包括大部分的乌干达和布隆迪政府军以及反政府武装均撤出刚果（金）领土，只有极少数外国反政府武装仍盘踞在刚果（金）东部，其中势力最大的当属解放卢旺达民主力量，其次为乌干达上帝抵抗军。

解放卢旺达民主力量主要是由前卢旺达胡图政府军、胡图部族民兵（Interahamwe）和胡图难民组成，前身为卢旺达解放军（ALIR），据估计他们有 6000 ~ 7000 名战斗人员。解放卢旺达民主力量在官方通讯中声明，他们并不寻求军事解决地区问题，他们最重要的要求是建立卢旺达内部对话（Inter - Rwanda Dialogue）。解放卢旺达民主力量在历史上曾因为分歧发生过多次分裂。其主要资金来源于开采、走私刚果（金）东部的矿产资源。

由于解放卢旺达民主力量与卢旺达前政府军渊源颇深，他们的组织结构更像一个军事组织。解放卢旺达民主力量分成三个旅：一是北基伍旅，下辖 4 个营，部队分别驻扎在鲁丘鲁以东、马西西西部、鲁贝罗（Lubero）南部和瓦利卡莱（Walikale）东部；二是南基伍旅，下辖 5 个营，部队分别驻扎在飞兹（Fizi）、姆文加（Mwenga）、沙班达（Shabunda）南部、瓦伦古（Walungu）和卡巴雷（Kabare）等地区；三是预备旅，下辖 3 个营，分别驻扎在卡勒黑（Kalehe）、马西西南部和鲁丘鲁东部。解放卢旺达民主力量总司令是穆达库姆拉将军（Gen Sylvestre Mudacumura），总部设在马西西的卡隆格（Kalonge）。①

20 世纪 90 年代中期以来，解放卢旺达民主力量一直以刚果（金）东部为基地，骚扰卢旺达边界。卢旺达卷入 20 世纪 90 年代末期的两场刚果（金）内战的一个重要原因是欲打击解放卢旺达民主力量等反政府武装。解放卢旺达民主力量在刚果（金）的地位经历过

① Steven Spittaels & Filip Hilgert，“Mapping Conflict Motives：Eastern DRC”，Antwerp：International Peace Information（IPIS）Service，March 2008，pp. 9 - 10.

微妙的变化，其决定因素是与卢旺达政府军是敌是友。第一次刚果内战中，该组织曾是扎伊尔政府军的同盟，与当时的叛军首领、现在的刚果（金）政府为敌；在第二次刚果内战中，该组织又接受了刚果（金）政府的招募，共同对抗卢旺达政府。2003 年刚果（金）过渡政府成立之后，解放卢旺达民主力量与新成立的刚果（金）叛军组织保卫人民国民大会互为死敌。双方在基伍地区互相厮杀，导致大批难民流离失所。为此，其一些重要领导人被国际刑事法庭通缉并最终被逮捕。

2008 年底，刚果（金）总统卡比拉与卢旺达总统卡加梅达成协议，互相放弃对对方反政府武装的支持，以实现两国关系正常化。2009 年 1 月 20 日至 2 月 25 日，卢旺达政府军和刚果（金）政府军联合进攻基伍地区的解放卢旺达民主力量，但是未能重创解放卢旺达民主力量。解放卢旺达民主力量将人员分散到基伍森林中，避免与两国政府军发生直接对抗，其在北基伍的力量仅轻微受损，在南基伍省的力量仍保存完好。2009 年的头三个月中，仅有不到 500 名解放卢旺达民主力量士兵向联刚特派团投降。解放卢旺达民主力量立即重组，并在两国联合军事行动结束后立即招募士兵，开始对那些与政府军合作的平民展开大规模报复行动。

2009 年 3 月 20 日，刚果（金）政府宣布开始针对解放卢旺达民主力量的基米亚二期行动，由联刚特派团支持刚果（金）政府军的军事行动。这次军事行动取得了一定的成果，其中包括解放卢旺达民主力量战斗人员脱离叛乱组织的人员大大增加，2008 年逮捕了格利戈雷·恩达希马纳（Gregoire Ndahimana），并将其交由国际刑事法庭审判。根据联刚特派团向联合国安理会报告，由于两次军事行动，2009 年的头 11 个月有接近 1400 名解放卢旺达民主力量战斗人员复员。基米亚二期行动于 2009 年 12 月 31 日结束，但是因为平民伤亡以及未能解除解放卢旺达民主力量武装而遭到批评。拥有 22000 名军事人员的联刚特派团也因为其未能保护平民免遭解放卢旺达民主力量和刚果（金）政府军的违反人权的行为伤害而受到批评。人权观察组织认为 2009 年 1 ~ 9 月，约有 1400 平民被杀，9000 所房屋被烧，南北基伍省 900000 名难民流离失所。而解放卢旺达民主力量仍保留了大部分战斗人员以及报复平民的能力。2009 年 12 月的联合国报告认为，基米亚二期行动并未改变东部地区的政治和军事结构。2010 年，由联合国提供后勤支援的刚果（金）政府军发动了代号为阿玛尼·里奥（Amani Leo）的军事行动，目标是在三个月内消灭解放卢旺达民主力量的叛乱分子。这期军事行动开始注重对平民的保护，这也是联刚特派团提供后勤支援的条件。

鉴于 10 多年来解放卢旺达民主力量在刚果（金）东部的活动造成重大的人道主义灾难，国际社会也加大了对解放卢旺达民主力量的制裁力度。除了联合国安理会采取武器禁运措施外，2009 年 11 月 17 日，德国警察逮捕了两名解放卢旺达民主力量的高级政治领导人伊格纳斯·姆瓦纳沙卡（Ignace Murwanashyaka）及其副手斯特拉顿·姆索尼（Straton Musoni）。两人都是解放卢旺达民主力量支助网络中的成员。2010 年 10 月，国际刑事法庭逮捕了解放卢旺达民主力量的高级官员、执行秘书长卡利克斯特·姆巴鲁希马纳（Callixte

Mbarushimana)。[①] 总体而言，在失去外援和国际社会制裁的情况下，解放卢旺达民主力量问题最终走向政治解决应该为期不远。

(3) 马伊—马伊民兵。最早的马伊—马伊民兵是反对外国侵略的地方自保性质的部族民兵组织，主要目标是与外国侵略者及其代理人武装做斗争。内战结束之后主要活跃在基伍地区和加丹加省的中部和北部地区。基伍地区的马伊—马伊民兵主要与政府军结盟，共同反对恩孔达领导的图西族武装保卫人民国民大会。

(二) 解决邻国叛军问题

近年来，一支外国武装在刚果（金）东北部伊图里地区日益活跃，即乌干达反政府武装上帝抵抗军（Lord's Resistance Army，LAR）。这支武装是从2007年之后开始在刚果（金）东北部地区活跃的，由乌干达反叛武装"圣灵抵抗军"残余与乌干达人民民主军（UPDA）残部合并组成，合并之后改称为"上帝抵抗军"，驻扎在苏丹南部、刚果（金）东部地区，在乌干达北部地区继续作乱，扰乱社会治安。乌干达政府自1993年起开始了对上帝抵抗军的清剿。双方时而冲突，时而和谈，直到2008年12月，乌干达军队与刚果（金）、苏丹南方军队对上帝抵抗军采取联合军事行动，重创上帝抵抗军。其残余逃往中非共和国和刚果（金）东北部边境省份。联合国认为，上帝抵抗军现在主要在刚果民主共和国法拉杰—莫罗波—阿巴（Faradje - Morobo - Aba）地区的加兰巴国家公园范围内活动。[②] 2008年12月至2009年1月，该组织残余力量在刚果（金）制造了屠杀平民、掳走儿童的大规模人道主义灾难，引起了国际社会的极大关注。这一问题的解决需要乌干达政府和刚果（金）政府以及相邻国家的共同努力。

二、M23 运动与东部局势动荡

M23运动成立于2012年5月，是由刚果（金）东部地区原叛乱武装保卫人民国民大会（National Congress for the Defence of People，CNDP）的领导人恩塔甘达和麦肯加率领旧部建立的。M23运动起事与国际刑事法庭卷入刚果（金）内部事务有直接关联。2006年，国际刑事法庭检察官路易斯·莫伦诺—奥坎帕（Luis Moreno - Ocampo）对恩塔甘达提出指控，称他在2002~2003年担任托马斯·卢班加（Thomas Lubanga）领导的刚果爱国同盟（Union of Congolese Patriots，UPC）高级军事指挥官期间犯有种族清洗、强奸、反人类、使用儿童兵等罪行，并对他发出了逮捕令。卢班加早在2006年3月就被逮捕并被引渡给国际刑事法庭。国际刑事法庭于2012年3月判处卢班加犯有战争罪。国际刑事法庭的介入使刚果（金）的政局出现了一系列微秒变化。本来保卫人民国民大会在2009年被收编之后一直与刚果（金）政府维持着良好关系，并在2011年11月大选中支持卡比拉连任。在这种形势下，卡比拉对国际刑事法庭通缉恩塔甘达的命令置之不理，但随着国际社会的

① Melanie Gouby, "DR Congo: Calls for FDLR Crackdown After Leader's Arrest", http://indepthafrica.com/news/central - africa/dr - congo - calls - for - fdlr - crackdown - after - leader% E2% 80% 99s - arrest/.

② 联合国中文网站，http://www.un.org/chinese/ha/issue/sudan/uganda.shtml。

压力增强，卡比拉不得不放弃了对恩塔甘达的支持。

与此同时，刚果（金）政府启动的军事整编工作也对保卫人民国民大会高级军官的前途和利益构成直接威胁。大选过后，刚果（金）政府利用国际社会要求逮捕恩塔甘达的压力，准备实施军事改革。保卫人民国民大会接受改编以来，一直保持对其武装的控制。他们在南北基伍省保留着与刚果（金）政府军平行的指挥机构。恩塔甘达以及保卫人民国民大会的一些高级官员担心整编将导致他们失去对其武装的影响力。2012 年 3 月，刚果（金）武装部队高级指挥部邀请中高级军官参加在金沙萨举行的一次有关刚果（金）武装部队改革的研讨会。尽管恩塔甘达命令其下属不得参加，但他手下的一些中层军官还是参加了研讨会。恩塔甘达担心政府是在拉拢分化其手下的军官，利用他们来取代自己。因此，此次研讨会结束不久，恩塔甘达便宣布脱离刚果（金）政府军，发动叛乱。同年 5 月，同为原保卫人民国民大会军事指挥官的苏坦尼·麦肯加（Sultani Makenga）也宣布发动叛乱，指控刚果（金）政府未认真履行 2009 年 3 月 23 日与保卫人民国民大会签署的和平协议，故将他们的叛乱活动称为 M23 运动，意为 3 月 23 日运动。虽然他们均声称是独立起事，与对方没有瓜葛，但通常认为两股叛军实际上是“一家人”。①

面对 M23 运动的兴起，刚果（金）政府采取了两方面的策略：一方面出动政府军向 M23 运动发动反击，企图通过武力来解决事变。2012 年 5 月和 7 月，政府军先后向 M23 运动盘踞的鲁丘鲁、马西西发动攻势，但成效甚微。另一方面政府呼吁大湖地区问题国际会议召开特别首脑会议，帮助稳定东部局势。2012 年 7 ~ 10 月，大湖地区问题国际会议主席先后召开了 4 次特别首脑会议，讨论刚果（金）东部地区的安全局势。首脑会议对 M23 运动的行动予以谴责，称该运动为负面力量，并要求成员国不向任何破坏该地区，特别是刚果（金）东部稳定的武装团体提供支持，并提出如下解决危机的方案：将联合核查机制及其运作扩大到大湖区问题国际会议的所有成员；在联合国和非洲联盟支持下部署一支国际中立部队，以便铲除 M23 运动、解放卢旺达民主力量和其他叛乱武装，确保大湖地区的安全；任命奥卢塞贡·奥巴桑乔和本杰明·姆卡帕分别为联合国和非盟大湖区特使。

M23 运动主要活动于北基伍省的鲁丘鲁和马西西地区，2012 年 7 月后又改称为刚果革命军（Congo Revolutionary Army）。M23 运动的主席是马里·鲁尼加主教（Bishop Jean - Marie Runiga Lugerero），参谋长是麦肯加。军队中另设高级司令部（High Command），共 5 名成员，其中包括参谋长和副参谋长等高级军官。其武装下辖 9 个营，其中麦肯加直接控制 1 个半营的武装。② 其武装人员没有确切数字，一般估计为 1000 ~ 4000 人。在初具规模后，M23 运动在其控制的地盘任命酋长，设立税务局，并建立人道主义工作联络办公室。M23 运动还通过建立自己的网站和在社交网站上建立自己的账户来宣传自己的主张。自

① 联合国刚果（金）专家委员会根据在当地的调查和访谈，指出 2012 年 3 月底 4 月初刚果（金）东部发生兵变时，恩塔甘达和麦肯加均发挥了重要作用。当然双方立场有区别。麦肯加更担心的是全国人民保卫大会在军队中的地位遭到削弱。参见：联合国安全理事会 S/2012/348 号文件，2012 年 6 月 18 日，第 20 - 21 页。

② “Runiga is still our leader - M23 negotiator”, http://www.monitor.co.ug/Magazines/ThoughtIdeas/Runiga - is - still - our - leader - - - M23 - negotiator/ - /689844/1715426/ - /vsd565/ - /index.html.

2012 年 5 月以来，M23 运动与刚果（金）政府军多次发生激烈交火。2012 年 11 月 20 日，M23 运动攻占北基伍省首府戈马，并声称要进军金沙萨，此举震动了国际社会。

M23 运动的兴起对于刚果（金）东部的局势产生了微妙影响。一方面，M23 运动的兴起激发了其他一些对刚果（金）政治现状不满的团伙和个人的野心。在 M23 运动发动叛乱的过程中，原活跃在伊图里地区的刚果（金）爱国抵抗阵线就蠢蠢欲动。一些在刚果（金）政府军服役的军官和军人也不断发生出逃事件，加入了叛军组织。另一方面，M23 运动的兴起导致当地一些势力此消彼长。恩塔甘达和麦肯加发动叛乱之际，刚果（金）政府军正在清剿盘踞在基伍地区的卢旺达反政府武装——解放卢旺达民主力量，并取得了很大进展，M23 运动的兴起，迫使刚果（金）政府军不得不放弃清剿行动，解放卢旺达民主力量因而赢得了喘息机会。

M23 运动兴起后，国际社会纷纷对其予以谴责，并希望此次事变能够得到妥善解决。联合国、非盟、大湖地区问题国际会议、南部非洲共同体不断向 M23 运动施加压力，敦促其放下武器。联合国通过了对 M23 运动实施制裁的决议，禁止其领导人出行并冻结其资产。非盟和平与安全理事会重申致力于刚果（金）的统一、领土完整和主权，不接受以武装叛乱作为推动政治诉求的手段。大湖地区问题国际会议和南部非洲共同体等地区组织力量积极参与解决刚果（金）东部冲突。

自刚果（金）东部冲突再起之后，国际社会又将焦点对准了其邻国卢旺达和乌干达。从历史上看，这两个国家特别是卢旺达确有支持 M23 运动的动机。M23 运动的前身——保卫人民国民大会与卢旺达有一定的联系。联合国发布的相关报告使国际社会更加确信 M23 运动与乌干达和卢旺达脱不了干系。

卢旺达与刚果（金）的关系长期以来错综复杂、恩怨难解。1994 年卢旺达爆发震惊世界的大屠杀惨剧后，人口占少数的图西人掌控了国家政权，但参与大屠杀活动的前政府军士兵和胡图族民兵武装大多逃亡到了刚果（金）东部地区，并组成名为解放卢旺达民主力量的反政府武装，不时发动颠覆卢旺达现政权的武装叛乱，从而成为卢旺达现政权的心腹之患。因此，卢旺达政府近十余年来一再介入刚果（金）内部冲突。有学者认为，卢旺达介入刚果（金）冲突，是为了掠夺刚果（金）东部地区的矿产资源。恩孔达领导的保卫人民国民大会就一直受到卢旺达支持。[①] 2009 年初，在卢旺达政府的首肯之下，恩塔甘达取恩孔达而代之，而后恩孔达被卢旺达政府逮捕。这也是外界认为卢旺达支持 M23 运动的重要理由。虽然卢旺达和刚果（金）两国政府军多次对解放卢旺达民主力量进行清剿，但至今剿而未灭，而恩塔甘达在刚果（金）政府军的历次清剿中均担任副总指挥一职。

联合国特设的刚果（金）问题专家委员会在报告中指控卢旺达、乌干达对 M23 运动提供政治和军事援助。该报告称，卢旺达政府直接向 M23 运动反叛分子提供军事支持，为招募人员提供便利，鼓励刚果民主共和国武装部队士兵开小差并为其提供便利以及提供武器、弹药、情报和政治建议，继续违反武器禁运。M23 运动事实上的指挥链包括博斯科·

① United Nation Report，S/2012/838，December 28，2008，pp. 15 - 19.

恩塔甘达将军，最高级的指挥官是卢旺达国防部部长詹姆斯·卡巴雷贝将军。乌干达政府高级官员也以直接增援刚果（金）境内的部队、交付武器、技术援助、联合规划、政治咨询和促进对外关系等形式支持 M23 运动。2012 年 7 月，乌干达人民国防军和卢旺达国防军一些部队共同支持 M23 运动进行的一系列攻击，以夺取鲁丘鲁县主要城镇和刚果（金）武装部队在鲁曼加博的基地。两国政府还进行合作，支持建立和扩大 M23 运动政治部门，并且一直为反叛分子进行宣传。M23 运动及其盟友中包括 6 名受制裁的个人，其中一些人居住在卢旺达和乌干达，或定期来往两国。[①]

2012 年 8 月 17～18 日，南部非洲发展共同体（以下简称南共体）在马普托举行了第 32 次国家首脑会议，会后发表一份声明，称卢旺达政府涉嫌支持 M23 运动，并安排南共体主席、莫桑比克总统阿曼多·格布扎与卢旺达政府就此事进行对话。[②]

乌干达和卢旺达对这些指控坚决予以否认。笔者认为，虽然不能确定乌干达、卢旺达是否直接向 M23 运动提供军事支持，但是两国与 M23 运动可能存在一定联系。这也可从鲁尼加一派战败后遁入卢旺达境内以及恩塔甘达向美国驻卢旺达大使馆投降等事件中窥见一丝端倪。在联合国报告出台后，美国、英国、荷兰、瑞典、德国等援助国纷纷暂停对乌干达和卢旺达两国的援助。2012 年 11 月，联合国安理会先后通过了 S/RES/2076（2012）和 S/RES/2078（2012）号决议，对 M23 运动实施武器禁运，并对 M23 运动的支持者进行制裁。联合国根据 S/RES/2078（2012）号文件，核准了被冻结资产与受旅行禁令制裁的个人及一些实体的名单，其中包括恩塔甘达与麦肯加以及一些其他非法武装及其领导人。国际社会对 M23 运动以及乌干达和卢旺达施加的压力，在一定程度上推动了 M23 运动走上谈判桌。

2012 年 12 月，在国际社会和大湖地区问题国际会议主席、乌干达总统穆塞维尼的调解下，M23 运动与刚果（金）政府在乌干达首都坎帕拉举行了和谈。2013 年 2 月，双方签署了初步停火协议。3 月初，因 M23 运动内部发生分裂和火并，和谈一度受阻。

M23 运动之所以在不到一年的时间内就开始与刚果（金）政府进行和平谈判，笔者认为主要有以下几方面的原因：

首先，长期内战导致人心思定、思和平。长期的内战给刚果（金）人民带来了深重的灾难。在内战和冲突中，数百万人丧生，无数人流离失所，人民企盼和平。

其次，M23 运动的支持基础不如保卫人民国民大会广泛。M23 运动虽然是保卫人民国民大会继承者，但其无法像保卫人民国民大会那样长期生存，因为 M23 运动的基础不够厚实。保卫人民国民大会在班亚穆伦盖人和班亚卢旺达人的聚居区有众多支持者，但班亚穆伦盖人和班亚卢旺达人的精英却拒绝支持 M23 运动。主要原因在于：恩塔甘达取代恩孔达成为保卫人民国民大会领导人之后，班亚穆伦盖人内部分歧加剧。M23 运动不得不动员伊

---

① 联合国安全理事会 S/2012/843 号文件，2012 年 11 月 15 日，第 4 页。参见 http://www.un.org/chinese/sc/committees/1533/egroup.shtml。

② 《秘书长关于联合国组织刚果民主共和国稳定特派团的报告》，联合国安全理事会 S/2012/838 号文件，2012 年 11 月 14 日，第 7 页。

图里地区的赫马人和伦杜人，但是也极少获得支持。[①] 此外，恩塔甘达和麦肯加发动叛乱的主要诉求是自保和维护自身利益，而不是为了维护班亚穆伦盖人和班亚卢旺达人社区的利益。

再次，M23 运动内部存在分歧。在保卫人民国民大会领导人恩孔达被捕、恩塔甘达取而代之的过程中，该组织内部发生分歧。而且这两支通称 M23 运动的叛乱武装事实上有不尽相同的利益诉求。麦肯加倾向于通过反叛活动向政府施加压力，逼迫政府执行 2009 年 3 月 23 日的和平协议，而恩塔甘达则更多的是希望免于国际刑事法庭的制裁。2013 年 3 月，得到恩塔甘达支持的 M23 运动政治领导人鲁尼加所属派别与军事领导人麦肯加领导的派别曾因和平协议内容产生分歧。双方分歧在于和谈的先决条件是是否要交出恩塔甘达。麦肯加主张交出恩塔甘达，而鲁尼加则表示反对。最后双方分裂并发生了火并，鲁尼加一派战败。有报道称，鲁尼加随后率残余部队 600 余人逃亡到了卢旺达境内。[②]

最后，国际社会的压力导致 M23 运动无法得到外部援助，这也是其走向谈判桌的重要原因。

根据 2012 年 11 月 24 日大湖地区问题国际会议公报，刚果（金）政府代表团和 M23 运动代表团在乌干达国防部长克里斯珀斯·基永加的调解下于 12 月 9 日进行对话。双方于 12 月 21 日商定了议事规则和临时议程。计划于 2013 年 1 月 4 日恢复对话，但因在商定正式停火问题上存在分歧而受阻。1 月 8 日，M23 运动单方面宣布停火，使会谈得以继续。1 月 16 日，刚果（金）政府和 M23 运动正式通过了坎帕拉会谈的议程。2 月，双方草签了初步停火协议。3 月 18 日，恩塔甘达向美国驻卢旺达使馆投降。随后恩塔甘达被送往海牙国际刑事法庭受审。在鲁尼加逃往卢旺达后，麦肯加成为刚果（金）政府解决东部局势问题的主要对手。

第三节　国际社会帮助刚果（金）巩固和平

刚果（金）内战对国家、社会、人民造成了极大的伤害，也引起国际社会的关注。自 1998 年内战爆发以来，国际社会一直试图调解冲突，推动刚果（金）和平进程。2002 年，刚果（金）结束内战之后，国际社会开始帮助刚果（金）巩固脆弱的和平。在安全重建阶段，国际社会主要帮助刚果（金）提供安全保障，以巩固其脆弱的和平。

一、联合国开展了其有史以来最大规模的维和行动

刚果民主共和国以及五个区域国家于 1999 年 7 月签署了卢萨卡停火协定。为了维持

---

① IPIS，“Mapping Conflict Motives：M23”，Antwerp，November 2012，p. 5.

② Josephine Lukoya & Robert Mugabe，“Former M23 President Bishop Runiga，600 Soldiers Has Fled to Rwanda”，http：//greatlakesvoice. com/former - m23 - president - bishop - runiga - 600 - soldiers - has - fled - to - rwanda/.

各方联系和执行其他任务，联合国安全理事会于1999年11月30日成立了联合国刚果民主共和国特派团（以下简称“联刚特派团”），协调联合国在此之前授权的人员。在2000年2月24日，联刚特派团扩大至5537名军事人员，其中包括至多500名观察员，或秘书长确定需要并可在总兵力和结构范围内容纳的更多观察员，以及人权、人道主义事务、新闻、儿童保护、政治事务、医疗支助和行政支助等领域的适当文职支助人员。

由于刚果（金）内战迟迟未能结束，联刚特派团实际上于2002年8月才正式部署到刚果（金）境内。由于安全局势不稳，联刚特派团人数不断增加。截至2010年6月30日联刚特派团使命结束时，总人数达到20819名官兵，其中包括18884军事人员，712名军事观察员、1223名联合国警察；由991名国际文职人员、2749名当地文职人员和634名联合国志愿人员提供支助。联刚特派团使命结束前一个财年（2009年7月1日至2010年6月30日），预算高达13.5亿美元。联刚特派团也执行了诸多使命，包括维持和平、支助刚果（金）解除前战斗人员武装、协助组建警察部队、协助刚果（金）政府军打击叛军、为大选提供安全保障等。直至2010年6月30日，刚果（金）局势逐渐稳定，联刚特派团使命结束。2010年7月1日，联刚特派团被改组为联刚稳定团。

二、向刚果（金）提供安全保障，巩固和平

2003年6月，刚果（金）过渡政府成立，内战结束。然而，在刚果（金）部分地区局势不稳定。东部地区不断爆发冲突，如2003年5月的伊图里冲突和2011年的M23运动。为了维持刚果（金）东部地区的和平与安全，联刚特派团和国际社会共同行动，巩固了刚果（金）东部的和平。

2003年5月初，最后一批乌干达军队按照协议撤离伊图里首府布尼亚。当地两大民族伦杜人和赫马人为了争夺布尼亚的控制权，相互发生冲突，涉及当地多个武装派别。冲突造成数百人死亡，数万人逃离家园。联刚特派团在当地仅有乌拉圭营的700余人，无法应对这一局势。联合国安全理事会紧急通过1484号决议，授权欧洲国家组织一支临时多国干预部队，平息伊图里事态。欧盟以法国为首组织了一支临时多国干预部队，平息了伊图里冲突，在当地建立了和平。

在伊图里冲突中，联刚特派团应对失当，受到刚果（金）国内以及国际社会的批评和压力。2013年7月28日，联合国安全理事会通过了1493号决议。1493号决议将联刚特派团人数扩大到了10800人，并授权联刚特派团可以采取“一切必要的措施”完成其使命。因此，联刚特派团有权使用武力来保障刚果（金）的局势。东部保卫人民全国大会、M23运动在刚果（金）发动叛乱时，联刚特派团在稳定刚果（金）东部局势时发挥了重要的作用。此外，联刚特派团还配合刚果（金）政府军打击盘踞在刚果（金）东部的外国武装叛军，对刚果（金）局势的稳定发挥了重要的作用。

刚果（金）东部由于先后两支叛军的活动而局势动荡。2013年3月，联合国安全理事会通过2098号决议，授权在刚果（金）的联合国维和部队部署专门的军事干预旅，负责解除当地非法武装团体的作战能力，在必要时采取行动保护平民，并协助刚果（金）政

府维护地区的安全稳定。

三、南部非洲共同体在刚果（金）和平安全中的作用

1998 年，洛朗—德西雷·卡比拉推翻蒙博托政府之后，刚果（金）加入了南部非洲共同体。早在洛朗—德西雷·卡比拉推翻蒙博托政权的内战中，南共体就曾经试图调解双方之间的内战。1998 年爆发的第二次内战中，南共体的三个成员国安哥拉、纳米比亚、津巴布韦对刚果（金）内战进行了干预。此次干预得到南共体授权，以南共体联合部队的名义进行干预。其主要出兵名义是刚果（金）受到卢旺达、乌干达等外国的侵略，应刚果（金）总统洛朗—德西雷·卡比拉的请求进行军事干预。

除了军事干预之外，南共体也支持对刚果（金）冲突的调解和冲突预防。南共体成员国组织刚果（金）各方坐下来协商结束冲突，推动了刚果（金）的和平进程。1999 年，在赞比亚时任总统奇卢巴的主持下，刚果（金）各武装派别签署了卢萨卡停火协议。卢萨卡停火协议并未终结刚果（金）内战。随后，南共体先后任命博茨瓦纳总统马西雷、南非总统姆贝基担任刚果（金）冲突调解人。2002 年，南非总统姆贝基邀请刚果（金）各派别在南非太阳城举行刚果内部对话。刚果内部对话让各方成功签署了全面包容性过渡协议，为刚果（金）结束内战奠定了基础。南共体为结束刚果（金）冲突做出了巨大贡献。

联刚特派团成立后，南共体成员国向特派团贡献了维和士兵和后勤支持。2006 年刚果（金）大选之后，国内局势仍不稳定。2008 年，刚果（金）与东部叛军保卫人民国民大会签署和平协议。2013 年，大湖地区 11 个国家签署了《刚果（金）和大湖地区和平安全与合作框架文件》，目的是解决冲突根源，增加邻国之间的互信，维护地区的稳定。

此外，南共体还与非洲联盟在刚果（金）和平与安全问题上加强合作，在刚果（金）和平行动上发挥了建设性的作用。南共体与非洲联盟在刚果（金）建立了联合办事处，目的是支持刚果（金）的和平行动。

2013 年，刚果（金）东部 M23 运动发动叛乱。南共体与联合国、非洲联盟、大湖地区国际会议等组织一起呼吁，在刚果（金）东部部署联合国干预旅。联合国安全理事会 2098 号决议授权部署干预旅，以协助维护刚果（金）东部安全。联合国干预旅有官兵 6000 人，成员来自南共体成员国南非、坦桑尼亚和马拉维。在联合国干预旅的协助下，刚果（金）政府平息了 M23 运动组织的叛乱。

四、世界银行与联合国、捐助国联合建立多国复员返乡项目（Multi - Country Demobilization and Reintegration Program，MDRP）

2002 年，世界银行与其他合作伙伴从大湖地区的安全出发，创建了多国复员返乡项目，向大湖地区及卷入大湖地区冲突的周边国家提供资金和智力支持，项目于 2009 年 6 月结束。该项目资助刚果（金）、刚果（布）、乌干达、卢旺达、布隆迪、安哥拉、中非共和国、津巴布韦、纳米比亚 9 国实施前战斗人员复员返乡计划。由于纳米比亚、津巴布韦最终未参加该项目，最终项目成员国为其他 7 个国家。其项目资金来源包括捐助国信托

基金（Multi - donor Trust Fund）、国际发展协会（IDA）等。[①]

多国复员返乡项目是一个庞大的规划，计划解除350000前名战斗人员武装，并让他们重返社会。参与方包括非洲7国政府、世界银行、12个联合国机构、13个捐助国、地方项目执行者、2个联合国维和行动、国际非政府组织以及非洲次区域组织。[②] 13个捐助国和世界银行向该项目提供了4.5亿美元的财政资助。项目帮助东道国提出国家复员方案和特别项目（针对儿童兵及残疾军人），建立执行机构，并在项目执行中充分尊重东道国的国家自主权。

截至2009年该项目结束时，世界银行在刚果（金）实施的紧急复员返乡项目（Emergency Demobilization and Reintegration Program，EDRP）帮助该国102014名前战斗人员复员，帮助30219名儿童兵重返社会。[③] 此外，多国复员返乡项目推动参与项目的非洲7国的安全与稳定。2009年项目结束时，非洲7国的政治稳定性增强，暴力冲突有所缓解；非洲7国因战乱导致的难民和流离失所者1000余万人，项目结束后下降到了360万人；7国中大部分国家的军事开支下降，社会服务部门的预算增加。例外的是，刚果（金）因为推进卸甲归田项目和东部局势动荡致使军费有些微增长。但根据刚果（金）国防部门的统计，刚果（金）2003年社会基础服务与军事预算的比例是1∶1，2007年这一比例为3∶1。[④]

五、支助刚果（金）安全部门改革

安全部门改革主要包括卸甲归田（包括前战斗人员解除武装、回归社会和重新整编军队）和警察部门改革等内容。卸甲归田项目是冲突后国家重建的难点，也是冲突后国家预防冲突和巩固和平的重要手段。由于冲突后国家缺乏人力、物力和财力，国际社会一般在冲突后国家安全部门改革中发挥重要作用。

世界银行和加拿大、12个欧洲国家共同出资建立了“多国复员返乡”项目，计划遣返包括刚果（金）在内的非洲7个冲突中或冲突后国家的350000名前战斗人员。该项目与大湖地区国家及卷入大湖地区冲突的非洲7国政府以及超过30个伙伴组织开展合作。

2004年5月，刚果（金）过渡政府提出了一份国家卸甲归田方案。世界银行主持的多国复员返乡项目和世界银行给刚果（金）国家卸甲归田方案提供了1亿美元贷款。然而，卸甲归田方案进展缓慢，直到2005年中，卸甲归田方案才开始正式实施。刚果（金）国家卸甲归田方案正式开始实施起，其执行就面临着严峻的挑战。

主要挑战之一是制定的方案必须得到各武装派别认可。如果各派武装不认可，卸甲归田项目将无法继续，硝烟可能再起。除此之外，很多国家资助刚果（金）卸甲归田项目，

---

① 世界银行多国复员返乡项目（MDRP）网站，http：//www. mdrp. org/drc. htm。

② World Bank，“Multi - Country Demobilization and Reintegration Program Final Report：Overview of Program Achievement”，July 2010，p. 19.

③ World Bank，“Multi - Country Demobilization and Reintegration Program Final Report：Overview of Program Achievement”，July 2010，p. 23，p. 25.

④ World Bank，“Multi - Country Demobilization and Reintegration Program Final Report：Overview of Program Achievement”，July 2010，pp. 17 - 19

但是严格限制自己的援助资金只能用于非军事用途，而卸甲归田方案除了涉及解除各派武装，还涉及重建国家军事力量。让事情更加复杂的是，世界银行与联合国开发计划署在如何执行卸甲归田方案上矛盾重重。武器禁运进展缓慢也影响到了安全部门改革的推进。

为了使刚果（金）拥有治安和安保能力，国际社会帮助刚果（金）建立一支警察力量。由于连年内战，刚果（金）缺乏一支高效、非党派的国家警察部队。2003 年，联刚特派团在刚果（金）首都金沙萨建立了一支中立的警察部队。联刚特派团中的警察分队人员也不断增长。联刚特派团主要是帮助培训警察教官，但是进展缓慢。欧盟也积极参与刚果（金）警察部队建设。2005 年初，欧盟资助建立了一支警察部队。2005 年 5 月，欧盟警察已经为刚果（金）培养了 1000 名警官。此外，欧洲委员会对警察部门改革表现出了浓厚的兴趣。

2004 年，法国也通过双边安排为刚果（金）政府培训了一支应付骚乱的警察快速反应部队，并提供了武器装备。至 2005 年中，法国已经为刚果（金）培训了 1500 名警官。南非和荷兰也与刚果（金）签署双边协议，援助刚果（金）警察部队建设。为了不让各方培训行动相互冲突，2005 年这些国家和国际组织成立了警察部门改革工作小组，负责协调各方参与刚果（金）警察部门改革事宜。

随着 2006 年大选临近，警察部门改革工作日益繁重。2005 年初刚果（金）过渡政府制定了一个计划，希望在 2006 年大选前培训 32000 名警察。联刚特派团继续培训教官的计划，欧洲国家则承诺提供 890 万欧元用于提供培训场地和设备。截至 2005 年 9 月，刚果（金）有 39000 名警察接受了培训，并部署到全国各地，其中 18500 名警察接受了闹市人群管控和专门任务培训。

总体而言，警察部门改革比重新整编军队要更加成功。这主要体现为在 2006 年大选中新建警察部队在面对骚乱时应对更加专业。警察部门改革并非尽善尽美。这主要是由于警察是应对大选突发情况进行培训的，警察部门仍缺乏治安、司法和监狱体系，其职能尚需完善。

第九章　刚果（金）的政治重建

政治重建的目标应该是建立一个在国际上有代表性的政府，并行使国家主权。具体而言，政治重建需要解决的是建立国家政治机构，实现对国家领土的有效控制。但是对于一个刚刚摆脱冲突、四分五裂的国家和社会而言，建立一个各方都接受的权力分配框架是很艰难的。就当前国际社会的普遍实践而言，通过和平谈判摆脱冲突的国家大多选择的是民主制度。一方面是这类冲突后国家的现实需要，因为在谁都消灭不了对方的情况下，实现和平的最好的办法是将暴力冲突转变为受限制的政治冲突；另一方面，西方国家也把民主制度视为防止冲突再起的所谓的“灵丹妙药”。

但是对于冲突后重建国家而言，由于资金、能力、后勤等方面因素的制约，举行选举是一个非常严峻的挑战。如果不能应对这个挑战的话，国家很有可能会再次陷入内战。正如20世纪90年代安哥拉重建案例所显示的那样，大选失利的安盟拒不接受大选结果，最终导致内战再起。另外一个挑战就是如何将一个民主制度变成一个高效的国家机器，而不会因各方争权夺利导致政府陷入瘫痪境地。这实际上就是要加强政府的能力，从国家和社会关系角度而言，也就是加强政府的自主性和国家能力，削弱潜在的能与国家相抗衡的社会集团的实力。

第一节　过渡政府的成立及大选的筹备

一、过渡政府的成立

2002年12月，刚果（金）各派签署了太阳城全面和平协议。2003年6月30日，刚果（金）过渡政府成立，标志着为期2年的过渡阶段开始。刚果（金）过渡政府实际上是内战中五大武装派别（前政府、刚果解放运动、刚果民主联盟—戈马派、刚果民主联盟—解放运动派、刚果民主联盟国民派）以及马伊—马伊民兵之间妥协的产物。他们将与民间人士以及政治反对派共同分享权力。过渡政府的使命是为为期2年的过渡期后举行公正透明的多党民主大选创造条件。

根据全面包容性过渡协议内容，过渡政府总统由原总统约瑟夫·卡比拉担任，四位副总统分别由刚果解放运动（MLC）领导人让·皮埃尔·本巴（Jean – Pierre Bemba）、刚果民主联盟—戈马派（RCD－Goma）领导人阿扎里亚斯·鲁贝鲁瓦（Azarias Ruberwa）、非武装派别代表亚瑟·扎希迪·恩戈马（Arthur Zahidi N’goma）以及政府派指定的耶罗达·阿卜杜拉耶·恩多姆巴希（Yeroda Abdoulaye Ndombasi）担任。其他两个重要武装派别刚果民主联盟—解放运动派（RCD－ML）领导人姆布萨·恩雅姆维希（Mbusa Nyamwisi）和刚果民主联盟—国民派（RCD－N）领导人罗格·伦巴拉（Roger Lumbala）则被任命为政府部长。

过渡政府由36名内阁部长及25名副部长组成（见表9－1）。根据刚果内部对话最后议定书，前政府掌控内政部、分权和安全部、财政部、能源与工业部等部门；刚果民主联盟戈马派掌控国防部、复员和退伍军人部、国有企业和电信部、经济部；刚果解放运动掌控外交与国际合作部、计划和预算部。

表9－1　过渡政府部长、副部长席位分配　　单位：个

政治派别	部长席位	副部长席位
前政府	7	4
政治反对派	7	4
民间社会	2	3
刚果民主联盟—戈马派	7	4
刚果解放运动	7	4
刚果民主同盟—国民派	2	2
刚果民主同盟—解放运动派	2	2
马伊—马伊民兵	2	2
总席位	36	25

过渡议会被赋予过渡时期立法权，成立于2003年8月，由国民议会和参议院组成。国民议会共有500个席位，参议院有120个席位（见表9－2）。国民议会议长由来自刚果解放运动的奥利维尔·卡米塔图（Olivier Kamitatu）担任，参议院议长由来自民间社会的皮埃尔·马里尼·波多（Pierre Marini Bodho）担任。过渡议会席位分别分配给刚果内部对话最终议定书的各签字方。

表9－2　刚果（金）过渡议会席位分配　　单位：个

政治派别	国民议会席位	参议院席位
前政府	94	22
政治反对派	94	22
民间社会	94	22
刚果民主联盟—戈马派	94	22
刚果解放运动	94	22

续表

政治派别	国民议会席位	参议院席位
刚果民主同盟—国民派	5	2
刚果民主同盟—解放运动派	15	4
马伊—马伊民兵	10	4
总席位	500	120

根据和平协议，刚果（金）过渡时期截至2005年6月30日。但是过渡宪法第196条规定，过渡时期可依据独立选举委员会的认定及过渡议会两院联合决议加以延长。2005年4月，独立选举委员会主席向过渡议会两院提交了大选进程进展的技术报告，正式向过渡议会两院提出延长过渡期的请求。2005年6月，过渡议会两院通过将过渡期延长至2006年6月30日。

对于冲突后国家而言，建立一个政府已是很严峻的挑战，更何况建立一个三权分立的民主政府。刚果（金）政治机构的建立是刚果（金）人民在国际社会的大力支持下，克服种种困难和挑战才得以完成的。这其中最严峻的挑战之一是大选的筹备。刚果（金）幅员辽阔，人口众多，加上内战中基础设施损毁殆尽，东部地区局势动荡。在这样的环境下举行大选面临着诸多的挑战。另外一个比较严峻的挑战是失利一方对大选的反应。失利一方是会平静地接受大选结果还是会再次引爆冲突？这对于大选后脆弱的和平局势来说是一个需要面对的挑战。

二、大选的筹备工作

依照《过渡宪法》，选举进程将包括就过渡期后宪法举行全民公决和立法选举，并以2005年7月的总统选举为终点。刚果（金）大选的筹备主要需要完成三项工作：首先，需要制定宪法以及一套与大选相关的法律，包括关于设立独立选举委员会的法律、关于选民和候选人资格的选举法、选民登记法和全民投票法等。其次，是大选所需要的资金。刚果（金）大选包括总统选举、议会选举、地方政府选举以及地方议会选举。在这些过程中需要花费大量的竞选经费，这对于刚刚摆脱冲突的刚果（金）而言是一笔不小的开支。最后，是大选的安保工作。虽然刚果（金）总体形势趋缓，但是局部地区冲突不断。此外，原各武装派别之间的不信任也有可能导致大选中或者大选之后发生暴力冲突。

2004年6月5日，约瑟夫·卡比拉总统颁布了关于设立独立选举委员会的组织法。此前，民间社会、各政党、议会和最高法院已就该委员会的结构和组成进行了大量讨论。该委员会随后通过了《选举活动暂行时间表》，并成立了全国选民登记小组委员会和机构间协商机制。《国籍法》和《国防及武装部队法》也于2004年11月12日颁布。

2004年6月底，参议院完成了宪法一般性条款的起草工作，并制作了一份调查问卷，就与此有关的四个基本问题（国家的存在形式、政治制度、国名和领土划界）征求公众意见。2005年5月13日，议会通过《宪法草案》，将于11月27日举行全民投票。2005年

12 月举行全民公决，通过了《宪法草案》。2006 年 2 月 18 日，卡比拉总统颁布了新宪法。新宪法规定：国家机构由总统、政府、国民议会、参议院和法院组成；总统为国家元首、三军统帅，由普选产生，任期五年，可连任一届，负责维护宪法尊严、国家独立主权和领土安全，在议会监督和政府参与下，保障国家机构正常运行；总理为政府首脑，政府与总统共同制定国策，政府是国策执行的主要负责机构；政府对议会负责，国民议会可对政府成员提出不信任案；议会两院可对总统和总理向法院提起诉讼；总统有权解散议会；司法权独立于立法和行政权，由最高法院、上诉法院、法院、民事法庭、军事法庭和检察院组成。

新宪法的通过和 2006 年 3 月 9 日颁布《选举法》，是刚果（金）举行民主大选需要完成的两项重要工作。《选举法》根据 145 个县和 21 个市的行政区划设立了 169 个选区，金沙萨则分设 4 个选区。《选举法》规定：总统选举采取两轮选举制；如候选人在第一轮中没有获得绝对多数票，将举行第二轮选举。2011 年 1 月，刚果（金）参众两院通过宪法修正案修改了这一条款。总统只经一轮选举产生，这意味着当选总统只需要简单多数票。选举法还对议会两院选举作了规定，参议院有 108 个席位，其中 25 个省中每个省拥有 4 个席位，金沙萨拥有 8 个席位。参议员由各省议会选举产生，任期 5 年。国民议会拥有 500 个席位，议员的选举采取混合代表制。在只有一个席位的选区，将在简单多数的基础上产生候选人；在拥有两个及以上席位的选区，将采取开放名单比例代表制，由选民中产生候选人。

在法律制定的同时，独立选举委员会已着手筹备可能参选的大约 2800 万选民的登记工作。选民登记工作自 2005 年 6 月 20 日在金沙萨开始以来，已经逐步扩展到各个省份。截至 2005 年 9 月 17 日，估计总数 2000 万至 2500 万选民中，已有 1100 多万人登记，包括金沙萨的 290 万人。全国的选民登记工作原定于 2005 年 9 月 25 日结束，但由于加丹加和东西开赛省等地登记截止日期已经延长，主要原因是独立选举委员会在后勤方面遇到困难，选民登记进展缓慢。[①] 独立选举委员会还于 2005 年 6 月 18 日启动了公民教育活动，并在全国以四种语言（斯瓦希里语、林加拉语、契卢巴语和基刚果语）分发与选举有关的主要法律文件，如《国籍法》《选举登记法》和《宪法草案》。联刚特派团与开发计划署和支助刚果选举进程合作，用多种语言制作了有关选举的四种录像。妇女团体号召加强妇女在选举进程中的作用，妇女律师协会正在执行选民登记监测战略。

刚果（金）大选中的安全环境也是各方关注的一个重要问题。大选中的主要安保工作由新组建的刚果（金）警察部队负责。在 2005 年 12 月的刚果（金）新宪法全民公决中，刚果（金）警察已经经历了一次预演彩排。除此之外，国际社会也为刚果（金）大选提供了安全支持。除了联合国刚果（金）特派团原有的 17000 名维和人员之外，欧盟也按照联合国安全理事会 2006 年 4 月 21 日第 1671 号决议向刚果（金）部署维和部队。欧洲联

① 《秘书长关于联合国组织刚果民主共和国特派团的第十九次报告》，S/2005/603 号文件，2005 年 9 月 26 日，第 2 页。

盟部队旨在加强快速反应能力，处理可能对选举进程构成威胁的局面。欧盟驻刚果（金）维和部队是欧盟为保证非洲国家大选而展开的首次军事行动，欧盟25个成员国中的20个国家派出了军事人员。这支部队的任期从2006年7月30日刚果（金）首轮总统选举及议会选举投票开始，为期4个月。这支部队主要由特种兵组成，其中1100人部署在金沙萨，并配备了直升机、运输机、无人侦察机等空中支援力量。此外，在加蓬首都利伯维尔还有两个法国空降连和一个德国空降营（共约1300人）待命。

还有一个问题是资金问题，独立选举委员会编制了大约2.85亿美元的预估选举预算，并于2004年5月获得通过。但是，这一预算不包括所有后勤支助或公民教育活动的费用，主要原因是委员会缺少对这些需求进行评估的专长。预算也没有反映选举的方式，因为在选举法获得通过，进而确定采用何种选举制度之前，无法就选举方式做出决定。2006年6月29日，联合国秘书长驻刚果（金）特别代表威廉·斯文称，国际社会为这次选举提供了4.58亿美元的援助。[①] 在国际社会和刚果（金）各方的共同努力下，刚果（金）最终在为期三年的过渡期后于2006年7月30日迎来了40年来的首次民主大选。

第二节　大选的举行和政府的成立

2006年7月30日，刚果（金）终于迎来了40年来的首次民主选举，总统选举和国民议会选举同时举行。刚果（金）正式注册的政党有269个，报名参加总统选举的候选人共有33人，参加国民议会选举的候选人达到9600人。候选人的资格由独立选举委员会审核，并最终由最高法院确认。

一、主要政治力量

2001年初，约瑟夫·卡比拉继任总统。同年5月，约瑟夫·卡比拉总统颁布了《政党和政治团体组织活动法》，正式解除党禁，同时规定各党需重新登记。刚果（金）各种政治势力成立了自己的政党。2003年6月过渡政府成立了之后，各主要武装派别也成立自己的政党，从武装斗争转向政治斗争。2006年6月大选前，刚果（金）政治力量主要有以下几个党派：

（1）重建与民主人民党（Le Parti du Peuple pour la Reconstruction et la Démocratie, PPRD）于2003年3月31日成立，该党是支持约瑟夫·卡比拉总统的主要政党。该党党章规定，党的理想目标是通过民主途径执掌国家政权，保障民族团结、领土完整和国家繁荣。主要机构包括全国代表大会和全国执行委员会，总部设在金沙萨，总书记是埃瓦里斯特·博夏卜（Evariste Boshab）。

---

① 《联合国大力支持刚果（金）选举》新华网，http://news.xinhuanet.com/newscenter/2006－06/30/content_4771660.htm，2006年6月30日。

（2）卢蒙巴主义统一党（Le Parti lumumbiste unifié，PALU）成立于1964年8月22日，在班顿杜省、下刚果省等西部省份较具影响力。蒙博托时代，该党转入地下，总书记基赞加流亡国外。1992年，基赞加回国，继续从事反对蒙博托独裁统治的斗争。2003年，基赞加参加了刚果（金）内部对话会，并签署了全面包容性协议。由于在任命政治反对派副总统问题上与有关派别矛盾尖锐，该党拒绝参加过渡政府，作为在野党继续发挥政治影响力。2006年7月，基赞加参加了第一轮总统选举，得票率名列第三。之后，该党与卡比拉总统多数派联盟结盟，支持卡比拉竞选。2006年10月，卡比拉胜选后，基赞加被任命为总理。2008年9月，基赞加辞职后，由该党成员穆齐托继任总理。

（3）刚果革新联盟（Alliance pour le Renouveau du Congo，ARC）于2006年1月30日成立，该党主席为刚果解放运动原总书记、过渡期议长、现任计划部长卡米塔图。该党主张维护国家和平、统一、独立与主权，通过自由、民主途径实现政权更迭，建立法治国家，尊重公民自由和人权，消除种族、性别和信仰歧视，致力于建立长久的多党民主制度。

（4）民主与社会进步联盟（Union Pour la Démocratie et le Progrès Social，UDPS）成立于1982年2月，是刚果（金）较具影响力的反对党，长期持激进立场，主张实行西方式民主制度。党主席为艾蒂安·齐塞克迪（Etienne Tshisekedi），曾在蒙博托时期任总理、部长、大使等职务。

（5）刚果解放运动（Mouvement pour la Libération du Congo，MLC）于1998年11月10日成立，原为前扎伊尔总统蒙博托旧部成立的政治军事组织，曾长期得到乌干达的支持，与卡比拉政府武装对峙。2003年6月宣布转为政党，并参加刚果（金）内部政治对话，后加入过渡政府，获得外交部、计划部、预算部等部门部长席位，党主席本巴担任过渡期主管经济和财政事务的副总统。该党总部设在赤道省，首都金沙萨及全国主要大城市建有分支机构。该党主席本巴参加总统竞选落败后，于2007年1月当选参议员。同年3月下旬，刚果（金）政府军武力解除本巴卫队武装，本巴赴葡萄牙治病。2008年5月，比利时警方根据国际刑事法院逮捕令在布鲁塞尔逮捕了本巴。目前，刚果解放运动日常事务主要由该党总书记、国民议会议员姆旺巴主持。

（6）刚果民主联盟（Rassemblement pour la Démocratie du Congo，RDC）于1998年8月刚果（金）冲突爆发后成立，原为刚图西族裔人组成的政治军事组织，2003年6月宣布转为政党。曾武装反对卡比拉政府，主要控制南基伍省、马尼埃马省、东开赛省和北基伍省南部及加丹加省北部地区，总部设在戈马。曾多次分裂，主流派别又称“刚果民主联盟—戈马派”（RCD - GOMA）。2003年参加刚果（金）内部政治对话，后参加过渡政府，获国防部、经济部、国企部、邮电部等部门部长席位，党主席鲁贝鲁瓦担任主管政治事务的副总统。

齐塞克迪领导的民主与进步联盟由于对刚果（金）内部对话成果和和平协议不满，2003年拒绝参加过渡政府，2006年拒绝参加总统和立法选举。

二、大选选举进程及结果

2006 年 7 月 30 日举行的第一轮选举中，33 个总统候选人中，26 人得票率不超过 1%。第一名为约瑟夫·卡比拉，获得 44.81% 的选票；第二名为刚果解放运动领导人本巴，得票率为 20.03%（见表 9-3）。没有任何一个总统候选人得票率超过 50%。按照《选举法》，必须在 15 天内举行第二轮选举。但是总统卫队和副总统本巴的卫队之间发生了交火事件，导致第二轮选举延误。2006 年 9 月，根据最高法院裁决，第二轮总统大选与省议会选举于 2006 年 10 月 29 日同时进行。在第二轮选举中，最终卡比拉以 58% 的得票率胜出，当选为刚果（金）第一位民选总统，其竞争对手本巴获得 42% 的选票。

表 9-3　2006 年 7 月 30 日刚果（金）总统选举结果

（仅列出得票率 1%及以上候选人）

候选人	所属政党	得票数	得票率（%）
约瑟夫·卡比拉	独立候选人	7590485	44.81
本巴	刚果解放运动	3392592	20.03
安东尼·基赞加	卢蒙巴主义统一党	2211280	13.06
恩赞加·蒙博托	蒙博托主义民主联盟	808397	4.77
奥斯卡·卡萨拉	刚果重建联盟	585410	3.46
鲁贝鲁瓦	刚果民主联盟	285641	1.69
皮埃尔·佩佩	基督教民主联邦主义者大会	267749	1.58
伦达—布鲁鲁	社会和联邦主义者联盟	237257	1.40

资料来源：刚果（金）独立选举委员会（CEI-RDC）。

同时举行的国民议会选举结果也揭晓，约瑟夫·卡比拉领导的重建与民主人民党获得国民议会 500 个席位中的 111 席，刚果解放运动获得 64 席，卢蒙巴主义统一党获得 34 席。而原最大的武装派别刚果民主联盟—戈马派仅获得 15 席，位列第 6（见表 9-4）。

表 9-4　2006 年刚果（金）国民议会选举结果

（仅列出获得 10 个及以上席位的政党）

政党	席位	得票率（%）
重建与民主人民党	111	22.2
刚果解放运动	64	12.8
卢蒙巴主义统一党	34	6.8
复兴社会运动	27	5.4
复兴力量	26	5.2
刚果民主联盟—戈马派	15	3.0
刚果民主人士联盟	10	2.0
基督教民主人士联盟	10	2.0

资料来源：刚果（金）独立选举委员会（CEI-RDC）。

在2007年1月举行的参议院选举中，卡比拉领导的重建与民主人民党也成为第一大党，获得22个席位，刚果解放运动获得14席，复兴力量获得7席，刚果民主联盟获得7席（见表9－5）。

表9－5 2007年刚果（金）参议院选举结果

（仅列出获得2个及以上席位的政党）

政党	领导人	席位（个）
重建与民主人民党	约瑟夫·卡比拉	22
刚果解放运动	本巴	14
复兴力量	姆布萨·恩雅姆维希	7
刚果民主联盟	—	7
基督教民主党	恩东多·波农戈	6
基督教民主人士大会	—	3
复兴社会运动	—	3
卢蒙巴主义统一党	安东尼·基赞加	2

资料来源：刚果（金）独立选举委员会（CEI－RDC）。

2006年12月26日，约瑟夫·卡比拉宣誓就任总统，并着手准备建立政府。2007年2月，他任命安东尼·基赞加担任政府总理，开始了刚果（金）的宪政时代。大选之后，刚果（金）还举行了省议会以及省长选举，省长由省议员选举产生。

三、大选对未来刚果（金）局势的影响

刚果（金）大选对于冲突后的刚果（金）而言，具有划时代的意义。成功地举行民主选举，提高了刚果（金）政府的权威和合法性。刚果（金）过渡政府虽然也是国际社会承认的中央政府，但是相比较人民选举的政府而言，二者的合法性和权威无法同日而语。大选的顺利举行将使国际社会对于刚果（金）的未来局势保持相对乐观，有助于刚果（金）开展经济和社会重建。

首先，刚果（金）大选的举行符合西方国家的政治重建框架。国际社会特别是西方国家认为这是刚果（金）政治民主化的良好迹象。国际社会对刚果（金）民选政府的好感度和支持度大幅提升，也为刚果（金）带来新一轮的援助，有利于刚果（金）重建的开展。

其次，大选的举行终结了内战，进一步巩固了刚果（金）的和平。经过多年内战，刚果（金）国内人心思定。大选之后，原武装派别只有在政治斗争的道路继续走下去，任何试图再次以武装暴力方式来争取或维护利益的行动将会遭到国际社会绝大多数国家的反对和制裁。刚果（金）东部发动叛乱的保卫人民国民大会及其后继的M23运动发动的叛乱都在国际社会的反对和制裁中很快得以平息。

再次，刚果（金）大选导致各种政治力量重新分化组合。经过多年内战，刚果（金）国内的政治势力围绕执政权开展政治斗争。在此基础上，刚果（金）国内的政治力量形成了四大派别：支持总统卡比拉的政治势力；支持叛乱武装派别的势力；原蒙博托政权的遗老遗少；前蒙博托政权的政治反对派演变成的现在刚果（金）卡比拉政府的政治反对派。

最后，刚果（金）冲突的根源并没有因为大选而消弭。正如前文所述，刚果（金）冲突的根源十分复杂。虽然刚果（金）通过大选建立了一个政府，然而并没有真正消除引起冲突的深层次的根源。刚果（金）的和平是一种无奈的相互妥协，这种妥协是一种实力的相对均衡和军事僵局。这最终会表现为各政治党派将在围绕政权的政治斗争中互不妥协和退让。这也让一些大国有机会利用这种局势分而治之，严重影响刚果（金）国家的自主性，这可能会对刚果（金）未来政治发展和国家重建构成严重挑战。

当然，民主政府并不是强大高效政府的代名词。目前并没有令人信服的证据表明实行民主选举国家一定能够取得比其他国家更稳定的政治局势和更良好的经济业绩。因此，对于刚果（金）而言，未来政府的治理能力仍亟待提高。前文提及的国家的四种能力为汲取能力、调控能力、合法化能力和强制能力。笔者认为对于冲突后国家而言，汲取能力和强制能力是刚果（金）目前最需要加强的能力。汲取能力是指动员社会经济资源的能力，实际上就是征税的能力。加强刚果（金）国家的汲取能力，一方面可以为政府筹措财源，为战后国家重建投入更多的资源；另一方面也可以截断社会集团可以动员的社会剩余。刚果（金）社会集团众多，在内战中很多叛乱集团就是利用自己占据地盘内的矿产资源作为叛军的军费来源。目前刚果（金）收缴国税异常艰难，尤其是在纳税人用外汇从事进出口业务的情况下更是如此。在产品交易过程中，存在大规模的偷税、漏税情况，尤其是钻石出口走私严重。商人的进口也不是按海关的税则上税，而是按一个集装箱向海关交多少钱通关，存在金额少报、漏报的现象，国家财政收入受到严重影响。刚果（金）在这方面仍需要加强制度建设和能力建设。

加强刚果（金）的强制能力实际上就是要求国家能够垄断暴力。这不仅是刚果（金）作为一个现代国家的特征，也是预防冲突、实现国家统一的一个重要手段。如果刚果（金）具有垄断暴力或解除暴力威胁的能力，就能控制社会集团暴力的发生，各种社会集团就不至于也不敢用暴力来实现自己的目标。但是刚果（金）新整编的军队在解决东部基伍地区叛军（保卫人民国民大会、M23 运动）的表现显示出，他们在这方面的能力还严重欠缺。

第三节　政治重建的后续问题

随着刚果（金）结束过渡阶段，举行了两届大选，卡比拉连任。根据刚果（金）宪法，总统最多连任一届。原定于 2016 年 11 月举行的大选被迫推迟到 2018 年 12 月 23 日。由于大选问题几乎引发刚果（金）的政治危机和宪政危机。

一、2011 年刚果（金）大选

2011 年 11 月，刚果（金）举行了第二次大选。在这次大选中，各派政治力量进行了重新分化组合。2006 年的大选中，从历史渊源和性质来看，各派政治力量主要代表了刚果（金）国内四种政治势力。

第一种政治势力与刚果（金）总理卢蒙巴或多或少有一定的渊源，主要包括卡比拉领导的执政党、基赞加领导的卢蒙巴主义统一党。小卡比拉的父亲洛朗—德西雷·卡比拉最初武装反对蒙博托政权的时候，一直自诩为卢蒙巴的“接班人”。而基赞加早先就为卢蒙巴的副手，在卢蒙巴遇害之后成为卢蒙巴政府的继承人。现任总统约瑟夫·卡比拉于 2006 年当选之后，曾任命基赞加为第一任总理。现任总统卡比拉的主要政治基地在刚果（金）东部地区及加丹加省。

第二种政治势力与原蒙博托政权有关系，包括刚果解放运动和蒙博托儿子成立的蒙博托主义民主联盟。刚果解放运动由前蒙博托政权的残余分子组成，主要基地也在蒙博托的故乡、刚果（金）北部的赤道省。2007 年 3 月，刚果（金）政府对本巴等原武装派别领导人发出最后通牒，要求他们交出私人武装。但是刚果解放运动的领导人本巴进行武装反抗。最后，刚果（金）政府通过武力将本巴解除武装，本巴逃往葡萄牙。2008 年 5 月，本巴因在 2002 年 10 月至 2003 年 3 月间在中非共和国犯下 3 项战争罪（谋杀、强奸和抢劫）以及两项危害人类罪被海牙国际刑事法院逮捕。

第三种政治势力是以艾蒂安·齐塞克迪为代表的民主派。齐塞克迪自 1982 年就成立了反对蒙博托的政党。在 20 世纪 90 年代初的扎伊尔民主化进程中，齐塞克迪曾担任蒙博托政权的总理，并成为刚果（金）民主派的旗帜人物，与西方国家关系密切。齐塞克迪的主要基地在金沙萨，曾拒绝参加 2006 年的大选。在 2011 年 11 月 28 日举行的大选中，齐塞克迪成为卡比拉的主要竞争对手。

第四种政治力量主要是一些少数族群的政治代表，以刚果民主联盟为代表。内战结束后，图西族的军事集团转变为政治集团，由于其在内战中被指责为卢旺达等外国势力的代理人，在国内除了在图西族群中间有民意基础，在其他族群中的影响力很小。在 2006 年举行的大选中，其总统候选人仅获得了 1.6% 的选票，其政治派别在议会中也仅获得 15 个席位，居第六位。此外，下刚果省的巴刚果人出现了独立运动，但是被政府镇压。这些少数族群虽然不能在全国政治中决定政治局势发展，但是在地方政治中仍有一定的影响力。

以上各种政治势力中的很多政党和政治派别虽然在渊源上相似，但在具体利益、政治纲领、治国理念方面仍有区别，在牵涉到具体利益和权力分配的时候仍存在矛盾和冲突，甚至为了选举而摒弃前嫌、相互结盟。如在 2006 年的大选中，蒙博托主义民主联盟就曾加入总统多数派联盟，但是在本次大选中，该党又退出了执政党。保卫人民国民大会在过去几年曾经与卡比拉的政府军互相放对，但是在 2011 年大选中卡比拉与保卫人民国民大会为了大选而相互结盟。

此外，在 2011 年的大选中，各派政治力量发生了一些新变化。一是 2006 年的大选中约瑟夫·卡比拉总统的最大竞争对手、刚果解放运动的领导人本巴被国际刑事法院逮捕。二是新的政治力量出现，包括从执政党中出走了一些实力派人物和新的政治势力。2006 年 12 月，原执政党重建与民主人民党总书记维达尔·卡梅雷（Vital Kamerhe）当选国民议会议长；2009 年 3 月，卡梅雷因反对刚果（金）与卢旺达就清剿刚东非法武装采取联合军事行动而辞去议长职务，于 2010 年创建了刚果国家联盟（Union pour la Nation Congolaise - UNC）。现任参议长肯戈为参加 2011 年大选而创建了变革力量联盟（Union des Forces du Changement - UFC）。该党以"改变执政方式"为口号，主张凭借发展眼光与政治操守，努力发挥青年与妇女的作用，团结所有革新力量，推行政治改革与精英治理，保障公民自由，实现全民平等与社会公正，促进地方分权与国家发展，建设全新的刚果（金）。三是艾蒂安·齐塞克迪异军突起，成为现任总统卡比拉的主要竞争对手。

2011 年 11 月 28 日，刚果（金）如期举行大选。12 月 9 日，刚果（金）独立选举委员会主席穆伦达公布，卡比拉总共获得 880 多万张选票，得票率为 48.95%。其主要竞争对手反对党民主和社会进步联盟主席艾蒂安·齐塞克迪获得了 586 万多张选票，得票率为 32.33%。根据 2011 年 1 月修改的刚果（金）选举法，此次刚果（金）总统选举采取单轮选举制，只需获得简单多数票即可当选总统。根据独立选举委员会已公布的日程，刚果（金）最高法院于 12 月 16 日公布了裁定后的最终结果，确认了以上各党的得票数。12 月 20 日新一届总统举行了宣誓就职仪式。

2011 年大选的举行并未弥合刚果（金）的社会分裂，反而有扩大这种分裂的趋势。大选之后，反对党拒绝接受最高法院宣布的选举结果。刚果（金）政府也采取了强硬措施。有报道称齐塞克迪被刚果（金）政府软禁在家。齐塞克迪领导的民主和进步联盟的议会党团也拒绝出席议会会议。在此情形下，原定于 2012 年初举行的刚果（金）省议会及省长选举也被推迟到了 2013 年。

二、2016 年大选未能如期举行引发的政治危机

2015 年，随着新一届大选日期临近，刚果（金）大选的气氛日益浓烈。依据刚果（金）宪法，总统只能连任一届。刚果（金）国内围绕大选和卡比拉的"第三任期"展开了激烈的政治斗争，并引发了内战结束以来最严重的政治危机。

2015 年 1 月，刚果（金）总统多数派执政联盟在国民议会上提出了包含人口普查在内的选举法修正案。执政联盟的理由是内战结束后刚果（金）人口发生了过大的变化，不进行人口普查无法举行大选；而反对派则认为人口普查工程浩大，将会影响大选的如期举行。他们认为这是卡比拉试图推迟选举，拖延下台，从而为其修宪连任实施的缓兵之计。刚果（金）国内因此爆发了持续多日的大规模游行抗议。在各方压力之下，国民议会撤销了该议案，骚乱随之平息。

围绕 2016 年大选，执政联盟内部首先发生了分裂。首先，加丹加省省长莫伊兹·卡通比（Moise Katumbi Chapwe）明确反对卡比拉参与第三任期竞选，并于 2015 年 9 月宣布辞去加丹加省长职务并退出执政党。2016 年 5 月，卡通比宣布将竞选下一任总统。卡通比

出生于1964年12月，是刚果（金）政坛上的后起之秀。他早年原是一个著名的商人，有一家规模较大的矿业公司。2003年卡比拉总统邀请卡通比帮助其整顿矿业部门。2006年他当选国民议会议员，2007年1月当选加丹加省省长。在担任加丹加省省长期间，卡通比发展基础设施，鼓励外资投资，减省政府办事程序，打击腐败。在他担任省长期间，加丹加省的经济发展迅速，充满活力，为其赢得了良好的声誉。当地税收从2007年的8000万美元增长到2014年的30亿美元。2016年6月，他因经济纠纷被刚果（金）法院缺席审判处以有期徒刑3年。其次，总统执政党联盟中的7个政党联名致信卡比拉，要求实现政党更替，但被执政党联盟开除。这7个政党随后组成“7党联盟”，加入了反对派。

反对派为了抗衡强大的总统执政党联盟，开始整合势力。2015年12月30日，主要反对派联合成立了“2016年公民阵线”。刚果（金）独立选举委员会表示，由于后勤、财政困难，选举将难以按期举行。2016年6月，主要反对派领袖齐聚比利时，在2016年公民阵线的基础上建立了更加广泛的“反对派联盟”。民主与进步联盟领袖艾蒂安·齐塞克迪任“反对派联盟”主席。①

随后，2016年大选不能如期举行进一步引发了刚果（金）内战结束以来最严重的政治危机。国际社会包括一些非洲国家对此表示关切。2017年10月27日，美国驻联合国大使黑莉表示，2018年刚果（金）不举行大选，将失去国际援助。在国内外的压力下，经过非盟代表、刚果（金）天主教会的调解，最终确定大选将定于2018年12月23日举行，现任总统卡比拉不谋求下一任期。2018年8月8日，刚果（金）执政党正式推举前内政部长、执政党重建与民主人民党执行书记埃马纽埃尔·拉马扎尼·沙达里（Emmanuel Ramazani Shadari）作为本届总统候选人。无论2018年12月23日举行的总统大选的结果如何，这次大选都将对刚果（金）政治重建乃至于未来刚果（金）政治发展产生深远的影响。

西方国家对此次刚果（金）大选的态度非常明确。首先，刚果（金）现任总统卡比拉不能违反宪法，不能谋求“第三任期”；其次，2018年底，刚果（金）大选必须举行。换言之，卡比拉总统下台是刚果（金）政党轮替的根本和症结所在。卡比拉总统任期满两届下台之后，无论是执政党候选人或是反对派候选人在大选中获胜，刚果（金）都实现了政党轮替。这也是为什么西方国家纠结卡比拉是否下台的重要原因之一。

当然，西方国家支持刚果（金）反对派既有私心也有公义。从私心来讲，西方国家无疑希望支持一个更“听话”的刚果（金）领导人上台执政；从公义来讲，刚果（金）未实现政党和平轮替，有可能会导致政治冲突甚至暴力冲突。这将使刚果（金）冲突后的重建功亏一篑。2014年和2018年，非洲两个国家分别结束冲突后重建，成为正常国家。2014年，联合国撤销了塞拉利昂建设和平综合办事处；2018年，联合国撤销了联合国利比里亚特派团。这标志着这两个国家完成了冲突后重建。这两个冲突后国家完成重建的一

① 郭佳：《刚果（金）总统选举：变故频仍，前景堪忧》，载张宏明主编：《非洲发展报告（2017~2018年）》，社会文献出版社2018年版，第254页。

个重要标准是消除了冲突再次爆发的隐患，其中就包括两国实现了政党和平轮替。如果不实现政党和平轮替，冲突后国家极有可能再次发生冲突。2003 年刚果（金）结束内战以来，迄今仍处于重建阶段。2010 年，联合国并没有应刚果（金）政府要求撤销驻刚果（金）特派团，而是变更为稳定团。这说明国际社会仍担心刚果（金）冲突再起。刚果（金）仍未实现政党和平轮替，仍存在冲突再起的风险。只要刚果（金）大选相对公正、透明，无论执政党、反对派或独立人士当选总统，西方国家均无意干预；没有非盟的首肯，西方国家也无法干预。对于西方国家而言，大选如期举行且卡比拉总统不谋求“第三任期”就意味着刚果（金）的民主过渡取得了阶段性胜利。

从刚果（金）的政治发展来看，蒙博托长达 30 余年的独裁统治前车可鉴。这也是为什么国际社会担心卡比拉谋求“第三任期”的原因之一。发展中国家一直在政治民主和政治稳定之间小心翼翼地寻求平衡。然而，受落后社会经济基础的制约，发展中国家政治民主进程往往并不能“求仁得仁”。近年来，非洲多个国家，包括刚果（金）邻国卢旺达、刚果（布）、布隆迪等国先后修改了宪法，为现任总统谋求“第三任期”开启绿灯。这种现象反映了包括非洲在内的发展中国家政治发展的无奈之举：发展中国家需要强大而稳定的政府，然而社会经济不发达及政治制度发展滞后使得强人政治成为强大政府的替代选择。这也是目前刚果（金）政治发展面临的问题。

第十章　刚果（金）经济及社会重建

刚果（金）经济和社会重建是冲突后重建的一个难点。经济重建的主要任务是恢复经济秩序和修复基础设施。恢复经济秩序主要包含的任务是稳定宏观经济和改善营商环境。这其中最主要的困难在于资金和人才。众所周知，基础设施建设大多是资金投入大、建设周期长、风险比较大、回报率低的项目。私有公司出于利润和风险的考虑，不太愿意投资这种项目。因此，国家在很多时候承担了基础设施项目的投资。此外，进行重建需要各种各样的人才，包括大量管理人员、技术人员和成熟劳工。但是刚果（金）经历了多年内战，这方面的人才极其匮乏。

“冷战”结束后的冲突多为国内冲突。战乱期间相互冲突的人群最终在结束战乱之后还要生活在同一片土地上。社会重建的当务之急在于促进社会和解以及增加社会各集团之间互信。但是在刚果（金）的很多地区，冲突产生的隔阂、创伤并未完全消除。刚果（金）东部安全局势也并未完全缓和。在此背景下增加互信、促进社会和解并非易事。因此，刚果（金）经济和社会重建面临极大的挑战。

第一节　经济重建

由于内部冲突导致对于冲突后经济重建不能与和平时期国家经济发展等同视之，它有着自己的特殊使命。冲突后国家面临两大任务：一是恢复经济秩序。这其中面临的主要问题是建立经济金融机构，实现宏观经济稳定，恢复市场秩序，为经济恢复和发展奠定基础。二是修复和建设基础设施。基础设施是经济和商业活动的动脉，没有完备的基础实施，国家的统一市场就无法建立。正常的经济可持续发展是在冲突后重建之后、国家步入正轨才要考虑的事情。由于冲突后国家面临着与和平国家完全不同的情形，因此冲突后国家经济重建不能完全采取和平时期国家的经济政策。

一、独立后刚果（金）的经济发展简史

殖民主义时期，刚果（金）的经济高度依赖采矿业，主要向世界出口初级产品。1921~1959年刚果（金）独立前夕，比利时所属刚果（以下简称比属刚果）是欧洲殖民地中少有的几个获得快速增长的殖民地之一。特别是第二次世界大战结束后，受益于世界

市场对于初级产品的强劲需求，比属刚果的经济状况良好。“二战”前，比属刚果开始提供住房、初级教育和医院。根据欧洲共同市场的一份调查，截至1958年，比属刚果拥有非洲热带地区最好的殖民医疗体系。刚果（金）独立之后，特别是蒙博托上台执政之后，刚果（金）政局稳定，经历过一个时期的稳定经济发展。由于经济结构单一，刚果（金）一直依赖矿业、农业等初级产品的出口。

刚果（金）经济问题的根源并不仅在于内战，其实蒙博托34年的统治已经将扎伊尔经济带入了绝境。几十年来，扎伊尔经济政策一直和疯狂开采自然资源以及统治者的权力寻租相配合，而不顾扎伊尔总体的经济后果。外部援助完全被瓜分，对公共事业的投资也完全瘫痪。在蒙博托任总统的34年里，国家资源被用来奖励政府的支持者和维持自己的权力。这导致刚果（金）的经济持续恶化，最终酿成苦果。

（一）蒙博托统治时期刚果（金）的经济发展

1960年，刚果（金）独立之后到1997年蒙博托下台，刚果（金）经济发展大概经历了以下五个阶段：[①] 第一阶段是独立之后的混乱时期（1960～1966年）；第二阶段是蒙博托执政后至20世纪70年代初（1967～1973年）；第三阶段是20世纪70年代初至20世纪80年代初蒙博托实行“国有化”和“彻底化”政策（1974～1980年）；第四阶段是20世纪80年代初至20世纪80年代末，刚果（金）接受国际货币基金组织结构调整（1981～1989年）；第五阶段是20世纪90年代刚果（金）民主化期间至蒙博托下台（1990～1997年）。

第一阶段是1960～1966年，由于刚果（金）独立之后不久就陷入了政治混乱，刚果（金）的经济急剧下滑。刚果（金）的国民生产总值从1959年的12.68亿美元（1958年美元价格）下滑至1966年的11.96亿美元。1965年，经济农作物的总产值只有1959年的64%。物价水平和贸易赤字持续上升。尽管只有1961年和1963年出现货币贬值，但其货币和外汇政策在总体上已经失败了。

1966年，蒙博托政变上台。为了重振经济，蒙博托采取了两个举措。第一个举措是颁布法律将土地收归国有。1966年颁布的《巴卡吉卡法》（*Bakjika Law*），规定所有公共土地收归国有，彻底断绝了殖民政权赋予酋长基于土地的特权。第二个举措是于1906年成立矿业巨头UMHK［刚果国家矿业总公司（Gecamines）的前身］。虽然此次国有化在7年内未对其利润率造成影响，然而由于管理人员快速非洲化导致运营成本急速上涨。公司员工从1970年的251人上升至1985年的5000人。1980年，刚果（金）国家矿业总公司已经成为除刚果（金）政府之外的最大雇主和政府最大的财政收入来源，向刚果（金）政府提供了51%的财政收入。

第二阶段是1967～1973年，蒙博托进行了经济改革。1967年6月，为了提振外国投资者的信心，为长期经济发展奠定基础，刚果（金）政府进行了经济改革，以便改善刚果（金）经济发展的不平衡问题。经济改革的核心是发行新的货币——扎伊尔（Zaire），并

① Kisangani N. F. Emizet, “Zaire after Mobotu: A Case of Humanitarian Emergency”, Hakapaino Oy, 1997, pp. 4－20.

贬值了300%，使扎伊尔货币的市场价格固定在1扎伊尔兑换2美元。此次经济改革是积极有效的。扎伊尔的通货膨胀率下降到2.5%，经济增长率也由1967年的负增长变为1968年的8%。改革的成功有力地维护了蒙博托政权的信誉。这也让蒙博托统治下的刚果（金）有能力推动经济发展，在这个阶段刚果（金）的公共开支下降，实现了收支平衡。

这一阶段，刚果（金）经济运行相当良好，具体表现为：经济每年扩张4.9%；政府从银行的借贷适度；年均财政赤字只占每年财政开支的2%。然而，20世纪70年代初刚果（金）经济虽仍表现强劲，但从1972年开始逐渐显露疲态。

第三阶段是1974～1980年。这一时期受各种因素的影响，扎伊尔①的经济表现糟糕，主要特征表现为经济发展波动大。1972年，扎伊尔外贸出现了自1968年以来的首次贸易赤字，1.24亿美元（约合6180万扎伊尔）；经常账户也出现了自1966年以来的最大赤字，总计约6.58亿美元（约合3.29亿扎伊尔）；扎伊尔实际汇率出现了5年来的首次大幅贬值，贬值幅度达到21%。1979年，扎伊尔兑美元汇率下降了100%。与此同时，工资水平也开始逐渐下滑，整个20世纪80年代工资水平都没有恢复到这一发展阶段的水平。

1972年扎伊尔经济出现的下滑趋势并没有因为1973年的国民生产总值增长率达到8%而得到扭转。由于政策失误以及世界经济不景气，扎伊尔的经济恶化，主要表现为建筑、制造业、矿业、农业等各产业全面下滑。由于矿业是扎伊尔的支柱产业，其下滑对扎伊尔经济造成严重的打击。1974～1980年，扎伊尔经济年均增长率为-2.2%。与此同时，公共部门呈现了另一种危机症状。1978年，政府开支占国民生产总值的比例增长了45%，同期国家收入几乎没有增长。整个20世纪80年代及90年代，政府开支持续增长，外债急剧增加。

扎伊尔的政策失误主要表现为推行“两化”政策。“两化”政策是指国有化（Nationalization）和彻底化（Radicalization），其初衷是为了巩固国家的经济独立。在20世纪70年代，国有化在非洲是一种趋势和潮流，其目的是巩固国家的经济独立，很多非洲国家都推行了国有化政策。然而扎伊尔国有化政策的实施却变成了一场分赃盛宴，对扎伊尔经济造成无法估计的损害。1973年11月30日，扎伊尔对本国中小型外资企业实行国有化（又称扎伊尔化）。大量外资开办或持股的商业企业、种植业、建筑公司、运输公司被收归国有，对扎伊尔的经济造成了灾难性的后果。而扎伊尔的国有化政策是最激进、最彻底的。此外，令人诟病的是国有化的结果加强了蒙博托的裙带官僚主义。大部分国有化的企业被转给蒙博托的亲属或亲信。仅在国有化政策实施一个月后，蒙博托统治集团就接管了国有化后的企业。1973年12月26日，蒙博托召开执政党中央全会，讨论国有化后的企业的分配问题。政治局、部长会议和议会的318名代表参加了会议。绝大多数与会者和各地省长成为1973年11月国有化政策的受益者。

对外资企业主的赔偿限定在十年以内，以原企业利润的一部分作为补偿。但是国有化的企业是作为免费福利发放给扎伊尔的政治精英，所谓的补偿只是理论上而已。换言之，

① 1971年，刚果（金）改名为扎伊尔，一直沿用到1997年蒙博托下台。

国有化只是国家没收外资中小型农业、轻工业、商业企业，将其产权转交给扎伊尔的政治精英。然而，比利时拥有的企业不在国有化之列。一份对国有化政策粗略的估计认为，党中央政治局、部长会议、议会成员获得了75%的国有化企业。其中蒙博托总统获得最多，为此，他成立了一个企业集团。该企业集团生产了扎伊尔13%的棕榈油，23%的可可豆，26%的橡胶和15%的茶。蒙博托的企业集团也成为继扎伊尔国家矿业总公司之后的第三大雇主，拥有雇员25000余人。国有化之后，扎伊尔政治精英的财富增长无法估计。

1974年推出的“彻底化”政策实际上是对扎伊尔化政策的某种补充和修正，其主要内容为：由政府接管所有大型生产和销售企业，包括建筑公司、生产企业、销售公司、建材制造企业、运输公司等，以解决刚果（金）的失业、通货膨胀、社会不公和个人主义等问题；刚果（金）党政军官员通过扎伊尔化所获取的企业，刚果（金）公民以其他方式创建和掌管的企业，在扎伊尔化进程中未被触动的、主要由比利时人控制的一些大型企业，全部被责令交给政府，由政府成立的“革命监督委员会”进行接管，接管后的企业由政府派总代表实施管理。据统计，通过实施彻底化政策，蒙博托政府共接管了10多家大型企业，但是由政府派去领导这些大型企业的总代表绝大多数是曾在官场上混迹的政客，这些人基本没有什么经营管理经验。彻底化政策实施的结果并没有达到预期目标，反而进一步恶化了刚果（金）的经济环境。[①]

20世纪七八十年代，整个外部世界的经济不景气导致依靠初级产品出口的扎伊尔遭受了沉重的打击。而农业生产的下滑则与蒙博托政府的政策有关。扎伊尔政府采取固定价格收购农产品以及当时的国有化政策严重打击了农民农业生产的积极性。自1972年以来，农产品价格一直维持低位。以玉米为例，农民每公斤玉米收购价仅为2分钱。固定价格收购政策不仅对玉米有影响，对棉花、咖啡等出口经济作物也产生了重要影响。20世纪70年代初，扎伊尔每公顷土地生产棉花200公斤，每公斤棉花收购价为12分钱。一个从事棉花种植的农民在辛勤劳作125天后得到的报酬是12美元。

国有化政策同样对农业生产、出口造成了严重的损害。1973～1974年，政府农业出口收入下降了23%，仅占全部出口收入的12%，为第二次世界大战结束以来的最低点。1976年，扎伊尔政府采取措施推动农业出口，直到1986年农业出口收入也只恢复到不超过出口收入总额的18%。

国有化同时也造成了贸易税收的急剧减少。1974年，贸易方面税收急剧下降，再也没有恢复到国有化政策之前的数额。尽管收入税的增长抵消了一部分对外贸易税收的减少，然而无法弥补扎伊尔政府日益增加的政府开支。为了弥补财政赤字，扎伊尔政府开始巧立名目，增加收入，例如，低价收购农产品。

扎伊尔经济下滑与国内政策失当和当时世界范围内的经济不景气有一定关系。由于1974～1975年的国际石油危机导致西方国家发生经济危机。1980年春，在西方国家还没从危机中缓解过来，又爆发了更为严重和为更深刻的经济危机，且延续时间较长。直到20

① 李智彪：《一个资源大国的贫穷之路》，《上海师范大学学报》（哲学社会科学版）2005年第5期，第120页。

世纪 80 年代末，西方经济还没有完全摆脱滞涨状态。西方国家的经济危机给扎伊尔和非洲带来了极大的冲击。首先，扎伊尔经济结构单一，对国际市场的依赖较大，抗风险能力较弱。西方经济危机导致原材料价格下跌，贸易条件恶化。这使得依赖国际市场的扎伊尔陷入了困境。其次，外资流入减少，官方援助也萎缩。1972 年之前，扎伊尔的外债很少，1979 年外债达到 40 亿美元，1989 年达到 90 亿美元。外债的增加并不是因为外国直接投资的流入，整个 20 世纪 70 年代外国直接投资流入正常。而随着政治、经济形势恶化，到 20 世纪 80 年代末，扎伊尔的外国直接投资持续下降。另外，国内贷款甚至略高于外国直接投资。最后，扎伊尔不顾实际经济状况，举债建设大型项目。这些项目在扎伊尔经济恶化的情势下超出了其经济承受的范围。例如，1983 年上马的因加—沙巴项目花费 15 亿美元，占当年所举外债总额的 20%。该项目计划在因加大坝上建设水电设施，给 1800 公里之外的扎伊尔东南部的沙巴省（今加丹加省）铜矿生产区提供电力。

第四阶段是 1981 ~ 1989 年，这个阶段扎伊尔被迫开始进行经济调整。虽然扎伊尔经济发展一度陷入停顿状态，但是国内生产总值增长率仍为正增长。直到这个阶段的最后一年，即 1989 年，经济开始陷入衰退。

第五阶段是 1990 ~ 1997 年蒙博托下台。由于民主化浪潮的冲击，20 世纪 90 年代以后，扎伊尔政局长期动荡，经济政策失误，加之西方国家和国际金融机构制裁蒙博托政权，终止向其提供发展援助，国民经济连年负增长，通货膨胀率高达 4 位数。整个 20 世纪 90 年代，扎伊尔人民陷入了仅能勉强维持生活的境地。农业在国民生产总值中的份额自 1980 年逐渐下降，只占国民生产总值的 25%，到 1994 年又回升至 50%，而整个撒哈拉以南非洲的平均水平是 20%。扎伊尔中央银行 1992 年发布的最近的有效数据显示，非正式的和传统的自给自足的谋生方式共占国民生产总值的 78%，而两者的比重分别为 32.5% 和 45.5%。[①] 20 世纪 90 年代初，由于扎伊尔政府不断更迭，经济再调整的努力付诸东流。由于蒙博托一直牢牢掌握政权，自 1989 年开始，扎伊尔的公共财政开支开始变得不可控。1993 年，扎伊尔公共开支达 35.8 亿扎伊尔，而当年政府财政收入仅为 11 亿扎伊尔。

（二）1997 年洛朗—德西雷·卡比拉上台至内战结束（1997 ~ 2003 年）

1996 年的内战和 1998 年的冲突使国民经济雪上加霜，濒于崩溃。基础设施遭到严重破坏，铜、钴、钻石等支柱产业受到严重冲击，产量大幅下降。东部和北部黄金、钻石、铌、钽等重要矿产区以及木材和咖啡等主要产区落入乌干达、布隆迪、卢旺达和叛军手中，国家财政收入锐减，导致严重经济危机。

（1）洛朗—德西雷·卡比拉执政时期（1997 ~ 2001 年）。

洛朗—德西雷·卡比拉于 1997 年 5 月上台执政。国际社会对其寄予厚望，希望其能改善管理并推动经济复苏，但这些愿望很快就落空了。老卡比拉政府不承认或者说忽视了其经济政策所带来的后果。这些政策的目的就是为了迅速筹钱。刚果（金）中央银行不断

① E. I. U, "Country Report: Zambia & Democratic Republic of Congo", August 2001.

印制钞票以弥补财政赤字。汇率固定在被严重高估了的600%[①]；和国外投资者签订的合同被随意撕毁；经济政策被无情地贯彻，违者将受到严厉惩罚。士兵被派往市场强迫商人按照官方规定的价格出售商品。叛乱分子控制地区税收的损失加大了政府的问题，可预见的后果包括迅速的通货膨胀和经济衰退。

汇率管制导致了严重的经济变形。1998年7月，政府发行了新货币，刚果法郎取代新扎伊尔进入流通。1刚果法郎兑换100000新扎伊尔，其币值被严重高估。为了稳定市场，政府随心所欲采取严厉措施。从1999年1月开始，经济交易中禁止使用外币，到9月，完全禁止个人和公司拥有外币。所有商业活动都被要求按照完全被高估的官方汇率进行。这些措施造成的明显后果是商业行为均为违法操作。这严重打击了国家关键产业——钻石业的发展，更严重的是大部分产品开始走私到邻国。政府的税收和外汇收入迅速枯竭，进口商不能支付进口款项，经济开始停滞。实际国民生产总值到1999年萎缩了10.4%[②]。管理不善和迅速的经济衰退加剧了农村的贫困，导致内战和政局不稳。

1996～2001年，刚果（金）实际国内生产总值以平均每年5.2%的速度下滑。据政府统计的数据，1996年是自1988年以来的首次正增长，增长率为0.9%。这也是截至2002年刚果（金）的最后一次正增长。从那以后，刚果（金）经济每年都在萎缩，下滑速度从1999年开始加快。1999～2001年，刚果（金）经济每年下滑6.2%。

（2）约瑟夫·卡比拉执政（2001～2003年）。

2001年，洛朗—德西雷·卡比拉遇刺身亡，其子约瑟夫·卡比拉继任总统。约瑟夫·卡比拉上台执政后，开始着手处理其父经济政策失误遗留的问题。外汇管制被取消，货币开始实行浮动汇率制；钻石行业的垄断被打破，一家以色列的钻石企业——IDI钻石公司获得特许经营钻石；政府严格控制钞票的发行量，也带来了预算盈余；政府还出台了一些旨在建立稳定宏观经济的临时措施。

国际货币基金组织和世界银行反应迅速，表示支持刚果（金）改革并和刚果（金）政府进行了接触。2001年7月，小卡比拉政府与国际货币基金组织达成协议，开始执行其制定的经济稳定计划，具体措施包括：取消以前用增发货币来弥补财政赤字的做法，实行紧缩性的财政和货币政策；平衡预算，统一管理开支，消灭预算外支出；实行浮动汇率制。该项经济稳定计划于2002年3月正式完成，基本上实现了预期的目标。刚果（金）预算基本上趋于平衡，物价和汇率也渐趋稳定。[③] 通货膨胀率开始直线下降，到2001下半年，刚果（金）年通货膨胀率仅为16%。货币币值稳定，外汇收入又重新回到了官方的渠道。小卡比拉政府的经济改革稳定了刚果（金）宏观经济，为经济恢复奠定了基础。

为了进一步巩固成果，政府制定的2002年到2005年经济计划又开始实施。过渡政府又做出了以下努力：巩固稳定局面；促进生产活动，达到和保持经济增幅高于人口增幅；促进就业；设立经济和社会机制，改善人民生活条件，摆脱贫困；促进投资，以有利于政

①② E. I. U, "Country Report: Zambia & Democratic Republic of Congo", August 2001.

③ 李智彪：《列国志·刚果民主共和国卷》，社会文献出版社2004年版，第152－153页。

府实施基础设施建设和经济结构调整。

积极的经济政策为经济复苏奠定了良好的基础。刚果（金）已经得到越来越多的援助，而在此之前的援助仅限于人道主义方面。2002 年 4 月，世界银行完成了提供 45000 万美元的过渡贷款给刚果（金）政府的技术准备工作。大部分贷款（33000 万美元）将用于偿还政府拖欠款项，以使政府能够获得另外的援助；剩余贷款将用于平衡政府预算，重建矿业和林业部门，并改善投资环境。国际货币基金组织还同意提供 75000 万美元的援助，其中的 56000 万美元将用于偿还拖欠债务，剩余部分将用于平衡预算和建立外汇储备。与此同时，私人企业特别是生产性企业已获准兑换外汇。

从 2002 年起，为了改善投资和经营环境，刚果（金）政府采取了以下措施以促进投资和重振经济：制定了新的银行法和外汇条例、新投资法、新矿业法、新森林法、新的商业法庭、电信法律框架、邮政法律框架、邮电调节法；成立了国家投资促进署；为促进社会和经济各部门的投资实施了“一窗式”服务。除了上述改革外，政府还提出了各部门的修复和重建计划，旨在巩固临时加强计划的成果。这个计划的目标是：实现基础设施大项目的修复和重建；加强人道和组织机构的能力；为各区的建设提供资金；实现从原政府控制区到全国各地的粮食安全。关于脱贫问题，国际社会已帮刚果（金）制定了千年计划，到 2015 年贫困人口将减少 50%。

小卡比拉上台以后的一些经济改革措施获得了包括国际货币基金组织和世界银行在内的国际资助人的信任和支持。国际货币基金组织于 2001 年 7 月和刚果（金）签署了一个旨在建立绩效标准的人员监督培训项目的协议。这一项目完成后将继之以 2002 年 6 月的减贫和经济增长贷款（PRGF）。该项目承诺，政府将维护宏观经济稳定，将资源直接分配给公共设施的修复，并实行减贫政策。减贫和经济增长贷款的第一笔资金已于 2003 年 12 月到位，并对政府改革起到积极作用。

2003 年 12 月，刚果（金）总统约瑟夫·卡比拉向议会提交《行动纲领》，该纲领强调目前是刚果（金）非常重要的转折期，政府将竭尽全力，保证国家统一、和平、安全，促使刚果（金）内部对话、民族和解，建立统一的国家军队，实行全民选举，推动国家重建，提高人民生活水平，加强和邻国的友好关系以及和世界各国的合作。该纲领称发展是过渡政府经济和社会计划最关心的问题，内容涉及社会经济、农业、资源、卫生、能源及交通运输等各个领域，并制定了规划和蓝图。农村发展主要目标是：实现农产品的销售和农村之间的交换；农村通电；改善农村用水；提供优良种子；培训农民；农村和城市间的道路修复计划。在工业方面，政府将采取有利于刚果（金）经济和工业一体化的措施以适应经济全球化的步伐，其中有：工业化指导计划；研究企业的兼并；鼓励工业企业和中小企业签署分包合同；出台各种法律条例。能源领域的措施涉及电、水和石油；在电力领域，政府要制定促进内地电气化和公、私有制企业参与电力生产和流通的政策；在水领域，政府将认真整顿并增加供水网络，鼓励公有制、私有制企业参与供水网络的建设；在石油领域，政府提出促进石油和天然气的生产，整顿全国石油生产的销售系统。①

综上所述，卡比拉自 2001 年底执政后，大幅调整经济政策，推行 3 年振兴计划；实行市场经济，实施量入为出的财政政策，严格控制货币发行量；加强税收征管，打击偷税、漏税；鼓励外商投资，简化行政手续。刚果（金）政府积极与国际金融机构合作，使之恢复了对刚果（金）中断了 10 多年的发展援助。由于小卡比拉政府实施的经济改革与开放措施，宏观经济形势较前明显好转，但经济总体形势仍然十分严峻。2002 年人均 GDP 只有不到 100 美元，在世界 173 个国家中排名第 165 位，是全世界最不发达的国家之一。2002 年，虽然其宏观经济尚稳定，通货膨胀控制在 15% ~20%，但 60% 的国土（包括很多资源）不在政府手中，绝大部分的矿产品产量仍持续下降，财政开支仍有较大缺口，预算收入只占应完成收入的 58%，用于偿付外债的支出激增，而用于投资的支出只占预算支出的 7%，政府时常不能按时支付公职人员的工资，百姓生活极度困难。

二、刚果（金）经济重建进程

2003 年，刚果（金）成立了过渡政府，正式开始了冲突后经济重建。刚果（金）政府首先采取措施稳定宏观经济。2006 年，约瑟夫·卡比拉正式当选刚果（金）总统。在经济开始恢复性增长之后，开始了大规模基础设施建设。

（一）稳定宏观经济，改善投资经营环境

2001 年约瑟夫·卡比拉上台之后，大幅调整经济政策，提出 2002 ~2005 年多领域紧急修复和重建计划；实行市场经济，实施量入为出的财政政策，严格控制货币发行量；加强税收征管，打击偷税、漏税；鼓励外商投资，简化行政手续。刚果（金）政府积极与国际金融机构合作，使之恢复了对刚果（金）中断了 10 多年的发展援助。西方国家决定免除其 90% 的债务，还承诺给其几十亿美元的援助，使经济发展的外部环境更加宽松，宏观经济形势逐渐稳定下来，经济开始了恢复性增长。

刚果（金）政府从 1999 年起开始发行刚果法郎，起初人为地定为 1 美元兑换 1 刚果法郎，但因其经济实力薄弱，自发行起便开始贬值，全年 1 美元平均兑换 4 刚果法郎，随后两年因对国际主要外汇的持续贬值加大了官方汇率和黑市汇率之间的差距，刚果法郎每年贬值 69.4% ~89.4%。卡比拉政府从 2002 年起实施浮动汇率，虽然从宏观上稳住了刚果法郎贬值的速度，但实际上还在下跌。2002 年全年平均 1 美元兑换 336 刚果法郎；2003 年美元兑刚果法郎汇率为 1∶410；2004 年为 1∶430；2005 年前 9 个月为 1∶480。尽管 2005 年 10 月国际货币基金组织警告刚果（金）政府控制货币供应，但是其货币供应仍然增长迅猛。据刚果（金）中央银行的数据，2005 年 1 ~9 月，刚果（金）狭义货币（M1）增长了 8.3%，而全年增长了 18.8%；同期广义货币（M2）增长了 16.3%，而全年增长了 27.5%。然而在此期间，除了外币存款，银行存款没有增长。这表明迄今主要增长的是流通领域的钞票，也意味着刚果（金）中央银行在以很快的速度印制钞票。尽管货币供应增

① 中国驻刚果（金）商务经济参赞处网站，http://cd.mofcom.gov.cn/article/200312/20031200159419_1.xml。

长，但是2005年12月和2006年1月刚果法郎兑美元却升值了5.2%，刚果法郎兑美元汇率从11月初的455∶1升值为2006年2月初的433∶1。随着刚果（金）实施改革，刚果（金）货币政策相对平稳，有利于恢复投资者的信心。

连年内战以及2003年成立临时过渡政府之后，庞大的过渡政府机构使公共财政支出不断增加，刚果（金）公共财政状况一直不佳。从1996年起刚果内战使其财政赤字逐年上升：1997年为78万美元，到2001年增加到386万美元。2002年实施重建计划使预算实际收入达4.4亿美元，首次超过支出，盈余5200万美元；2003年预算实际收入为5.4亿美元，但因新组成的临时过渡政府开支庞大，又重新出现赤字，达0.27亿美元，2004年预算实际收入为7.1亿美元，但赤字达0.68亿美元。刚果（金）过渡政府财政拮据，60%的预算依靠外援。刚果（金）财政政策的主要目标是增加国内税收，推动财政开支向基础设施社会部门倾斜，特别是向教育和医疗部门倾斜。这有利于实现减贫目标、推动就业和经济发展。

收缴国税异常艰难，尤其是在纳税人用外汇从事进出口业务的情况下更是如此。在产品交易过程中，存在大规模的偷税、漏税情况，尤其是钻石出口走私严重。商人的进口也都不是按海关的税则上税，而是按一个集装箱向海关交多少钱通关，存在金额少报和漏报的现象，国家财政收入受到严重影响。2005年以来，过渡政府对进口税收制度实行了改革，试图将以前由财政、工商、码头、边防缉私、地方政府乃至警察等多头收税单位统一到海关的“单一窗口”，偷税和漏税情况有所好转。当然税收的价码抬高了许多。如以前进口一个20英尺的集装箱需交付3000美元关税，而改革后为5000美元。

外国援助也大幅度增长，特别是2001年之后，随着刚果（金）的政治经济改革以及和平进程的开展，使得外国援助大量涌入需有一个合适的平台。2000年，外国援助总额为2.05亿美元，而2004年翻了一倍多，达到4.32亿美元。2002年中，国际货币基金组织（IMF）和世界银行分别同意向刚果（金）提供7.5亿美元和4.5亿美元的贷款，其中大部分用于偿还拖欠债务。2002年12月，援助方保证提供25亿美元（其中5.76亿美元来自世界银行）来支持刚果（金）和平进程和国家重建。欧盟也承诺提供3.25亿欧元（3.80亿美元）的援助。但是这些援助资金面临的最大问题是刚果（金）没有机构有能力吸纳如此多的援助款额。目前刚果（金）的主要双边援助国为比利时、法国、德国、荷兰、英国和美国。

洛朗—德西雷·卡比拉执政期间对利用外资似乎比较谨慎。洛朗—德西雷·卡比拉政府在取消《扎伊尔共和国投资法》后，宣布了如下的外资政策：各种形式的投资在签约时必须向刚果（金）政府交纳计划投资总额15%的无偿保证金；禁止外商垄断任何经济部门，所有投资项目必须有刚果（金）本国资本参与；投资者应负责所投资地区交通运输等基础设施的建设；在矿业部门投资，投资者还应提交详细的生产计划及兴建学校和医院的方案，雇员应以刚果（金）人为主，付给雇员的工资不应低于国际标准。这样的外资政策显然很难吸引外资，再加上刚果（金）内战于1998年8月爆发，使许多对刚果（金）持观望态度的外国投资者彻底放弃了投资打算。

2002 年，约瑟夫·卡比拉政府颁布了新的《刚果民主共和国投资法》。新投资法把刚果（金）全国分为三类经济区，在不同的经济区投资，可享受不同的优惠政策。具体的优惠政策分普惠制和中小企业特殊优惠两大类，其中享受普惠制的投资企业投资额不得低于 20 万美元，可享受关税减免和税收减免等多项优惠；中小企业特殊优惠主要针对投资额在 1 万 ~20 万美元的投资企业，这类企业可享受普惠制规定的关税和税收减免以及其他一些优惠政策。由于小卡比拉执政后致力于民族和解与民主建设，刚果（金）的局势日趋稳定，新投资法开始对吸引外资产生积极作用。[①] 外国直接投资稳步增长，主要集中在采矿业、电信部门、林业开发以及制造业。

2001 年 5 月，刚果（金）政府颁布了新的《贵重矿物经营法》，允许外商从事钻石收购和出口贸易，但需注册专门的收购公司，得到批准后方可开展买卖业务。经营者需交纳以下费用：20 万美元特许经营费，5 万美元的银行保证金，7.5 万美元的钻石收购费。自 2003 年 1 月 1 日起，为了铲除非法钻石贸易以及由此造成的冲突、流血和战争，刚果（金）开始在国内及国际贸易中使用政府颁发的产地证书，即《金伯利国际鉴定证书》。使用该证书后，将有利于堵塞非法渠道出口钻石，每次钻石出口都需要许可证，确保国家间的天然钻石交易正常进行。

2002 年 7 月 11 日，刚果（金）政府为了进一步促进本国的矿产资源开发与开采，颁布了新的《矿业法》，鼓励外国来刚投资开矿，可以购买矿区。勘查许可证期限为 2 年，可续期 3 次，每次最多 2 年；一般同一公司获得的勘查许可证不得超过 20 个；勘查许可证续期的条件包括证明上一期勘查期间遵守了有关合约，提交一期勘查的技术报告，附详细资料，提交初步的工作及相应的费用计划，负责官员根据技术报告和工作计划开具批准书；在勘查许可证面积范围内，许可证持有人在履行有关条例后，有权获得采矿许可证或出让许可证。采矿许可证允许持有人在地面面积已定、深度不限的范围内从事许可证所授予的所有勘探、普查和开发所属矿产资源活动的专属权利；采矿许可证也授予持证人以从事选矿、冶炼、加工、化学处理等所有一切与矿产有关活动的权利；采矿许可证期限为 5 年，在前一有效期内履行合法的和规定的义务之后可续期，续期最多 3 次，每次期限也是 5 年；不授予采矿许可证情况主要包括不执行勘查许可证或采矿许可证所定范围确定的义务、没有发现可采矿床、未提交与矿床规模相应的生产和投资计划书、未提交就执行委员会所定开发目标的活动计划书和未确定实施计划的充分的技术和金融手段。

根据新《矿业法》规定，2003 年 4 月 3 日刚果（金）政府成立了矿业地籍注册局，它是一个既具有行政技术特性，又具有财政和行政独立性的公共机构。它不仅是矿业投资者的门户，而且有利于促进矿业领域的发展，可以更好地满足投资者、国家和刚果人民的整体利益。

矿业地籍注册包括以下几个方面：①注册登记或矿业登记卡需要勘探申报和证明，矿

① 李智彪：《一个资源大国的贫穷之路——刚果（金）独立以来经济发展战略与政策评述》，《上海师范大学学报》（哲学社会科学版）2005 年第 5 期。

业权或采石场权的获得、扩展、更换、转让和出租申请书以及批准证书，矿业或采石场权的拒签、退出、取消和矿业权失效的决议，矿业或采石场权的转让或出租、矿产抵押资料，已登记和已注册了的矿区的合法状况，开发或未开发的采石场、被保护和禁止区域的开矿登记图的界限，要注明它们的合法地理位置；②申请获得、扩展、转让、更换或出租矿业和采石场权的地籍说明资料及其关于环境和技术的协调资料、有关人员的矿业说明资料；③矿业和采石场勘探权申请者的最小财力证明；④矿业部长发布对矿业权或采石场申请人决定的通知；⑤矿场和采石场的品位备注；⑥矿场和采石场地籍范围的注册或注销材料；等等。

新《矿业法》要求矿业地籍注册局和有关部门要在规定时间内对矿业或采石场权的申请做出决定，自递送申请之日起10个工作日内应得到地籍说明意见，自申请资料和地籍意见转递之日起30个工作日内得到并转发部长的决定，自部长决定之日起5个工作日内得到指令、通知和颁布的决定。

上述政策的实施和新的法律的颁布，稳定了刚果（金）的宏观经济环境，改善了刚果（金）的投资和经营环境，推动了刚果（金）经济复苏和经济重建工作的开展。刚果（金）实施经济改革政策以来，宏观经济逐渐稳定，投资环境也有所改善，经济开始了恢复性增长。虽然2001年经济萎缩了2.1%，但是已经呈现复苏迹象。2002年，刚果（金）经济出现了13年以来的首次扩张，实际经济增长率为3.5%；2003为5.7%，2004年、2005年均超过6.5%。而且所有的产业都在增长。虽然刚果（金）经济复苏明显，但是由于多年的战乱，刚果（金）重建和经济发展还面临很多困难，任重道远。

（二）开展基础设施建设

由于基础设施建设具有资金投入大、建设周期长、投资回收慢等特点，因此极少有企业愿意投资基础设施建设。而刚果（金）重建经济基础设施面临的最大问题是缺乏资金和相应的人才储备。因此，刚果（金）重建和修复基础设施通过一种“资源换项目”的形式开展，即利用矿产等资源补偿基础设施投资者。这种方式有利于刚果（金）将资源盘活，并使之成为建设资金。当然这也可能会增加刚果（金）的债务负担。

在刚果（金）宏观经济形势逐渐好转的情况下，刚果（金）开始了大规模的基础设施重建工作。2006年10月刚果（金）举行大选，约瑟夫·卡比拉获胜。他提出了一个雄心勃勃的国家发展和现代化计划，被称为“共和国的五大支柱”（Five Pillars of Republic）。这五大支柱分别为：基础设施，修建主要道路、铁路、港口和机场；就业，增加农业和旅游部门的就业人群；住房，在各省修建成千上万套住房；水电，提高刚果（金）电力供应水平；改善医疗和教育。这一计划是小卡比拉为赢得2011年举行的第二任总统选举所设立的目标。据估计，要完成五大支柱大约需要140亿美元的资金。西方国家同意在三年内提供40亿美元的援助以资助该计划，然而援助资金到位却极其缓慢。[①] 为此，刚果（金）试图通过盘活“死”的矿产资源来资助基础设施重建，2006年，刚果（金）政府提出了

① Global Witness, “Congo and China: Friends in Need”, March 2011, p. 11.

“资源换项目”项目。

2008 年 4 月 22 日，刚果（金）政府与中国水利水电建设集团（以下简称中国水电集团）和中国铁路集团（以下简称中铁集团）签署了价值 90 亿美元的《关于刚果民主共和国矿业开发和基础设施建设的合作协议》。根据该协议，中方将投资 60 亿美元用于改善和建设刚果（金）的基础设施，投资 30 亿美元用于建立合资矿业公司。中国企业将拥有合资的华刚矿业公司（Sicomines）68% 的股权，将拥有刚果（金）半国营的吉卡矿业公司（Gekamines）32% 的股权。华刚矿业公司的预计资产包括加丹加省的迪库卢韦（Dikuluwe）和西玛沙姆巴（Mashamba West）的矿山开采权。该矿区包括已探明的 680 万吨铜矿储量和未探明的 380 万吨储量以及 42 万吨的伴生钴矿。[①] 当然中国对刚果（金）的巨额投资受到了西方的广泛批评。国际货币基金组织就曾经批评中国的投资会造成刚果（金）沉重的债务负担，影响其宏观经济稳定。

根据中铁集团的投资公告，2006 年刚果（金）政府是为了解决国家基础设施重建和资金严重短缺之间的矛盾，提出了“资源财政化支持基础设施建设”的政策，即外国公司要想在刚果（金）取得矿产资源的开采权，必须出资帮助刚果（金）进行基础设施项目建设。在刚果（金）的这一政策下，中铁公司根据自身工程技术优势，制定了“以技术换项目，以项目换资源”的战略发展思路，即通过对长期升值潜力较大的矿产、土地等资源的运营，将公司的技术优势转化为长期持续的超额利润。刚果（金）政府对中铁集团参与刚果（金）战后重建、恢复经济、增加就业、培养当地的技术和管理人才寄予了很大的期望，为该公司提供了前所未有的免税优惠政策，该公司一方面享受了免税优惠，提高了项目收益；另一方面避免了在国外运作资源项目过程中的复杂税收问题，提高了项目的可实施性。[②] 这从一个侧面说明了刚果（金）重建面临着严重的资金短缺问题。

据外媒报道，中国与刚果（金）的“资源换项目”的协议中，这一项目价值 90 亿美元，其中 60 亿美元用于投资刚果（金）的基础设施建设。这其中包括修建 2400 英里公路，2000 英里铁路，32 家医院，145 个健康中心以及 2 所大学；[③] 中国公司投资 30 亿美元与刚果（金）成立合资矿业公司，该公司获得刚果（金）的铜矿和钴矿开采权，并以其产品作为中方投资的补偿。这个协议实际上更像一场以货易货的交易。但是国际货币基金组织以停止减免债务威胁刚果（金）修订与中国的协议，而这些债务是刚果（金）继承的蒙博托时期的债务。该债务总金额在 2007 年底为 115 亿美元，2008 年底竟蹿升至 131 亿美元。[④] 2009 年，刚果（金）修改与中国公司的协议，停止了第二期价值为 30 亿美元的基础设施投资项目。

---

① 详见中铁集团 2008 年 4 月 23 日发布的《中国中铁股份有限公司对外投资公告》和 *EIU Country Report: Democratic Republic of Cong*, June 2008。

② 中国铁路集团股份有限公司，《中国中铁股份有限公司对外投资公告》，2008 年 4 月 23 日。

③ Tim Whewell, “China to Seal $9bn DR Congo Deal”, 14 April 2008, http://news.bbc.co.uk/2/hi/programmes/newsnight/7343060.stm.

④ Global Witness, “Congo and China: Friends in Need”, March 2011, p. 11.

经过多年的重建，刚果（金）的基础设施有了极大的改善。刚果（金）公路全长14.5万千米，其中国家级公路5.8万千米（其中路况较好的路段仅占23%），乡村公路8.7万千米，城市公路7400千米。由于长期战乱破坏和缺乏维护，绝大部分公路路况糟糕。目前国家级公路的沥青路段仅占1.8%，大部分乡村公路已经名存实亡。刚果（金）积极推进国家重建，改造和新修了数千千米公路。首都金沙萨市容和公路已经有了较大改观，但是全国公路交通仍十分落后。2015年，刚果（金）可通行道路由2006年的4500千米增加至2.3万千米。刚果（金）每年用于道路建设和维护的费用高达10亿美金，成为政府无法承担的重担。刚果（金）原有铁路5000千米，多为殖民时期修建，且标准不一。由于年久失修，除了矿区和首都至出海港口的铁路段，其他大部分已无法使用。

自开展经济重建以来，刚果（金）移动通信服务快速增长，2003年刚果（金）手机用户仅为100万人。2015年底，刚果（金）的移动通信网络已经覆盖了1200个村镇，手机用户达4000万人，占全国人口的56.1%。互联网服务商约50家，拥有互联网用户200万人。

作为一个资源非常丰富的国家，刚果（金）重建拥有潜在的“资金”，但却缺乏将资源变现的能力。由于多年的战乱，基础设施损毁殆尽，加上安全形势的恶化，刚果（金）“资源换项目”为资源变现提供了可能。再看安哥拉的重建，与刚果（金）差不多同时起步，重建进程相对而言进展更为顺利，相反刚果（金）的经济重建却举步维艰。这与刚果（金）国内的政治局势和安全形势有着莫大的关系。刚果（金）矿产资源丰富的东部一直处于冲突和动荡之中，这直接制约了投资者的投资欲望和热情，也是强调安全重建优于政治经济重建的一个重要原因。

（三）重建以来的经济发展情况

2006年12月卡比拉当选总统后，刚果（金）新政府继续奉行稳健的经济政策，并启动国家重建计划和“五大工程”，宏观经济继续保持恢复性增长。2011年卡比拉蝉联总统后，提出国家“现代化革命”战略，表示未来五年，刚果（金）将大力发展农业、矿业，开发水电资源，实现经济社会发展的现代化目标。刚果（金）外债负担沉重，主要债权人为巴黎俱乐部、国际货币基金组织和世界银行。2010年7月1日，国际货币基金组织和世界银行宣布刚果（金）达到重债穷国减债倡议完成点，截至2011年底，减免刚果（金）111亿美元债务。

2006~2011年是约瑟夫·卡比拉当选的第一个任期，刚果（金）宏观经济总体保持平稳增长，国内生产总值（GDP）年均增长率保持在6%左右。五年期间，GDP（按美元2011年价格计算）从88.2亿美元增至147.8亿美元，增长近70%，人均GDP从143美元增至207美元，增长超过40%，宏观经济呈恢复性增长势头。但2009年世界金融危机爆发为刚果（金）的经济发展带来了严重不利影响，当年GDP仅增长2.7%，国际收支失衡，本币大幅贬值，通胀加剧。由于刚果（金）经济结构单一，金融危机的负面影响持续时间不长，2009年下半年以来，刚果（金）宏观经济形势有所好转。2010年刚果（金）经济出现较好发展势头，GDP增长率达到7.2%，且通胀率多年来首次降到一位数

（9.8%）。2011 年刚果（金）经济继续保持增长，但在国际原材料和粮食价格上涨的带动下，物价上涨趋势十分明显，年均通胀率为 15.44%。此外，刚果（金）政府 2011 年的财政预算执行良好，赤字仅为 GDP 的 1.7%。①

2010 年，刚果（金）货物进出口总额为 165.19 亿美元，其中出口额为 84.77 亿美元，进口额为 80.42 亿美元，贸易顺差为 4.35 亿美元。刚果（金）出口商品以初级产品为主，矿产品占出口贸易的比重高达 98.3%，主要有铜、钴、锌、钻石、黄金、原油等，其他出口产品还有木材以及咖啡、橡胶等经济作物产品。进口商品以设备、工业制成品为最大项，工业生产所需要材料、日常生活消费品大部分都依赖进口。截至 2010 年 7 月刚果（金）实现重返重债穷国地位完成点，刚果（金）的外债总额为 137 亿美元，相当于当年国内生产总值的 125%。经过减债程序后，2011 年刚果（金）的外债余额为 28 亿美元，占国内生产总值比重为 25%。②

2011～2015 年，刚果（金）经济逐渐走出了国际金融危机的阴影，宏观经济平稳增长，国内生产总值年均增长率达到 7.9% 以上。人均国内生产总值整体呈增长趋势，除了 2011 和 2015 年出现小幅下滑，其他三年都实现了增长。2015 年，刚果（金）国内投资额达 48 亿美元，占当年国内生产总值的 20.96%；消费总额为 183.35 亿美元，占国内生产总值的 80.06%。截至 2015 年底，刚果（金）外债总额为 61.83 亿美元，其中内债为 13.88 亿美元，外债为 47.95 亿美元，分别占债务总额的 22.45% 和 77.55%。在对外债务中，政府部门的负债占外债总额的 98.5%，中央银行的外债占 1.5%。2015 年，刚果（金）外债总额为 47.95 亿美元，占当年国内生产总值的比重为 20.94%。③

三、冲突后经济重建面临的问题与挑战

冲突后经济重建是一个国家冲突后重建的重要组成部分，也被视为预防冲突的重要手段。这主要是因为经济复苏和发展有利于提供就业机会，有利于消除冲突的重要根源。冲突后重建始于两次世界大战。两次世界大战结束之后，欧洲参战国家都经历了经济重建的过程。然而欧洲国家战后重建与当前非洲国家冲突后重建有着较大差别。欧洲国家大多已经完成了民族国家的构建，稍后完成了工业化，步入了工业社会。这些欧洲工业国家拥有良好的、受过教育的熟练工人，发达的社会经济发展状况，以及成熟的国家治理制度。这使两次世界大战之后的冲突后国家可以很快适应并组织经济重建工作。

而十几年以来的冲突或内战多发生于政治、经济发展滞后的发展中国家，其冲突根源多与民族、宗教或意识形态差异有关。因此，目前开展的冲突后经济重建的国家缺乏执行重建项目的专业技术人员和工人以及良好的制度安排。与此同时，“冷战”结束之后，主张自由民主和市场经济的新自由主义的胜利从理论到实践明显地影响了大多数冲突后国家

①②《刚果民主共和国经济形势概述》，中国驻刚果（金）大使馆经济商务参赞处网站，2012 年 2 月 2 日，http://cd.mofcom.gov.cn/article/ddgk/201202/20120207947134.shtml，2018 年 6 月 28 日。

③　中国商务部：《对外投资合作国别（地区）指南：刚果民主共和国（2016 年版）》，第 35 页。

经济发展方案的选择。因此，冲突后国家在从冲突过渡到和平再到迈向民主以及冲突后国家宏观和微观经济框架的根本性改变等领域承担了较大的压力。然而在这个过程中，决策者、学者和实际执行者对经济重建极少进行过严肃的辩论。因此，给这些冲突后国家开出的经济发展的"药方"大多数是如何提高冲突后国家在全球经济中的竞争力，而没有考虑冲突后国家刚走出内战的实际情况。

刚果（金）冲突后经济重建遭遇到几大挑战，这也是很多冲突后国家会共同面对的挑战。首先，宏观经济不稳定。其主要表现为国内生产总值连年负增长、高通胀率、国际收支不平衡、外资持续外流。这些多为战乱和政策失误所致。战争导致军费开支直线上涨，而经济却下滑，加上很多地区掌握在叛军手中，政府财政收入却因战乱而减少。政府收入无法支撑高额的军费开支，只能通过增发货币来弥补财政赤字，这又导致了通货膨胀。这种恶性循环导致整个宏观经济陷入了极度不稳定的状态。因此，冲突后国家的经济重建当务之急是稳定宏观经济，为经济恢复奠定基础。

其次，资金匮乏。资金匮乏是全方位的，包括财政开支和经济发展需要的资金。由于刚摆脱冲突，走出内战的泥沼，冲突后国家缺乏足够的资金维持政府开支，推动经济发展。在很多冲突后国家中，政府甚至连公共机构日常运营以及工作人员的工资都无法维持。因此，国际多边金融机构、国际捐助国、外国政府援助以及私人投资能够为冲突后国家的重建带来一定的资金，缓和其重建压力。然而，这些资金对于冲突后国家经济重建的资金需求仍是杯水车薪。因此，冲突后国家在经济重建中必须确定重建优先项目，确保有限的资金能够发挥最大的功效。

再次，国际收支不平衡和外债问题也是冲突后国家面临的两大挑战。由于战乱，冲突后国家生产下滑，出口锐减，外资流出，国际收支不平衡问题显著。加上军费开支增加，债务负担增加。冲突后国家如果不能使国际收支平衡，将会影响国家长期的可持续发展。

最后，西方国家在参与非洲冲突后重建时，偏好新自由主义制度安排，即政治上自由民主、经济上以市场经济为导向。即便是在一个正常的发展中国家，这些制度安排也未必适应落后的社会经济基础，更何况一个刚摆脱冲突的国家。因此，国际社会应充分尊重冲突后国家在经济重建中的自主权。

第二节　社会和解与重建

内战结束后，恢复社会秩序成为冲突后国家面临的重要挑战。这其中的首要任务是抚平战乱受难者的心灵创伤，弥补社会人群因为冲突造成的隔阂与鸿沟，使他们避免再次用暴力来解决彼此的争端。历史上，一般通过审判侵略国的战争罪犯，让其因其所犯的战争行为得到惩罚，从而达到抚慰被侵略国民众的目的。而近年来，越来越多的国家通过过渡司法（或译为"转型正义"，Transitional Justice）而非单纯审判来实现社会和解。就目前实践而言，非洲冲突后社会重建领域的实践主要通过过渡司法来实现抚平社会创伤，实现社会和解。

一、过渡司法在冲突后社会重建中的运用

过渡司法最初是指一个国家由非民主体制过渡到民主体制后，对旧政府侵犯人权行为的处理。“冷战”结束和东欧剧变之后，这一概念又被用来指在战争或冲突结束后，如何追究过去的种种暴行。近年来，一些发达国家政府对历史上受主流社会欺侮、压迫的群体采取的道歉与赔偿等补救措施，也被称为过渡司法。总之，过渡司法就是对系统性或大规模人权侵犯的回应。过渡司法的精髓不在于提出某种本体论意义上的特殊的正义/司法理念，而是要提供一种方法论，以调和正义理想与政治现实之间的张力，而且它强调的不是一种绝对的正义理念和一以贯之的司法模式。①

2004 年 8 月，联合国秘书长提交的《关于冲突中及冲突后社会的法治和过渡司法》报告指出了在冲突中和冲突后社会加强法治和过渡司法的原因及其必要性。报告指出，联合国过去十年的经验清楚地显示，除非全国人民确信，可以通过旨在和平解决争端和实行公正司法的合法体制来申冤，否则便无法在紧接冲突之后的时期巩固和平，更无法在长期内维持和平。与此同时，所有冲突和冲突后局势都显示，少数群体、妇女、儿童、囚犯和被拘留者、流离失所者、难民等更容易受到伤害，这使得恢复法治的需要更加紧迫。② 还有另一个重要的原因，即在冲突后国家，即使在司法系统建立之后，该系统也主要是为政治、经济精英服务的。真正需要法律援助的战乱受害者及其家属由于贫穷，没有时间、精力和金钱用于司法程序。

“过渡司法”概念包含一个社会为抚平过去的大规模虐害行为所遗留的伤痛，为确保究问责任、伸张正义、实现和解而进行的努力的所有相关进程和机制。这些进程和机制可以包括国际社会参与程度各有不同（或根本不参与）的司法和非司法机制、起诉个人、补偿、真相调查、制度改革、审查和革职办法，或其中任何一项的组合。③ 在非洲冲突后国家中实践的主要是司法程序、真相委员会、赔偿等机制。

（一）真相与和解委员会

真相与和解委员会是过渡司法中最具特色的机制。它一般是指由某国官方设立的非司法性质的临时性事实调查机构，负责调查历史上发生的一系列侵犯人权或违反人道主义法的行为。真相委员会以受害人为导向，构成司法外程序，根据具体的环境辅助或替代刑事司法程序。自 1974 年乌干达成立失踪人士调查委员会以来，目前世界上已经出现过近 40 个类似的真相委员会。④ 非洲很多冲突后国家均建立了真相委员会或真相与和解委员会，

---

① 朱力宇、熊侃：《过渡司法：联合国和国际社会对系统性或大规模侵犯人权的回应》，《浙江大学学报》（人文社会科学版）2010 年第 4 期，第 143 页。

② 联合国秘书长报告：《关于冲突中和冲突后社会的法治和过渡司法》，S/2004/616，2004 年 8 月 3 日，第 4 页第 2 段。

③ 联合国秘书长报告：《关于冲突中和冲突后社会的法治和过渡司法》，S/2004/616，2004 年 8 月 3 日，第 5 页第 8 段。

④ 丁乐超：《真相与和解委员会机制对促进和保障人权的作用》，《人权》2015 年第 1 期，第 124 - 125 页。

其中影响较大的为南非的真相委员会。

（二）司法程序

司法程序构成了多种形式的惩罚政策。当代的惩罚政策最初是通过建立纽伦堡国际军事法庭来实施的，包括国际刑事法庭、准国际性法庭、国际刑事法院和国内法院。其目标是打击国际罪行（战争罪、反人类罪和种族灭绝罪），并根据其宗旨，惩罚严重践踏人权的行为。司法程序主要是刑事诉讼。从当代的人权视角来看，纽伦堡审判和东京审判无疑是过渡司法的典范。通过法院实现正义，这是以人权活动者和法律专家为代表的守法主义者的不懈追求。然而，在政治现实主义者看来，进行刑事诉讼却是民主、和平和解等目标的障碍。在20世纪90年代之后的各种武装冲突中，惩罚与赦免也是影响停火谈判的重要议题。①

二、刚果（金）真相与和解委员会的运行及成效

内战结束后，推动社会和解成为刚果（金）社会重建的当务之急。然而刚果（金）社会和解并没有获得实质进展。主要原因在于刚果（金）政治局势发展的影响。由于刚果（金）和平协议的主要签字方是各派武装。这些武装派别在内战中多犯有很多战争暴行。然而，如果追究任何武装派别的责任将导致和平进程无法继续。因此，刚果（金）政府采取了两个主要措施：一个措施是2004年12月国民议会通过了《大赦法》，对于1996～2003年过渡政府建立这一期间的一切罪行不予以追究，其中包括2001年1月洛朗—德西雷·卡比拉被刺杀事件。为了解决刚果（金）东部持续不断的叛乱，2009年刚果（金）国民议会通过了对东部地区冲突部族武装大赦的法律。另一个措施就是建立真相与和解委员会。自从南非建立非洲第一个真相与和解委员会以后，非洲冲突后国家多设置真相与和解委员会来承担社会和解任务。在2002年刚果内部对话中，这一机制作为推进民主的五大机制之一被提出并被写入2002年12月的《全面包容性协议》中。根据《过渡宪法》第155条规定，真相与和解委员会的任务是通过推动刚果人民的真正和解来促进国家统一。

成立于2003年7月的真相与和解委员会由21名委员组成，其中8名委员来自各个武装派别，由各派提名并经国民议会通过后加以任命。其他代表包括宗教领袖、妇女团体代表、科学界代表以及其他社会团体代表。真相与和解委员会主席由恩东多·瓦·穆伦拉大主教（Jean－Luc Kuye Ndondo wa Mulemera）担任。2003年7月，来自武装派别的8名委员开始工作，但是直到2004年7月才通过《真相与和解委员会组织法》，同年11月，民间社会的13个委员才被任命。根据该组织法，建立真相与和解委员会是为了重建真相，推动和平、正义、赔偿、宽恕和和解，以巩固国家统一。该委员会负责调查1960年6月30日到2006年过渡期末这一时期的政治罪行和违反人权的行为。

虽然来自民间的代表恩东多主教被任命为真相与和解委员会主席，然而8名官方代表

① 丁乐超：《真相与和解委员会机制对促进和保障人权的作用》，《人权》2015年第1期，第122页。

中的7名代表来自委员会的负责执行和协调的核心部门——办事处（The Bureau）。真相与和解委员会13名来自民间的委员由12个省以公开透明的方式选举产生。其中首都金沙萨选举2名代表，其他11个省各选举1名，而选举过程是在办事处的指导下进行的。因此，真相与和解委员会的合法性和独立性受到质疑，一些委员的工作也不称职。

为了限制真相与和解委员会的作用，《全面包容性协议》规定委员会的期限限定在过渡期。《过渡宪法》第159款同样规定了真相与和解委员会主席与委员任期只限定于过渡期间，并要求委员会于过渡期末向议会提交最终报告。此外，由于刚果（金）多年的内战，国际社会希望刚果（金）能够举行大选，所有的资源都倾斜于大选筹备事宜。真相与和解委员会的地位更加尴尬，仿佛只是表现刚果（金）民主制度的一个机构而已。

在这种尴尬的境地下，由于刚果（金）东部局势动荡不安以及各种压力，真相与和解委员会最后被迫放弃追寻真相，而是专注于从事冲突预防和冲突调解工作。根据其最终报告，真相与和解委员会开展了几项工作：开展社区及人群之间的对话；和政治党派一起建设和平文化；为选举中的学生提供服务；推动武装派别和解；减少族群间冲突；在被叛乱分子占领的村庄开展安抚情绪的工作；鼓励难民返回家园；为选民登记和投票提供延伸服务；推动政治党派、人群和媒体尊重大选结果。真相与和解委员会的工作本来是为解决过去发生的历史罪行，而不是解决目前的争议和冲突。①

由于政治方面因素以及资金的匮乏，刚果（金）真相与和解委员会并未像其他国家的同行一样登记控诉、进行真相调查、举行听证会，虽然委员会确实为追寻真相做了一些相关的准备工作，如加强工作人员运行委员会的能力，提高他们登记控诉与管理信息、档案的技术。首先，真相与和解委员会的组成及其独立性受到了普遍质疑。舆论普遍认为8名委员来自那些实施罪行的武装派别，因此不可能真正推动真相与和解委员会去调查并发现真相。这使得刚果（金）真相与和解委员会在成立之初就失去了普遍信任。其次，联合国开发署为刚果（金）真相与和解委员会提供了一定份额的资金资助，但是刚果（金）政府并未支付给该委员会。② 最后，在真相与和解委员会工作期间，刚果（金）东部局势持续动荡不安，真相与和解委员会无法真正开展工作。在2006年举行民主大选之后，2007年2月，真相与和解委员会也随之解散。

随着刚果（金）局势的进一步稳定，刚果（金）越来越多的有识之士再次呼吁重建真相与和解委员会。2009年，原刚果（金）真相与和解委员会主席恩东多大主教呼吁建立一个新的“全国真相与和解委员会”“国家绥靖委员会”以及“后续行动委员会”来推动全国和解。然而，由于刚果（金）政治形势的发展，真相与和解委员会可能得等到刚果（金）局势彻底稳定下来才有可能被提上议事日程。

---

① Inernational Center for Transitional Justice and the Kofi Annan Foundation，“Can Truth Commissions Strengthen Peace Process?”2014，p. 51.

② Henriette Kumakana & Jacques Kahorha & Rachel Irwin，“Congo Push for Reconciliation”，17 July，2009，http：//allafrica. com/stories/200907190008. html，2017－05－12.

三、司法程序

内战期间，刚果（金）政府曾经向联合国安全理事会提出过设立刚果（金）国际刑事法庭的要求。但是设在坦桑尼亚阿鲁沙的卢旺达国际刑事法庭却打消了它们的念头。阿鲁沙国际刑事法庭设立后 7 年，仅有 9 个人被移交审判；受指控实施大屠杀的 69 名嫌疑人，仅有 45 人被逮捕。这些参与大屠杀的人都居住在卢旺达的邻国，根本不用担心遭受报复。但是海牙国际刑事法庭还是对刚果（金）的制造大屠杀的武装集团领导人提起了诉讼。最著名的就是前过渡政府副总统本巴。但是本巴受审并不是因为其在刚果（金）境内的反人道行为，而是因为在应邀帮助中非共和国平叛的过程中在该国犯下的反人道行为。2006 年 3 月，刚果（金）伊图里刚果爱国阵线领导人卢班加在刚果（金）监狱被国际刑事法庭以突击方式带走，刚果（金）司法部长基辛巴对国际刑事法庭在没有照会刚果（金）司法部的情况下，带走卢班加的行为表示不满。虽然国际法庭通过司法程序帮助刚果（金），但是刚果（金）国内司法体系并没有在这方面发挥其应有的作用。

第十一章　非洲冲突后重建的经验、教训及反思

刚果（金）冲突是非洲大陆最复杂的冲突之一，其冲突的解决和重建中的宝贵经验非常值得我们去总结。从中国际社会至少可以了解到，在冲突解决和冲突后重建进程中什么是优先项目，冲突后国家应该如何逐步地推进重建工作。通过刚果（金）冲突后重建和非洲其他的一些重建案例，笔者对非洲冲突后国家重建主要有以下一些思考和认识。

第一节　刚果（金）冲突后重建取得的成就、挑战与经验

2003 年 6 月刚果（金）结束内战，成立过渡政府，开始了重建进程。迄今刚果（金）已经实施了安全部门改革、制定宪法、大选等。目前由于大选造成的政治危机仍在继续，2018 年 12 月 23 日即将举行的大选将对刚果（金）重建的成败以及刚果（金）未来政治局势发展产生重大影响。刚果（金）重建进程出现了很多问题和挑战，其经验和教训的总结对于我们反思非洲国家冲突后重建仍具有重要的理论和现实意义。

一、刚果（金）重建进程取得的成就

（一）解除各派武装，巩固了国家统一

2003 年 6 月，刚果（金）结束内战之后，刚果（金）并未完全实现和平与统一。刚果（金）反对派武装仍拥有大量武装，东部局势仍动荡不安。经过持续不懈的努力，刚果（金）在解除各武装集团武装、巩固国家统一方面取得了长足的进展，其手段主要有权力分享和利益保障。

首先，通过和平进程和权力分享解除了反对派武装组织军事力量。刚果（金）通过和平协议和权力分享方案，将反对派组织纳入政府当中，而各派武装（包括政府军）也通过安全部门改革被纳入国家武装力量中。刚果（金）最大的反对派武装刚果民主联盟—戈马派的主要成员为刚果图西人以及一些反政府人士。由于其挑起内战并被刚果（金）人认为是卢旺达的代理人，因此在国内其实并没有多少根基，其政治基础主要限于刚果（金）图西人，其影响力主要来自军事力量。通过和平进程和权力分享，刚果民主同盟—戈马派的

军事力量被解除后，其影响力已经远不如内战时期。这一结果可以从2006年的大选结果看出来，也可以从刚果民主联盟—戈马派领导人参加总统大选所获得的选票得知。2006年第一轮总统选举中，刚果民主联盟候选人鲁贝鲁瓦仅获1.69%的选票，在议会选举中该党也仅获15个席位，均名列第6位。从削弱反政府武装势力的角度来看，刚果（金）政府无疑是成功的。

其次，驱逐了本巴，削弱了第二大反对派武装刚果解放运动的势力。刚果民主联盟势力的式微使得第二大反对派武装组成的政党势力上升，即刚果解放运动。本巴领导的刚果解放运动无疑是2006年大选的大赢家。本巴及其领导的政党在2006年7月底的总统选举和议会选举中均名列第二。2007年3月，刚果（金）政府对前反对派武装领导人下达最后通牒，要求他们交出私人卫队，由政府统一派遣警察保护他们的安全。但是本巴武力抗拒解除其私人武装，导致政府军通过武力解除其私人卫队武装。最终本巴被迫“流亡”葡萄牙。

再次，整编军队，解除武装，建立国家对暴力或暴力威胁的垄断，消除反对派武装可进行社会动员的资源。在实行军队整编的时候，刚果（金）政府采取措施，各派武装被混合编成一个单位。这使得反对派武装组织失去了其社会动员的基础。

最后，吸收东部地区的叛乱分子加入政府和政府军，实现了国家对该地区的控制。东部地区特别是伊图里地区冲突的根源一部分在于几大部族之间的土地、权力纠纷，另外一个重要的原因在于他们没有加入刚果（金）和平进程中。因此，他们没有渠道表示他们的利益诉求。这对未来的任何冲突后国家都是一个重要警醒，那就是和平进程必须包容所有相关方。由于刚果（金）冲突后的和平框架中没有包括伊图里地区各派武装，且2003年5月乌干达军队撤军又造成了伊图里地区的权力真空，当地没有任何政治框架来安排这些武装派别，导致他们为了争夺当地主导权的斗争演化成为剧烈的暴力冲突。最终刚果（金）政府通过卸甲归田项目解除了伊图里地区的武装。

自2006年10月约瑟夫·卡比拉当选总统至今，在其第一个任期还未结束的时候，刚果（金）的国家统一已经初步完成了。在刚果（金）东部除了卢旺达胡图族的前政府军和一些散兵游勇仍在继续活动，对刚果（金）中央政府的大的威胁已经基本上消除了。从实现和巩固国家统一的角度而言，刚果（金）取得了巨大的成就。

（二）举行了民主大选，建立了政府

2003年6月开始的政治过渡进程中，刚果（金）过渡议会先后制定了新的宪法、国籍法、选举法、政党组织法、独立选举委员会组织法、竞选人登记和身份认证法等法律，为刚果（金）民主选举建立了法律框架。根据法律规定，总统由选民直接选举产生；总理由总统任命，为国民议会多数派政党的领袖；各省省长由省议会选举产生。在克服了大选筹备的种种挑战和困难之后，2006年7月和2006年10月，经过两轮选举之后，原过渡政府总统约瑟夫·卡比拉击败其他竞选人，当选为刚果（金）总统。与此同时，刚果（金）分别举行了议会选举和地方议会选举。2006年大选的顺利举行标志着刚果（金）政治机构的基本建立。

（三）经济重建工作逐步展开

2001年，小卡比拉上台之后，修正了老卡比拉时期的经济政策，实行经济和汇率改革，改善投资环境，积极与世界银行和国际货币基金组织合作，稳定了宏观经济。自2002年底以来，刚果（金）先后实施了一系列经济重建项目，其主要着眼点为稳定宏观经济和重建基础设施。2004年，刚果（金）过渡时期总统小卡比拉在参议院和国民议会两院联席会议上宣读了一份过渡政府制定的《行动纲领》，其在经济上重点关注的领域为农业、工业、能源、交通运输业和电信业。① 在世界银行和国际货币基金组织的资助下，刚果（金）先后实施了“减贫与促进增长计划”（2002～2005年）、“多领域紧急改造和重建项目”（2002～2010年）。前一个项目侧重于稳定宏观经济和实行公共部门改革；后一个项目中，世界银行向刚果（金）提供了约7亿美元的贷款和援助用于道路设施、供水供电、医疗设施和教育等领域的重建。

2006年12月大选之后，新当选的小卡比拉政府提出了“共和国的五大支柱”重建与经济发展计划。该计划提出了小卡比拉在新任期中关注的经济重建的五大领域，即基础设施、就业、住房、水电、医疗和教育。由于缺乏资金，刚果（金）通过“资源换项目”政策吸引外国资本参与这五大领域的重建。目前中国企业联合体与刚果（金）政府正在实施价值60亿美元的重建项目，换取当地的矿产资源开采权。

比较刚果（金）的经济数据可以发现，自刚果（金）开展经济重建工作以来，其宏观经济已经基本稳定，经济逐渐恢复并稳步增长。自2001年最后一年经济负增长以来，刚果（金）每年GDP实际增长率均超过3%（其中仅有2009年因受金融危机影响其增长率低于3%）。

二、刚果（金）重建进程中面临的挑战与问题

（一）安全部门改革面临诸多挑战

刚果（金）安全部门改革主要通过卸甲归田（DDR）项目实施。在卸甲归田项目中，军队整编和前战斗人员复员返乡虽然取得了一定的成就，但由于涉及众多的派别、利益等纠葛，安全部门改革仍面临诸多挑战。

首先，由于新军队的整合资金和时间投入不足，导致新军队存在诸多问题，如士气低落、战斗力差、军纪败坏等。在刚果（金）军队整合过程中，由于刚果（金）东部局势仍然非常动荡不安，因此各个旅的整编工作时间非常短，一般为45天。而且由于资金缺乏，部队官兵待遇非常差，导致新军队士气低落。在随后的平叛过程中，新军队的缺点充分暴露出来。在与恩孔达叛军作战中，新整编的军队在战斗力方面不占上风，但是军纪败坏却有过之而无不及，深受国际社会诟病。联合国刚果（金）特派团的报告中一再提及其糟糕的战斗力和违反人权的事实。由于军费不足，军队成员盗采、走私矿产资源，勒索平民，违反人权的事情时有发生。

① 李智彪：《列国志·刚果民主共和国卷》，社会文献出版社2004年版，第152－154页。

其次，安全部门改革进展缓慢。安全部门改革（卸甲归田和建立警察部队）的初衷是为大选建立和平安全的环境，因此这应该是过渡期内完成的任务。但是实际上在2006年7月大选之前这一任务并未完成。这一任务进展缓慢，其原因是多方面的。资金不足是一个原因，其他原因还有武装派别的抵制、不同派别武装人员之间的融合等。例如，根据卸甲归田项目安排，项目应给复员军人发放津贴。但是由于资金不到位，导致复员军人并未领到津贴。没有领到津贴的复员军人因此滞留在指导中心，导致下一期的项目无法开展。

最后，新军队指挥体系的建立和融合出现了问题。刚果（金）军队整合是先建立指挥体系，然后整编军队，这造成军事辖区内指挥机构平行，军令不通。这对新任军区领导人的组织能力和个人能力有较高的要求。恩孔达叛乱很大程度上就与指挥机构紊乱有一定关系。南基伍省军区由总统派人员担任指挥官，其上任之后与当地的图西族军官发生矛盾，导致了针对图西人的暴力事件。恩孔达以此为借口发动叛乱，造成刚果（金）东部长达数年的动乱，对刚果（金）国家统一与主权完整及安全造成了严重威胁。

（二）大选及大选后的挑战

冲突后国家的重建需要完成的任务是建立一套各方都能够接受的政治制度。2006年颁布的刚果（金）新宪法为刚果（金）设计了一套政治制度。同年，刚果（金）分别举行了中央和地方选举，这标志了刚果（金）政治机构的建立。但是政治机构的建立并不表示刚果（金）已完成了制度建设。面对冲突后社会面临的挑战，如来自武装集团、反对派的挑战，资金的短缺，基础设施的缺乏，刚果（金）民选政府面临着巨大的压力。在2006年7月第一轮总统选举之后，刚果（金）两个主要候选人约瑟夫·卡比拉和本巴的卫队之间就爆发了冲突；同年10月第二轮选举后，本巴向法院提出控诉，质疑计票结果；省议会选举的省长结果受到普遍质疑，在几个反对党占多数的省议会选举中，省长居然是执政党的候选人；下刚果省出现了分裂运动，刚果（金）政府进行了镇压；等等。2007年3月，刚果（金）政府军解除了本巴的私人卫队武装，并迫使本巴远走欧洲。2011年1月，刚果（金）议会修改了宪法，规定总统候选人只要在大选中获得简单多数就可以当选，反对派则认为这是小卡比拉为了连任而采取的措施。

此外，刚果（金）虽然举行了大选，但是大选之后如何加强政府能力和自主性是一个很现实的问题。民主政府绝不等同于高效政府。尤其对于非洲复杂的社会状况而言，民主制度是一把双刃剑。一方面，作为一种包容性的政治制度，他可以将众多的社会集团包容到体制内，使其有参政的机会；另一方面，非洲的民主制度有可能助长新的社会分裂，如部族主义对政治发展会产生消极影响。一个最现实的问题是，多数部族被选上之后如何保障少数族群的利益？独立之初的卢旺达胡图人的上台就是经过民主选举上去的，他们上台之后对少数族群的图西人展开了迫害。许多国家的选举结果显示，各个政党在议会中的席位比例与其所代表的部族在全国人口中的比例大致相同。①

张夏准认为，当今国际社会向发展中国家推荐的、作为“善政”一揽子计划的一部分

① 张宏明：《多维视野中的非洲政治发展》，社会科学文献出版社1999年版，第88页。

的那些制度，实际上是经济发展的结果，并不是其经济获得发展的直接原因。① 他的研究表明，民主制度是随着时代和经济发展而逐步完善的，人们的民主权利是不断争取来的。对于他的观点，笔者的理解是民主是有发展阶段的，100 年前的西方民主和当代的西方民主是不同的，因为时代和发展阶段不同。如果以现代的眼光去看待 100 年前的西方民主，那个时代的民主一样存在很多问题，那个时候很多西方国家的黑人和妇女都没有普选权，因此不能完全按照西方当代的民主制度标准去理解非洲国家目前这个发展阶段的民主制度，特别是非洲冲突后国家的民主制度。因为冲突后国家处于非常脆弱的状态，其国家政府缺乏权威。西方国家社会更多的是希望限制政府的权威，而冲突后国家希望创造并加强权威，这也是为什么国际危机集团的报告将刚果（金）巩固国家统一的行为理解为具有独裁倾向的原因。②

（三）过渡司法未能发挥重建社会的作用

刚果（金）真相与和解委员会是模仿南非真相与和解委员会建立的一个促进国内和解的机构，但是它并没有发挥相应的作用。刚果（金）真相与和解委员建立于 2003 年 6 月，结束于 2007 年 2 月。在其存在的 3 年 10 个月中，甚至没有进行过一次听证会。真相与和解委员会没有发挥作用的主要原因有：缺乏独立性；任期时间过短；国内局势持续动荡；缺乏足够的资源。最终刚果（金）真相与和解委员会在向议会提交了一份 84 页的最终报告之后就被撤销了。

刚果（金）政治局势的演变对于过渡司法未能发挥重要作用产生了重大影响。2008 年，刚果（金）真相与和解委员会前主席恩东多主教在戈马举行的一次和平大会上发言，将真相与和解委员会的失利归结于刚果（金）的政治形势。首先，各派武装组成的过渡政府以及原蒙博托独裁政权的势力阻挠真相与和解委员会的调查工作。因为来自上述势力的很多人在被指控名单列表中，他们不希望有关他们的“真相”被披露。他们采取各种措施来削弱真相与和解委员会的独立性和财务自主性。此外，国际社会一些势力也不赞成在过渡期间建立真相与和解委员会。他们认为，在东部安全局势动荡的基伍地区无法开展真相调查，而且当权的那些人因为自己在内战中的责任而不会允许真相被披露。这些权贵撤销了对真相与和解委员会的支持而且极少参与调查。③ 因此，比较其他国家的真相与和解委员会案例，笔者认为刚果（金）真相与和解委员会的经验教训对非洲其他冲突国家主要有以下几点启示：

---

① ［英］张夏准：《富国陷阱：发达国家为何踢开梯子》，肖炼和倪延硕等译，社会科学文献出版社 2009 年版，第 141 – 142 页。

② 国际危机集团的一份题为《刚果：受挫的民主议程》的报告认为，刚果（金）开展一次有政治偏私的反腐运动，破坏了司法部门的独立性。政府还利用金钱和迫害双管齐下，扫除反对力量，扑灭 2006 年以来爆发的地方叛乱。卡比拉还打算以扫除地方分权道路上的障碍为由来修改宪法。但是，任何以强化总统权力或压制反对力量为目的的宪法修正案都会进一步动摇本已残损的分权制衡机制。该报告甚至认为卡比拉总统有走向独裁的趋势。参见：International Crisis, *Congo: A Stalled Democratic Agenda*, Africa Briefing N°73, 8 April 2010, p. 1.

③ Ntama Bahati Jacques, *DR Congo: Call for Truth and Reconciliation*, 10 September 2009, http: //afjn. org/d – r – congo – a – call – for – truth – and – reconciliation – 2/, 2018 – 06 – 25.

首先，真相与和解委员会的工作主要应该由民间独立人士来承担。刚果（金）案例显示，人们对刚果（金）真相与和解委员会的诟病很大一部分原因来自其成员构成方面，其成员包括8名来自前武装集团的委员。刚果（金）真相与和解委员会因其8名前武装集团的委员大大降低了自身的公信力。事实也证明他们确实无法履行真相与和解委员会所应承担的职责和功能。在一些社会和解相对成功的案例中，真相与和解委员会大多数成员为民间独立人士，其工作具有一定的独立性和权威性，易被社会接受。

其次，社会和解应该真相委员会与司法并重。2004年12月，刚果（金）议会通过了《大赦法》，对1996年10月至2003年6月内战期间的所有犯罪的人实行大赦；2009年，议会又通过法律对刚果（金）东部的所有叛军实行大赦。虽然刚果（金）国内对此存有争议，但是支持者认为这对于实现社会和解有利。笔者认为这并不真正有利于社会和解，它更有利于武装派别的和解。社会和解不能抛弃最基本的社会准则和规范，即公正和正义。如果任何的犯罪行为（包括反人类的战争罪行）都能得到大赦的话，那国家何以劝人向善呢？以南非为例，申请大赦的人数在1997年初超过4000人，年底超过7000人。1999年10月，司法部长马杜纳向议会报告，在7124名申请大赦的人中，大赦委员会拒绝了5412人，赦免了538人，还有95人得到部分赦免。[①]

刚果（金）进行内战时期的大赦，主要是因为内战各方势均力敌。另外，真相与和解委员会也并没有发挥调查真相和对受害人进行赔偿的作用。采取全盘大赦的做法不能真正震慑未来可能故意或者主观上采取反人道行为的个人或社会集团，只会鼓励有实力的社会集团加强自己的实力作为与政府讨价还价的筹码。内战结束后多年，刚果（金）东部地区仍有大规模违反人道主义的事件发生，甚至刚果（金）政府军的军事行动中也经常有违反人权的行为发生。联合国刚果（金）特派团的报告中也屡屡提到刚果（金）有罪不罚（Impunity）的现象。在联合国刚果（金）特派团与刚果（金）政府军对解放卢旺达民主力量的联合军事行动中，联合国刚果（金）特派团甚至以刚果（金）军队不违反人权作为军事合作的前提条件。

刚果（金）真相与和解委员会的失效和刚果（金）有罪不罚的现象给未来非洲冲突后国家的社会和解提供了宝贵的经验和教训。正如前文所述，国家对社会的控制不仅是渗透和提取资源，更重要的在于通过制定规则和规范引导社会生活。在刚果（金）冲突后社会和解中，我们至少没有看到刚果（金）政府在这方面发挥其应有的作用。

第二节　对非洲冲突后重建的反思

冲突后重建对于东道国和国际社会而言是一个严峻的课题。主要的原因在于非洲国家本身就面临着现代国家建构的艰巨任务，而冲突后国家面临的问题则更为繁重。除了面临

① 夏吉生：《“真相委员会”与新南非种族关系》，《国际政治研究》2004年第2期，第99页。

着现代国家建构的任务外，冲突后国家还面临着重建国家的任务。就常识而言，冲突后重建最终是要消除引发冲突的根源。然而，从目前的冲突后重建的实践而言，这无疑是一种奢侈且费时费力的行为。国际社会和冲突后国家都无法承担这种成本。因此，目前冲突后重建主要侧重于平息战火、预防冲突。从长远来看，冲突后国家重建实际上还是要逐渐完成消除冲突根源的任务。通过考察刚果（金）重建进程，本书认为刚果（金）重建的案例对于非洲乃至全球的冲突后国家有着理论和现实的意义。

一、巩固国家统一，建立强大政府是冲突后重建的一个重要优先项目

从政治发展的经验而言，美国学者阿尔蒙德在研究发达国家的发展经验后，指出政治体系发展将面临五种类型的问题。他认为，“这五类问题分别为：第一类是渗透和统一问题，也是所谓的国家建设问题。第二类是忠诚和义务，或被称为民族建设问题。第三类是参与问题，也就是各种社会集团施加压力，要求参加政治体系的政策制定的问题。第四类是经济建设问题，即运用政治体系来提高国内经济的生产能力，使社会得到产品和服务。第五类是分配或福利问题，即国内社会中产生的、要求运用政治体系的权力来重新分配收入、财富、机会和荣誉的压力”。[①] 根据一般的发展逻辑，将这五类问题看成一个国家政治发展将依次完成的五大任务：①完成统一国家建设，形成统一的国家主权；②确立完整的政治—行政体系，树立统一的政治权威；③实现经济“起飞”，完成经济改造和基本建设；④扩大政治参与，普及选举，完善政党制度，完成政治民主化改造；⑤解决公平问题，普遍改善社会福利。[②]

从这个角度而言，笔者认为对于非洲冲突后国家政治重建最重要的任务是实现国家统一，树立统一的政治权威。冲突后刚果（金）的现状表明，迈向和平的刚果（金）仍然很脆弱。冲突结束之后，刚果（金）国内存在大量的武装集团和部族民兵组织，除了主要武装被纳入和平进程中，还有大量的部族民兵武装并未参与和平进程。在政府瘫痪和权威丧失的情况下，一些部族民兵互相争权夺利，导致了局部形势的不稳定，比如伊图里地区的伦杜人和赫马人的冲突造成了大规模的人道主义灾难。如何解除这些武装集团的武装，实现全国统一，成为摆在刚果（金）面前的重要任务。

从现实的角度而言，巩固国家统一、确立政府权威对于冲突后国家有着重要的意义。首先，巩固国家统一也是预防和解决冲突的一个手段。国家统一的进程实际上也是消灭或解除各派武装的过程。这些武装派别通常割据一方，不遵守国家的政令和法令，对地方的安全形势构成了严重威胁。在刚果（金）东部地区，武装派别之间的争斗常常导致大规模的人民流离失所，造成大量平民死亡。一个国家和政府如果不能控制地方的安全和治安，势必引起各方对其合法性和权威的质疑。这会导致更多的势力和集团挑战中央的权威，最

① ［美］加布里埃尔·阿尔蒙德、G. 宾厄姆·鲍威尔：《比较政治学：体系、过程和政策》，曹沛霖等译，上海译文出版社 1987 年版，第 26 页。

② 燕继荣主编：《发展政治学：政治发展研究的概念与理论》，北京大学出版社 2006 年版，第 50 页。

终会引起“多米诺骨牌效应”，鼓励地方实力派的野心。1998 年 8 月爆发的刚果（金）内战也反映了这种威胁的现实可能性。如果 1998 年刚果（金）政府在短期内将叛军扫平，那么对其他试图挑战中央权威的地方实力派来说将会是一次强大的威慑。

其次，国家的统一和稳定是经济发展的重要前提。刚果（金）东部局势的动乱不仅对其统一和安全构成威胁，对刚果（金）的经济也造成了影响。一方面，政府必须增加军事开支，以应对反叛势力的军事挑战；另一方面，大量的战争引发的灾难和平民流离失所也将使政府耗费大量的资源。这将对国家的重建构成极大的挑战。此外，动荡和不安全的局势也增加了国家的投资风险，使外国投资对其望而却步。冲突国家将因此陷入恶性循环。

最后，在实现国家政治统一的同时，刚果（金）政府也在逐步加强其自身的政治合法性，树立自己的权威。在考察刚果（金）冲突时，我们发现政府合法性与反叛组织存在合理性是此消彼长、逆相关的。在政府的合法性受到质疑的时候，反叛组织存在的合理性就得到了加强，外国势力就会寻找各种借口支持反叛组织；随着政府合法性和权威的加强，反叛组织存在的合理性就会削弱，外国势力因此无正当理由去支持反叛组织。在刚果（金）冲突中，洛朗—德西雷·卡比拉由于拒绝和平进程和权力分享，拒绝保障刚果（金）少数族群图西人的合法权益，这导致国际社会减少对其的支持和援助，削弱了刚果（金）政府的权威，也使卢旺达政府至少有了支持反对派武装的正当理由：防止对少数族群的迫害或屠杀。但是在和平进程加速的 2002 年，卢旺达、乌干达和布隆迪逐渐开始了撤军进程，因为他们已经无正当理由来干预刚果（金）的内战。

值得注意的是，很多非洲国家内部冲突中有邻国因素。在索马里内部冲突中，埃塞俄比亚是一个很重要的因素；在西非利比里亚、塞拉利昂的国内冲突中，均有邻国支持的身影；刚果（金）内战中更是卷入了周边的很多国家。在很多非洲国家的内部冲突中，邻国在其中扮演了很重要的角色。这对冲突后国家巩固国家统一的努力构成了严重的挑战。刚果（金）东部局势的动荡，与邻国或多或少存在一定关系。

2001 年，约瑟夫·卡比拉继任总统之职的政治合法性存在争议，这也导致其政府的权威受到质疑。为了化解这一危机，刚果（金）政府采取两项措施：首先，重启和平进程，进行政治经济改革。由于前任总统洛朗—德西雷·卡比拉拒绝权力分享和和平谈判，管制经济和实施党禁，影响了刚果（金）政府的国际形象，也减少了国际社会对其的支持。约瑟夫·卡比拉上台之后，通过重启和平进程和政治经济改革，为其赢得了广泛的国际支持，从而加强了其合法性权威。这种政治合法性的加强使其能够进一步增强自身维护国家的统一和领土主权完整的能力。其次，2006 年之后，刚果（金）通过民主化加强了其政府的法理权威，大大增强了其政治合法性。

非洲大陆冲突后重建划分为两种类型：第一种类型是一个武装派别击败其他武装派别，夺取全国政权；第二种类型是各派武装在内战中无法消灭对方，冲突各派通过和平进程进入冲突后重建。在第二种类型的国家重建中，首要的任务实际上是第一种类型的冲突后国家早就完成的实现国家政治统一。这也就意味着后一种类型的冲突后国家重建比前一种要付出更多的精力、时间和资源。属于前一种类型的安哥拉重建始于 2002 年，属于后一种类型的刚果（金）重建始于2003年。通过比较这两个国家的重建进程，我们可以发现刚果（金）重建进程开展多年后仍在致力于消灭各武装集团，巩固国家统一；而安哥拉重建则只需要专注于经济重建和社会重建。

二、非洲冲突后国家—社会关系的建构

这个命题实际上关系到两个方面的问题：①非洲冲突后国家如何实现从传统社会结构向现代社会结构转变；②非洲冲突后国家如何实现国家—社会关系的均衡。大多数非洲国家拥有众多的民族、部族、宗教等社会集团，其社会的文化多元性和异质性程度非常高。由于殖民主义者在瓜分非洲的时候，不顾非洲的实际情况，导致很多部族、种族被划分在不同国家内。加上自然地理条件的隔绝，很多社会集团之间在历史上鲜有联系。独立之后，某些国家的当权者或部族统治集团及其在中央政府的代言人出于个人的私欲和本部族的狭隘利益将本部族的意志强加于国家。在他们没有掌握政权的时候与政府闹矛盾，掌握政权之后又排斥其他部族，而且这一过程经常周而复始。①

殖民主义入侵导致非洲现代国家形成进程中这种国家—社会关系严重失衡，而独立后的非洲国家在民族国家建构方面没有能够改善国家—社会关系之间的失衡。笔者认为这是造成当代非洲国家内部冲突的重要历史根源之一。西方马克思主义学者对近代西欧民族国家起源和发展研究表明，西方现代国家的兴起往往伴随着国家对社会的渗透和控制。非洲国家传统社会结构主要以血缘和地域为纽带，以伦理、文化为基础。这导致非洲国家民众对于所属社会集团保持认同。当民族国家步入发展阶段之后，这种认同与现代社会所需要的对国家的认同发生了矛盾，出现了认同危机。② 而冲突则使得社会集团之间的边界更加明显。冲突后社会集团也因此拥有更加强大的社会动员能力，削弱其社会动员潜力的主要途径是经济社会的发展和利益的合理与均衡分配。同时通过经济发展推动社会经济关系的转变，也可推动传统社会向现代社会转变。

对于冲突后国家的重建进程而言，国家与社会集团之间的博弈不可避免。由于冲突造成国家四分五裂，众多社会集团有实力与国家分庭抗礼。因此，冲突后国家的利益出发点是维护领土和主权完整，减少社会集团和势力对国家统一和主权构成的威胁；而强势社会集团的利益出发点是如何保住自己获得的特权或利益，减少国家对自身特权和利益的“侵夺”——这种“侵夺”从某种角度而言是国家对社会的渗透与控制。米格代尔认为，只有对社会的控制高度集中时，一个强有力的国家才可能出现。而国家的社会控制不仅体现在国家对社会的渗透和监控，或者汲取资源方面，更重要是在于通过恰当的资源分配来为社会制定行为规范和规则。③

从历史角度而言，冲突后国家仍面临继续完成民族国家构建的历史使命。民族国家是

---

① 张宏明：《多维视野中的非洲政治发展》，社会科学文献出版社1999年版，第74页。

② 李元书主编：《政治发展导论》，商务印书馆2001年版，第88页。

③ 乔尔·S. 米格代尔：《强社会与弱国家：第三世界的国家社会关系及国家能力》，张长东等译，江苏人民出版社2009年版，第272－273页。

近现代政治的起点，也是当代国际社会运行的基本单位。西欧近代民族国家的形成是一个自然的过程，而大多数发展中国家的民族国家建构的是一种外生型现代国家。这些国家的建国时间比较短，各种工作几乎是同时完成的，因此其民族国家的建构在某种程度上是背离历史逻辑的。这主要体现为民主主义还没有成为普遍性政治文化时，现代政治制度就已经建立起来了。[①] 大部分陷入冲突的国家实际上也是民族国家建构失败、国家崩塌的一个过程。从某种程度而言，冲突后国家重建与其民族国家建构的历史任务有所重叠。因此，冲突后国家如何建立一个适合本国国情的现代民族国家将考验冲突后国家精英的政治智慧。

一个社会达到的政治共同体的水平反映了政治体制和构成这种政治体制的社会势力之间的关系。传统社会的政治共同体相对比较简单，它只是建立在种族、宗教、职业的基础上。一个社会成分越复杂，各种集团越是纵横交错，其政治共同体的形成就越依赖于政治体制的功效。[②] 从政治体制和社会势力的关系角度出发，亨廷顿提出了应该加强政治制度的自主性。他认为，衡量一个政治机构的自主性，要看政治机构是否具有区别其他社会势力的自身利益和价值。如果一个政治组织易受社会内部的非政治因素影响，那么它同样易受外部社会势力的影响，外国势力会利用代理人来控制该国或该国的分裂反叛势力。在没有自主性的政治体系中，各种社会集团可以不经现有的政治组织认同或默认现有的政治程序而直接进入政坛。而在发达的政治体系中，政治体系的自主性可以减缓新社会集团的参政步伐，或通过政治社会化进程，迫使新崛起的社会集团的激进成员改变其态度和行为。[③] 冲突后国家多通过权力分享来实现和平，并建立民主制度作为各个社会集团竞争的平台。在社会参与扩大的情况下，建立一个复杂的、自主性强的政治共同体将成为摆在冲突后国家面前的一个重大课题。

三、对非洲冲突后经济重建的思考

对于非洲冲突后国家，开展冲突后重建的最大挑战在于缺乏资金、管理、技术和熟练工人。由于冲突后国家的安全形势仍然很脆弱，基础设施不完善，劳动力技能不足，因此外国投资者对于这些国家的投资风险比较关注。而国际社会则将其经济发展作为解决冲突根源的重要手段，但是国际援助主要侧重于一些社会、民生领域，而非固定资产投资或生产领域。对于一些资源富国，比如刚果（金）、安哥拉、利比里亚和塞拉利昂，它们的资源就是财富，它们所需要做的就是将资源变为建设资金，以资助国家重建；对于非资源富国，开展经济重建可能更多地需要依靠本国的资金积累、外国直接投资和国际援助。

---

① 李元书主编：《政治发展导论》，商务印书馆 2001 年版，第 85 页。

② ［美］塞缪尔·亨廷顿：《变化社会中的政治秩序》，王冠华等译，生活·新知·读书三联书店 1989 年版，第 8－9 页。

③ ［美］塞缪尔·亨廷顿：《变化社会中的政治秩序》，王冠华等译，生活·新知·读书三联书店 1989 年版，第 19－21 页。

（一）资源与冲突

刚果（金）自然资源丰富，矿藏尤盛，素有“中非宝石”和“非洲原料库”之称。2010年4月，英国杂志《新非洲人》在一篇题为《争夺钶钽》的文章中称，刚果（金）尚未开采的矿产资源价值高达24万亿美元。[①] 美国苹果集团因从刚果（金）东部冲突地区进口钶钽矿被媒体炒得沸沸扬扬，媒体甚至指控苹果公司是引起刚果（金）冲突的幕后推手。在非洲大陆，很多这样的冲突后国家，拥有巨额的矿业财富，引起了大国的争夺和觊觎。很多研究也将资源和冲突联系在一起，认为对资源的争夺是冲突的重要根源之一。

在非洲冲突后国家经济重建中值得关注的有两点：首先，防止资源成为冲突的根源。1998年刚果（金）内战就与美国对刚果（金）资源的觊觎有很大关系，内战中的重要一方卢旺达的背后就有美国的影子。1998年8月，刚果（金）内战爆发的最初几天里，美国国务院的官方声明大量谈及刚果（金）政府违反人权问题，而很少涉及对卢旺达、乌干达两国侵略的谴责。1998年8月初，美国国务院发言人詹姆斯·鲁宾就刚果（金）局势发表谈话，提到卡比拉执政15个月以来虽然取得了一些成绩，但是在人权和其他一些方面“大大倒退”。其背后的根本原因在于美国公司在刚果（金）的矿业合同被取消。早在1997年3月，美国矿业巨人AMZ（American Mineral Fields）公司就在基桑加尼建立了联络处，同当时还是叛军首领的老卡比拉建立了关系，并在同年4月同卡比拉签订了一份协议。通过该协议，AMZ公司除了可以通过私有化程序获得原扎伊尔国有的吉卡矿业公司（Gecamining）的控制权外，还获得了包括价值2亿美元的加丹加省科维兹铜、钴矿开采权，投资3000万美元建立一个钴矿加工厂以及投资5.5亿美元建立一个锌矿加工厂等商业合同。卡比拉进入金沙萨后便修改了1997年4月同AMZ公司签署的协议，取消了美国对吉卡矿业公司的控制权，并将与该公司签署的一部分合同转让给其他国家的公司，这引起了美国的不满。[②] 苏丹达尔富尔问题的背后实质上也有石油资源因素在作祟。因此，资源富国应该通过竞争政策，推动国际投资者展开竞争与合作。一方面可以让国际竞争者之间相互制衡，另一方面使得国家的财政收入最大化。

其次，国家必须控制社会经济资源，这样可以减少社会集团可动员的社会剩余。非洲大陆的很多冲突中，叛乱集团都是利用走私占领的矿区矿产资源来维持组织的生存和发展。在这其中，“冲突钻石”在冲突资源中最为著名。“冲突钻石”是指产自那些由与国际公认的合法政府对立的势力或派别控制地区的钻石，这些钻石被用来资助反政府的军事行动。而非洲的“冲突钻石”主要来自安哥拉、塞拉利昂和刚果（金）三国。以安哥拉为例，安哥拉内战时期，安盟利用钻石收入作为本组织生存发展的重要资源。20世纪90年代早期，随着南非和美国停止对它提供援助，安盟对钻石收入的依赖性逐渐增强，以至于对其原来的军事战略产生了影响。占领并控制钻石矿区和关键钻石矿成为安盟许多军事

---

① 中国商务部驻刚果（金）大使馆商务参赞处网站，http://cd.mofcom.gov.cn/aarticle/jmxw/201009/20100907151263.html。

② 袁武：《刚果（金）与美国关系发展初探》，《西亚非洲》2003年第5期，第36-37页。

行动的主要目标。安盟所控制的钻石矿越来越多，钻石收入也迅速增加。1996年和1997年，安盟的钻石收入达到了顶点，每年超过7亿美元。[①] 因此，国家控制这些矿产资源对于减少乃至消除社会集团可动员的经济资源具有非常重要的意义。

（二）资源诅咒

除了被视为冲突根源，资源给一个国家的经济发展有可能带来的负面影响已经广受学者关注，经济学称之为“资源诅咒”。“资源诅咒”又称“荷兰病”，它是指自然资源的丰富反而成为拖累经济发展的一种经济现象。荷兰于20世纪50年代因发现海岸线蕴藏巨量天然气，而迅速成为以出口天然气为主的国家，其他工业逐步萎缩。资源带来的财富使荷兰国内创新的动力萎缩，国内其他部门失去国际竞争力。至20世纪80年代初期，荷兰经历了一场前所未有的经济危机。因此，经济学家们则常常以此来警示经济和发展对某种相对丰富的资源的过分依赖的危险性。

“资源诅咒”对资源富国的威胁主要来自两个方面：一方面，资源富国对某种单一资源或者单一原料行业的依赖将给这些国家带来巨大的风险，这实际上也是非洲很多国家面临的问题。由于资源或原料过度依赖国际市场，受国际市场价格波动影响较大，这些国家的经济非常不稳定，而且也不可持续。从这个角度而言，冲突后国家在经济重建中应该注意产业发展的多样化。另一方面，丰富的资源将会带来权力寻租。一些权势人物将资源贱价卖给外国公司，并从外国公司获得巨额的私人收益。资源成为个人贪污腐败和中饱私囊的工具。对此，2002年9月，英国时任首相布莱尔发起了“采掘业透明倡议”（Extractive Industries Transparency Initiative，EITI），通过鼓励以石油、天然气和采矿业为收入的国家更大限度地提高透明度和加强责任追究制，以减轻因理财不善而引起的潜在负面影响，从而使这些收入成为经济长期发展的重要动力，为持续发展和减少贫困做出贡献。政府和一些大型石油、天然气和采矿公司目前承诺通过实施“采掘业透明度倡议”（EITI）这个全球标准，公布它们的收支情况。这些国家的公民现在可以了解他们的政府从国家的自然资源中获得了多少收入。

（三）“资源换项目”模式

除了“采掘业透明倡议”之外，目前在非洲地区比较多见的“资源换项目”模式对于防止贪污腐败也有一定的作用。“资源换项目”通常的做法是东道国以资源开采权作为对投资者的投资报酬，吸引外国资本投资基础设施项目。这种模式的优点在于政府让渡资源开采权的同时，接受的不是现金收入，而是基础设施建设项目，从而大大减少了政府官员经手现金收入可能导致的贪污腐败的风险。在安哥拉和刚果（金）的重建进程中，两国均采取此模式作为国家经济重建的重要政策措施。当然“资源换项目”并不能够完全杜绝贪污腐败，但是它可以减少政府官员接触金钱的机会，从而大大降低了官员贪污腐败的风险。而在冷战时期的非洲，矿业收入往往可能被独裁者或政府官员侵吞。在刚果（金）的“资源换项目”模式中，中国企业将建设住宅、医院和医疗中心以及学校等设施，可惠及

① 詹世明：《非洲“冲突钻石”的产生及影响》，《西亚非洲》2002年第5期，第34－35页。

普通民众。

（四）东道国和国际社会在重建中的作用

在和平进程和重建过程中，国际社会发挥着很重要的作用。在刚果（金）、利比里亚、塞拉利昂等冲突后重建案例中，我们可以发现各种各样的国际行为体发挥着重要作用，如在刚果（金），联刚特派团、比利时、南非、安哥拉在安全部门改革和卸甲归田进程，世界银行在卸甲归田进程，世界银行、联合国开发署、国际货币基金组织、国家行为体和一些国际非政府组织在冲突后经济及社会重建中均发挥了重要作用。

东道国刚刚摆脱冲突，希望获得资源开展战后国家重建，国际行为体则掌握着众多的东道国所不具备的重要资源，而东道国的主要优势是掌握着当地的实际情况。东道国政府作为一个国家总的公共政策的制定人和执行者，在重建中无疑具有重要作用。然而东道国和国际行为体在利益和政策偏好上不可能完全一致，这就需要一些机制或共识来完成双方的合作。

国际行为体在大多数重建领域较非洲的东道国政府有着无可比拟的优势。它们与东道国之间的矛盾主要在于如何进行资源分配。大部分国际社会行为体对于资源的分配的一个重要标准是政治上“正确”。这一方面与西方国家的国家利益相关。“冷战”结束后，西方国家在世界范围内推广民主、人权等所谓的普世价值观。在冲突后国家，它们积极推进民主政治的建立。另一方面也与国际社会行为体的资金来源有关系。目前活跃在非洲的大部分国际行为体多来自西方社会，它们资金的主要来源也多出自西方国家和社会的捐赠。西方的选民和社会对于资金使用的透明度比较关注，也更加重视公平和公正，将资源向社会弱势或草根群体倾斜。他们大多质疑发展中国家政府的能力，担心政府会挪用资金或者贪污腐败，从而导致资源不能真正分配到急需的人手中。从这一点而言，他们的担心并非没有道理。从西方援助非洲的历史来看，非洲的政客利用援助“自肥”的案例非常多。但是因此而否定重建政府的努力和作用是不对的。

从世界范围内的冲突后重建案例而言，“冷战”结束以来，由国际行为体特别是外国政府主导下的重建案例迄今还没有令人信服的成功案例。在伊拉克和阿富汗的重建中，虽然在美国为首的多国部队的帮助下建立了政府，但是政府的合法性和代表性受到了广泛的质疑。国内反对派武装反抗政府而导致这两个国家迄今为止安全仍无法得到切实保障。在伊拉克和阿富汗的案例中，新的所谓民主政府的建立并不具有包容性。在这两个国家的民主化进程中，前政府军即现在的反对派武装并没有被包括在新的民主化进程中，外国军队对东道国政府的支持使得其政府始终无法建立合法性权威。另外一个事实是，迄今没有一个政府在外国政府或者在国际社会的援助下脱离贫困，成为发达国家。因此，国际社会对于冲突后国家应该摆脱一些固有思维框架，如冲突后国家没有能力、贪污腐败、制度孱弱等，充分尊重冲突后国家的自主性。

对于非洲国家冲突后重建，东道国应该发挥主导作用，国际行为体应更多地发挥辅助和支持的作用。当今国际社会也日益认识到东道国应该发挥主导作用，并提出了国家自主权（National Ownership）。但是由于各方在价值观、背景、身份等方面的差异，各方对于冲突后重建各项目的轻重缓急有不同的认知，例如，前文提到的国际危机集团关于刚果（金）的报告中，刚果（金）政府巩固国家统一的行为被视为有独裁倾向的行为。在冲突后国家重建进程中，应该确立东道国为主、国际行为体为辅的原则。在双方矛盾和争议的领域，应该通过良好的沟通和互动，建立共识，以共同推动冲突后国家的重建进程。

除了国际行为体与东道国之间的矛盾，国际行为体之间也会因价值观、背景、文化的不同发生矛盾和冲突。现阶段国际行为体之间的矛盾和冲突主要出现在西方国家和新兴国家之间。随着新兴国家群体在国际舞台的崛起，它们对于国际事务的参与也越来越多。在非洲冲突后国家重建进程中，特别是在经济重建进程中，日益看到了新兴国家力量的参与。以“金砖国家”为代表的新兴国家的崛起，给当代国际社会带来了巨大的冲击。它们与当前主导国际体系的美欧国家在价值观和发展观方面存在巨大的差异。目前大部分新兴国家仍属于发展中国家，对于发展问题，它们与非洲国家有着更加相近的看法。

新兴国家与西方国家相比，有着自己的优势和劣势。新兴国家群体的优势在于它们的发展经验在发展阶段上离非洲国家最近，而且它们的经济发展使非洲国家看到了发展的希望。此外，它们在一系列国际问题方面的看法也比较接近。西方国家及其控制的世界银行和国际货币基金组织在向发展中国家提供贷款和援助时一般均有附加条件，而新兴国家在参与冲突后国家重建的时候则主张不干预他国内政。2004 年，国际货币基金组织向安哥拉重建提供贷款时，提出了一些附加条件，最终导致安哥拉向中国寻求贷款。新兴国家的劣势在于其由于参与到国际事务中时间比较短，其国际经济行为还不是特别规范。此外，国际发展的话语权仍掌握在发达国家手中。

国际行为体之间的良性竞争对于冲突后国家而言是有利的。冲突后国家可以利用国际行为体之间的矛盾，选择对自己有利的方案。然而，大部分这种争议的背后实际上隐含着的是西方国家与新兴国家在观念和利益方面的争议和分歧。国际货币基金组织对于 2008 年中国公司与刚果（金）政府签署的 90 亿美元的重建合同存有争议的冠冕堂皇的理由是该合同会加重刚果（金）的债务，而 2008 年刚果（金）多达 131 亿美元国际债务竟然是继承的蒙博托政权的债务。这无疑让人质疑国际货币基金组织持反对理由的正当性。面对新兴国家和西方国家关于发展理念和价值观的分歧，最终只有在双方的相互磨合和相互妥协的基础上，通过加强沟通和共识，来避免更强烈的对抗和冲突。

参考文献

一、中文著作（含译著）

［1］中共中央编译局：《马克思恩格斯选集》（第四卷），人民出版社 1995 年版。

［2］［美］塞缪尔·亨廷顿：《变化社会中的政治秩序》，王冠华等译，生活·新知·读书三联书店 1989 年版。

［3］［美］乔尔·米格代尔：《强社会与弱国家：第三世界的国家社会关系及国家能力》，张长东等译，江苏人民出版社 2009 年版。

［4］［美］加布里埃尔·阿尔蒙德、G. 宾厄姆·鲍威尔：《比较政治学：体系、过程和政策》，曹沛霖等译，上海译文出版社 1987 年版。

［5］［美］杜赞奇：《文化、权力与国家》，王福明译，江苏人民出版社 1996 年版。

［6］张宏明：《多维视野中的非洲政治发展》，社会科学文献出版社 1999 年版。

［7］李智彪：《列国志·刚果民主共和国卷》，社会科学文献出版社 2004 年版。

［8］燕继荣主编：《发展政治学：政治发展研究的概念与理论》，北京大学出版社 2006 年版。

［9］［英］巴兹尔·戴维逊：《现代非洲史：对一个新社会的探索》，舒展译，中国社会科学出版社 1989 年版。

［10］［英］张夏准：《富国陷阱：发达国家为何踢开梯子》，肖炼和倪延硕等译，社会科学文献出版社 2009 年版。

［11］［英］安东尼·吉登斯：《民族—国家与暴力》，胡宗泽等译，生活·读书·新知三联书店 1998 年版。

［12］陆廷恩、郑家馨主编：《非洲通史·近代卷》，华东师范大学出版社 1995 年版。

［13］［比］比埃尔·约阿和萝西娜·勒纹：《在刚果的托拉斯》，沙地等译，世界知识出版社 1964 年版。

［14］［美］菲利克斯·格罗斯：《公民国家：民族、部族和族属身份》，王建娥和魏强译，新华出版社 2003 年版。

［15］张静主编：《国家与社会》，浙江人民出版社 1998 年版。

［16］［日］猪口孝：《国家与社会》，高增杰译，经济日报出版社 1989 年版。

［17］李元书主编：《政治发展导论》，商务印书馆 2001 年版。

［18］侯钧生主编:《西方社会学理论教程》，南开大学出版社 2001 年版。
［19］宋林飞:《西方社会学理论》，南京大学出版社 1997 年版。

二、中文文章（含译文）

［20］江涛:《美国外交政策中的“国家重建”问题》，《外交评论》2006 年总第 87 期。
［21］江涛:《制度文化与国家建设》，《国际关系学院学报》2006 年第 3 期。
［22］傅小强:《阿富汗重建进程及前景》，《现代国际关系》2006 年第 7 期。
［23］刘泓:《民族主义和国家利益——民族学视野中的阿富汗国家重建》，《民族研究》2006 年第 5 期。
［24］李昌星、颜光华:《从美国国家安全战略看伊拉克重建》，《兰州学刊》2006 年第 4 期。
［25］夏吉生:《“真相委员会”与新南非种族关系》，《国际政治研究》2004 年第 2 期。
［26］［美］K. 巴基、S. 巴里克:《国家在非西方社会经济发展中的作用》，孙立平译，《国外社会科学》1993 年第 1 期。
［27］张春:《“9·11”后美国与欧盟的非洲政策比较》，《现代国际关系》2007 年第 4 期。
［28］吴增田:《非洲大湖地区与周边国家关系探析》，《西亚非洲》1996 年第 6 期。
［29］詹世明:《非洲“冲突钻石”的产生及影响》，《西亚非洲》2002 年第 5 期。
［30］袁武:《刚果（金）与美国关系发展初探》，《西亚非洲》2003 年第 5 期。
［31］徐勇:《“回归国家”与现代国家构建》，《东南学术》2006 年第 4 期。
［32］叶麒麟:《国家自主性：现代国家建构的一个维度研究》，《宁夏党校学报》2007 年第 6 期。
［33］刘忠权:《国家构建和国家潜在的自主性》，《重庆社会科学》2008 年第 2 期。
［34］朱陆民、朱道忠:《相互依存与国家自主性的销蚀》，《零陵学院学报》2004 年第 7 期。
［35］《联合国纪事》1995 年第 12 卷第 2 期。
［36］《秘书长关于联合国组织刚果民主共和国特派团的第十九次报告》，S/2005/603 号文件，2005 年 9 月 26 日。
［37］《秘书长关于联合国组织刚果民主共和国特派团的第二十二次报告》，S/2006/759 号文件，2006 年 9 月 21 日。
［38］《秘书长关于联合国组织刚果民主共和国特派团的第二十五次报告》，S/2008/218 号文件，2008 年 4 月 2 日。
［39］《2006 年联合国秘书长关于联合国工作的报告》，2006 年 8 月 16 日。
［40］张魁:《“第三支维和力量”——欧盟在非洲军事行动回顾》，《现代军事》2010

年第11期。

[41] [奥] 俞力工：《非洲大湖区灾难背后的资源争夺战》，《领导者》2009年第31期。

[42] 谢奕秋：《非洲基督徒的文化差异》，《南风窗》2011年第3期，第87页。

[43] 宋丽梅：《非洲民族冲突的根源》，《中国社会科学院院报》2004年7月29日。

[44]《综述：各方协力解决刚果（金）冲突》新华网，http：//202.84.17.73/world/htm/20010118/323092.htm，2001年1月18日。

[45]《联合国大力支持刚果（金）选举》新华网，http：//news.xinhuanet.com/newscenter/2006－06/30/content_ 4771660.htm，2006年6月30日。

[46] 中国铁路集团股份有限公司：《中国中铁股份有限公司对外投资公告》，2008年4月23日。

三、英文著作

[47] David A. Lake & Patrick M. Morgan ed., *Regional Orders: Building Security in a New World*, The Pennsylvania State University Press, 1997.

[48] The United Nations, *Inventory of Post – Conflict Peace – building Activities*, 1996.

[49] James Dobbins, Seth G. Jones, etc. *The Beginners Guide to Nation – Building*, Published by Rand Corporation, 2007.

[50] James Dobbins, John G. McGinn, etc., *America's Role in Nation – Building: From Germany to Iraq*, Published by Rand, 2003.

[51] Robert C. Orr, *Winning The Peace: An American Strategy for Post – Conflict Reconstruction*, CSiS Press, 2004.

[52] James Dobbins & Seth G. Jones, etc., *Europe's Role in Nation – Building: From the Balkans to the Congo*, Rand Corporation, 2008.

[53] Ch. Didier Gondola, *The History of Congo*, *Greenwood Press*, December 30, 2002.

[54] Jeane M. Haskin, *The Tragic State of the Congo: From Decolonization to Dictatorship*, Algora Publishing, 2005.

[55] Thomas Turner, *Congo Wars: Conflict, Myth and Reality*, Zed Books Ltd., 2007.

[56] Guy Arnold, *Historical Dictionary of Civil Wars in Africa*, The Scarcecrow Press, 2008.

[57] Mark Malan & Joao Gomes Porto ed., *Challenges of Peace Implementation: The UN Mission in the Democratic Republic of the Congo*, Institute for Security Studies, January 2004.

四、英文文章

[58] Necla Tschirgi, "Post – Conflict Peacebuilding Revisited: Achievements, Limitations, Challenges", The Peacebuidling Forum 2004, 7 October 2004.

[59] Richard S. Williamson, "Nation - Building: Dangers of Weak, Failing and Failed States", *The Whitehead of Journal of Diplomacy and International Relations*, Vol. Ⅷ, No. 1 Winter/Spring 2007.

[60] NEPAD Secretariat, *African Post - Conflict Reconstruction Policy Framework*, June 2005.

[61] Janvier D. Nkurunziza, "Civil War and Post - Conflict Reconstruction in Africa", July 28 2008, http://www.afdb.org/fileadmin/uploads/afdb/Documents/Knowledge/30754226 - EN - 2.4.3 - NKURUNZIZA - TUNIS.PDF.

[62] The African Capacity Building Foundation, "Reconstruction and Capacity Building in Post - Conflict Countries in Africa", Occasional Paper No. 3, December 2004.

[63] AUSA/CSIS, "Post Conflict Reconstruction Task Framework", May 2007.

[64] David L. Bevan, "The Fiscal Dimensions of Ethiopia's Transition and Reconstruction", UNU World Institute for Development and Economics Research, August 2001.

[65] Renato Aguilar, "Angola's Incomplete Transition", UNU World Institute for Development and Economics Research, August 2001.

[66] Tony Addison, "From Conflict to Reconstruction", UNU World Institute for Development and Economics Research, June 2001.

[67] Lakhdar Brahimi, "State Building in Crisis and Post - Conflict Countries", 7th Global Forum on Reinventing Government & Building Trust in Government - Vienna, June 2007.

[68] Daniel C. Bach, "Regional Governance and State Reconstruction in Africa", Afrasian Center for Peace and Development Studies, 2006.

[69] John Bray, "International Companies and Post - Conflict Reconstruction: Cross - Sectoral Comparison", World Bank: Social Development Papers, Paper No. 22, February 2005.

[70] Report of Center for Development and Population Activities, "After Peace: Women in Post - Conflict Reconstruction", November 1998.

[71] France Stewart, "Policies toward Equality, Human Security and Ethnicity", CRISE of University of Oxford, March 2005.

[72] Stephanie Pezard & Nicolas Florquin, "Small Arms in Burundi: Disarming the Civilian Population in Peacetime", Small Arms Survey, Graduate Institute of International Studies, Geneva, August 2007.

[73] International Alert & Women Waging Peace, "Inclusive Security, Sustainable Peace: A Toolkit for Advocacy and Action", Hunt Alternatives Fund and International Alert, December 2004.

[74] R. Gueili, S. Liebenberg & Evan Huysteen, "Assessment Framework for Post - disaster and Post - Conflict Reconstruction", CSIR, March 2006.

[75] "Reconstruction in Democratic Republic of Congo: the Role of Civil Society", *Jour-*

nal of Human Rights and Peace in the Great Lakes Region, Vol. Ⅰ, No. 1, 2004.

[76] Gabi Hesselbein, Frederick Golooba – Mutebi & James Putzel, "Economic and Political Foundations of State – Making in Africa: Understanding State Reconstruction", Crises State Research Center, 2006.

[77] Jonathan Haughton, "The Reconstruction of War – Torn Economies", Harvard Institute for International Development, June 1998.

[78] Emeric Rogier, "Rebuilding The Democratic Republic of Congo: Which Role for Donor Community?", Netherlands Institute of International Relations 'Clingendael', June 2003.

[79] International Crisis Group, "Disarmament in the Congo: Jump – Starting DDRRR to Prevent Further War", December 2001.

[80] International Crisis Group, "Congo at War: A Briefing on Internal and External Players in Central African Conflicts", 17 November 1999.

[81] International Crisis Group, "Security Sector Reform in The Congo", Africa Report N° 104, 13 February 2006.

[82] International Crisis Group, "Cong: Consolidating Peace", July 2007.

[83] International Crisis, *Congo: A Stalled Democratic Agenda*, Africa Briefing N°73, 8 April 2010.

[84] Laurie Nathan, "The Four Horsemen of the Apocalypse: The Structural Causes of Crisis and Violence in Africa", *Track Two*, Vol. 10, No. 2, August 2001.

[85] Anne Mette Kjær & Ole Hersted Hansen, etc., "Conceptualizing State Capacity", DEMSTAR Research Paper No. 6, University of Aarhus, April 2002.

[86] Paul Collier & V. L. Elliontt, etc., "Breaking Conflict Trap: Civil War and Development Policy", World Bank, 2003.

[87] "Africa's Missing Billions: International Arms Flows and the Cost of Conflict", Iansa & Oxfam & Saferworld, 2007.

[88] Sanam Naraghi Anderlini & Judy El – Bushra, "Post – Conflict Reconstruction", in International Alert & Women Waging Peace's, I*nclusive Security*, *Sustainable Peace*: *A Toolkit for Advocacy and Action*, November 2004.

[89] "An Introduction to Peacebuilding", http://www.peacebuildinginitiative.org/index.cfm?pageId=1681.

[90] Boutros Boutros – Ghali, "An Agenda for Peace", UN Secretary Report, 31 January 1992.

[91] The World Bank, "Post – Conflict Reconstruction: The Role of the World Bank", Washington, D. C., 2003.

[92] Kazuhide kuroda, "Conflict and Development", The World Bank, May 26, 2005.

[93] Ms. Luisa Diogo, "Post – Conflict Mozambique's Reconstruction: A Transferrable

Strategy in Africa", World Bank Finding Paper, May 2006.

[94] Colonel Jayne A. Carson, "Nation – building, the American Way", No. 0704 – 0188, U. S. Army War College, April 7, 2003.

[95] Justin Logan & Christopher Preble, "Failed States and Flawed Logic: The Case against a Standing Nation – Building office", Policy Analysis No. 560, January 11, 2006.

[96] Constitutive Act of the African Union.

[97] Balingene Kahombo, "Protection of the Ethnic Minorities in the Democratic Republic of Congo: Between Breaking off and Continuity of Former Constitutional Rules", pp. 4 – 5, http: //www. the – rule – of – law – in – africa. com/wp – content/uploads/2010/07/Protection – of – the – Ethnic – Minorities – in – the – Democratic – Republic – of – Congo – Between – Breaking – off – and – Continuity – of – Former – Constitutional – Rules. pdf.

[98] Filip Teyntjens, "The Second Congo War: More Than Remake", *Africa Affairs*, Vol. 98, 1998.

[99] *Les Banyamulenge*, *Case of A Denied Identity*, http: //www. oocities. com/shabani4u/banyamulenge. html.

[100] Norm Dixon, "Zaire – sponsored Ethnic Cleansing Behind Crisis", *Green Left Weekly*, Issue 253, 6 November 1996.

[101] Sagaren Naidoo, "The Inter – Congolese Dialogue: Negotiations for A Democratic State or A Formalization of A New Scramble", Occasional Paper, No. 16, Friedrich Ebert Stiftung South African Office, June 2002.

[102] Richard L. Sklar, "The Open Door to Peace in Africa", *The International Journal of African Studies*, Vol. 4. 2, Fall 2005.

[103] Roger Kibasomba, "Post – War Defence Integration in The Democratic Republic of Congo", ISS (South Africa) Paper 119, December 2005.

[104] World Bank, *DDR in the Democratic Republic of Congo*: *Program Update*, September 2009.

[105] Tsjeard Bouta, "Assessment of Ituri Disarmament and Community Reinsertion Program", Netherlands Institute of International Relations, May 2005.

[106] Henry Boshoff, "Overview of Sector Reform Process in The DRC", *African Security Review*, Vol. 13, No. 4, 2004.

[107] Jason K. Stearns, *Laurent Nkunda and National Congress for the Defence of the People (CNDP)*, L' Afrique Des Grands Lacs. Annuaire (2007 – 2008), October 2008.

[108] Steven Spittaels & Filip Hilgert, "Mapping Conflict Motives: Eastern DRC", Antwerp: International Peace Information (IPIS) Service, March 2008.

[109] Melanie Gouby, "DR Congo: Calls for FDLR Crackdown After Leader' s Arrest", http: //indepthafrica. com/news/central – africa/dr – congo – calls – for – fdlr – crackdown – af-

ter - leader% E2% 80% 99s - arrest/.

[110] Global Witness, "Congo and China: Friends in Need", March 2011.

[111] Economic Intelligence Unit, "Country Report: Democratic Republic of Cong", June 2008.

[112] Tim Whewell, "China to Seal $9bn DR Congo Deal", 14 April 2008, http://news. bbc. co. uk/2/hi/programmes/newsnight/7343060. stm.

[113] Henriette Kumakana, Jacques Kahorha & Rachel Irwin, "Congo Push for Reconciliation", 17 July, 2009, http://allafrica. com/stories/200907190008. html.